U0617136

高职高专"十三五"规划教材

税 务 会 计

主 编 欧阳剑 周岳钟 赖俊丽

西安电子科技大学出版社

内 容 简 介

本教材依据国家 2019 年最新税收法规和会计准则,以中小企业业务典型案例为引导,以任务为驱动,针对现行常用的 17 个税种安排教学内容。本教材从纳税人角度着笔,以认识纳税工作为始,依次对税款计算、会计处理和纳税申报乃至涉税文书写作进行全过程阐述。本教材是目前国内按"教服务于用"、"做中学"原则进行教学安排的少量教材之一。

本教材着力体现实用性和可操作性,思路独特、结构新颖,既可作为高职高专院校经济管理等相关专业的教材,也可作为从事经济类工作的专业人员的参考书。

图书在版编目(CIP)数据

税务会计 / 欧阳剑,周岳钟,赖俊丽主编. —西安:西安电子科技大学出版社,2019.2(2020.9 重印)
ISBN 978-7-5606-5252-8

Ⅰ. ① 税… Ⅱ. ① 欧… ② 周… ③ 赖… Ⅲ. ① 税务会计—中国 Ⅳ. ① F812.42

中国版本图书馆 CIP 数据核字(2019)第 026096 号

策划编辑 杨丕勇
责任编辑 韩春荣 杨丕勇
出版发行 西安电子科技大学出版社(西安市太白南路 2 号)
电　　话 (029)88242885 88201467　　邮　　编 710071
网　　址 www.xduph.com　　电子邮箱 xdupfxb001@163.com
经　　销 新华书店
印刷单位 陕西天意印务有限责任公司
版　　次 2019 年 2 月第 1 版　 2020 年 9 月第 3 次印刷
开　　本 787 毫米×1092 毫米 1/16 印　张 20.5
字　　数 490 千字
印　　数 1301~3300 册
定　　价 45.00 元

ISBN 978-7-5606-5252-8 / F

XDUP 5554001-3

如有印装问题可调换

前　言

　　税务会计是融合税收法律、法规和会计核算为一体，以纳税企业、单位和个人为核算主体，对税金的形成、计算、缴纳全过程进行反映和监督的税务管理活动。在西方，税务会计已经与财务会计、管理会计并驾齐驱，成为现代会计的三大支柱之一。随着我国税制改革的不断完善，企业纳税意识日益增强，纳税活动已渗透到企业生产经营的每一个环节。因此，具备一定的纳税常识、税务会计知识和纳税筹划技能已成为企业管理人员、会计师及税务师必须掌握的专业知识。

　　随着我国"营改增"税收政策的全面实施和资源税税制改革的全面推进，原有教材已不能满足教学的需要。编者结合多年税法及税务会计课程的教学经验，在汲取最新税收法规和会计准则的基础上编写了本书。本书从我国普通高等教育的现状和发展要求出发，充分体现了高等职业技术教育"理论适度、够用，注重实际操作"的特色。全书系统地阐述了税务会计的基本理论、基本知识、基本核算方法，以及企业税务会计核算的基本技能，分别从基本法规、应纳税额计算、会计处理及纳税申报四个方面，分八章内容对税务会计进行全面系统的论述。本书知识介绍重点突出，内容新颖，具有前瞻性；理论阐述言简意明，深入浅出，具有通俗性；实际应用有理有例，便于学习，具有可操作性。本书既可以作为高职高专院校经济管理专业的教材，也可以作为从事经济类工作的专业人员的参考书。

　　本书在编写过程中突出了以下特点：

　　1. 内容新颖。本书以最新税法(截至 2019 年 4 月之前国家有关部门发布的税收法律、法规和规章)和财政部颁布的最新企业会计准则为依据编写而成，内容上力求最新。

　　2. 重点突出。本书对我国目前主体税种的基本法规规定应纳税额计算及其会计处理进行了详细介绍，对辅助性税种的税法规定和会计处理也做了基本介绍。

　　3. 注重实践。本书对涉税业务做了充分的介绍，提供了大量的实际业务和综合练习题，强化学生的实际操作技能。

4. 为了提高本书的趣味性，部分内容增加了链接内容——素养专栏；对应不同层次学生，有些地方增加了"拓展专栏"、"小思考"等内容。

在编写本书的过程中，编者参阅了许多专家和学者近年来的税务会计著作及相关教材和资料，并得到了有关专家及本书责任编辑的大力支持，在此一并致以诚挚的谢意。

由于编写时间有限，加上我国税制仍处于不断改革之中，书中难免存在疏漏和不妥之处，恳请各位专家同仁及广大读者批评指正，以便在更新过程中不断完善。

编　者
2019

目　录

第一章

税务会计概述

 导言

美国政治家弗兰克林有一句名言:"人的一生有两件事是不可避免的,一是死亡,一是纳税。"他一语道破了税与公民的"亲密"关系,每个人都必须从容面对。作为企业的会计人员,你要为企业计税、报税,还要进行正确的会计处理;你既要懂税法、会计,还要努力降低企业纳税成本,规避税务风险,追求税收利益,这都是企业纳税会计工作的主要任务。或者说,企业税务会计的工作不仅仅体现在应纳税额的正确计算和及时解缴上,而且贯穿于纳税登记、发票领购,直至解决纳税争议并处理的全过程。那么,作为税务会计应当履行哪些职责?新设企业如何向税务机关办理税务登记?企业如何申请认定为增值税一般纳税人?一个正常经营的企业如何领购与正确使用发票?通过本章典型工作任务的操作与学习,相信你将对企业的税务工作有一个比较具体的认识。本章内容是企业涉税问题处理的基础,在以后的操作中起着举足轻重的作用。

学习目标

(1) 理解税务会计的概念、特点;
(2) 明确税务会计的对象、作用;
(3) 掌握税务会计的基本前提和原则;
(4) 熟悉税收分类和税法的构成要素;
(5) 了解企业纳税的基本程序。

能力目标

(1) 具有必备的税收知识和会计知识,能根据企业办税岗位职责完成办税工作;
(2) 能向税务机关办理企业各类税务登记(开业、变更、停业、复业、注销登记);
(3) 能向税务机关办理增值税一般纳税人资格申请认定登记;
(4) 能根据企业经营范围的需要领购、保管发票。

第一节　税务会计的概念和特点

工作实例

　　黎瑶是湖南某高职院校 2016 届会计专业毕业生。2016 年 3 月，她在百花人才网上看到了湖南宏翔电器公司招聘一名办税人员的信息。由于黎瑶对"企业纳税会计"这门专业课掌握得很扎实，她很自信地投递了简历。一周后，她如愿地收到了该单位的录用通知，单位要求她 4 月 1 日去报到。黎瑶得知该消息后既激动又担心，从学校到社会、从课堂到岗位，她该做好哪些准备工作？

　　★ 行家提示：

　　(1) 办税人员应学好税收法律知识和相关会计知识，根据单位的实际情况，将税收基本知识和会计理论知识与具体实际有机结合起来。应谦虚好学，不懂就问，按时、按质完成领导交办的各项税务工作。具体应掌握如下工作技巧：首先，了解单位性质，熟悉单位所有经济活动的来龙去脉；其次，了解单位财务部门的岗位设置情况、人员分工情况；最后，熟悉办税岗位的工作任务和具体职责要求。

　　(2) 办税岗位职责有别于其他会计岗位职责，要求办税会计做到如下几点：

　　① 熟悉最新的国家税收政策，能按政策规定核算企业的各种税费，并按会计核算制度要求进行会计核算。

　　② 注意税收时效性，按时编制纳税申报表，并按时、如实进行纳税申报和税款缴纳。

　　③ 规避税务风险，跟踪和关注最新税收法律法规的变化，进行纳税自查和企业纳税筹划。

　　④ 妥善保管会计档案，严守公司秘密，在办理纳税事宜的同时协助、配合税务机关进行核查工作，及时、完整地提供税务检查所需的凭证、账簿、报表等资料。

　　⑤ 协助企业处理相应的税务沟通、税务行政复议及诉讼等维权事项。

一、税务会计的概念

　　税务会计是以现行国家税法为依据，以货币计量为基本形式，运用会计学的基本理论和方法，对纳税单位的纳税活动引起的资金运动进行核算和监督的税务管理活动。税务会计将税收法规和会计核算融于一体，是财务会计学与税收学在一定程度上的相互结合，研究的既是会计中的税收问题，也是税收中的会计问题。

　　税务会计是企业会计的一个特殊领域，是为了适应纳税人的需要，从财务会计中分离出来的一种特殊专业会计。它将会计的基本理论、方法同纳税活动结合在一起。税务会计不仅要遵循一定的会计准则，而且要受税法的制约。

二、税务会计的特点

税务会计虽然与财务会计有着紧密的联系，且有许多相同点，但是，作为一门相对独立的会计分支学科，与财务会计相比它具有以下特点。

(一) 税法的法律性

税务会计是以国家现行的税法为依据，对税款的形成、计算、申报和缴纳进行的核算和监督。税务会计的法律性源于税收所具有的强制性、无偿性和固定性的特征。税收法律法规作为国家法律制度的重要组成部分，是调节国家与纳税人关系的强制性规范，制约着征纳双方的行为。

税务会计受税收法律法规和会计准则的双重制约。企业可以根据其生产经营的实际需要，适当选择会计计算方法及技术处理方法，但在对某项涉税经济业务的会计处理上，当财务会计规定与税法规定相抵触时，税务会计必须按照税法的规定进行调整。由此可见，税务会计必须以现行的税收法律法规为依据，接受税收法律法规的规范和制约，这是税务会计区别于其他专业会计的最显著特点。

(二) 相对独立性

由于税法与会计准则、财务会计制度所遵循的原则不同，规范的对象不同，二者会存在一定的差异。如现行增值税法中对视同销售货物行为的征税规定，所得税法中应纳税所得额与税前会计利润的差异等，税务会计要求按照税法规定进行调整处理，由此反映了税务会计核算方法的相对独立性；在核算内容上，税务会计只对纳税人涉税活动中有关经济业务进行全面系统的核算和监督，由此反映了税务会计核算内容的相对独立性。

(三) 核算目的的双重性

税务会计核算需要兼顾国家和纳税人两方面的利益，正确处理好国家、企业和个人之间的分配关系。一方面，税务会计的核算、监督和处理结果要满足国家依法征税的需要，保护国家利益，保证国家税收政策的落实和税收收入的及时、足额入库；另一方面，税务会计提供的信息也要满足纳税人进行纳税筹划的需要，在遵守税法的前提下，降低纳税成本，维护纳税人的合法权益。

(四) 差异可调性

企业根据财务会计的规定进行核算和处理的结果，是为了满足投资者、债权人和管理者的需要，而税务会计的处理结果是为了满足国家征税和管理者进行税收筹划的需要，从而决定了税务会计和财务会计的处理结果是有差异的。例如，二者在收入确认、存货计价、折旧计提和资产减值等方面都存在一定的差异，进而造成税前会计利润和应纳税所得额也存在一定的差异，但这些差异都是可以通过专门的方法进行调整的。

三、税务会计与财务会计的关系

(一) 税务会计与财务会计的联系

税务会计与财务会计同属于企业会计学科范畴，两者相互补充、相互配合，共同对纳税人的生产经营活动进行核算与监督。二者在记账基础、核算方法、计量尺度等方面有相同之处，而且税务会计的计税依据一般取自财务会计的记录。

当然，税务会计并不要求企业在财务会计的凭证、账簿和报表之外再设一套会计账簿体系，也没有必要建立独立的账务处理程序，而是利用现有的财务会计核算体系对企业的涉税资金运动进行核算和监督。

总之，财务会计是税务会计形成的前提和基础，税务会计寓于财务会计之中，但它与财务会计又有一定的区别。

(二) 税务会计与财务会计的区别

1. 核算目标不同

税务会计核算的目标，是纳税人向税务部门及有关信息使用者提供真实准确的纳税信息，依法计算缴纳税款，正确履行纳税义务，降低纳税成本，追求最大的纳税效益；财务会计核算的主要目标，是向政府管理部门、股东、经营者、债权人以及其他相关的报表资料使用者，提供企业财务状况、经营成果和现金流量变动等有用的信息资料。

2. 核算依据不同

税务会计严格依据税收法律法规处理经济业务，以保证足额、及时地缴纳税款。当会计准则的规定与国家税法对某些业务处理的规定不一致时，必须按税法的规定进行调整；财务会计核算以财务会计制度和会计准则为依据，要求会计信息的真实、完整。正因为两者的基本处理依据不同，所以它们在会计核算基础、收益确认口径、费用扣减标准和资产的取得、计价等方面均存在一定差异。

3. 核算范围不同

税务会计核算的范围仅限于纳税人生产经营活动中的涉税事项，即只核算与纳税有关的业务，对纳税人与税收无关的业务不予核算；财务会计的核算范围包括纳税人在生产经营活动中能够用货币表现的各个方面，全面地反映纳税人的财务状况、经营成果和现金流量，不论是否涉及纳税事宜，都要通过财务会计进行核算与监督。

4. 核算基础不同

税务会计是以收付实现制和权责发生制二者结合作为核算基础的，这是由于税法综合考虑了纳税主体的现实支付能力，以保证税收的及时性；财务会计以权责发生制为核算基础，以求成本计算准确和经营成果真实。

由于税务会计与财务会计存在上述差别，且仅靠财务会计核算、监督有关的纳税活动，已不能满足和适应各方面的要求，社会经济环境的变化要求税务会计逐步发展成为会计的一个相对独立的分支。

第二节 税务会计的对象和作用

一、税务会计的对象

税务会计的对象是指税务会计所要核算和监督的内容。在企业中，凡是能够用货币计量的涉税事项都是税务会计所要核算和监督的内容。因此，纳税人因纳税而引起的税款的形成、计算、缴纳、退补、罚款和减免等以货币表现的资金运动就是税务会计的对象，主要包括以下几个方面。

(一) 计税依据

1. 经营收入

经营收入是指企业单位在生产经营活动中，销售商品或提供劳务所取得的各种收入。企业单位的经营收入是计算缴纳税款的重要依据，它不仅是计算增值税、消费税等流转税的依据，也是计算所得税等收益税的依据。因而，正确地核算和监督企业的经营收入直接关系到税款的计算是否正确，以及能否及时、足额地缴入国库。

2. 成本、费用

成本、费用是企业在生产经营过程中的耗费和支出，它包括生产过程的费用和流通过程的费用。成本、费用主要反映企业资金的垫支和耗费，是企业资金补偿的尺度。一定会计期间的成本、费用总额与同期经营收入总额相比，可以反映企业的生产经营成果。财务会计记录的成本、费用、支出额中按税法规定允许在税前扣除的部分是计算应纳税所得额的基础。

3. 应纳税所得额

财务会计核算的利润总额是计算企业所得税的基础，但由于税法与财务会计所遵循的规范、依据不同，会计利润与应纳税所得额在金额上是不同的，需要按税法规定将会计利润调整为应纳税所得额。

4. 财产额

对各种财产税，如房产税、车船税等，需要在财务会计对各类资产确认、计量、记录的基础上，按税法规定的税种，正确确定应税财产金额或数额。

5. 行为计税额

对行为税(如印花税)，应以财务会计确认、记录的应税行为交易额或应税数额为计税依据。

(二) 税款的计算与解缴

对于纳税人和税务部门来说，严格按照税收法规的要求，准确地计算每一税种的应纳税额是一项十分重要的工作，而这项以货币表现经济活动的工作，只能由税务会计来完成。

　　税款解缴是指纳税人将应当上缴的税款，按照法定程序编制纳税申报表，填制税收缴款书，将其正确、及时地解缴入库的过程。它是纳税人履行纳税义务和税务部门完成征税任务的核心环节。这种税收资金运动的结果，当然也是税务会计的重要内容。

(三) 罚金缴纳和税收减免

　　纳税人因违反税收法规和超过规定的期限缴纳税款，税务机关应对其加征罚款或滞纳金。而这些罚款和滞纳金的缴纳，也是税收资金运动的组成部分，因而，正确核算和监督罚金和滞纳金的缴纳，是税务会计的重要内容之一。

　　税收减免意味着纳税人少缴税款和国家少收税款，税收减免必须严格按照税收法规规定的管辖权限、减免范围和减免幅度进行计算和审批。由于税收减免而引起纳税人收回的、退还的税款是通过税务会计计算、申报、收纳和登记的，因而，正确核算和监督税收减免，也是税务会计的重要内容之一。

二、税务会计要素

　　税务会计要素是对税务会计对象的进一步分类，其分类既要服从于目标，又受税务会计环境的影响。税务会计环境决定了纳税会计主体的具体涉税事项和特点，按涉税事项的特点和税务会计信息使用者的要求进行分类，即形成税务会计要素，它也是税务会计报表(纳税申报表)要素。税务会计要素主要有以下几个方面。

(一) 计税依据

　　计税依据是税法中规定的计算应纳税额的根据，在税收理论中称为税基。纳税人的各种应缴税款是根据各税种的计税依据与其税率相乘来计算的。税种不同，其计税依据也不同，有收入额、销售额(量)、增值额、所得额等。

(二) 应税收入

　　应税收入是企业因销售商品、提供劳务等应税行为所取得的收入，即税法所认定的收入，也称法定收入。应税收入与会计收入有着密切联系，但不一定等同。确认应税收入的原则有两项：一是与应税行为相联系，即发生应税行为才能产生应税收入，如果纳税人发生非应税行为或免税行为，则其所取得的收入就不是应税收入，而只是会计收入；二是与某一具体税种相关，纳税人取得一项收入，如果是应税收入，则必然与某一具体税种相关，是某一特定税种的应税收入，而非其他税种的应税收入。

(三) 扣除项目

　　扣除项目是企业因发生应税收入而必须支付的相关成本、费用、税金、损失等，即税法所认可的允许在计税时扣除项目的金额，因此又称法定扣除项目金额。属于扣除项目的成本、费用、税金、损失是在财务会计确认、计量、记录的基础上，分不同情况予以确认的：一是按其与应税收入的发生是否存在因果关系，如存在因果关系，可按比例扣除；二是在受益期内，按税法允许的会计方法进行折旧、摊销；三是对财务会计中已经确认、计量、记录的某些项目，凡超过税法规定扣除标准的，一律按税法规定的限额作为扣除费用。

因此，财务会计确认、计量、记录的成本、费用、支出与法定扣除项目金额虽然密切相关，但两者并不完全等同。

(四) 应 税 所 得

税务会计中的"所得"是指应税所得，或称应纳税所得，是应税收入与法定扣除项目金额的差额，也是所得税的计税依据。在税务会计实务中，企业是在财务会计提供的账面利润的基础上，按现行税法与财务会计的差异及其选定的所得税会计方法，确认应税所得，进而计算应纳税额。如果应税所得是负数，则为应税亏损。对应税亏损，可按税法规定用以后年度的应税所得进行弥补。

(五) 应 纳 税 额

应纳税额又称应缴税款，是计税依据与其适用税率(或者单位税额)的乘积。应纳税额是税务会计特有的一个会计要素，其他会计没有这个要素。影响应纳税额的因素有计税依据、税率、单位税额和减免税规定。此外，退免税、退补税、滞纳金、罚款、罚金等也可以作为税务会计的一项会计要素，但不是主要的会计要素。

(六) 税 务 会 计 等 式

在我国财务会计的六项会计要素中，资产、负债和所有者权益构成资产负债表，称为资产负债表要素；收入、费用和利润构成利润表，称为利润表要素。由此构成财务会计的两个基本平衡公式：资产 = 负债 + 所有者权益；收入 − 费用 = 利润。

税务会计要素是税制构成要素在税务会计中的具体体现，它们之间的关系也构成两个会计等式：应税收入 − 扣除项目 = 应税所得；计税依据 × 适用税率 = 应纳税额。前者仅适用于所得税，后者适用于包括所得税在内的所有税种。

三、税务会计的作用

税务会计作为会计的一个分支，既要以国家税收法律法规为依据，促使企业正确履行纳税义务，又要使企业在国家税法允许的范围内，追求企业纳税方面的经济效益。因此，其主要作用包括：

(1) 核算和监督企业对国家税收法律法规的贯彻执行情况，认真履行纳税义务，正确处理国家与企业之间的分配关系。

(2) 按照国家现行税法规定，正确计算企业在规定的纳税期限内的应纳税款，并进行正确的会计处理。

(3) 按照国家税收征管法的规定和主管税务机关的要求，及时、足额地缴纳税款，并进行相应的会计处理。

(4) 正确编制、及时报送会计报表和纳税申报表，认真执行税务机关的审查意见。

(5) 进行企业税务活动的经济分析，不断提高企业执行税法的自觉性和税务核算水平，不断增强企业的纳税意识和办税能力。

(6) 充分利用现行税法和有关政策、制度所赋予的各种权利，合理安排其筹资、投资、经营等活动，进行科学、合理、规范的经济决策，寻求纳税方面的经济利益，节约纳税成本，防范和化解纳税风险，充分发挥企业税务会计的作用，更好地完成税务会计的目标。

第三节　税务会计的基本前提和原则

一、税务会计的基本前提

为保证税务会计目标的实现，就需要税务会计提供真实的信息和会计资料。纳税人在经营过程中，由于存在不确定因素，因此必须明确税务会计的基本前提。税务会计既然以财务会计为基础，因此财务会计的基本前提也基本适用于税务会计，如会计分期、货币计量等。但因税务会计具有的法律性等特点，使得税务会计的基本前提也有其特殊性。

（一）税务会计主体

税务会计主体就是税法规定的直接负有纳税义务的特定主体。它既不等同于财务会计主体，也不等同于纳税人。其具体含义如下：

(1) 该主体必须从事税法规定的应税业务。某些经济组织虽然从事了经济活动，也通过会计手段处理经济业务，但如果不涉及纳税行为，就不是税务会计的主体。

(2) 该主体必须能够独立承担纳税义务。某些垂直领导的行业，如银行、保险、邮政等，分别由各部、各总行或总公司集中纳税，其基层单位是会计主体，但不是纳税主体。

(3) 该主体必须运用会计手段反映其纳税活动。某些主体虽然发生了纳税义务，成为纳税主体，但如果不是或不能通过会计手段反映其纳税活动，也不构成税务会计的主体。例如，某公民从事应税劳务，按照规定应该缴纳个人所得税，并且由支付报酬的单位代扣代缴了税款，但由于他没有必要运用会计的专门方法反映、监督自己的应税行为，那么该公民就不是税务会计的主体。如果某公民从事个体经营活动，并依法建立健全了会计制度，通过会计手段反映其纳税活动，则该个体户就是税务会计的主体。

（二）持续经营

持续经营这一前提意味着该纳税主体将继续存在足够长的时间以实现它现在的承诺。税务会计应该建立在连续经营、非清算的基础上，按照原来的用途使用现有资产，按照既定承诺清偿债务，资产、负债均在持续经营的基础上计价。只有在持续经营的前提下，递延所得税负债和递延所得税资产才能够采用债务法进行会计处理，对本期亏损准予追溯转回或推迟结转。持续经营是税务会计选择会计程序与会计核算方法的前提，税务会计主体只有在持续经营的前提下进行税务会计核算，才能使其会计处理方法保持稳定。

（三）税务会计分期

在持续经营假设下，纳税会计主体是一个长期经营单位，其经营活动是连续不断的。为了保证在税法规定的纳税期限内及时、足额地缴纳税款，需要将纳税会计主体持续不断的生产经营活动划分为一定期间。例如，我国企业所得税法规定，企业所得税的纳税年度是自公历 1 月 1 日起至 12 月 31 日止。纳税人在一个纳税年度的中间开业，或者由于合并、关闭等原因，使该纳税年度的实际经营期限不足 12 个月的，应当以其实际经营期限为一个纳税年度。纳税人清算时，应当以清算期间作为一个纳税年度。纳税人必须在税法规定的范围内选择和确定纳税年度。

(四) 货币时间价值

货币在其周转使用中由于时间因素而形成的差额价值，称为货币的时间价值。这一基本前提已成为税收立法、税收征管和纳税人选择会计方法的立足点，是纳税人进行纳税筹划的内在原因。各个税种都明确规定了纳税义务发生时间的确认原则、申报期限、缴库期限等。因此，递延确认收入或加速确认费用可以产生巨大的资金优势。在税收筹划实践中，在考虑货币时间价值的前提下，人们逐步认识到最少纳税和最迟纳税的重要性。同时，政府及财税部门也认识到货币时间价值原则的重要性，十分注重税收的及时性。

二、税务会计的原则

税务会计作为一种特殊的专业会计，虽然具有自身的一些特点，但仍属于企业会计的范畴。税务会计首先应遵循一般的会计原则，但它又具有一定的特殊性，在遵守一般性原则的基础上，还应遵循其特有的原则。税务会计的特殊性原则主要包括：

(一) 法定性原则

税法与会计准则都是国家处理经济活动的规范。税务会计在核算和监督企业的税务活动时，必须以税法为准绳，严格遵守税收法律法规的相关规定，正确确定计税依据，准确计算应纳税额，及时足额上缴税款，严格履行纳税义务。同时，纳税人还必须依照征收管理法的要求进行税务登记，建立健全账簿凭证管理制度，严格按照规定使用发票，及时进行纳税申报。

(二) 较少运用谨慎原则

谨慎原则是指企业在经济业务的处理上应保持谨慎的态度，以达到规避风险的目的。税法从保证国家财政收入出发，较少运用谨慎原则。为与税法保持一致，税务会计在处理有关可以预见的损失或费用、不确定的收入或收益时，必须较少运用谨慎原则。

财务会计的主要目的是向管理部门、股东、债权人或其他方面提供有用的信息。税务会计的目的是保证及时足额缴纳税款。由于目的不同，税法可能会无视某些公认的会计原则。如财务会计一般鼓励会计人员稳健，这会促使他们低估而不是高估收益。然而税法一般不允许纳税人像财务会计那样预计未来费用，只有在有客观依据表明费用已经发生的情况下才可扣除。由于运用谨慎原则的不同，税务会计确定的应税销售额、应税所得额与财务会计确认的销售收入、会计利润会有所不同。一般来说，税务会计对谨慎原则的运用主要体现在事前核算与监督税务计划上。通过税务会计合理安排企业税务支出的空间与时间，以达到降低企业税务支出规模的目的。

(三) 税收筹划原则

税收筹划是指纳税人在投资、理财或经营过程中，通过事先的精心策划和巧妙安排，充分利用税收法律的非限制性规定、可选择性条款，以及引导性优惠政策，以达到最大节税利益的一种理财活动。

税务会计的一项重要目标就是提供准确的纳税资料和信息，以促进企业的生产发展，提高经济效益。因此，企业的税务会计人员应深刻理解现行税法的有关精神，在不违法的前提下，合理筹划税务活动，研究节税策略，争取减少纳税支出，以获得经济利益最大化，这不仅符合经营者的利益，也符合债权人和投资者的利益。同时，税务会计的筹划活动不仅有利于税务机关加强税收征收管理，堵塞税法漏洞，完善反避税措施，还有利于通过对纳税人进行有效的引导，更好地贯彻国家的税收政策。

(四) 接受审查原则

税务会计核算的结果是企业进行纳税申报以及缴纳税款的直接依据，企业税务会计核算的正确与否，直接关系到国家的财政收入，所以企业要对税务会计资料的真实性负责，任何违反税法规定少纳或不纳税款的行为，都应该受到法律处罚。税务机关应对企业税务会计资料加强审查和监督，进行定期或不定期的检查，及时堵塞漏洞，保证税收及时足额入库。

第四节   税收分类和税法构成要素

一、税收分类

税收按其性质和作用可以划分为流转税、所得税、资源税、财产和行为税、特定目的税。

流转税是指以纳税人的商品流转额和非商品流转额为征税对象的税种。流转税是我国现行税制中的主体税种，包括增值税、消费税和关税。它主要在生产、流通、进口环节或者服务业中发挥调节作用。

所得税是指以纳税人的各种所得额为征税对象的税种。所得税也是我国现行税制中的主体税种之一，包括企业所得税、个人所得税。它主要在国民收入形成后，对生产经营的利润和个人的纯收入发挥调节作用。

资源税类是对在我国境内从事应税矿产品开采和生产盐的单位和个人课征的一种税。资源税是我国现行税制中的辅助税种之一，包括资源税、城镇土地使用税和土地增值税等。它主要对因开发和利用自然资源差异而形成的级差收入发挥调节作用。

财产和行为税是指以纳税人拥有、支配或使用的财产和对纳税人的某些特定行为为征税对象的税种。财产和行为税也是我国现行税制中的辅助税种之一，包括房产税、车船税、印花税和契税等。它主要对某些财产和行为发挥调节作用。

特定目的税是指国家为达到一定的政治经济目的，对特定对象和特定行为开征的税。特定目的税包括城市维护建设税、车辆购置税、耕地占用税、船舶吨税和烟叶税等。它在直接体现国家政策、实现国家宏观调控等方面发挥着较为突出的作用。

二、税法的构成要素

税法的构成要素是指各种单行税法具有的共同的基本要素的总称。一般包括纳税人、征税对象、税率、计税依据、税收优惠、纳税环节、纳税期限、纳税地点等。

(一) 纳税人

纳税人，即纳税主体，是指国家税收法律、法规规定的直接负有纳税义务的单位和个人。纳税人有两种基本形式：自然人和法人。

在此应注意区分与纳税人相关的两个概念：负税人和扣缴义务人。

(二) 征税对象

征税对象，即征税客体，指税法规定对什么征税，是税收法律关系中征纳双方权利、义务所共同指向的客体或标的物，是区分不同税种的重要标志。征税对象是税法最基本的要素，因为它体现着征税的最基本界限，决定着某一种税的基本征税范围，同时，征税对象也决定了各个不同税种的名称。

应注意区分征税对象与征税范围和税目的关系。征税范围是指税法规定应税内容的具体区间，是征税对象的具体范围，体现了征税的广度。税目是各个税种所规定的具体征税项目，是征税对象的具体化。凡列入税目的即为应税项目；未列入税目的，则不属于应税项目。

(三) 税率

税率是指应纳税额与征税对象数量之间的法定比例。税率是计算税额的尺度，也是衡量税负轻重与否的重要标志。我国现行的税率主要有比例税率、定额税率、超额累进税率和超率累进税率。

(四) 计税依据

计税依据又叫税基，是计算国家征税或纳税人纳税的依据，是征税对象数量的表现。计税依据一般采用价值计量形态或者实物计量形态，它与采用的税率形式紧密相关。

(五) 税收优惠

税收优惠是指国家为了实行某种政策，达到一定的政治经济目的，而对某些纳税人和征税对象采取免予征税或者减少征税的特殊规定。

(六) 纳税环节

纳税环节是指税法规定的征税对象在从生产到消费的流转过程中应当缴纳税款的环节。由于社会再生产存在生产、交换(流通)、分配、消费等多个环节，确定哪个环节纳税，关系到税款能否及时入库，关系到地区之间的收入分配，也关系到税收职能的发挥。按照某种税征税环节的多少，可以将税种划分为一次课征制或多次课征制。

（七）纳税期限

纳税期限是指纳税人按照税法规定缴纳税款的期限，是税收强制性和固定性在时间上的体现。纳税期限概括起来主要有两种形式：按期纳税和按次纳税。

（八）纳税地点

纳税地点是指根据各个税种征税对象、纳税环节等不同，为有利于对税款的源泉控制而规定的纳税人(包括代征、代扣、代收代缴义务人)的具体纳税地点。

第五节 纳税基本程序

纳税程序是指纳税人在履行纳税义务过程中经过的所有环节，这个过程主要是从纳税人角度而言的，主要包括：纳税人到税务机关办理税务登记；纳税人在发生纳税义务后，向税务机关进行纳税申报；纳税人按规定向税务机关缴纳税款。

一、税务登记

依据《中华人民共和国税收征收管理法》的规定，从事生产、经营的纳税人，必须在法定期限内依法办理税务登记。税务登记，是税务机关对纳税人的生产、经营活动进行登记，并据此对纳税人实施税务管理的一种法定制度。它是税务机关对纳税人实施税收管理的首要环节和基础工作，是征纳双方法律关系成立的依据和证明，也是纳税人必须依法履行的义务。

税务登记分为设立税务登记、变更税务登记、注销税务登记等。

2016 年 6 月 30 日国务院办公厅发布《关于加快推进"五证合一、一照一码"登记制度改革的通知》(国办发[2016]53 号)指出，在全面实施工商营业执照、组织机构代码证、税务登记证"三证合一"登记制度改革的基础上，再整合社会保险登记证和统计登记证，实现"五证合一、一照一码"，是持续深化商事制度改革、优化营商环境、推动大众创业万众创新的重要举措。

"三证合一"登记制度改革是指，按照"一窗受理、互联互通、信息共享"的模式，将原来企业、农民专业合作社(以下统称企业)登记时依次申请，分别由工商行政管理部门核发工商营业执照、质量技术监督部门核发组织机构代码证、税务部门核发税务登记证，改为一次申请，由工商行政管理部门核发一个加载统一社会信用代码的营业执照的登记制度。统一社会信用代码，是每一个法人和其他组织在全国范围内唯一的、终身不变的法定身份识别码。自 2015 年 10 月 1 日起，"三证合一、一照一码"登记制度改革在全国全面实施后，不再发放企业的组织机构代码证和税务登记证。三证合一，登记制度改革后新办理的营业执照，承载了原来的工商营业执照、组织机构代码证和税务登记证的功能。工商部门通过实时、自动、即时赋码的方法，按照核准的先后顺序，对新设立企业、变更企业发放加载全国唯一、终身不变的统一代码的营业执照。企业原需要使用组织机构代码证、税务登记证办理相关事宜的，一律改为使用"三证合一"后的营业执照办理。

根据《关于加快推进"五证合一、一照一码"登记制度改革的通知》的规定，我国从2016年10月1日起正式实施"五证合一、一照一码"，在更大范围、更深层次上实现信息共享和业务协同，巩固和扩大"三证合一"登记制度改革成果，进一步为企业开办和成长提供便利化服务，降低创业准入的制度性成本，优化营商环境，激发企业活力，推动大众创业，万众创新，促进就业增加和经济社会持续健康发展。《通知》要求完善一站式服务机制，以"三证合一"工作机制及技术方案为基础，按照"五证合一、一照一码"登记制度改革的要求加以完善。全面实行"一套材料、一表登记、一窗受理"的工作模式，申请人办理企业注册登记时只需填写"一张表格"，向"一个窗口"提交"一套材料"。登记部门直接核发加载统一社会信用代码的营业执照，相关信息在全国企业信用信息公示系统公示，并归集至全国信用信息共享平台，企业不再另行办理社会保险登记证和统计登记证。改革后，原要求企业使用社会保险登记证和统计登记证办理相关业务的，一律改为使用营业执照办理，各级政府部门、企事业单位及中介机构等均要予以认可，不得要求企业提供其他身份证明材料，各行业主管部门要加强指导和督促。

已按照"三证合一"登记模式领取加载统一社会信用代码营业执照的企业，不需要重新申请办理"五证合一"登记，由登记机关将相关登记信息发送至社会保险经办机构、统计机构等单位。企业原证照有效期满、申请变更登记或者申请换发营业执照的，登记机关换发加载统一社会信用代码的营业执照。取消社会保险登记证和统计登记证的定期验证和换证制度，改为企业按规定自行向工商部门报送年度报告并向社会公示，年度报告要通过全国企业信用信息公示系统向社会保险经办机构、统计机构等单位开放共享。没有发放和已经取消统计登记证的地方通过与统计机构信息共享的方式做好衔接。

实施"一照一码"改革后，不论是领取"一照一码"的企业还是尚未领取"一照一码"的企业，其生产经营地址、财务负责人、核算方式三项信息的变更均向主管税务机关申请。除上述三项信息外，企业在登记机关新设时采集的信息发生变更时，均由企业向工商登记部门申请变更。对于税务机关在后续管理中采集的其他必要涉税基础信息发生变更时，企业直接向税务机关申请变更即可。

已实行"五证合一、一照一码"登记模式的企业在办理注销登记时，须先向税务主管机关申报清税，填写《清税申报表》。企业可向国税、地税任何一方税务主管机关提出清税申报，税务机关受理后应将企业清税申报信息同时传递给另一方税务机关，国税、地税税务主管机关按照各自职责分别进行清税，限时办理。清税完毕后一方税务机关及时将本部门的清税结果信息反馈给受理税务机关，由受理税务机关根据国税、地税清税结果向纳税人统一出具《清税证明》，并将信息共享到交换平台。

另外，根据《国务院办公厅关于加快推进"多证合一"改革的指导意见》(国办发[2017号]41号)，在全面实施企业、农民专业合作社"五证合一、一照一码"登记制度改革和个体工商户工商营业执照、税务登记证"两证整合"的基础上，将涉及企业(包括个体工商户、农民专业合作社)登记、备案等有关事项和各类证照进一步整合到营业执照上，实现"多证合一、一照一码"。该意见指出，各地区、各部门要高度重视，积极作为，把这项改革的实施工作摆在重要位置，采取切实有力的措施，确保"多证合一"改革在2017年10月1日前落到实处、取得实效。

二、科目设置和账簿、凭证管理

(一) 科目设置

税务会计中主要涉及的核算科目包括以下几种。

1. "应交税费"科目

"应交税费"属于负债类科目,用来核算企业按照税法规定计算应缴纳的各种税费,包括增值税、消费税、所得税、资源税、土地增值税、城市维护建设税、房产税、城镇土地使用税、车船税、教育费附加等。企业缴纳的印花税、耕地占用税以及其他不需要预计应交数额的税金,可不通过本科目核算。

本科目可按应交的税费项目进行明细核算。本科目期末如为贷方余额,则反映企业尚未缴纳的税费;期末如为借方余额,则反映企业多交或尚未抵扣的税费。

纳税人按照规定计算出各项应交的税费时,借记相关科目,贷记"应交税费"及有关明细科目;在实际缴纳各项税费时,借记"应交税费"及有关明细科目,贷记"银行存款"科目。

2. "税金及附加"科目

根据财会[2016]22号规定,全面试行营业税改征增值税后,"营业税金及附加"科目名称调整为"税金及附加"科目,核算企业经营活动发生的消费税、城市维护建设税、资源税、教育费附加及房产税、土地使用税、车船税、印花税等相关税费;利润表中的"营业税金及附加"项目调整为"税金及附加"项目。

企业按规定计提经营活动发生的上述相关税费时,借记"税金及附加",贷记"应交税费"等科目。期末,应将"税金及附加"科目的余额转入"本年利润"科目,结转后"税金及附加"科目无余额。

(二) 账簿、凭证管理

账簿是纳税人、扣缴义务人连续地记录其各种经济业务的账册或簿籍。凭证是纳税人用来记录经济业务,明确经济责任,并据以登记账簿的书面证明。账簿、凭证管理是继税务登记之后税收征管的又一重要环节,在税收征管中占有十分重要的地位。

所有的纳税人和扣缴义务人都必须按照有关法律、行政法规和国务院财政、税务主管部门的规定设置账簿,根据合法、有效的凭证进行账务处理。

1. 设置账簿的管理

从事生产、经营的纳税人应当自领取营业执照或者发生纳税义务之日起15日内按照规定设置总账、明细账、日记账以及其他辅助性账簿,其中总账、日记账必须采用订本式。

扣缴义务人应当自税收法律、行政法规规定的扣缴义务发生之日起10日内,按照所代扣、代收的税种,分别设置代扣代缴、代收代缴税款账簿。

生产、经营规模小又确无建账能力的纳税人,可以聘请经批准从事会计代理记账业务的专业机构或者经税务机关认可的财会人员代为建账和办理账务。聘请上述机构或者人员有实际困难的,经县以上税务机关批准,可以按照税务机关的规定,建立收支凭证粘贴簿、进货销货登记簿或者使用税控装置。

纳税人使用计算机记账的,应当在使用前将会计电算化系统的会计核算软件、使用说明书及有关资料报送主管税务机关备案。纳税人、扣缴义务人会计制度健全,能够通过计算机正确、完整计算其收入和所得或者代扣代缴、代收代缴税款情况的,其计算机输出的完整的书面会计记录,可视同会计账簿。纳税人、扣缴义务人会计制度不健全,不能通过计算机正确、完整计算其收入和所得或者代扣代缴、代收代缴税款情况的,应当建立总账及与纳税或者代扣代缴、代收代缴税款有关的其他账簿。

2. 账簿、凭证的使用和保管

账簿、凭证必须依据有关法律规定进行使用和保管。其中,从事生产、经营的纳税人、扣缴义务人必须按照国务院财政、税务主管部门规定的期限保管账簿、记账凭证、完税凭证及其他有关资料。自 2016 年 1 月 1 日起,按照新的《会计档案管理办法》原始凭证、记账凭证的保存期限由 15 年变为 30 年,总账、明细账的保存期限由 15 年变为 30 年。上述需保管的资料不得伪造、变造或者擅自损毁。保存期满需要销毁时,应编制销毁清册,经主管税务机关批准后方可销毁。另外,为了加强对凭证,尤其是其中发票的保管,财政部专门发布了《中华人民共和国发票管理办法》,足见发票在整个税收征管中的重要地位。

三、纳税申报

纳税申报是纳税人按照税法规定的期限和内容,向税务机关提交有关纳税事项书面报告的法律行为,是纳税人履行纳税义务、界定纳税人法律责任的主要依据,是税务机关税收管理信息的主要来源和税务管理的重要制度。纳税申报是连接税务机关与纳税人的重要纽带,是建立税收征纳关系的重要环节。

(一) 纳税申报的对象

纳税申报的对象包括纳税人和扣缴义务人。纳税人在纳税期内没有应纳税款的,也应当按照规定办理纳税申报。纳税人享受减税、免税待遇的,在减税、免税期间应当按照规定办理纳税申报。

(二) 纳税申报的内容

纳税申报的内容主要在各税种的纳税申报表和代扣代缴、代收代缴税款报告表中体现,还有的在随纳税申报表附报的财务报表和有关纳税资料中体现。纳税人和扣缴义务人的纳税申报和代扣代缴、代收代缴税款报告的主要内容包括:税种、税目;应纳税项目或者应代扣代缴、代收代缴税款项目;计税依据;扣除项目及标准;适用税率或者单位税额;应退税项目及税额、应减免税项目及税额;应纳税额或者应代扣代缴、代收代缴额;税款所属期限、延期缴纳税款、欠税、滞纳金等。

(三) 纳税申报的期限

《中华人民共和国税收管理征收办法》规定纳税人和扣缴义务人都必须按照法定的期限办理纳税申报。申报期限有两种:一种是法律、行政法规明确规定的;另一种是税务机关按照法律、行政法规的原则规定,结合纳税人生产经营的实际情况及其所应缴纳的税种等相关问题予以确定的。两种期限具有同等的法律效力。

(四) 纳税申报的要求

纳税人办理纳税申报时，应当如实填写纳税申报表，并根据不同的情况相应报送下列有关证件、资料：财务会计报表及其说明材料；与纳税有关的合同、协议书及凭证；税控装置的电子报税资料；外出经营活动税收管理证明和异地完税凭证；境内或者境外公证机构出具的有关证明文件；税务机关规定应当报送的其他有关证件、资料。

扣缴义务人办理代扣代缴、代收代缴税款报告时，应当如实填写代扣代缴、代收代缴税款报告表，并报送代扣代缴、代收代缴税款的合法凭证以及税务机关规定的其他有关证件、资料。

(五) 纳税申报的方式

纳税人、扣缴义务人可以直接到税务机关办理纳税申报或者报送代扣代缴、代收代缴税款报告表，也可以按照规定采取邮寄、数据电文或者其他方式办理上述申报、报送事项。目前，纳税申报的形式主要有以下三种：

(1) 直接申报，指纳税人自行到税务机关办理纳税申报。

(2) 邮寄申报，指经税务机关批准的纳税人使用统一规定的纳税申报特快专递专用信封，通过邮政部门办理交寄手续，并向邮政部门索取收据作为申报凭据的方式。邮寄申报以寄出的邮戳日期为实际申报日期。

(3) 数据电文申报，指通过经税务机关确定的电话语音、电子数据交换和网络传输等电子方式办理纳税申报。例如目前纳税人的网上申报，就属于数据电文申报。

纳税人采取电子方式办理纳税申报的，应当按照税务机关规定的期限和要求保存有关资料，并定期书面报送主管税务机关。纳税人、扣缴义务人采取数据电文方式办理纳税申报的，其申报日期以税务机关计算机网络系统收到该数据电文的时间为准。

除上述方式外，实行定期定额缴纳税款的纳税人，可以实行简易申报、简并征期等申报纳税方式。"简易申报"是指实行定期定额缴纳税款的纳税人在法律、行政法规规定的期限内，或税务机关依据法规的规定确定的期限内缴纳税款的，税务机关可以视同申报；"简并征期"是指实行定期定额缴纳税款的纳税人，经税务机关批准，可以采取将纳税期限合并为按季、半年、年的方式缴纳税款。

(六) 延期申报管理

延期申报是指纳税人、扣缴义务人不能按照税法规定的期限办理纳税申报或者扣缴税款报告。

纳税人因有特殊情况，不能按期进行纳税申报的，经县以上税务机关核准，可以延期申报。但应当在规定的期限内向税务机关提出书面延期申请，经税务机关核准，在核准的期限内办理。如纳税人、扣缴义务人因不可抗力，不能按期办理纳税申报或者报送代扣代缴、代收代缴税款报告表的，可以延期办理，但应当在不可抗力情形消除后立即向税务机关报告。

经核准延期办理纳税申报的，应当在纳税期内按照上期实际缴纳的税额或者税务机关核定的税额预缴税款，并在核准的延期内办理纳税结算。

四、税款缴纳

税款缴纳是纳税程序的关键环节。在纳税程序中，税务登记与纳税申报相对于税款缴纳来说，仍是前期准备活动，只有将应纳税款最终缴入国库，纳税人所履行的纳税义务才得以实现。

由于纳税人生产经营的特点不同，取得收入的方式也不相同，核算的方法与水平不同，因而缴纳税款的方式也不相同，一般有以下几种方式。

(一) 按查账征收方式缴纳税款

查账征收是指税务机关根据纳税人提供的会计资料所反映的情况，依照税法相关规定计算征收税款的一种方式。该方式适用于经营规模较大、财务会计制度健全，能够如实核算和提供生产经营状况，并能正确计算税款，如实履行纳税义务的纳税单位。实施查账征收的纳税人，可以采取自报自缴方式，即由纳税人自行计算申报应纳税款、自行填写缴款书、自行向当地银行缴纳税款。也可以采取自报核缴方式，即由纳税人自行计算申报应纳税款后，经税务机关审核并开具缴款书，由纳税人据以向当地银行缴纳入库。

(二) 按查定征收方式缴纳税款

查定征收是指税务机关根据纳税人的从业人员、生产设备、原材料耗用情况等因素，查实核定其在正常生产经营条件下应税产品的数量、销售额，并据以征税的一种方式。该方式适用于会计账册不健全，但是能够控制原材料或进销货的纳税单位。

(三) 按查验征收方式缴纳税款

查验征收是指税务机关对纳税人的应税商品，通过查验数量，按市场销售价格计算其销售额并据以征税的一种方式。该方式适用于经营品种比较单一、经营地点、时间和商品来源不固定的纳税单位。

(四) 按定期定额征收方式缴纳税款

定期定额征收是指税务机关通过典型调查，逐户确定营业额和所得额并据以征税的方式。该方式一般适用于无完整考核依据的小型纳税单位。

(五) 代扣代缴、代收代缴税款

代扣代缴、代收代缴是指扣缴义务人在向纳税人支付或收取款项时，对纳税人的应纳税额依法代为扣缴或收缴的征收方式。这种方式有利于加强税收的源泉控制，降低征税成本，但税务机关应按税法规定向扣缴义务人支付一定的手续费。

(六) 委托代征税款

1. 委托代征的定义

委托代征是指税务机关委托代征人以税务机关的名义征收税款，并将税款缴入国库的方式。该方式通常适用于小额、零散税源的征收。

　　企业应按照税法规定，如实缴纳税款，并正确进行会计处理。总之，纳税会计人员在办理具体纳税工作的同时，还必须不定期地进行企业纳税自检，规范正确地填报增值税一般纳税人资格登记表(见表1-1)，进行税务登记。

表1-1　增值税一般纳税人资格登记表

纳税人名称			纳税人识别号		
法定代表人(负责人、业主)		证件名称及号码	身份证 xxxxxxxxx	联系电话	
财务负责人		证件名称及号码	身 份 证 xxxxxxxxx	联系电话	
办税人员		证件名称及号码	身 份 证 xxxxxxxxx	联系电话	
税务登记日期					
生产经营地址					
注册地址					
纳税人类别：企业□　　非企业性单位□　个体工商户□　其他□					
主营业务类别：工业□　　商业□　　服务业□　　其他□					
会计核算健全：是□					
一般纳税人资格生效之日：当月1日□　　　　次月1日□					
纳税人(代理人)承诺： 上述各项内容真实、可靠、完整。如有虚假，愿意承担相关法律责任。 　　　　经办人：　　　法定代表人：　　代理人：　　　　(签章) 　　　　　　　　　　　　　　　　　　　　　　　　　年　月　日					
以下由税务机关填写					
主管税务 机关 受理情况	受理人：　　　　　　　　　　　　　主管税务机关(章) 　　　　　　　　　　　　　　　　　　年　月　日				

　　填表说明：① 本表由纳税人如实填写。② 表中"证件名称及号码"相关栏次，根据纳税人的法定代表人、财务负责人、办税人员的居民身份证、护照等有效身份证件及号码填写。③ 表中"一般纳税人资格生效之日"由纳税人自行勾选。④ 主管税务机关(章)指各办税服务厅业务专用章。⑤ 本表一式二份，主管税务机关和纳税人各留存一份。

2. 列出附送税务机关的相关资料清单

纳税人在办理税务登记时，应当根据不同情况向税务机关如实提供以下证件和资料：

(1) 工商营业执照或其他核准执业证件。

(2) 有关合同、章程、协议书。

(3) 组织机构统一代码证书。

(4) 法定代表人或负责人或业主的居民身份证、护照或者其他合法证件。

(5) 主管税务机关要求提供的其他有关证件、资料。

(6) 税务机关要求提供的其他资料，如表 1-2～表 1-5 所示。

表 1-2　普通发票领购簿申请审批表

纳税人识别号：☐☐☐☐☐☐☐☐☐☐☐☐☐☐☐

企业编码：☐☐☐☐☐☐☐

纳税人名称：×××××××

发票名称	联次	金额版	文字版	数量	每月用量
产品销售发票					

申请理由： 申请人签章： 办税人员签章：　　年 月 日	申请人财务专用章或发票专印模用章

以下税务机关填写					
发票名称	规格	联次	金额版	文字版	数量	每次限购数量
购票方式				保管方式		

主管税务机关发票管理环节审批意见：

(公章)

负责人：　　　　　经办人：　　　　　　　　　年　　　月　　　日

注：① 本表系纳税人初次购票前及因经营范围变化等原因，需增减发票种类数量时填写；

　　② 经审批同意后，有关发票内容填写在《普通发票领购簿》中。

表1-3 领取增值税专用发票领购簿申请书

国家税务局：　　　　　　　　　企业编码：　　　　　　□□□□□□□

我单位已于_____年__月___日被认定为增值税一般纳税人。

纳税人识别号：　□□□□□□□□□□□□□□□□□□□

现申请购买增值发票。

发票名称	发票代码	联次	每次领购最大数量
增值税专用发票			

为做好专用发票的领购工作，我单位特指定_____(身份证号：　　　　　)

_____位同志为购票员。

　我单位将建立健全专用发票管理制度，严格遵守有关专用发票领购、使用、保管的法律和法规。

法定代表人(负责人)(签章)：

申请单位(签章)　　　　　　　　　　　　　　　　　　年　　月　　日

主管税务机关审核意见：

(公章)

年　　月　　日

主管税务机关审核意见：

(公章)

年　　月　　日

注：本表一式三份，一份纳税人留存，各级税务机关留存一份。

表 1-4 最高开票限额申请表

申请事项 (由企业 填写)	企业名称		税务登记代码	
	地址		联系电话	
	申请最高 开票限额	☐ 一亿元　　☐ 一千万元　　☐ 一百万元 ☐ 十万元　　☐ 一万元　　☐ 一千元		
	经办人(签字):　　　　　　　　　　　企业(印章): 　　　年　月　日　　　　　　　　　年　月　日			
区县级 税务机 关意见	批准最高开票限额: 经办人(签字)　　　　批准人(签字);　　　　税务机关(印章) 年　月　日　　　年　月　日　　　　年　月　日			
地市级 税务机 关意见	批准最高开票限额: 经办人(签字)　　　　批准人(签字);　　　　税务机关(印章) 年　月　日　　　年　月　日　　　　年　月　日			
省级税务 机关意见	批准最高开票限额: 经办人(签字)　　　　批准人(签字);　　　　税务机关(印章) 年　月　日　　　年　月　日　　　　年　月　日			

注:本申请表一式两联,第一联,申请企业留存;第二联,区县级税务机关留存。

表 1-5 增值税专用发票

湖南增值税专用发票

4300102170

此联不作报销、抵扣税凭证使用

№ 00120572

开票日期: 年 月 日

记账联

购货单位	名　　　称:		密码区	215-1<42>1	加密板本:
	纳税人识别号:			3<2236 = 124-83	01
	地址、电话:			>-×24 = 241	4300102170
	开户行及账号:				00120572

综合练习题

一、名词解释

税务会计　"五证合一、一照一码"

二、简答题

1. 简述税务会计与财务会计的关系。

2. 税务会计的特点有哪些?

3. 简述税务会计的基本前提。

4. 税务会计的原则有哪些?

三、单项选择题

1. 税收的本质是(　　)。

A. 正确处理国家与纳税人之间因税收而产生的税收法律关系和社会关系

B. 保证征税机关的权利

C. 一种分配关系

D. 为纳税人和征税单位履行义务给出规范

2. 对税收法律关系中纳税主体的确定,我国采用的是(　　)。

A. 属地原则　　　　　　　　　B. 属人原则

C. 属地兼属人原则　　　　　　D. 综合分类原则

3. 从税收法律关系的构成来看,(　　)是税收法律关系中最实质的东西,也是税法的灵魂。

A. 税收法律关系的主体　　　　B. 税收法律关系的客体

C. 税收法律关系的内容　　　　D. 税收法律关系中的纳税人

4. 下列说法中,错误的是(　　)。

A. 税法在性质上属于公法,但具有一些私法的属性

B. 税法具有行政法的一般特性

C. 涉及税收征纳关系的问题,如果符合民法中的规定,可以按照民法的规定进行处理

D. 税法是国家法律的组成部分,是依据宪法的原则制定的

5. 下列各项中,属于税法基本原则的核心的是(　　)。

A. 税收法定原则　　　　　　　B. 税收公平原则

C. 税收效率原则　　　　　　　D. 实质课税原则

6. 一部新法实施后,对新法实施之前人们的行为不得适用新法,而只能沿用旧法,这体现了税法适用原则中的(　　)。

A. 实体从旧、程序从新原则　　B. 新法优于旧法原则

C. 特别法优于普通法原则　　　D. 法律不溯及既往原则

7. 下列关于征税对象、税目、税基的说法中,不正确的是(　　)。

A. 征税对象又叫课税对象,决定着某一种税的基本征税范围,也决定了各个不同税种的名称

B. 税基又叫计税依据,是据以计算征税对象应纳税款的直接数量依据,它解决对征税对象课税的计算问题,是对课税对象的量的规定

C. 税目是在税法中对征税对象分类规定的具体的征税项目,反映具体的征税范围,是对课税对象质的界定

D. 我国对所有的税种都设置了税目

8. 下列关于税法要素的说法中，不正确的是(   )。

A. 税率是计算税额的尺度

B. 税率是衡量税负轻重与否的重要标志

C. 征税对象是对税率的征收额度

D. 征税对象是区别一种税与另一种税的重要标志

9. 下列关于我国税收立法权划分层次的表述中，不正确的是(   )。

A. 经国务院授权，国家税务主管部门有税收条例的解释权和制定税收条例实施细则的权力

B. 地区性地方税收的立法权属于县级及其以上立法机关

C. 经全国人大及其常委会授权，国务院有税法的解释权

D. 经全国人大及其常委会授权，国务院有制定税法实施细则的权力

10. 我国目前税制基本上是以(   )的税制结构。

A. 直接税为主体　　　　　　　B. 间接税为主体

C. 间接税和直接税为双主体　　D. 多种税种结合

11. 下列属于地方税务局系统负责征收和管理的税种是(   )。

A. 消费税　　　　　　　　　　B. 关税

C. 车辆购置税　　　　　　　　D. 房产税

12. 下列税收收入中，不属于地方政府固定收入的是(   )。

A. 土地增值税　　　　　　　　B. 车船税

C. 增值税　　　　　　　　　　D. 城镇土地使用税

13. 下列各项中，不属于纳税人、扣缴义务人权利的是(   )。

A. 要求税务机关为纳税人、扣缴义务人的商业秘密及个人隐私保密

B. 纳税人依法享有申请减税、免税、退税的权利

C. 纳税人、扣缴义务人有权控告和检举税务人员的违法违纪行为

D. 要求税务机关为纳税人、扣缴义务人的税收违法行为保密

14. 股份公司的公司利润和股息红利所得属于同源所得，在对二者同时征税的情况下，必然会带来重复征税的问题。当这种情况中的征税主体是两个或两个以上的国家时，重复征税即成为(   )。

A. 经济性国际重复征税　　　　B. 法律性国际重复征税

C. 税制性国际重复征税　　　　D. 社会文化性国际重复征税

15. 下列各项中，属于国际重复征税的根本原因的是(   )。

A. 纳税人所得或收益的国际化　B. 各国行使的税收管辖权的重叠

C. 各国所得税制的普遍化　　　D. 国际税收协定

四、多项选择题

1. 税法具有(   )的特点。

A. 义务性法规　　　B. 综合性法规　　　C. 权利性法规　　　D. 分类性法规

2. 下列属于税收法律关系主体的有(   )。

A. 国家各级税务机关

B. 海关

C. 履行纳税义务的外国企业

D. 履行纳税义务的自然人

3. 下列选项中，属于税法适用原则的有(　　)。

A. 实体从新、程序从旧原则

B. 特别法优于普通法原则

C. 新法优于旧法原则

D. 法律优位原则

4. 以下各项中，属于我国税收立法原则的有(　　)。

A. 从实际出发的原则

B. 民主决策的原则

C. 原则性与灵活性相结合的原则

D. 法律的稳定性、连续性与废、改、立相结合的原则

5. 下列各项税收法律法规中，属于国务院制定的税收行政法规的有(　　)。

A. 《企业所得税法实施条例》

B. 《企业所得税法》

C. 《税收征收管理法实施细则》

D. 《个人所得税法》

6. 下列各项中，有权制定税收部门规章的税务主管机关有(　　)。

A. 国家税务总局

B. 财政部

C. 国务院办公厅

D. 海关总署

7. 下列税种中，属于财产和行为税的有(　　)。

A. 企业所得税

B. 个人所得税

C. 车船税

D. 房产税

8. 下列税种中，属于间接税的有(　　)。

A. 增值税

B. 消费税

C. 关税

D. 个人所得税

9. 下列关于税款征收管理权限划分的说法中，正确的有(　　)。

A. 地方自行立法的地区性税种，其管理权由省级人民政府及其税务主管部门掌握

B. 除少数民族自治地区和经济特区外，各地均不得擅自停征全国性的地方税种

C. 经济特区、少数民族自治地区可以自行制定涉外税收的优惠政策

D. 经全国人大及其常委会和国务院批准，民族自治区可以拥有某些特殊的税收管理权

10. 下列税收收入中，属于中央政府和地方政府共享收入的有(　　)。

A. 印花税

B. 车辆购置税

C. 资源税

D. 城市维护建设税

11. 中共中央办公厅、国务院办公厅于 2015 年 11 月印发了《深化国税、地税征管体制改革方案》，方案中提出改革的基本原则要坚持(　　)。

A. 依法治税

B. 便民办税

C. 科学效能   D. 协同共治

12. 税务人员在核定应纳税额、调整税收定额、进行税务检查、实施税务行政处罚、办理税务行政复议时，与纳税人、扣缴义务人或者其法定代表人、直接责任人有下列( )关系的，应当回避。

A. 夫妻   B. 兄弟姐妹

C. 岳父和女婿   D. 父子

13. 由于在国际税收领域，各国行使征税权力所采取的原则不尽相同，因此各自所确立的税收管辖权范围和内容也有所不同。目前世界上的税收管辖权大致可以分为( )。

A. 居民管辖权   B. 地域管辖权

C. 公民管辖权   D. 国家管辖权

14. 下列关于国际税收协定和国际避税的表述中，正确的有( )。

A. 国际税收协定是以国内税法为基础的

B. 国际双重征税的免除，是签订国际税收协定的重要内容，也是国际税收协定的首要任务

C. 避免或防止国际间的偷税、逃税和避税，是国际税收协定的主要内容之一，其采取的措施主要有情报交换和转让定价

D. 国际避税是一种不违法行为，因此该行为不会给政府税收收入造成有害后果

第二章

增值税及其会计处理

导言

增值税是以商品在各个流通环节中新增加的价值，即增值额为课税对象而征收的一种税。增值税既能普遍征收，又能克服重复征税，显示出强大的生命力。增值税自法国成功推行以来，短短 50 多年便风靡全球，成为一个国际税种。我国自 1994 年税制改革以来，增值税税收收入便成为财政收入来源最大的税种，占据全国税收收入近一半。在财政部发布的《企业会计准则—应用指南》附录会计科目与主要账务处理中，一般税种仅设置一个二级科目，唯有增值税不但设置了二级科目，而且要求列示三级明细专栏。你能理解其中的缘由吗？通过本章增值税税款的计算、会计核算与增值税纳税申报等典型工作任务的操作与学习，你会得到满意的答案。

学习目标

(1) 熟悉增值税法的基本内容；

(2) 重点掌握一般纳税人增值税销项税额、进项税额和应纳税额的计算；

(3) 熟练掌握一般纳税人增值税核算科目的设置及相关业务的会计处理；

(4) 掌握小规模纳税人增值税应纳税额的计算、核算科目的设置及相关业务的会计处理。

能力目标

(1) 能根据业务资料计算一般纳税人与小规模纳税人的应纳增值税额；

(2) 能根据业务资料进行增值税一般纳税人与小规模纳税人的增值税业务的财务处理；

(3) 能根据业务资料准确填写增值税一般纳税人与小规模纳税人纳税申报表，并能进行增值税网上申报。

第一节 增值税的基本内容

工作实例

湖南山河实业有限公司是一家综合类食品加工企业,常年生产山河牌核桃乳、山河牌核桃蛋白乳和山河牌核桃巧克力乳。企业按照《企业会计准则》进行会计核算,是增值税一般纳税人,增值税税率为13%,按月缴纳增值税,存货采用实际成本计价,包装物单独核算。

2019年7月发生如下经济业务。

(1) 7月3日购入核桃仁一批,货物专用发票注明价款500 000元,税额65 000元,发生货物运输费用19 100元,取得货物运输业增值税专用发票,核桃仁已清点入库,货款及运费以银行存款支付。专用发票当即到税务机关认证。

(2) 7月4日从外省购入香辛料和可可脂两种原材料,其中从山西购入的香辛料不含税总价为640 000元,发生铁路运输费3 270元,取得运输费结算单据一张,全部款项以银行存款支付,原材料尚未到达,货物专用发票与铁路运输费结算单据已到,但月末尚未去认证和申请抵扣。从浙江宏图公司购入的可可脂15 000千克,合同规定单价4元,尚未收到专用发票等结算凭证,货款尚未支付,原材料已到达,并已验收入库。

(3) 7月5日从雨花包装箱厂(小规模纳税人)购入纸箱一批,取得的普通发票注明金额为3090元,货物验收入库,货款已全部支付。

(4) 7月6日外购食品包装机一台,取得增值税专用发票,注明价款100 000元,增值税额13 000元,发生运输费用3 000元,取得运输费普通发票一张,对专用发票进行了认证。食品包装机当即投入二车间使用,全部款项已支付。

(5) 7月8日用支票直接向农场收购用于生产加工的核桃干果一批,已验收入库,经税务机关批准的收购凭证上注明价款为100 000元。

(6) 7月9日从山西购入的香辛料已到,验收入库,对香辛料专用发票进行了认证,运输费结算单据申请抵扣进项税额270元。

(7) 7月10日委托茂华加工厂加工易拉罐一批,铝料上月已发出,本月用支票支付加工费,取得增值税专用发票,注明加工费2 000元,增值税额260元,对专用发票进行了认证。

(8) 7月11日购入比亚迪轿车5台奖励给公司先进个人,取得增值税专用发票,价款350 000元,税款45 500元,价税合计395 500元,用转账支票付款。

(9) 7月12日缴纳上月增值税79 800元。

(10) 7月12日向小规模纳税人金泰公司售出多余的食品添加剂一批,开出28 250元的普通支票,取得支票存入银行。

(11) 7月13日向星波旺公司销售核桃乳产品一批,合同金额为600 000元,15日收到星波旺公司预付货款300 000元。合同约定18日发货,同时开具增值税专用发票,注明销售额510 000元,增值税额66 300元,要求公司收到货物和发票后补齐剩余款项。

(12) 7月14日向怡清园公司以分期收款方式销售核桃蛋白乳产品10件，每件200听，每件不含税价格60 000元，该产品成本为420 000元，货已经发出。按合同规定货款分3个月付清，本月19日为一次约定付款日，开出增值税专用发票注明销售额200 000元，货款尚未收到。

(13) 7月16日从友谊商城收到委托代销清单，销售核桃蛋白乳产品5件，每件60 000元，增值税税率为13%，对方按价款的5%收取手续费。开具专用发票一张，结算货款，收到支票一张存入银行。

(14) 7月17日销售给蓝星公司核桃乳产品6件，每件42 000元，货款252 000元，税款32 760元；随同产品一起售出包装箱60个，不含税价每个75元，货款4 500元，税款585元。共开具一张专用发票，收到金额为289 845元的一张转账支票送存银行。

(15) 7月19日将一批核桃巧克力乳产品发放给公司工程建设工人做奖金，实际成本共计60 000元，当月核桃巧克力产品的售价在78 000~82 000元间浮动，以平均售价入账，未开具发票。

(16) 7月20日将价值80 000元的上月外购的铝料移送本企业修缮职工食堂工程使用。

(17) 7月21日将4件价值160 000元(税务机关认定的计税价格为200 000元)的核桃蛋白乳产无偿捐赠给新化县希望工程，开具增值税专用发票。

(18) 7月26日一车间对外提供加工服务，收取劳务费11 300元(含税)，开具普通发票。

(19) 7月27日公司上月销售的核桃乳产品5件发生销售退回，价款198 000元，应退增值税25 740元。企业收到购货方寄来的税务机关的"开具红字发票通知单"，开出红字增值税专用发票，并以银行存款支付退货款项。

(20) 月末盘存发现2016年7月购入的3 000千克加工易拉罐用材料被盗，金额31 500元(其中含分摊的运输费用5 000元)，经批准作为营业外支由处理。

(注：假设办税员于2019年8月10日进行增值税申报工作。)

★ 行家提示：

1. 自2010年1月1日后，增值税一般纳税人取得的增值税专用发票(含货物运输业增值税专用发票、税控机动车销售统一发票)，应在开具之日180日内到税务机关办理以证，并在认证通过的次月申报期内，向主管税会机关申报抵扣进项税额，否则不予抵扣进项税额。

2. 自2013年8月1日起，增值税一般纳税人购入自用的应征消费税的摩托车、汽车、游艇等，其进项税额准予从销项税额中抵扣。属于个人消费的(如奖励个人和用于交际的费用)，则不能抵扣。

3. 从2009年1月1日起，从事废旧物资回收经营业务的增值税一般纳税人，使用发票的规定与其他增值税一般纳税人完全一样。收购废旧物资时，如果对方为一般纳税人，由对方开具专用发票，据以认证抵扣进项税额，抵扣率为17%；如果对方为小规模纳税人，可由对方到税务机关代开专用发票，凭票抵扣3%的进项税额。

4. 企业购进货物后，由于各种原因，可能会发生全部退货或部分退货，以及进货折让等事项，核算时应分不同情况进行处理。

(1) 企业购进货物后尚未入账就发生退货或折让的，无论货物是否入库，必须将取得的扣税凭证主动退还给销售方注销或重新开具，不必进行任何会计处理。

(2) 企业进货后已做会计处理，发生退货或对方索取折让时，若专用发票的发票联和抵扣联无法退还，企业必须向当地主管税务机关申请开具"进货退出或折让证明单"送交销售方，作为销售方开具红字专用发票的合法依据。企业只有在收到销售方开来的红字专用发票后，才能按发票上注明的增值税税额，借记"应交税费——应交增值税(进项税额)"科目，按发票上注明的价款，借记"原材料"等科目，按价税合计数，贷记"应付账款"、"银行存款"等科目。

5. 外购运输劳务情形：

(1) 一般纳税人取得货物运输业增值税专用发票的，可直接凭发票经认证后抵扣进项税额。

(2) 一般纳税人购进或销售货物以及在生产经营过程中支付的运输费用，取得运输发票的，按照运输费用结算单据上注明的运输费用金额和11%的扣除率计算进项税额。

把工作实例放在前面，是为了让大家了解生产过程中的财务活动，带着问题去学习增值税知识。

一、增值税的概念及特点

增值税是以商品(含应税劳务和应税行为)在流转过程中产生的增值额为征税对象而征收的一种流转税。根据我国增值税法的规定，增值税是对我国境内销售货物，提供加工修理修配劳务(以下简称"应税劳务")，销售服务、无形资产或者不动产(以下简称"应税行为")以及进口货物的单位和个人，就其销售货物或提供应税劳务、销售应税行为的增值额和货物进口金额为计税依据而课征的一种流转税。

我国现行增值税法的基本规范，是 2008 年 11 月 5 日经国务院第 34 次常务会议修订通过，自 2009 年 1 月 1 日起施行的《中华人民共和国增值税暂行条例》。2008 年 12 月 15 日，财政部和国家税务总局公布了修订后的《中华人民共和国增值税暂行条例实施细则》，该细则也自 2009 年 1 月 1 日起施行。

2011 年 11 月 16 日，财政部和国家税务总局发布《营业税改征增值税试点方案》，明确从 2012 年 1 月 1 日起，在上海市交通运输业和部分现代服务业开展营业税改征增值税试点，正式拉开了营业税改增值税的序幕。2013 年 5 月 24 日，财政部、国家税务总局颁布关于在全国开展交通运输业和部分现代服务业营业税改征增值税试点税收政策的通知》(财税[2013]37 号)，规定自 2013 年 8 月 1 日起，在全国范围内开展交通运输业(不包括铁路运输)和部分现代服务业"营改增"试点。同时明确，前期试点的相关税收政策废止。2013 年 12 月 12 日，财政部、国家税务总局颁布《关于将铁路运输和邮政业纳入营业税改征增值税试点的通知》(财税[2013] 106 号)，明确自 2014 年 1 月 1 日起，在全国范围内开展铁路运输和邮政业"营改增"试点，至此，交通运输业已全部纳入"营改增"范围，财税[2013]37号文件自 2014 年 1 月 1 日起废止。2014 年 4 月 29 日，财政部、国家税务总局颁布《关于将电信业纳入营业税改征增值税试点的通知》(财税[2014]43 号)，自 2014 年 6 月 1 日起，电信业纳入营业税改征增值税试点。在中华人民共和国境内提供电信业服务的单位和个人为增值税纳税人，应当按照本通知和财税[2013]106 号文件的规定缴纳增值税，不再缴纳营业税。2016 年 3 月 23 日，财政部、国家税务总局发布《关于全面推开营业税改征增值税试点的通知》(财税[2016]36 号)，经国务院批准，自 2016 年 5 月 1 日起，在全国范围内全面推开营业税改征增值税(以下称"营改增")试点，建筑业、房地产业、金融业、生活服务业等全部营业税纳税人，纳入试点范围，由缴纳营业税改为缴纳增值税。之前的"营改增"文件，除另有规定的条款外，其余的相应废止。2019 年 3 月 21 日，财政部发布《关于深化增值税改革有关政策的公告》，增值税一般纳税人发生增值税应税销售行为或者进口货物，原适用 16%税率的，税率调整为 13%；原适用 10%税率的，税率调整为 9%。

增值税具有以下特点：价外税；对增值额征税，实行税款抵扣制，避免重复征税；多环节征税，税金计算具有连续性；间接税，税负现有转嫁性；税基广阔，具有征收的普遍性；将纳税人划分为一般纳税人和小规模纳税。

二、增值税的纳税人和扣缴义务人

(一) 纳税人的基本范围

根据《增值税暂行条例》和"营改增"的规定，凡在中华人民共和国境内(以下简称"境内")销售或者进口货物，提供加工修理修配劳务，销售服务、无形资产或者不动产的单位和个人都是增值税的纳税人。纳税人应当依照《增值税暂行条例》和"营改增"的规定缴纳增值税。

单位，是指企业、行政单位、事业单位、军事单位、社会团体及其他单位。

个人，是指个体工商户和其他个人。

单位以承包、承租、挂靠方式经营的，承包人、承租人、挂靠人(以下统称承包人)以发包人、出租人、被挂靠人(以下统称发包人)名义对外经营并由发包人承担相关法律责任的，该发包人为纳税人。否则，以承包人为纳税人。

在境内销售货物或者提供加工、修理修配劳务，是指销售货物的起运地或者所在地在境内，提供的应税劳务发生在境内。

在境内销售服务、无形资产或者不动产，是指：

(1) 服务(租赁不动产除外)或者无形资产(自然资源使用权除外)的销售方或者购买方在境内。

(2) 所销售或者租赁的不动产在境内。

(3) 所销售自然资源使用权的自然资源在境内。

(4) 财政部和国家税务总局规定的其他情形。

下列情形不属于在境内销售服务或者无形资产：

(1) 境外单位或者个人向境内单位或者个人销售完全在境外发生的服务。

(2) 境外单位或者个人向境内单位或者个人销售完全在境外使用的无形资产。

(3) 境外单位或者个人向境内单位或者个人出租完全在境外使用的有形动产。

(4) 财政部和国家税务总局规定的其他情形。

(二) 纳税人的划分及管理

为了严格增值税的征收管理，简化增值税的计算和征收，将增值税纳税人按会计处理和经营规模分为小规模纳税人和一般纳税人,两类纳税人分别采用不同的增值税计税方法。

1. **小规模纳税人**

小规模纳税人是指年应税销售额在规定标准以下,并且会计处理不健全,不能按规定报送有关税务资料的增值税纳税人。根据《增值税暂行条例实施细则》和"营改增"的规定小规模纳税人的标准为:

(1) 应税行为(即销售服务、无形资产或者不动产)年应税销售额在 500 万元以下(含本数)的。

(2) 从事货物生产或者提供应税劳务的纳税人,以及以从事货物生产或者提供应税劳务为主,并兼营货物批发或者零售的纳税人,年应税销售额在 50 万元以下(含本数)的。"以从事货物生产或者提供应税劳务为主",是指纳税人的年货物生产或者提供应税劳务的销售额占年应税销售额的比重在 50% 以上。

(3) 除上述规定以外的纳税人,年应税销售额在 80 万元以下(含本数)的。年应税销售额超过规定标准的其他个人不属于一般纳税人;年应税销售额超过规定标准不经常发生应税行为的单位和个体工商户可选择按照小规模纳税人纳税。

小规模纳税人实行简易办法征收增值税,其销售货物、劳务、服务、无形资产或者不动开具普通发票,一般不使用增值税专用发票,不能享有税款抵扣权。

小规模纳税人销售货物、提供应税劳务或者发生应税行为,如购买方索取增值税专用发票,小规模纳税人可以向主管税务机关申请代开。为保障全面推开"营改增"试点工作的顺利实施,方便纳税人发票的使用,税务总局决定开展增值税小规模纳税人自开增值税专用发票试点工作。截止到 2017 年 6 月 1 日,先后将住宿业、鉴证咨询业以及建筑业增值税小规模纳税人自行开具增值税专用发票纳入试点范围。全国范围内月销售额超过 3 万元(或季销售额超过 9 万元)的住宿业、鉴证咨询业以及建筑业增值税小规模纳税人(以下称自开发票试点纳税人),提供住宿服务、认证服务、鉴证服务、咨询服务、建筑服务、销售货物或发生其他增值税应税行为,需要开具增值税专用发票的,可通过增值税发票管理新系统自行开具。但上述自开发票试点纳税人销售其取得的不动产,需要开具增值税专用发票的,仍须向地税机关申请代开。自开发票试点纳税人所开具的增值税专用发票应缴纳的税款,应在规定的纳税申报期内,向主管国税机关申报纳税。

2. **一般纳税人**

根据国家税务总局《关于调整增值税一般纳税人管理有关事项的公告》,自 2015 年 4 月起,增值税一般纳税人资格实行登记制(取消对增值税一般纳税人资格认定审批事项),登记事项由增值税纳税人向其主管税务机关办理。公告明确纳税人只需携带税务登记证件,填写《增值税一般纳税人资格登记表》,就可以办理一般纳税人事项;在具体程序中取消税务机关审批环节,主管税务机关在对纳税人递交的登记资料信息进行核对确认后,纳税人即可取得一般纳税人资格;对年应税销售额未超过规定标准的纳税人,暂停执行"有固定的生产经营场所"的条件;另外,取消了税务机关实地查验环节,对符合登记要求的,一般予以当场办结。纳税人填报内容与税务登记信息不一致的,或者不符合填列要求的,税务机关应当场告知纳税人需要补正的内容。

(1) 年应税销售额超过财政部、国家税务总局规定的小规模纳税人标准的,除另有规定外，应当向主管税务机关办理一般纳税人资格登记。

(2) 年应税销售额未超过规定标准的纳税人以及新开业的纳税人，能够按照国家统一的会计制度设置账簿，根据合法、有效凭证核算，能够提供准确税务资料的，可以向主管税务机关办理一般纳税人资格登记，成为一般纳税人。

(3) 下列纳税人不办理一般纳税人资格登记：个体工商户以外的其他个人；选择按照小规模纳税人纳税的不经常发生应税行为的单位和个体工商户。

除财政部、国家税务总局另有规定外，纳税人自其选择的一般纳税人资格生效之日起，按照增值税一般计税方法计算应纳税额，并按照规定领用增值税专用发票。一般纳税人销售货物、劳务、服务、无形资产和不动产时，可开具增值税专用发票；在购进货物、劳务、服务、无形资产或者不动产时有权向销售方索取增值税专用发票或其他扣税凭证。

除国家税务总局另有规定外，一经登记为一般纳税人后，不得转为小规模纳税人。

有下列情形之一者，应当按照销售额和增值税税率计算应纳税额，不得抵扣进项税额，也不得使用增值税专用发票：① 纳税人会计处理不健全，或者不能够提供准确税务资料的；② 应当办理一般纳税人资格登记而未办理的。

(三) 增值税的扣缴义务人

境外单位或者个人在境内提供应税劳务或者发生应税行为，在境内未设有经营机构的，以其境内代理人为扣缴义务人；在境内没有代理人的，以购买方为扣缴义务人。财政部和国家税务总局另有规定的除外。

三、增值税的征税范围

(一) 征税范围的一般规定

1. 销售或者进口货物

货物是指有形动产，包括电力、热力、气体在内。销售货物是指有偿转让货物的所有权。进口货物是指申报进入中华人民共和国海关境内的货物。

2. 提供加工、修理修配劳务(应税劳务)

加工是指受托加工货物，即委托方提供原料及主要材料，受托方按照委托方的要求，制造货物并收取加工费的业务；修理修配是指受托方对损伤和丧失功能的货物进行修复，使其恢复原状和功能的业务。提供加工、修理修配劳务是指有偿提供加工、修理修配劳务。单位或者个体工商户聘用的员工为本单位或者雇主提供加工、修理修配劳务，不包括在内。

3. 销售服务、无形资产或者不动产(应税行为)

应税行为的具体范围，参见后面所附的"销售服务、无形资产、不动产注释"。

销售服务、无形资产或者不动产，是指有偿提供服务、有偿转让无形资产或者不动产，但属于下列非经营活动的情形除外：

(1) 行政单位收取的同时满足以下条件的政府性基金或者行政事业性收费：由国务院或者财政部批准设立的政府性基金，由国务院或者省级人民政府及其财政、价格主管部门批准设立的行政事业性收费；收取时开具省级以上(含省级)财政部门监(印)制的财政票据，所收款项全额上缴财政。

(2) 单位或者个体工商户聘用的员工为本单位或者雇主提供取得工资的服务。

(3) 单位或者个体工商户为聘用的员工提供服务。

(4) 财政部和国家税务总局规定的其他情形。营业税改征增值税包括：① 根据国家指令无偿提供的铁路运输服务、航空运输服务，属于《营业税改征增值税试点实施办法》第十四条(视同销售服务、无形资产或者不动产)规定的用于公益事业的服务。② 存款利息。③ 被保险人获得的保险赔付。④ 房地产主管部门或者其指定机构、公积金管理中心、开发企业以及物业管理单位代收的住宅专项维修资金。⑤ 在资产重组过程中，通过合并、分立、出售、置换等方式，将全部或者部分实物资产以及与其相关联的债权、负债和劳动力一并转让给其他单位和个人，其中涉及的货物、不动产、土地使用权转让行为。⑥ 各党派、共青团、工会、妇联、中科协、青联、台联、侨联收取党费、团费、会费，以及政府间国际组织收取的会费，这些项目均不征收增值税。

上述一般规定中所说的"有偿"，是指从购买方取得货币、货物或者其他经济利益。

附：

销售服务、无形资产、不动产注释

一、销售服务

销售服务，是指提供交通运输服务、邮政服务、电信服务、建筑服务、金融服务、现代服务、生活服务。

(一) 交通运输服务

交通运输服务，是指利用运输工具将货物或者旅客送达目的地，使其空间位置得到转移的业务活动，包括陆路运输服务、水路运输服务、航空运输服务和管道运输服务。

1. 陆路运输服务

陆路运输服务，是指通过陆路(地上或者地下)运送货物或者旅客的运输业务活动，包括铁路运输服务和其他陆路运输服务。

(1) 铁路运输服务，是指通过铁路运送货物或者旅客的运输业务活动。

(2) 其他陆路运输服务，是指铁路运输以外的陆路运输业务活动，包括公路运输、缆车运输、索道运输、地铁运输、城市轻轨运输等。

出租车公司向使用本公司自有出租车的出租车司机收取的管理费用，按照陆路运输服务缴纳增值税。

2. 水路运输服务

水路运输服务，是指通过江、河、湖、川等天然、人工水道或者海洋航道运送货物或者旅客的运输业务活动。

水路运输的程租、期租业务，属于水路运输服务。

程租业务，是指运输企业为租船人完成某一特定航次的运输任务并收取租赁费的业务。

期租业务，是指运输企业将配备有操作人员的船舶承租给他人使用一定期限，承租期内听候承租方调遣，不论是否经营，均按天向承租方收取租赁费，发生的固定费用均由船东负担的业务。

3. 航空运输服务

航空运输服务，是指通过空中航线运送货物或者旅客的运输业务活动。

航空运输的湿租业务属于航空运输服务。

湿租业务，是指航空运输企业将配备有机组人员的飞机承租给他人使用一定期限，承租期内听候承租方调遣，不论是否经营，均按一定标准向承租方收取租赁费，发生的固定费用由承租方承担的业务。

航天运输服务，按照航空运输服务缴纳增值税。

航天运输服务，是指利用火箭等载体将卫星、空间探测器等空间飞行器发射到空间轨道的业务活动。

4. 管道运输服务

管道运输服务，是指通过管道设施输送气体、液体、固体物质的运输业务活动。

无运输工具承运业务，按照交通运输服务缴纳增值税。

无运输工具承运业务，是指经营者以承运人身份与托运人签订运输服务合同，收取运费并承担承运人责任，然后委托实际承运人完成运输服务的经营活动。

(二) 邮政服务

邮政服务，是指中国邮政集团公司及其所属邮政企业提供邮件寄递、邮政汇兑和机要通信等邮政基本服务的业务活动，包括邮政普遍服务、邮政特殊服务和其他邮政服务。

(1) 邮政普遍服务。邮政普通服务，是指函件、包裹等邮件寄递，以及邮票发行、报刊发行和邮政汇兑等业活动。

函件，是指信函、印刷品、邮资封片卡、无名址函件和邮政小包等。

包裹，是指按照封装上的名址递送给特定个人或者单位的独立封装的物品，其重量不超五十千克，任何一边的尺寸不超过一百五十厘米，长、宽、高合计不超过三百厘米。

(2) 邮政特殊服务。邮政特殊服务，是指义务兵平常信函、机要通信、盲人读物和革命烈士遗物的寄递等业务活动。

(3) 其他邮政服务。其他邮政服务，是指邮册等邮品销售、邮政代理等业务活动。

(三) 电信服务

电信服务，是指利用有线、无线的电磁系统或者光电系统等各种通信网络资源，提供语音通话服务，传送、发射、接收或者应用图像、短信等电子数据和信息的业务活动，包括基础电信服务和增值电信服务。

(1) 基础电信服务。基础电信服务，是指利用固网、移动网、卫星、互联网，提供语音通话服务的业务活动，以及出租或者出售带宽、波长等网络元素的业务活动。

(2) 增值电信服务。增值电信服务，是指利用固网、移动网、卫星、互联网、有线电视网络，提供短信和彩信服务、电子数据和信息的传输及应用服务、互联网接入服务等业务活动。

卫星电视信号落地转接服务，按照增值电信服务缴纳增值税。

(四) 建筑服务

建筑服务，是指各类建筑物、构筑物及其附属设施的建造、修缮、装饰、线路、管道、设备、设施等的安装以及其他工程作业的业务活动，包括工程服务、安装服务、修缮服务、装饰服务和其他建筑服务。

(1) 工程服务。工程服务，是指新建、改建各种建筑物、构筑物的工程作业，包括与建筑物相连的各种设备或者支柱、操作平台的安装或者装设工程作业，以及各种窑炉和金属结构工程作业。

(2) 安装服务。安装服务是指生产设备、动力设备、起重设备、运输设备、传动设备、医疗实验设备以及其他各种设备、设施的装配、安置工程作业，包括与被安装设备相连的工作台、梯子、栏杆的装设工程作业，以及被安装设备的绝缘、防腐、保温、油漆等工程作业。

固定电话、有线电视、宽带、水、电、燃气、暖气等经营者向用户收取的安装费、初装费、开户费、扩容费以及类似收费，按照安装服务缴纳增值税。

(3) 修缮服务。修缮服务是指对建筑物、构筑物进行修补、加固、养护、改善，使之恢复原来的使用价值或者延长其使用期限的工程作业。

(4) 装饰服务。装饰服务是指对建筑物、构筑物进行修饰装修，使之美观或者具有特定用途的工程作业。

(5) 其他建筑服务。其他建筑服务是指上列工程作业之外的各种工程作业服务，如钻井(打井)、拆除建筑物或者构筑物、平整土地、园林绿化、疏浚(不包括航道疏浚)、建筑物平移、搭脚手架、爆破、矿山穿孔、表面附着物(包括岩层、土层、沙层等)剥离和清理等工程作业。

(五) 金融服务

金融服务，是指经营金融保险的业务活动，包括贷款服务、直接收费金融服务、保险服务和金融商品转让。

(1) 贷款服务。贷款是指将资金贷与他人使用而取得利息收入的业务活动。

各种占用、拆借资金取得的收入，包括金融商品持有期间(含到期)利息(保本收益报酬、资金占用费、补偿金等)收入、信用卡透支利息收入、买入返利金融商品利息收入、融资融券收取的利息收入，以及融资性售后回租、押汇、罚息、票据贴现、转贷等业务取得的利息及利息性质的收入，按照贷款服务缴纳增值税。

融资性售后回租，是指承租方以融资为目的，将资产出售给从事融资性售后回租业务的企业后，从事融资性售后回租业务的企业将该资产出租给承租方的业务活动。

以货币资金投资收取的固定利润或者保底利润，按照贷款服务缴纳增值税。

(2) 直接收费金融服务。直接收费金融服务是指为货币资金融通及其他金融业务提供相关服务并且收取费用的业务活动，包括提供货币兑换、账户管理、电子银行、信用卡、信用证、财务担保、资产管理、基金管理、金融交易场所(平台)管理、资金结算、资金清算、金融支付等服务。

(3) 保险服务。保险服务是指投保人根据合同约定，向保险人支付保险费，保险人对于合同约定的可能发生的事故因其发生所造成的财产损失承担赔偿保险金责任，或者当被保险人死亡、伤残、疾病或者达到合同约定为年龄、期限等条件时承担给付保险金责任的商业保险行为，包括人身保险服务和财产保险服务。

人身保险服务，是指以人的寿命和身体为保险标的的保险业务活动。

财产保险服务，是指以财产及其有关利益为保险标的的保险业务活动。

(4) 金融商品转让。金融商品转让，是指转让外汇、有价证券、非货物期货和其他金融商品所有权的业务活动。

其他金融商品转让包括基金、信托、理财产品等各类资产管理产品和各种金融衍生品的转让。

(六) 现代服务

现代服务，是指围绕制造业、文化产业、现代物流产业等提供技术性、知识性服务的业务活动，包括研发和技术服务、信息技术服务、文化创意服务、物流辅助服务、租赁服务、鉴证咨询服务、广播影视服务、商务辅助服务和其他现代服务。

1. 研发和技术服务

研发和技术服务，包括研发服务、合同能源管理服务、工程勘察勘探服务、专业技术服务。

(1) 研发服务也称技术开发服务，是指就新技术、新产品、新工艺或者新材料及其系统进行研究与试验开发的业务活动。

(2) 合同能源管理服务，是指节能服务公司与用能单位以契约形式约定节能目标，节能服务公司提供必要的服务，用能单位以节能效果支付节能服务公司投入及其合理报酬的业务活动。

(3) 工程勘察勘探服务，是指在采矿、工程施工前后，对地形、地质构造、地下资源蕴藏情况进行实地调查的业务活动。

(4) 专业技术服务，是指气象服务、地震服务、海洋服务、测绘服务、城市规划、环境与生态监测服务等专项技术服务。

2. 信息技术服务

信息技术服务，是指利用计算机、通信网络等技术对信息进行生产、收集、处理、加工、存储、运输、检索和利用，并提供信息服务的业务活动，包括软件服务、电路设计及测试服务、信息系统服务、业务流程管理服务和信息系统增值服务。

(1) 软件服务，是指提供软件开发服务、软件维护服务、软件测试服务的业务活动。

(2) 电路设计及测试服务，是指提供集成电路和电子电路产品设计、测试及相关技术支持服务的业务活动。

(3) 信息系统服务，是指提供信息系统集成、网络管理、网站内容维护、桌面管理与维护、信息系统应用、基础信息技术管理平台整合、信息技术基础设施管理、数据中心、托管中心、信息安全服务、在线杀毒、虚拟主机等业务活动，包括网站对非自有的网络游戏提供的网络运营服务。

(4) 业务流程管理服务，是指依托信息技术提供的人力资源管理、财务经济管理、审计管理、税务管理、物流信息管理、经营信息管理和呼叫中心等服务的活动。

(5) 信息系统增值服务，是指利用信息系统资源为用户附加提供的信息技术服务，包括数据处理、分析和整合、数据库管理、数据备份、数据存储、容灾服务、电子商务平台等。

3. 文化创意服务

文化创意服务，包括设计服务、知识产权服务、广告服务和会议展览服务。

(1) 设计服务，是指把计划、规划、设想通过文字、语言、图画、声音、视觉等形式传递出来的业务活动，包括工业设计、内部管理设计、业务运作设计、供应链设计、造型设计、服装设计、环境设计、平面设计、包装设计、动漫设计、网游设计、展示设计、网站设计、机械设计、工程设计、广告设计、创意策划、文印晒图等。

(2) 知识产权服务，是指处理知识产权事务的业务活动，包括对专利、商标、著作权、软件、集成电路布图设计的登记、鉴定、评估、认证、检索服务。

(3) 广告服务，是指利用图书、报纸、杂志、广播、电视、电影、幻灯、路牌、招贴、橱窗、霓虹灯、灯箱、互联网等各种形式为客户的商品、经营服务项目、文体节目或者通告、声明等委托事项进行宣传和提供相关服务的业务活动，包括广告代理和广告的发布、播映、宣传、展示等。

(4) 会议展览服务，是指为商品流通、促销、展示、经贸洽谈、民间交流、企业沟通、国际往来等举办或者组织安排的各类展览和会议的业务活动。

宾馆、旅馆、旅社、度假村和其他经营性住宿场所提供会议场地及配套服务的活动，按照"会议展览服务"缴纳增值税。

4. 物流辅助服务

物流辅助服务，包括航空服务、港口码头服务、货运客运场站服务、打捞救助服务、装卸搬运服务、仓储服务和收派服务。

(1) 航空服务，包括航空地面服务和通用航空服务。

航空地面服务，是指航空公司、飞机场、民航管理局、航站等向在境内机场停留的境内外飞机或者其他飞行器提供的导航等劳务性地面服务的业务活动，包括旅客安全检查服务、停机坪管理服务、机场候机厅管理服务、飞机清洗消毒服务、空中飞行管理服务、飞机起降服务、飞行通信服务、地面信号服务、飞机安全服务、飞机跑道管理服务、空中交通管理服务等。

通用航空服务，是指为专业工作提供飞行服务的业务活动，包括航空摄影、航空培训、航空测量、航空勘探、航空护林、航空吊挂播洒、航空降雨、航空气象探测、航空海洋监测、航空科学实验等。

(2) 港口码头服务，是指港务船舶调度服务、船舶通信服务、航道管理服务、航道疏浚服务、灯塔管理服务、航标管理服务、船舶引航服务、理货服务、系解缆服务、停泊和移泊服务、海上船舶溢油清除服务、水上交通管理服务、船只专业清洗消毒检测服务和防止船只漏油服务等为船只提供服务的业务活动。

港口设施，由经营人收取的港口设施保安费，按照港口码头服务缴纳增值税。

(3) 货运客运场站服务，是指货运客运场站提供货物配载服务、运输组织服务、中转换乘服务、车辆调度服务、票务服务、货物打包整理、铁路线路使用服务、加挂铁路客车服务、铁路行包专列发送服务、铁路到达和中转服务、铁路车辆编解服务、车辆挂运服务、铁路接触网服务、铁路机车牵引服务等业务活动。

(4) 打捞救助服务，是指提供船舶人员救助、船舶财产救助、水上救助和沉船沉物打捞服务的业务活动。

(5) 装卸搬运服务，是指使用装卸搬运工具或者人力、畜力将货物在运输工具之间、装卸现场之间或者运输工具与装卸现场之间进行装卸和搬运的业务活动。

(6) 仓储服务，是指利用仓库、货场或者其他场所代客贮放、保管货物的业务活动。

(7) 收派服务，是指接受寄件人委托，在承诺的时限内完成函件和包裹的收件、分拣、派送服务的业务活动。

收件服务，是指从寄件人收取函件和包裹，并运送到服务提供方同城的集散中心的业务活动。

分拣服务，是指服务提供方在其集散中心对函件和包裹进行归类、分发的业务活动。

派送服务，是指服务提供方从其集散中心将函件和包裹送达同城的收件人的业务活动。

5. 租赁服务

租赁服务，包括融资租赁服务和经营租赁服务。

(1) 融资租赁服务，是指具有融资性质和所有权转移特点的租赁活动。即出租人根据承租人所要求的规格、型号、性能等条件购入有形动产或者不动产租赁给承租人，合同期内租赁物所有权属于出租人，承租人只拥有使用权，合同期满付清租金后，承租人有权按照残值购入租赁物，以拥有其所有权。不论出租人是否将租赁物销售给承租人，均属于融资租赁。

按照标的物的不同，融资租赁服务可分为有形动产融资租赁服务和不动产融资租赁服务。

融资性售后回租不按照本税目缴纳增值税。

(2) 经营租赁服务，是指在约定的时间内将有形动产或者不动产转让他人使用且租赁物所有权不变更的业务活动。

按照标的物的不同，经营租赁服务可分为有形动产经营租赁服务和不动产经营租赁服务。

将建筑物、构筑物等不动产或者飞机、车辆等有形动产的广告位出租给其他单位或者个人用于发布广告，按照经营租赁服务缴纳增值税。

车辆停放服务、道路通行服务(包括过路费、过桥费、过闸费等)等按照不动产经营租赁服务缴纳增值税。

水路运输的光租业务、航空运输的干租业务，属于经营租赁。

光租业务，是指运输企业将船舶在约定的时间内出租给他人使用，不配备操作人员，不承担运输过程中发生的各项费用，只收取固定租赁费的业务活动。

干租业务，是指航空运输企业将飞机在约定的时间内出租给他人使用，不配备机组人员，不承担运输过程中发生的各项费用，只收取固定租赁费的业务活动。

6. 鉴证咨询服务

鉴证咨询服务，包括认证服务、鉴证服务和咨询服务。

(1) 认证服务，是指具有专业资质的单位利用检测、检验、计量等技术，证明产品、服务、管理体系符合相关技术规范、相关技术规范的强制性要求或者标准的业务活动。

(2) 鉴证服务，是指具有专业资质的单位受托对相关事项进行鉴证，发表具有证明力的意见的业务活动。包括会计鉴证、税务鉴证、法律鉴证、职业技能鉴定、工程造价鉴证、工程监理、资产评估、环境评估、房地产土地评估、建筑图纸审核、医疗事故鉴定等。

(3) 咨询服务，是指提供信息、建议、策划、顾问等服务的活动，包括金融、软件、技术、财务、税收、法律、内部管理、业务运作、流程管理、健康等方面的咨询。

翻译服务和市场调查服务按照咨询服务缴纳增值税。

7. 广播影视服务

广播影视服务，包括广播影视节目(作品)的制作服务、发行服务和播映(含放映，下同)

服务。

(1) 广播影视节目(作品)制作服务，是指进行专题(特别节目)、专栏、综艺、体育、动画片、广播剧、电视剧、电影等广播影视节目和作品制作的服务。具体包括与广播影视节目和作品相关的策划、采编、拍摄、录音、音视频文字图片素材制作、场景布置、后期的剪辑、翻译(编译)、字幕制作、片头、片尾、片花制作、特效制作、影片修复、编目和确权等业务活动。

(2) 广播影视节目(作品)发行服务，是指以分账、买断、委托等方式，向影院、电台、电视台、网站等单位和个人发行广播影视节目(作品)以及转让体育赛事等活动的报道及播映权的业务活动。

(3) 广播影视节目(作品)播映服务，是指在影院、剧院、录像厅及其他场所播映广播影视节目(作品)，以及通过电台、电视台、卫星通信、互联网、有线电视等无线或者有线装置播映广播影视节目(作品)的业务活动。

8. 商务辅助服务

商务辅助服务，包括企业管理服务、经纪代理服务、人力资源服务、安全保护服务。

(1) 企业管理服务，是指提供总部管理、投资与资产管理、市场管理、日常综合管理等服务的业务活动。

(2) 经纪代理服务，是指各类经纪、中介、代理服务，包括金融代理、知识产权代理、货物运输代理、代理报关、法律代理、房地产中介、职业中介、婚姻中介、代理记账、拍卖等。

货物运输代理服务，是指接受货物收货人、发货人、船舶承租人或者船舶经营人的委托，以委托人的名义，为委托人办理货物运输、装卸、仓储和船舶进出港口、引航、靠泊等相关手续的业务活动。

代理报关服务，是指接受进出口货物的收、发货人委托，代为办理报关手续的业务活动。

(3) 人力资源服务，是指提供公共就业、劳务派遣、人才委托招聘、劳动力外包等服务的业务活动。

(4) 安全保护服务，是指提供保护人身安全和财产安全、维护社会治安等的业务活动，包括场所住宅保安、特种保安、安全系统监控以及其他安保服务。

9. 其他现代服务

其他现代服务，是指除研发和技术服务、信息技术服务、文化创意服务、物流辅助服务、租赁服务、鉴证咨询服务、广播影视服务和商务辅助服务以外的现代服务。

纳税人对安装运行后的电梯提供的维护保养服务，按照其他现代服务缴纳增值税。

(七) 生活服务

生活服务，是指为满足城乡居民日常生活需求提供的各类服务活动，包括文化体育服务、教育医疗服务、旅游娱乐服务、餐饮住宿服务、居民日常服务和其他生活服务。

1. 文化体育服务

文化体育服务，包括文化服务和体育服务。

(1) 文化服务，是指为满足社会公众文化生活需求提供的各种服务。它包括：文艺创作、文艺表演、文化比赛；图书馆的图书和资料借阅；档案馆的档案管理；文物及非物质遗产保护；组织举办宗教活动、科技活动、文化活动；提供游览场所。

(2) 体育服务，是指组织举办体育比赛、体育表演、体育活动，以及提供体育训练、体育指导、体育管理的业务活动。

纳税人在游览场所经营索道、摆渡车、电瓶车、游船等取得的收入，按照"文化体育服务"缴纳增值税。

2. 教育医疗服务

教育医疗服务，包括教育服务和医疗服务。

(1) 教育服务，是指提供学历教育服务、非学历教育服务、教育辅助服务的业务活动。

学历教育服务，是指根据教育行政管理部门确定或者认可的招生和教学计划组织教学，并颁发相应学历证书的业务活动。它包括初等教育、初级中等教育、高级中等教育、高等教育。

非学历教育服务，包括学前教育、各类培训、演讲、讲座、报告会等。

教育辅助服务，包括教育测评、考试、招生等服务。

(2) 医疗服务，是指提供医学检查、诊断、治疗、康复、预防、保健、接生、计划生育、防疫服务等方面的服务，以及与这些服务有关的提供药品、医用材料器具、救护车、病房住宿和伙食的业务。

3. 旅游娱乐服务

旅游娱乐服务，包括旅游服务和娱乐服务。

(1) 旅游服务，是指根据旅游者的要求，组织安排交通、游览、住宿、餐饮、购物、文娱、商务等服务的业务活动。

(2) 娱乐服务，是指为娱乐活动同时提供场所和服务的业务。具体包括：歌厅、舞厅、夜总会、酒吧、台球、高尔夫球、保龄球、游艺(包括射击、狩猎、跑马、游戏机、蹦极、卡丁车、热气球、动力伞、射箭、飞镖)。

4. 餐饮住宿服务

餐饮住宿服务，包括餐饮服务和住宿服务。

(1) 餐饮服务，是指通过同时提供饮食和饮食场所的方式为消费者提供饮食消费服务的业务活动。

提供餐饮服务的纳税人销售的外卖食品，按照"餐饮服务"缴纳增值税。

(2) 住宿服务，是指提供住宿场所及配套服务等的活动，包括宾馆、旅馆、旅社、度假村和其他经营性住宿场所提供的住宿服务。

5. 居民日常服务

居民日常服务，是指主要为满足居民个人及其家庭日常生活需求提供的服务，包括市容市政管理、家政、婚庆、养老、殡葬、照料和护理、救助救济、美容美发、按摩、桑拿、氧吧、足疗、沐浴、洗染、摄影扩印等服务。

6. 其他生活服务

其他生活服务，是指除文化体育服务、教育医疗服务、旅游娱乐服务、餐饮住宿服务和居民日常服务之外的生活服务。

纳税人提供植物养护服务，按照"其他生活服务"缴纳增值税。

二、销售无形资产

销售无形资产，是指转让无形资产所有权或者使用权的业务活动。无形资产，是指不具实物形态，但能带来经济利益的资产，包括技术、商标、著作权、商誉、自然资源使用权和其他权益性无形资产。

技术，包括专利技术和非专利技术。

自然资源使用权，包括土地使用权、海域使用权、探矿权、采矿权、取水权和其他自然资源使用权。

其他权益性无形资产，包括基础设施资产经营权、公共事业特许权、配额、经营权(包括特许经营权、连锁经营权、其他经营权)、经销权、分销权、代理权、会员权、席位权、网络游戏虚拟道具、域名、名称权、肖像权、冠名权、转会费等。

三、销售不动产

销售不动产，是指转让不动产所有权的业务活动。不动产，是指不能移动或者移动后会引起性质、形状改变的财产，包括建筑物、构筑物等。

建筑物，包括住宅、商业营业用房、办公楼等可供居住、工作或者进行其他活动的建造物。

构筑物，包括道路、桥梁、隧道、水坝等建造物。

转让建筑物有限产权或者永久使用权的，转让在建的建筑物或者构筑物所有权的，以及在转让建筑物或者构筑物时一并转让其所占土地的使用权的，按照销售不动产缴纳增值税。

(二) 征税范围的特殊规定

1. 视同销售行为

根据《增值税暂行条例》和"营改增"的规定，纳税人发生下列情形的，视同销售货物或者视同销售服务、无形资产、不动产：

(1) 将货物交付其他单位或者个人代销。

(2) 销售代销货物。

(3) 设有两个以上机构并实行统一核算的纳税人，将货物从一个机构移送到其他机构用于销售，但相关机构设在同一县(市)的除外。

(4) 将自产、委托加工的货物用于集体福利或者个人消费。

(5) 将自产、委托加工或者购进的货物作为投资，提供给其他单位或者个体工商户。

(6) 将自产、委托加工或者购进的货物分配给股东或者投资者。

(7) 将自产、委托加工或者购进的货物无偿赠送其他单位或者个人。

(8) 单位或者个体工商户向其他单位或者个人无偿提供服务，但用于公益事业或者以社会公众为对象的除外。

(9) 单位或者个人向其他单位或者个人无偿转让无形资产或者不动产，但用于公益事业。

(10) 财政部和国家税务总局规定的其他情形。

2. 混合销售行为

一项销售行为如果既涉及服务又涉及货物，为混合销售。从事货物的生产、批发或者零售的单位和个体工商户的混合销售行为，按照销售货物缴纳增值税；其他单位和个体工商户的混合销售行为,按照销售服务缴纳增值税。

从事货物的生产、批发或者零售的单位和个体工商户,包括以从事货物的生产、批发或者零售为主,并兼营销售服务的单位和个体工商户在内。

根据《关于进一步明确"营改增"有关征管问题的公告》(国家税务总局公告 2017 年第 11 号),自 2017 年 5 月 1 日起,纳税人在销售活动板房、机器设备、钢结构件等自产货物的同时提供建筑、安装服务,不属上述规定的混合销售,应分别核算货物和建筑服务的销售额,分别适用不同的税率或者征收率。另外,一般纳税人销电梯的同时提供安装服务,其安装服务可以按照甲供工程选择适用简易计税方法计税。

3. 兼营行为

纳税人兼营销售货物、劳务、服务、无形资产或者不动产,适用不同税率或者征收率的,应当分别核算适用不同税率或者征收率的销售额;未分别核算的,从高适用税率。

纳税人兼营免税、减税项目的,应当分别核算免税、减税项目的销售额;未分别核算的,不得免税、减税。

四、增值税的税率和征收率

根据《关于简并增值税税率有关政策的通知》(财税[2017]37 号),自 2017 年 7 月 1 起,简并增值税税率结构,取消 13% 的增值税税率。根据《关于深化增值税改革有关政策的公告》(财税[2019]第 39 号),自 2019 年 4 月 1 日起,增值税一般纳税人发生增值税应税销售行为或者进口货物,原适用 16% 税率的,税率调整为 13%;原适用 10% 税率的,税率调整为 9%。

(一) 基本税率

一般纳税人销售或进口货物,提供加工、修理修配劳务,销售服务、无形资产或者不动产,除了低税率适用范围和适用征收率以外,税率一律为 17%。

(二) 低税率

(1) 纳税人销售或者进口下列货物,税率为 11% 的有:农产品(含粮食)、自来水、暖气、石油液化气、天然气、食用植物油、冷气、热水、煤气、居民用煤炭制品、食用盐、农机、饲料、农药、农膜、化肥、沼气、二甲醚、图书、报纸、杂志、音像制品、电子出版物。

(2) 一般纳税人提供交通运输服务、邮政服务、基础电信服务、建筑服务、不动产租赁服务,以及销售不动产、转让土地使用权,税率为 11%。

(3) 一般纳税人提供增值电信服务、金融服务、现代服务(租赁服务除外,有形动产租赁服务税率为 17%,不动产租赁服务税率为 11%)和生活服务,以及销售无形资产(土地使用权除外),税率为 6%。

(三) 零税率

纳税人出口货物和跨境应税行为,适用增值税零税率。但国务院另有规定的除外。

根据《跨境应税行为适用增值税零税率和免税政策的规定》，境内的单位和个人销售的下列服务和无形资产，适用增值税零税率。

(1) 国际运输服务是指：① 在境内载运旅客或者货物出境；② 在境外载运旅客或者货物入境；③ 在境外载运旅客或者货物。

(2) 航天运输服务。

(3) 向境外单位提供的完全在境外消费的服务：研发服务、合同能源管理服务、设计服务、广播影视节目(作品)的制作和发行服务、软件服务、电路设计及测试服务、信息系统服务、业务流程管理服务、离岸服务外包业务、转让技术等。

(4) 财政部和国家税务总局规定的其他服务。税率为零不是简单地等同于免税，出口货物和应税服务免税仅指在出口环节不征收增值税。而零税率是指对出口货物和应税服务除了在出口环节不征增值税外，还要对该产品和服务在出口前已经缴纳的增值税进行退税，使该出口产品和应税服务在出口时完全不含增值税税款，从而以无税产品和应税服务进入国际市场。当然我国目前并非对全部出口产品和应税服务完全实行零税率，而是根据经济形势的变化和调节出口产品与应税服务结构的需要规定出口退税率，对大部分出口产品和跨境应税行为实行零税率。

(四) 征收率

增值税对小规模纳税人及一些特殊情况采用简易征收办法，适用的征收比例称为征收率。目前，征收率包括3%和5%两档。

1. 一般规定

小规模纳税人实行简易办法征收增值税，按照销售额和规定的征收率计算应纳税额，征收率包括3%和5%两档。

(1) 小规模纳税人(除其他个人外)销售自己使用过的固定资产或者旧货，减按 2%征收率征收增值税。

(2) 销售不动产包括：

小规模纳税人销售其取得(不含自建)的不动产(不含个体工商户销售购买的住房和其他个人销售不动产)，应以取得的全部价款和价外费用减去该项不动产购置原价或者取得不动产时的作价后的余额为销售额，按照5%的征收率计算应纳税额。

小规模纳税人销售其自建的不动产，应以取得全部价款和价外费用为销售额，按照5%的征收率计算应纳税额。

房地产开发企业中的小规模纳税人，销售自行开发的房地产项目，按照5%的征收率计税。

其他个人销售其取得(不含自建)的不动产(不含其购买的住房)，应以取得的全部价款和价外费用减去该项不动产购置原价或者取得不动产时的作价后的余额为销售额，按照 5%的征收率计算应纳税额。

个人将购买不足 2 年的住房对外销售的，按照 5%的征收率全额缴纳增值税；个人将购买 2 年以上(含 2 年)的住房对外销售的，免征增值税。上述政策适用于北京市、上海市、广州市和深圳市之外的地区。

个人将购买不足 2 年的住房对外销售的,按照 5%的征收率全额缴纳增值税;个人将购买 2 年以上(含 2 年)的非普通住房对外销售的,以销售收入减去购买住房价款后的差额按照 5%的征收率缴纳增值税;个人将购买 2 年以上(含 2 年)的普通住房对外销售的,免征增值税。上述政策仅适用于北京市、上海市、广州市和深圳市。

(3) 不动产经营租赁包括:

小规模纳税人出租其取得的不动产(不含个人出租住房),应按照 5%的征收率计算应纳税额。

其他个人出租其取得的不动产(不含住房),应按照 5%的征收率计算应纳税额。

个人出租住房,应按照 5%的征收率减按 1.5%计算应纳税额。

其他个人采取预收款形式出租不动产,取得的预收租金收入,可在预收款对应的租赁期内平均分摊,分摊后的月租金收入不超过 3 万元的,可享受小微企业免征增值税优惠政策。

2. 其他规定

一般纳税人销售财政部和国家税务总局规定的特定货物,可选择按简易办法计算增值税。具体规定如下:

(1) 一般纳税人销售货物属于下列情形之一的,暂按简易办法依照 3%征收率计算缴纳增值税,不得抵扣进项税额。如:① 寄售商店代销寄售物品(包括居民个人寄售的物品在内);② 典当业销售死当物品;③ 经国务院或国务院授权机关批准的免税商店零售免税货物。

(2) 一般纳税人销售自产下列货物,可选择按照简易办法依照 3%征收率计算缴纳增值税:

① 县级及县级以下小型水力发电单位生产的电力。小型水力发电单位,是指各类投资主体建设的装机容量为 5 万千瓦以下(含 5 万千瓦)的小型水力发电单位。

② 建筑用和生产建筑材料所用的沙、土、石料。

③ 以自己采掘的沙、土、石料或其他矿物连续生产的砖、瓦、石灰(不含黏土实心砖、瓦)。

④ 用微生物、微生物代谢产物、动物毒素、人或动物的血液或组织制成的生物制品。

⑤ 自来水。

⑥ 商品混凝土(仅限于以水泥为原料生产的水泥混凝土)。

一般纳税人选择简易办法计算缴纳增值税后,36 个月内不得变更。

(3) 一般纳税人销售自己使用过的不得抵扣且未抵扣进项税额的固定资产,以及 2008 年 12 月 31 日以前未纳入扩大增值税抵扣范围试点的纳税人,销售自己使用过的 2008 年 12 月 31 日以前购进或者自制的固定资产,按照简易办法依照 3%征收率减按 2%征收增值税,不得抵扣进项税额。

自 2016 年 2 月 1 日起,一般纳税人销售自己使用过的固定资产,适用简易办法依照 3%征收率减按 2%征收增值税政策的,可以放弃减税,按照简易办法依照 3%征收率缴纳增值税,并可以开具增值税专用发票。

(4) 一般纳税人销售旧货,按照简易办法依照 3%征收率减按 2%征收增值税。旧货,是指进入二次流通的具有部分使用价值的货物(含旧汽车、旧摩托车和旧游艇),但不包括自己使用过的物品。

(5) 一般纳税人销售自己使用过的、纳入"营改增"试点之日前取得的固定资产，按照现行旧货相关增值税政策执行。

纳税人适用按照简易办法依 3%征收率减按 2%征收增值税政策的，按下列公式确定销售额和应纳税额：

$$销售额 = 含税销售额 \div (1 + 3\%)$$

$$应纳税额 = 销售额 \times 2\%$$

3. "营改增"的一般纳税人发生下列应税行为可以选择适用简易计税方法计税

(1) 公共交通运输服务，包括轮客渡、公交客运、地铁、城市轻轨、出租车、长途客运、班车。

班车，是指按固定路线、固定时间运营并在固定站点停靠的运送旅客的陆路运输服务。

(2) 经认定的动漫企业为开发动漫产品提供的动漫脚本编撰、形象设计、背景设计、动画设计、分镜、动画制作、摄制、描线、上色、画面合成、配音、配乐、音效合成、剪辑、字幕制作、压缩转码(面向网络动漫、手机动漫格式适配)服务，以及在境内转让动漫版权(包括动漫品牌、形象或者内容的授权及再授权)。

动漫企业和自主开发、生产动漫产品的认定标准和认定程序，按照《文化部财政部国家税务总局关于印发<动漫企业认定管理办法(试行)>的通知》(文市发[2008]51 号)的规定执行。

(3) 电影放映服务、仓储服务、装卸搬运服务、收派服务和文化体育服务。

(4) 以纳入"营改增"试点之日前取得的有形动产为标的物提供的经营租赁服务。

(5) 在纳入"营改增"试点之日前签订的尚未执行完毕的有形动产租赁合同。

(6) 建筑服务，包括：

① 一般纳税人以清包工方式提供的建筑服务，可以选择适用简易计税方法计税。

以清包工方式提供建筑服务，是指施工方不采购建筑工程所需的材料或只采购辅助材料并收取人工费、管理费或者其他费用的建筑服务。

② 一般纳税人为甲供工程提供的建筑服务，可以选择适用简易计税方法计税。

甲供工程，是指全部或部分设备、材料、动力由工程发包方自行采购的建筑工程。

③ 一般纳税人为建筑工程老项目提供的建筑服务，可以选择适用简易计税方法计税。建筑工程老项目是指开工日期在 2016 年 4 月 30 日前的建筑工程项目。

(7) 销售不动产，包括：

① 一般纳税人销售其 2016 年 4 月 30 日前取得(不含自建)的不动产，可以选择适用简易计税方法，以取得的全部价款和价外费用减去该项不动产购置原价或者取得不动产时的作价后的余额为销售额，按照 5%的征收率计算应纳税额。

② 一般纳税人销售其 2016 年 4 月 30 日前自建的不动产，可以选择适用简易计税方法，以取得的全部价款和价外费用为销售额，按照 5%的征收率计算应纳税额。

③ 房地产开发企业中的一般纳税人，销售自行开发的房地产老项目，可以选择适用简易计税方法按照 5%的征收率计税。

(8) 不动产经营租赁服务，包括：

① 一般纳税人出租其 2016 年 4 月 30 日前取得的不动产，可以选择适用简易计税方法，按照 5%的征收率计算应纳税额。

② 公路经营企业中的一般纳税人收取试点前(2016 年 4 月 30 日前)开工的高速公路的车辆通行费，可以选择适用简易计税方法，减按 3% 的征收率计算应纳税额。

五、增值税的税收优惠

(一) 免税规定

《增值税暂行条例》规定，下列项目免征增值税：

(1) 农业生产者销售的自产农产品。农业生产者，包括从事农业生产的单位和个人。农产品，是指初级农产品，具体范围由财政部、国家税务总局确定。

(2) 避孕药品和用具。

(3) 古旧图书，是指向社会收购的古书和旧书。

(4) 直接用于科学研究、科学试验和教学的进口仪器、设备。

(5) 外国政府、国际组织无偿援助的进口物资和设备。

(6) 由残疾人的组织直接进口供残疾人专用的物品。

(7) 销售的自己使用过的物品，是指其他个人销售自己使用过的物品。

除上述规定外，增值税的免税、减税项目由国务院规定。任何地区、部门均不得规定免税、减税项目。

根据《营业税改征增值税试点过渡政策的规定》，下列项目免征增值税：

(1) 托儿所、幼儿园提供的保育和教育服务。

(2) 养老机构提供的养老服务。

(3) 残疾人福利机构提供的育养服务。

(4) 婚姻介绍服务。

(5) 殡葬服务。

(6) 残疾人员本人为社会提供的服务。

(7) 医疗机构提供的医疗服务。

(8) 从事学历教育的学校提供的教育服务。

(9) 学生勤工俭学提供的服务。

(10) 农业机耕、排灌、病虫害防治、植物保护、农牧保险以及相关技术培训业务，家禽、牲畜、水生动物的配种和疾病防治。

(11) 纪念馆、博物馆、文化馆、文物保护单位管理机构、美术馆、展览馆、书画院、图书馆在自己的场所提供文化体育服务取得的第一道门票收入。

(12) 寺院、宫观、清真寺和教堂举办文化、宗教活动的门票收入。

(13) 行政单位之外的其他单位收取的符合条件的政府性基金和行政事业性收费。

(14) 个人转让著作权。

(15) 以下利息收入免税：2016 年 12 月 31 日前，金融机构农户小额贷款；国家助学金贷款；国债、地方政府债；人民银行对金融机构的贷款；住房公积金管理中心用住房公积金在指定的委托银行发放的个人住房贷款；外汇管理部门在从事国家外汇储备经营过程中，委托金融机构发放的外汇贷款；统借统还业务中，企业集团或企业集团中的核心企业以及集团所属财务公司按不高于支付给金融机构的借款利率水平或者支付的债券票面利率水平，向企业集团或者集团内下属单位收取的利息。

(16) 保险公司开办的一年期以上人身保险产品取得的保费收入。

(17) 纳税人提供技术转让、技术开发和与之相关的技术咨询、技术服务。技术转让、技术开发，是指《销售服务、无形资产、不动产注释》中"转让技术""研发服务"范围内的业务活动。技术咨询，是指就特定技术项目提供可行性论证、技术预测、专题技术调查、分析评价报告等业务活动。

与技术转让、技术开发相关的技术咨询、技术服务，是指转让方(或者受托方)根据技术或者开发合同的规定，为帮助受让方(或者委托方)掌握所转让(或者委托开发)的技术，而提供的技术咨询、技术服务业务，且这部分技术咨询、技术服务的价款与技术转让或者技术开发的价款应当在同一张发票上开具。

试点纳税人申请免征增值税时，须持技术转让、开发的书面合同，到纳税人所在地省级科技主管部门进行认定，并持有关的书面合同和科技主管部门审核意见证明文件报主管税务机关备查。

(18) 政府举办的从事学历教育的高等、中等和初等学校(不含下属单位)，举办进修班、培训班取得的全部归该学校所有的收入。

(19) 政府举办的职业学校设立的主要为在校学生提供实习场所，并由学校出资自办、由学校负责经营管理、经营收入归学校所有的企业，从事《销售服务、无形资产不动产注释》中"现代服务"(不含融资租赁服务、广告服务和其他现代服务)、"生活服务"(不含文化体育服务、其他生活服务和桑拿、氧吧)业务活动取得的收入。

(20) 福利彩票、体育彩票的发行收入。

(21) 将土地使用权转让给农业生产者用于农业生产。

(22) 涉及家庭财产分割的个人无偿转让不动产、土地使用权。家庭财产分割，包括下列情形：离婚财产分割；无偿赠与配偶、父母、子女、祖父母、外祖父母、孙子女、外孙子女、兄弟姐妹；无偿赠与对其承担直接抚养或者赡养义务的抚养人或者赡养人；房屋产权所有人死亡，法定继承人、遗嘱继承人或者受遗赠人依法取得房屋产权。

纳税人兼营免税、减税项目的，应当分别核算免税、减税项目的销售额，未分别核算的，不得免税、减税。

纳税人销售货物、提供应税劳务或者发生应税行为适用免税、减税规定的，可以放弃免税、减税，依照规定缴纳增值税。放弃免税、减税后，36个月内不得再申请免税、减税。

根据《跨境应税行为适用增值税零税率和免税政策的规定》，境内的单位和个人销售的下列服务和无形资产免征增值税，但财政部和国家税务总局规定适用增值税零税率的除外。

(1) 工程项目在境处的建筑服务；工程项目在境外的工程监理服务；工程、矿产资源在境外的工程勘察勘探服务；会议展览地点在境外的会议展览服务；存储地点在境外的仓储服务；标的物在境外使用的有形动产租赁服务；在境外提供的广播影视节目(作品)的播映服务；在境外提供的文化体育服务、教育医疗服务、旅游服务。

(2) 为出口货物提供的邮政服务、收派服务、保险服务。

(3) 向境外单位提供的完全在境外消费的下列服务和无形资产：电信服务；知识产权服务；物流辅助服务(仓储服务、收派服务除外)；鉴证咨询服务；专用技术服务；商务辅助服务；广告投放地在境外的广告服务；无形资产。

(4) 以无运输工具承运方式提供的国际运输服务。

(5) 为境外单位之间的货币资金融通及其他金融业务提供的直接收费金融服务，且该服务与境内的货物、无形资产和不动产无关。

(6) 财政部和国家税务总局规定的其他服务。

纳税人发生应税行为同时适用免税和零税率规定的，纳税人可以选择适用免税或者零税率。

(二) 起征点的规定

个人销售货物、提供应税劳务或者发生应税行为的销售额未达到增值税起征点的，免征增值税；达到起征点的，全额计算缴纳增值税。

增值税起征点不适用于登记为一般纳税人的个体工商户。

增值税起征点幅度如下：

(1) 按期纳税的，为月销售额 5 000～20 000 元(含本数)。

(2) 按次纳税的，为每次(日)销售额 300～500 元(含本数)。

起征点的调整由财政部和国家税务总局规定。省、自治区、直辖市财政厅(局)和国家税务局应当在规定的幅度内，根据实际情况确定本地区适用的起征点，并报财政部和国家税务总局备案。

对增值税小规模纳税人中，月销售额未达到 2 万元的企业或非企业性单位，免征增值税。2017 年 12 月 31 日前，对月销售额 2 万元(含本数)至 3 万元的增值税小规模纳税人，免适用增值税。

适用增值税差额征收政策的增值税小规模纳税人，以差额前的销售额确定是否可以享受 3 万元(按季纳税 9 万元)以下免征增值税政策。

六、增值税专用发票的使用和管理

增值税实行凭国家印发的增值税专用发票注明的税款进行抵扣的制度。增值税专用发票，是增值税一般纳税人销售货物、提供应税劳务或者销售应税行为开具的发票，是购买方支付增值税额并按照增值税有关规定据以抵扣增值税进项税额的凭证。专用发票不仅是纳税人经济活动中的重要商业凭证，而且是兼记销售方销售税额和购买方进项税额进行税款抵扣的凭证，对增值税的计算和管理起着决定性的作用，因此，正确使用增值税专用发票是十分重要的。一般纳税人应通过增值税防伪税控系统使用专用发票。

(一) 增值税专用发票和机动车销售统一发票的联次和用途

增值税专用发票由基本联次或者基本联次附加其他联次构成，分为三联版和六联版两种。基本联次为三联：第一联为记账联，是销售方记账凭证；第二联为抵扣联，是购买方扣税凭证；第三联为发票联，是购买方记账凭证。其他联次用途，由纳税人自行确定。

从事机动车零售业务的单位和个人，在销售机动车(不包括销售旧机动车)收取款项时，开具机动车销售统一发票。机动车销售统一发票为电脑六联式发票：第一联为发票联，是购货单位付款凭证；第二联为抵扣联，是购货单位扣税凭证；第三联为报税联，车购税征收单位留存；第四联为注册登记联，车辆登记单位留存；第五联为记账联，销货单位记账凭证；第六联为存根联，销货单位留存。

(二) 增值税专用发票的领购和使用

一般纳税人有下列情形之一的，不得使用增值税专用发票：

(1) 会计核算不健全，不能向税务机关准确提供增值税销项税额、进项税额、应纳税额数据及其他有关增值税税务资料的。其他有关增值税税务资料的内容，由省、自治区、直辖市和计划单列市国家税务局确定。

(2) 应当办理一般纳税人资格登记而未办理的。

(3) 有《中华人民共和国税收征收管理法》规定的税收违法行为，拒不接受税务机关处理的。

(4) 有下列行为之一，经税务机关责令限期改正而仍未改正的。

① 虚开增值税专用发票。

② 私自印制增值税专用发票。

③ 向税务机关以外的单位和个人买取增值税专用发票。

④ 借用他人增值税专用发票。

⑤ 未按《增值税专用发票使用规定》第十一条开具增值税专用发票。

⑥ 未按规定保管增值税专用发票和专用设备。

⑦ 未按规定申请办理防伪税控系统变更发行。

⑧ 未按规定接受税务机关检查。

有上列情形的，如已领取增值税专用发票，主管税务机关应暂扣其结存的增值税专用发票和税控专用设备。

任何个人不得有下列虚开发票行为：为他人、为自己开具与实际经营业务情况不符的发票；让他人为自己开具与实际经营业务情况不符的发票；介绍他人开具与实际经营业务情况不符的发票。

(三) 增值税专用发票的开具范围

一般纳税人销售货物、提供应税劳务或者发生应税行为，应当向索取增值税专用发票的购买方开具增值税专用发票，并在增值税专用发票上分别注明销售额和销项税额。

小规模纳税人销售货物、提供应税劳务或者发生应税行为，购买方索取增值税专用发票的，可以向主管税务机关申请代开。

纳入增值税小规模纳税人自开增值税专用发票试点的小规模纳税人需要开具增值税专用发票的，可以通过新系统自行开具，主管国税机关不再为其代开。纳入增值税小规模纳税人自开增值税专用发票试点的小规模纳税人销售其取得的不动产，需要开具增值税专用发票的，仍须向地税机关申请代开。

属于下列情形之一的，不得开具增值税专用发票。

(1) 向消费者个人销售货物，提供应税劳务或者发生应税行为的。

(2) 销售货物、提供应税劳务或者发生应税行为适用增值税免税规定的，法律、法规及国家税务总局另有规定的除外。

(3) 部分适用增值税简易征收政策规定的。

① 增值税一般纳税人的单采血浆站销售非临床用人体血液选择简易计税的。

② 纳税人销售旧货,按简易办法依 3%征收率减按 2%征收增值税的。

③ 纳税人销售自己使用过的固定资产,适用按简易办法依 3%征收率减按 2%征收增值税政策的。

纳税人销售自己使用过的固定资产,适用简易办法依照 3%征收率减按 2%征收增值税政策的,可以放弃减税,按照简易办法依照 3%征收率缴纳增值税,并可以开具增值税专用发票。

(4) 法律、法规及国家税务总局规定的其他情形。如商业企业一般纳税人零售的烟、酒、食品、服装、鞋帽(不包括劳保专用部分)、化妆品等消费品不得开具专用发票。

(四) 增值税专用发票的开具要求

增值税专用发票应按下列要求开具:

(1) 项目齐全,与实际交易相符。

(2) 字迹清楚,不得压线、错格。

(3) 发票联和抵扣联加盖发票专用章。

(4) 按照增值税纳税义务的发生时间开具。

不符合上列要求的增值税专用发票,购买方有权拒收。

(五) 增值税发票开具的特殊规定

(1) 提供建筑服务在开具发票时,应在发票的备注栏注明建筑服务发生地县(市、区)名称及项目名称。

(2) 销售不动产在开具发票时,应在发票"货物或应税劳务、服务名称"栏填写不动产名称及房屋产权证书号码(无房屋产权证书的可不填写),"单位"栏填写面积单位,备注栏注明不动产的详细地址。

(3) 保险机构作为车船税扣缴义务人,在代收车船税并开具增值税发票时,应在增值税发票备注栏中注明代收车船税税款信息。

(4) 纳税人提供货物运输服务,开具发票时应将起运地、到达地、车种车号以运输货物信息等内容填写在发票备注栏中,如内容较多可另附清单。铁路运输企业受托代征的印花税款信息,可填写在发票备注栏中。

(5) 纳税人或者税务机关通过新系统中差额征税开票功能开具增值税发票时,录入含税销售额(或含税评估额)和扣除额,系统自动计算税额和不含税金额,备注栏自动打印"差额征税"字样,发票开具不应与其他应税行为混开。

第二节　增值税应纳税额的计算

工作实例

湖南山河实业有限公司 2019 年 7 月进项税额分析和计算过程如下:

(1) 购进原材料取得增值税专用发票，且已认证，其进项税额允许按13%抵扣。同时，支付的运费可按运费的9%作进项税额抵扣，则

$$允许抵扣进项税额 = 65\,000 + 11\,100 \div 1.09 \times 9\% = 65\,900(元)$$

(2) 香辛料货款以银行存款支付，香辛料未到，且专用发票月末未认证，所以发生的进项额不得抵扣。可可脂已到达，且已验收入库但尚未收到专用发票，因而进项税额也不得抵扣。

(3) 购进包装物取得普通发票，其进项税额不得抵扣。

(4) 购进生产经营用固定资产取得增值税专用发票，且已认证，其进项税额允许按13%扣。同时，所支付的运费用普通发票，不得作进项税额抵扣，则

$$允许抵扣进项税额 = 100\,000 \times 13\% = 13\,000(元)$$

(5) 向农场收购农产品，取得经税务机关批准的收购凭证，按农产品买价和9%的扣除计算进项税额，则

$$允许抵扣进项税额 = 100\,000 \times 9\% = 9\,000(元)$$

(6) 香辛料已到，货物专用发票已认证，并与运输费结算单据申请了抵扣，则

$$允许抵扣进项税额 = 640\,000 \times 13\% = 83\,200 + 270 = 83\,470(元)$$

(7) 接受加工劳务，取得增值税专用发票，且已认证，其进项税额允许抵扣，则

$$允许抵扣进项税额 = 260(元)$$

(8) 购进固定资产用于个人消费，其进项税额不得抵扣。

湖南山河实业有限公司2019年7月的增值税销项税额分析、计算过程如下：

(10) 向小规模纳税人销售货物开具普通发票，其销售额为含税销售额，则

$$销项税额 = 28\,250 \div (1 + 13\%) \times 13\% = 3250(元)$$

(11) 采取预收货款方式销售货物，以货物发出的当天确定销售额，则

$$销项税额 = 510\,000 \times 13\% = 66\,300(元)$$

(12) 采取分期收款方式销售货物，以书面合同约定收款日期的当天确定销售额，则

$$销项税额 = 200\,000 \times 13\% = 26\,000(元)$$

(13) 委托其他纳税人代销货物，以收到代销单位代销清单的当天确定销售额，则

$$销项税额 = 5 \times 60\,000 \times 13\% = 39\,000(元)$$

(14) 随同产品出售并单独计价的包装物销售收入是企业的其他业务收入，按规定应计算缴纳增值税，则

$$销项税额 = 32\,760 + 585 = 33\,345(元)$$

(15)、(17) 以自产的货物用于在建工程、无偿送人的应视同销售货物行为，按税法应当计算缴纳增值税，并应按税务机关认定的计税价格计算，则

$$销项税额 = 80\,000 \times 13\% + 200\,000 \times 13\% = 36\,400(元)$$

(16) 已抵扣进项税额的购进货物改变用途，用于非应税项目——在建工程，已抵扣进项税额作进项税额转出，不得抵扣，则

$$进项税额转出 = 80\,000 \times 13\% = 10\,400(元)$$

(18) 提供应税劳务开具普通发票，其销售额为含税销售额，则

$$销项税额 = 11\,300 \div (1 + 13\%) \times 13\% = 1300(元)$$

(19) 对手续完备的销售退回，退还给购买方的增值税，可从发生销售退回当期的销项

税额中扣减，则

$$销项税额 = -25\,740(元)$$

(20) 购进货物发生非正常损失，应当将该项购进货物的进项税额从当期的进项税额中扣减，由于所损失货物为 2018 年所购，其发生的相关运费在当期已经按 9% 抵扣进项税额，则

$$进项税额转出 = (31\,500 - 5\,000) \times 16\% + 5\,000 \times 10\%$$
$$= 4\,240 + 500 = 4\,740(元)$$

湖南山河实业有限公司 2019 年 7 月应纳税额分析、计算过程如下：

当期允许抵扣的进项税额合计 = 65 900 + 13 000 + 9 000 + 83 470 + 260
$$= 171\,630(元)$$

当期销项税额合计 = 3 250 + 66 300 + 26 000 + 39 000 + 33 345 + 36 400 + 1 300 − 25 740
$$= 179\,855(元)$$

当期进项税额转出合计 = 10 400 + 4 740 = 15 140(元)

当期应纳税额 = 179 855 − (171 630 − 15 140) = 23 365(元)

一、增值税的计税方法

增值税的计税方法，包括一般计税方法、简易计税方法和扣缴计税方法。

（一）一般计税方法

一般纳税人销售货物、提供应税劳务或者发生应税行为适用一般计税方法计税。其计算公式为

$$当期应纳税额 = 当期销项税额 - 当期进项税额$$

但是，一般纳税人销售或发生财政部和国家税务总局规定的特定货物或应税行为，可以选择适用简易计税方法计税，一经选择 36 个月内不得变更。

（二）简易计税方法

小规模纳税人销售货物、提供应税劳务或者发生应税行为适用简易计税方法计税。但一般纳税人销售或发生财政部和国家税务总局规定的特定货物或应税行为的，也可以选择适用简易计税方法计税。其计算公式为

$$当期应纳税额 = 当期销售额(不含增值税) \times 征收率$$

（三）扣缴计税方法

境外单位或者个人在境内提供应税劳务或者发生应税行为，在境内未设有经营机构的，境内的购买方为扣缴义务人。扣缴义务人按照下列公式计算应扣缴税额为

$$应扣缴税额 = 购买方支付的价款 \div (1 + 税率) \times 税率$$

二、一般计税方法应纳税额的计算

一般纳税人销售货物、加工修理修配劳务、服务、无形资产或不动产的应纳税额，为

当期销项税额抵扣当期进项税额后的余额。其计算公式为

$$当期应纳税额 = 当期销项税额 - 当期进项税额$$

当期销项税额小于当期进项税额不足抵扣时，其不足部分可以结转到下期继续抵扣。

(一)　销项税额的计算

销项税额是指纳税人销售货物、加工修理修配劳务、服务、无形资产或不动产，按照销售额和规定的税率计算并向购买方(承受应税劳务和应税行为也视为购买方)收取的增值税额。销项税额的计算公式为

$$销项税额 = 销售额 \times 适用税率$$

由上述定义和公式可知，销项税额是由购买方在购买货物、加工修理修配劳务、服务、无形资产或不动产支付价款时，一并向销售方支付的税额。对于属于一般纳税人的销售方来说，在没有抵扣其进项税额前，销售方收取的销项税额还不是其应纳的增值税税额。

销项税额的计算取决于销售额和适用税率两个因素。在适用税率既定的前提下，销项税额的大小主要取决于销售额的大小。需要强调的是，增值税是价外税，销项税额计算公式中的"销售额"必须是不包括收取的销项税额的销售额。

1. 一般销售方式下销售额的确定

销售额是指纳税人销售货物、加工修理修配劳务、服务、无形资产或不动产向购买方收取的全部价款和价外费用，但是不包括收取的销项税额。

价外费用(实属销售方的价外收入)，是指价外收取的各种性质的收费，包括价外向购买方收取的手续费、补贴、基金、集资费、返还利润、奖励费、违约金、延期付款利息、赔偿金、代收款项、代垫款项、包装费、包装物租金、储备费、优质费、运输装卸费以及其他各种性质的价外收费。但下列项目不包括在内：

(1) 受托加工应征消费税的消费品所代收代缴的消费税。

(2) 同时符合以下条件的代垫运输费用：

① 承运部门的运输费用发票开具给购买方的。

② 纳税人将该项发票转交给购买方的。

(3) 同时符合以下条件的代为收取的政府性基金或者行政事业性收费：

① 由国务院或者财政部批准设立的政府性基金，由国务院或者省级人民政府及其财政、价格主管部门批准设立的行政事业性收费。

② 收取时开具省级以上财政部门印制的财政票据。

③ 所收款项全额上缴财政。

(4) 销售货物的同时代办保险等向购买方收取的保险费，以及向购买方收取的代购买方缴纳的车辆购置税、车辆牌照费。

(5) 以委托方名义开具发票，并代委托方收取的款项。

为了防止以各种名目的收费减少销售额逃避纳税的现象，税法规定，凡随同销售货物、应税劳务或者发生应税行为向购买方收取的价外费用，无论其会计制度规定如何核算，均应并入销售额计算销项税额。价外费用应视为含税收入，在计算销项税额时，必须将其换算为不含税收入再并入销售额。

按会计准则规定，由于对价外收费一般不在"主营业务收入"科目中核算，而在"其他应付款""其他业务收入""营业外收入"等科目中核算。这样，企业在实务中时常出现对价外费用虽在相应科目中作会计处理，却未核算其销项税额；有的企业则既不按会计处理要求进行收入核算，又不按规定核算销项税额，而是将发生的价外收费直接冲减有关费用科目。这些做法都是逃避纳税的错误行为。

销售额以人民币计算。纳税人按照人民币以外的货币结算销售额的，应当折合成人民币计算，折合率可以选择销售额发生的当天或者当月 1 日的人民币汇率中间价。纳税人应当事先确定采用何种折合率，确定后 12 个月内不得变更。

2. 含税销售额的换算

增值税属于价外税，应以不含销项税额的销售额为计税依据计算税款。但实际工作中，常会出现一般纳税人将销售额和销项税额合并定价的方法，从而形成含税销售额。为了防止重复纳税，必须将含税销售额换算成不含税销售额。计算公式为

$$销售额 = 含税销售额 \div (1 + 税率)$$

3. 特殊销售方式下销售额的确定

在销售活动中，为了达到促销的目的，纳税人会采用多种销售方式。不同销售方式下，销售者取得的销售额有所不同。对不同销售方式如何确定销售额，既是纳税人关心的问题，也是税法必须予以明确规定的事情。税法对以下几种销售方式分别作了规定：

(1) 折扣销售方式。折扣销售是指销售方在销售货物、提供应税劳务或者发生应税行为时，因购买方信誉较好或购买数量较大等原因，而给予购买方一定价格优惠的销售方式。如购买 10 件，销售价格折扣 10%；购买 20 件，折扣 15% 等；由于折扣是在实现销售的同时发生的，因此税法规定，价款和折扣额在同一张发票上分别注明的，以折扣后的价款为销售额计算增值税；未在同一张发票上分别注明的，以价款为销售额，不得扣减折扣额。《营业税改征增值税试点实施办法》也规定：纳税人发生应税行为，将价款和折扣额未在同一张发票上分别注明的，以价款为销售额，不得扣减折扣额。

需要注意的是，折扣销售仅限于货物价格的折扣，如果销货方将自产、委托加工和购买的货物用于实物折扣，则该实物款项不能从货物销售额中减除，且该实物应按增值税条例"视同销售货物"中的"赠送他人"计算征收增值税。

另外，折扣销售不同于销售折扣和销售折让。销售折扣(又称为现金折扣)是指销售方在销售货物、提供应税劳务或者发生应税行为后，为了鼓励购买方及早偿付货款而协议许诺给购买方的一种折扣优待。如 10 天内付款，可给予 2% 折扣；20 天内付款，给予 1% 折扣；30 天内全价付款。销售折扣发生在销货之后，是一种融资性质的理财费用，因此，销售折扣不得从销售额中减除。销售折让是指货物销售后，由于其品种、质量等原因购货方未予退货，销售方给予购货方的一种价格折让。销售折让虽也发生在销货之后，但因为其是由于货物的品种和质量引起销售额的减少，因此，对销售折让可以按折让后的货款作为销售额。

(2) 以旧换新销售方式。以旧换新是指纳税人在销售自己的新货物时，有偿收回旧货物的行为。销售货物与收购货物是两个不同的业务活动，因此税法规定，采取以旧换新方式销售货物的，应按新货物的同期销售价格确定销售额，不得扣减旧货物的收购价格。

考虑到金银首饰以旧换新业务的特殊情况，对金银首饰以旧换新业务，可以按销售方实际收取的不含增值税的全部价款征收增值税。

(3) 还本销售方式。还本销售是指纳税人销售货物后，到一定期限由销售方一次或分次退还给购货方全部或部分价款的一种销售方式。这种方式实际上是一种筹资行为，是以货物换取资金的使用价值，到期还本不付息的方法。税法规定，采取还本销售方式销售货物，其销售额就是货物的销售价格，不得从销售额中减除还本支出。

(4) 以物易物销售方式。以物易物是指购销双方不是以货币结算，而是以同等价款货物相互结算，实现货物购销的一种方式。税法规定，以物易物双方都应作购销处理，以各自发出的货物核算销售额并计算销项税额，以各自收到的货物按规定核算购货额并计算进项税额。应注意，在以物易物活动中，应分别开具合法的票据，如收到的货物不能取得相应的增值税专用发票或其他合法票据的，不能抵扣进项税额。

4. 包装物押金的税务处理

纳税人销售货物时另收取包装物押金，目的是促使购货方及早退回包装物以便周转使用。对包装物押金是否计入货物销售额征收增值税，税法规定，纳税人为销售货物而出租出借包装物收取的押金，应单独记账核算，对时间在 1 年以内，又未过期的，不并入销售额征税。但对因逾期未收回包装物不再退还的押金，应按所包装货物的适用税率计算销项税额。"逾期"是指按合同规定实际逾期或以 1 年为期限，对收取 1 年以上的押金，无论是否退还均并入销售额征税。押金视为含税销售额，需要先将其换算为不含税价，再并入销售额征税，另外，包装物押金不应混同于包装物租金，包装物租金在销货时作为价外费用并入销售额计算销项税额。

根据《国家税务总局关于加强增值税征收管理若干问题的通知》(国税发[1995]192 号)规定，从 1995 年 6 月 1 日起，对销售啤酒、黄酒外的其他酒类产品而收取的包装物押金，无论是否返还以及会计上如何核算，均应并入当期销售额征税。对销售啤酒、黄酒所收取的押金，按上述一般押金的规定处理。

5. 核定销售额的规定

(1)《增值税暂行条例》规定，对视同销售货物行为而无销售额的以及售价明显偏低且无正当理由的，主管税务机关有权按下列顺序确定其销售额：

① 按纳税人最近时期同类货物的平均销售价格确定。

② 按其他纳税人最近时期同类货物的平均销售价格确定。

③ 按组成计税价格确定。组成计税价格的公式为

$$组成计税价格 = 成本 \times (1 + 成本利润率)$$

属于应征消费税的货物，其组成计税价格中应加上消费税税额。其计算公式为

$$组成计税价格 = 成本 \times (1 + 成本利润率) + 消费税税额$$
$$= 成本 \times (1 + 成本利润率) \div (1 - 消费税税率)$$

公式中的"成本"是指：销售自产货物的为实际生产成本，销售外购货物的为实际采购成本。公式中的"成本利润率"由国家税务总局确定，一般为 10%，但属于应从价定率征收消费税的货物，则按《消费税若干具体问题的规定》确定。

(2)《营业税改征增值税试点实施办法》规定，纳税人发生应税行为价格明显偏低或

者高且不具有合理商业目的的，或者发生视同销售服务、无形资产或者不动产行为而无销售额的，主管税务机关有权按照下列顺序确定销售额：

① 按照纳税人最近时期销售同类服务、无形资产或者不动产的平均价格确定。

② 按照其他纳税人最近时期销售同类服务、无形资产或者不动产的平均价格确定。

按照组成计税价格确定。组成计税价格的公式为：

$$组成计税价格 = 成本 \times (1 + 成本利润率)$$

成本利润率由国家税务总局确定。不具有合理商业目的，是指以谋取税收利益为主要目的，通过人为安排，减少、免除、推迟缴纳增值税税款，或者增加退还增值税税款。

6. "营改增"销售额的其他规定

(1) 贷款服务，以提供贷款服务取得的全部利息及利息性质的收入为销售额。

(2) 直接收费金融服务，以提供直接收费金融服务收取的手续费、佣金、酬金、管理费、服务费、经手费、开户费、过户费、结算费、转托管费等各类费用为销售额。

(3) 金融商品转让，按照卖出价扣除买入价后的余额为销售额。

转让金融商品出现的正负差，按盈亏相抵后的余额为销售额。若相抵后出现负差，可结转到下一纳税期与下期转让金融商品销售额相抵，如果年末时仍出现负差，不得转入下一会计年度。

金融商品的买入价，可以选择按照加权平均法或者移动加权平均法进行核算，选择后36个月内不得变更。

金融商品转让，不得开具增值税专用发票。

(4) 经纪代理服务，以取得的全部价款和价外费用，扣除向委托方收取并代为支付的政府性基金或者行政事业性收费后的余额为销售额。向委托方收取的政府性基金或者行政事性收费，不得开具增值税专用发票。

(5) 融资租赁和融资性售后回租业务。经人民银行、银监会或者商务部批准从事融资租赁业务的试点纳税人，提供融资租赁服务，以取得的全部价款和价外费用，扣除支付的借款利息(包括外汇借款和人民币借款利息)、发行债券利息和车辆购置税后的余额为销售额。

经人民银行、银监会或者商务部批准从事融资租赁业务的试点纳税人，提供融资性售后回租服务，以取得的全部价款和价外费用(不含本金)，扣除对外支付的借款利息(包括外汇借款和人民币借款利息)、发行债券利息后的余额作为销售额。

(6) 航空运输企业的销售额，不包括代收的机场建设费和代售其他航空运输企业客票而代收转付的价款。

(7) 试点纳税人中的一般纳税人(以下称一般纳税人)提供客运场站服务，以其取得的全部价款和价外费用，扣除支付给承运方运费后的余额为销售额。

(8) 试点纳税人提供旅游服务，可以选择以取得的全部价款和价外费用，扣除向旅游服务购买方收取并支付给其他单位或者个人的住宿费、餐饮费、交通费、签证费、门票费和支付给其他接团旅游企业的旅游费用后的余额为销售额。

选择上述办法计算销售额的试点纳税人，向旅游服务购买方收取并支付的上述费用，不得开具增值税专用发票，可以开具普通发票。

(9) 试点纳税人提供建筑服务适用简易计税方法的，以取得的全部价款和价外费用扣除支付的分包款后的余额为销售额。

(10) 房地产开发企业中的一般纳税人销售其开发的房地产项目(选择简易计税方法的房地产老项目除外),以取得的全部价款和价外费用,扣除受让土地时向政府部门支付的土地价款后的余额为销售额。

房地产老项目,是指《建筑工程施工许可证》注明的合同开工日期在 2016 年 4 月 30 日前的房地产项目。

(11) 试点纳税人按照上述(1)~(10)条款的规定从全部价款和价外费用中扣除的价款,应当取得符合法律、行政法规和国家税务总局规定的有效凭证。否则,不得扣除。有效凭证是指:

① 支付给境内单位或者个人的款项,以发票为合法有效凭证。

② 支付给境外单位或者个人的款项,以该单位或者个人的签收单据为合法有效凭证。如税务机关对签收单据有疑义的,可以要求其提供境外入公证机构的确认证明。

③ 缴纳的税款,以完税凭证为合法有效保证。

④ 扣除的政府性基金、行政事业性收费或向政府支付的土地价款,以省级以上(含省级)财政部门监(印)制的财政票据为合法有效凭证。

⑤ 国家税务总局规定的其他凭证。

纳税人取得的上述凭证属于增值税扣税凭证的,进项税额不得从销项税额中抵扣。

(二) 进项税额的计算

进项税额,是指纳税人购进货物、加工修理修配劳务、服务、无形资产或者不动产,支付或者负担的增值税额。在开具增值税专用发票的情况下,销售方收取的销项税额就是购买方支付的进项税额。对于一般纳税人而言,销售货物、加工修理修配劳务、服务、无形资产或不动产会发生销项税额的收取,而购进货物、加工修理修配劳务、服务、无形资产或不动产会产生进项税额的支付。增值税的核心就是用纳税人收取的销项税额抵扣其支付的进项税额,其余额为纳税人实际应缴纳的增值税额。因此,进项税额作为可抵扣的部分,直接影响到纳税人实缴税款的多少。然而,并不是纳税人支付的所有进项税额都可以从销项税额中抵扣,税法对不能抵扣进项税额的项目作了严格规定。

1. 准予从销项税额中抵扣的进项税额

(1) 从销售方取得的增值税专用发票(含税控机动车销售统一发票,下同)上注明的增值税额。

(2) 从海关取得的海关进口增值税专用缴款书上注明的增值税额。

(3) 根据财税[2017]37 号规定,自 2017 年 7 月 1 日起,纳税人购进农产品,按下列规定抵扣进项税额:

① 除下面第②项规定外,纳税人购进农产品,取得一般纳税人开具的增值税专用发票或海关进口增值税专用缴款书的,以增值税专用发票或海关进口增值税专用缴款书上注明的增值税额为进项税额;按照简易计税方法,依照 3%征收率计算缴纳增值税的小规模纳税人取得增值税专用发票的,以增值税专用发票上注明的金额和 11%的扣除率计算进项税额;取得(开具)农产品销售发票或收购发票的,以农产品销售发票或收购发票上注明的农产品

买价和11%的扣除率计算进项税额。计算公式为

$$进项税额 = 买价 \times 扣除率$$

公式中的"买价",是指纳税人购进农产品在农产品收购发票或者销售发票上注明的价款和按照规定缴纳的烟叶税。

② 营业税改征增值税试点期间,纳税人购进用于生产销售或委托受托加工17%税率货物的农产品维持原扣除力度不变。

③ 继续推进农产品增值税进项税额核定扣除试点,纳税人购进农产品进项税额已实行核定扣除的,仍按照《财政部国家税务总局关于在部分行业试行农产品增值税进项税额核定扣除办法的通知》(财税[2012]38号)、《财政部国家税务总局关于扩大农产品增值税进项税额核定扣除试点行业范围的通知》(财税[2013]57号)执行。其中,将《农产品增值税进项税额核定扣除试点实施办法》(财税[2012]38号印发)第四条第(二)项规定的扣除率调整为11%;第(三)项规定的扣除率调整为按本条第①项、第②项规定执行。

④ 纳税人从批发、零售环节购进适用免征增值税政策的蔬菜、部分鲜活肉蛋而取得的普通发票,不得作为计算抵扣进项税额的凭证。

⑤ 纳税人购进农产品既用于生产销售或委托受托加工17%税率的货物,又用于生产销售其他货物服务的,应当分别核算用于生产销售或委托受托加工17%税率的货物和其他货物服务的农产品进项税额。未分别核算的,统一以增值税专用发票或海关进口增值税专用缴款书上注明的增值税额为进项税额,或以农产品收购发票或销售发票上注明的农产品买价和11%的扣除率计算进项税额。

⑥ 《中华人民共和国增值税暂行条例》第八条第二款第(三)项和本通知所称销售发票,是指农业生产者销售自产农产品,适用免征增值税政策而开具的普通发票。

(4) 从境外单位或者个人购进服务、无形资产或者不动产,自税务机关或者扣缴义务人取得的解缴税款的完税凭证上注明的增值税额。

(5) 增值税一般纳税人支付的道路、桥、闸通行费,暂凭取得的通行费发票(不含财政票据)上注明的收费金额按照下列公式计算可抵扣的进项税额:

$$高速公路通行费可抵扣进项税额 = 高速公路通行费发票上注明的金额 \div (1 + 3\%) \times 3\%$$

$$一级公路、二级公路、桥、闸通行费可抵扣进项税额$$
$$= 一级公路、二级公路、桥、闸通行费发票上注明的金额 \div (1 + 5\%) \times 5\%$$

通行费,是指有关单位依法或者依规设立并收取的过路、过桥和过闸费用。

2. 不动产及不动产在建工程进项税额分期抵扣的规定

根据《不动产进项税额分期抵扣暂行办法》规定,增值税一般纳税人(包括原纳税人和试点纳税人)2016年5月1日后取得并在会计制度上按固定资产核算的不动产,以及2016年5月1日后发生的不动产在建工程,其进项税额应按照本办法有关规定分2年从销项税额中抵扣,第一年抵扣比例为60%,第二年抵扣比例为40%。即60%的部分于取得扣税凭证的当期从销项税额中抵扣;40%的部分为待抵扣进项税额,于取得扣税凭证的当月起第13个月从销项税额中抵扣。

取得的不动产,包括以直接购买、接受捐赠、接受投资入股以及抵债等各种形式取得的不动产。纳税人新建、改建、扩建、修缮、装饰不动产,属于不动产在建工程。

　　纳税人 2016 年 5 月 1 日后购进货物和设计服务、建筑服务，用于新建不动产，或者用于改建、扩建、修缮、装饰不动产并增加不动产原值超过 50% 的，其进项税额依照有关规定分 2 年从销项税额中抵扣。不动产原值，是指取得不动产时的购置原价或作价。

　　上述分 2 年从销项税额中抵扣的购进货物，是指构成不动产实体的材料和设备，包括建筑装饰材料和给排水、采暖、卫生、通风、照明、通讯、煤气、消防、中央空调、电梯、电气、智能化楼宇设备及配套设施。

　　纳税人按照本办法的规定从销项税额中抵扣进项税额，应取得 2016 年 5 月 1 日后开具的合法有效的增值税扣税凭证。

　　纳税人销售其取得的不动产或者不动产在建工程时，尚未抵扣完毕的待抵扣进项税额，允许于销售的当期从销项税额中抵扣。

　　地产开发企业自行开发的房地产项目，融资租入的不动产，以及在施工现场修建的临时建筑物、构筑物，其进项税额不适用上述分 2 年抵扣的规定。

3. 原增值税一般纳税人进项税额的抵扣政策

　　(1) 原增值税一般纳税人购进服务、无形资产或不动产，取得的增值税额为进项税额，准予从销项税额中抵扣。

　　2016 年 5 月 1 日后取得并在会计制度上按固定资产核算的不动产或者 2016 年 5 月 1 日后取得的不动产在建工程，其进项税额应自取得之日分 2 年从销项税额中抵扣，第一年抵扣比例为 60%，第二年抵扣比例为 40%。

　　融资租入的不动产以及在施工现场修建的临时建筑物、构筑物，其进项税额不适用上述分 2 年抵扣的规定。

　　(2) 原增值税一般纳税人购进自用的应征消费税的摩托车、汽车和游艇，其进项税额准予从销项税额中抵扣。

　　(3) 原增值税一般纳税人从境外单位或者个人购进服务、无形资产或者不动产，按照规定应当扣缴增值税的，准予从销项税额中抵扣的进项税额，为自得的解缴税的完税凭证上注明的增值税额。

　　(4) 原增值税一般纳税人购进货物或接受加工修理修配劳务，用于《销售服务、无形资产不动产注释》所列项目的，不属于用于非增值税应税项目，其进项税额准予从销项税额中抵扣。

4. 不得从销项税额中抵扣的进项税额

　　纳税人取得的增值税扣税凭证不符合法律及行政法规或者国家税务总局有关规定的，其进项税额不得从销项税额中抵扣。

　　增值税扣税凭证，包括增值税专用发票、海关进口增值税专用缴款书、农产品收购发票、农产品销售发票、完税凭证和道路、桥、闸通行费发票。

　　纳税人凭完税凭证抵扣进项税额的，应当具备书面合同、付款证明和境外单位的对账单或者发票。对资料不全的，其进项税额不得从销项税额中抵扣。

　　税法规定，下列项目的进项税额不得从销项税额中抵扣。

　　(1) 用于简易计税方法计税项目、免征增值税项目、集体福利或者个人消费的购进货物、加工修理修配劳务、服务、无形资产和不动产。其中涉及的固定资产、无形资产、不动产,仅指专用于上述项目的固定资产、无形资产(不包括其他权益性无形资产)、不动产。纳税人的交际应酬消费属于个人消费。

固定资产,是指使用期限超过 12 个月的机器、机械、运输工具以及其他与生产经营有关的设备、工具、器具等有形动产。

(2) 非正常损失的购进货物,以及相关的加工修理修配劳务和交通运输服务。

(3) 非正常损失的在产品、产成品所耗用的购进货物(不包括固定资产)、加工修理修配劳务和交通运输服务。

(4) 非正常损失的不动产,以及该不动产所耗用的购进货物、设计服务和建筑服务。

(5) 非正常损失的不动产在建工程所耗用的购进货物、设计服务和建筑服务。纳税人新建、改建、扩建、修缮、装饰不动产,均属于不动产在建工程。

第(4)~(5)项所称"货物",是指构成不动产实体的材料和设备,包括建筑装饰材料和给排水、采暖、卫生、通风、照明、通讯、煤气、消防、中央空调、电梯、电气、智能化楼宇设备及配套设施。

第(2)~(5)项所称"非正常损失",是指因管理不善造成货物被盗、丢失、霉烂变质,以及因违反法律法规造成货物或者不动产被依法没收、销毁、拆除的情形。

(6) 购进的旅客运输服务、贷款服务、餐饮服务、居民日常服务和娱乐服务。

纳税人接受贷款服务向贷款方支付的与该笔贷款直接相关的投融资顾问费、手续费、咨询费等费用,其进项税额不得从销项税额中抵扣。

5. 不得抵扣的进项税额发生允许抵扣的规定

不得抵扣且未抵扣进项税额的固定资产、无形资产、不动产,发生用途改变,用于允许抵扣进项税额的应税项目,可在用途改变的次月按照下列公式计算可以抵扣的进项税额。

可以抵扣的进项税额 = (固定资产、无形资产、不动产净值)÷(1 + 适用税率)× 适用税率

上述可以抵扣的进项税额应取得合法有效的增值税扣税凭证。

另外,根据《不动产进项税额分期抵扣暂行办法》(国税总局 2016 年 15 号公告),按照规定不得抵扣进项税额的不动产,发生用途改变,用于允许抵扣进项税额项目的(应取得 2016 年 5 月 1 日后开具的合法有效的增值税扣税凭证),按照下列公式在改变用途的次月计算可抵扣进项税额。

可抵扣进项税额 = 增值税扣税凭证注明或计算的进项税额 × 不动产净值率

按照本条规定计算的可抵扣进项税额,60%的部分于改变用途的次月从销项税额中抵扣,40%的部分为待抵扣进项税额,于改变用途的次月起第 13 个月从销项税额中抵扣。

6. 进项税额不得抵扣的其他规定

根据《营业税改征增值税试点实施办法》和《营业税改征增值税试点有关事项的规定》,进项税额不得抵扣时还需要明确以下规定:

(1) 适用一般计税方法的纳税人,兼营简易计税方法的计税项目、免征增值税项目及无法划分不得抵扣的进项税额,按照下列公式计算不得抵扣的进项税额:

不得抵扣的进项税额 = 当期无法划分的全部进项税额 × (当期简易计税方法计税项目销售额 + 免征增值税项目销售额)÷ 当期全部销售额

(2) 已抵扣进项税额的购进货物(不含固定资产)、劳务、服务,发生上述不得抵扣情形

(简易计税方法计税项目、免征增值税项目除外)的, 应当将该进项税额从当期进项税额中扣减; 无法确定该进项税额的, 按照当期实际成本计算应扣减的进项税额。

(3) 已抵扣进项税额的固定资产、无形资产或者不动产, 发生上述不得抵扣情形的, 按照下列公式计算不得抵扣的进项税额:

$$不得抵扣的进项税额 = 固定资产、无形资产或者不动产净值 \times 适用税率$$

固定资产、无形资产或者不动产净值, 是指纳税人根据财务会计制度计提折旧或摊销后的余额。

另外, 根据《不动产进项税额分期抵扣暂行办法》(国税总局 2016 年 15 号公告), 已抵扣进项税额的不动产, 发生非正常损失, 或者改变用途, 专用于简易计税方法的计税项目、免征增值税项目、集体福利或者个人消费, 按照下列公式计算不得抵扣的进项税额:

$$不得抵扣的进项税 = (已抵扣进项税额 + 待抵扣进项税额) \times 不动产净值率$$
$$不动产净值率 = (不动产净值 \div 不动产原值) \times 100\%$$

不得抵扣的进项税额小于或等于该不动产已抵扣进项税额的, 应于该不动产改变用途的当期, 将不得抵扣的进项税额从进项税中扣减。

不得抵扣的进项税额大于该不动产已抵扣进项税额的, 应于该不动产改变用途的当期, 将已抵扣进项税额从进项税额扣减, 并从该不动产待扣进项税额中扣减不得抵扣进项税额与已抵扣进项税额的差额。

若不动产在建工程发生非正常损失的, 其所耗用的购进货物、设计服务和建筑服务已抵扣的进项税额应于当期全部转出, 待抵扣进项税额不得抵扣。

(三) 应纳税额的计算

一般纳税人在计算出销项税额和进项税额后, 就可以得出实际应纳税额。为了正确计算应纳税额, 在实际操作中还需要掌握以下重要规定:

1. 应纳税额计算时间限定

(1) 计算销项税额的时间限定, 即纳税人在什么时间计算销项税额, 《增值税暂行条例》及《增值税暂行条例实施细则》和"营改增"都做了严格规定, 以保证准时、准确地记录和核算当期销项税额。详见本章第四节中"纳税义务发生时间及纳税期限"的规定。

(2) 进项税额抵扣的时间限定, 根据《关于进一步明确"营改增"有关征管问题的公告》(国家税务总局公告 2017 年第 11 号)规定, 自 2017 年 7 月 1 日及以后开具的增值税专用发票和机动车销售统一发票, 应自开具之日起 360 日内认证或登录增值税发票选择确认平台进行确认, 并在规定的纳税申报期内, 向主管国税机关申报抵扣进项税额。

增值税一般纳税人取得的 2017 年 7 月 1 日及以后开具的海关进口增值税专用缴款书, 应自开具之自起 360 日内向主管国税机关报送《海关完税凭证抵扣清单》, 申请稽核比对。

纳税人取得的 2017 年 6 月 30 日前开具的增值税扣税凭证, 仍按《国家税务总局关手调整增值税扣税凭证抵扣期限有关问题的通知》(国税函[2009]617 号)执行(即 180 日)内)。

国家税务总局 2016 年第 7 号、第 23 号和第 71 号公告, 分别对纳税信用 A 级、B 级和 C 级的增值税一般纳税人取得销售方使用增值税发票系统升级版开具的增值税发票(包括增值税专用发票、机动车销售统一发票), 可以不再进行扫描认证, 通过增值税发票税控开票软件登录本省增值税发票查询平台，查询、选择用于申报抵扣或者出口退税的增值税发票信息，未查询到对应发票信息的，仍可进行扫描认证。

对 2016 年 5 月 1 日新纳入"营改增"试点、尚未进行纳税信用评级的增值税一般纳税人，2017 年 4 月 30 日前不需进行增值税发票认证，登录本省增值税发票选择、确认平台，查询、选择、确认用于申报抵扣或者出口退税的增值税发票信息，未查询到对应发票信息的，可进行扫描认证。

为了进一步加强海关进口增值税专用缴款书(以下简称海关缴款书)的增值税抵扣管理，税务总局、海关总署决定将前期在广东等地试行的海关缴款书"先比对后抵扣"管理办法，在全国范围内推广实行。一般纳税人进口货物取得的属于增值税扣税范围的海关缴款书，需经税务机关稽核比对相符后，其增值税额方能作为进项税额在销项税额中抵扣。另外，国家税务总局 2017 年 2 月 13 日发布《关于加强海关进口增值税抵扣管理的公告》，为保护纳税人合法权益，进一步加强增值税管理，打击利用海关缴款书骗抵税款的犯罪活动，税务总局决定全面提升海关缴款书稽核比对级别，强化对海关进口增值税的抵扣管理。公告规定，增值税一般纳税人进口货物时，应准确填报企业名称，确保海关缴款书上的企业名称与税务登记的企业名称一致。税务机关将进口货物取得的属于增值税抵扣范围的海关缴款书信息与海关采集的缴款信息进行稽核比对。经稽核比对相符后，海关缴款书上注明的增值税额才可作为进项税额在销项税额中抵扣。稽核比对不相符的，所列税额暂不得抵扣，待核查确认海关缴款书票面信息与纳税人实际进口业务一致后，海关缴款书上注明的增值税额才可作为进项税额在销项税额中抵扣。

2. 应纳税额计算的其他规定

(1) 税控系统专用设备和技术维护费用抵减增值税税额的有关政策。增值税纳税人 2011 年 12 月 1 日(含，下同)以后初次购买增值税税控系统专用设备(包括分开票机)支付的费用，可凭购买增值税税控系统专用设备取得的增值税专用发票，在增值税应纳税额中全额抵减(抵减额为价税合计额)，不足抵减的可结转下期继续抵减。增值税纳税人非初次购买增值税税控系统专用设备支付的费用，由其自行负担，不得在增值税应纳税额中抵减。

增值税纳税人 2011 年 12 月 1 日以后缴纳的技术维护费(不含补缴的 2011 年 11 月 30 日以前的技术维护费)，可凭技术维护服务单位开具的技术维护费发票，在增值税应纳税额中全额抵减，不足抵减的可结转下期继续抵减。

(2) 销售折让、中止或退回涉及销项税额和进项税额的税务处理。纳税人适用一般计税方法计税的，因销售折让、中止或者退回而退还给购买方的增值税额，应当从当期的销项税额中扣减；因销售折让、中止或者退回而收回的增值税额，应当从当期的进项税额中扣减。

(3) 增值税期末留抵税额的处理。由于增值税实行购进扣税法，有时企业当期购进业务很多，在计算应纳税额时会出现当期销项税额小于当期进项税额不足抵扣的情况。根据税法规定，当期进项税额不足抵扣的部分可以结转下期继续抵扣。

原增值税一般纳税人兼有销售服务、无形资产或者不动产的，截止到纳入"营改增"试点之日前的增值税期末留抵税额，不得从销售服务、无形资产或者不动产的销项税额中抵扣。

3. 应纳税额计算举例

例 2-1 某生产企业为增值税一般纳税人，纳税期限为 1 个月，货物适用的增值税税率为 13%，假定取得的增值税扣税凭证当期均通过查询、认证，且本期申报抵扣。2019 年 5 月该企业发生如下经济业务：

(1) 销售甲产品给某商场，开具增值税专用发票，取得不含税销售额 80 万元；另外，开具普通发票，取得销售甲产品的送货运输费收入 2.26 万元。

(2) 销售乙产品，开具普通发票，取得含税销售额 16.95 万元。

(3) 将生产的一批新产品作为福利发给本厂职工，成本为 5 万元，成本利润率为 10%，无同类产品市场销售价格。

(4) 销售 2013 年 5 月购进作为固定资产使用过的小轿车一辆，并具普通发票，取得含税销售额 10.3 万元。

(5) 购入材料一批，取得销售方开具的增值税专用发票，注明价款 42 万元，增值税 5.46 万元；另外，支付购货运费并取得运输公司开具的增值税专用发票一张，注明运费 2 万元，增值税 0.18 万元。

(6) 购进一台生产用设备，取得增值税专用发票，注明价款 18 万元，增值税 2.34 万元。

(7) 因管理不善，前期购进且已抵扣进项税额的一批材料发生非正常损失，账面成本为 1.5 万元，其中含运费 0.2 万元。

(8) 购进不动产在建工程用物资一批，取得的增值税专用发票上注明价款 12 万元，增值税 1.56 万元。

要求：计算该企业当月应纳的增值税税额。

解析：

(1) 销售甲产品的销项税额：$80 \times 13\% + 2.26 \div (1 + 13\%) \times 13\% = 10.66$(万元)

(2) 销售乙产品的销项税额：$16.95 \div (1 + 13\%) \times 13\% = 1.95$(万元)

(3) 视同销售的销项税额：$5 \times (1 + 10\%) \times 13\% = 0.715$(万元)

(4) 销售使用过的小轿车应纳税额：$10.3 \div (1 + 3\%) \times 2\% = 0.2$(万元)

(5) 购进材料可抵扣的进项税额：$5.46 + 0.18 = 5.64$(万元)

(6) 购进设备可抵扣的进项税额：2.34(万元)

(7) 非正常损失的材料进项税额转出：

$$(1.5 - 0.2) \times 13\% + 0.2 \times 9\% = 0.187(万元)$$

(8) 购进不动产在建工程用物资当期可抵扣的进项税额：1.56 万元。

(9) 该企业 5 月份应纳的增值税合计：

$$10.66 + 1.95 + 0.715 - (5.14 + 2.34 + 1.564 - 0.187) + 0.2 = 4.172(万元)$$

例 2-2 某自行车生产企业为增值税一般纳税人，自行车出厂不含税单价为 280 元，假定取得的增值税扣税凭证当期均通过查询、认证，且本期申报抵扣。2019 年 4 月末留抵税额 2 500 元，5 月份发生如下经济业务：

(1) 向当地商场销售自行车 800 辆，商场当月付清货款后，自行车厂给予商场 8% 的销售折扣，并开具红字发票入账。

(2) 向外地经销点销售自行车 500 辆，不含税单价为 280 元，并支付了运输单位运费，取得的专用发票上注明运费 8 000 元，增值税 720 元。

(3) 当月为销售自行车出借包装物收取押金 45 200 元；本月没收逾期未收回的包装物押金 22 600 元。

(4) 购进自行车零部件、原材料，取得的专用发票上注明价款 150 000 元，增值税 19 500元；从小规模纳税人处购进零件 92 700 元(含税)，取得税务机关代开的增值税专用。

(5) 直接组织收购旧自行车一批，收购金额为 50 000 元，未取得专用发票。

要求：计算该企业当月应纳的增值税税额。

解析：

(1) 销售给当地商场的销项税额：

$$800 \times 280 \times 13\% = 29\,120(元)$$

(2) 销售给外地经销点的销项税额：

$$500 \times 280 \times 13\% = 18\,200(元)$$

另外，支付运费取得增值税专用发票，因此可以抵扣的进项税额为 720 元。

(3) 没收包装物押金的销项税额：

$$22\,600 \div (1 + 13\%) \times 13\% = 2\,600(元)$$

(4) 购进零部件、原材料可以抵扣的进项税额：

$$19\,500 + 92\,700 \div (1 + 3\%) \times 3\% = 22\,200(元)$$

(5) 收购旧自行车未取得增值税扣税凭证。

(6) 该企业当月应纳的增值税税额：

$$29\,120 + 18\,200 + 2\,600 - (720 + 22\,200 + 2\,500) = 24\,500(元)$$

三、简易计税方法应纳税额的计算

(一) 应纳税额的计算公式

小规模纳税人销售货物、提供应税劳务或者发生应税行为适用简易计税方法。一般纳税人销售或发生财政部和国家税务总局规定的特定货物或应税行为，也可以选择简易计税方法计税。

简易计税方法的应纳税额，是指按照销售额和增值税征收率计算的增值税额，不得抵扣进项税额。应纳税额计算公式为：

$$应纳税额 = 销售额 \times 征收率$$

按简易计税方法取得的销售额与前面叙述一般计税方法的销售额所包含内容是一致，是纳税人销售货物、提供应税劳务或者发生应税行为向购买方收取的全部价款和价外费用，但不包括收取的增值税税额。

纳税人适用简易计税方法计税的，因销售折让、中止或者退回而退还给购买方的销售额，应当从当期销售额中扣减。扣减当期销售额后仍有余额造成多缴的税款，可以从以后的应纳税额中扣减。

(二) 含税销售额的换算

简易计税方法的销售额不包括其应纳税额，纳税人采用销售额和应纳税额合并定价方法的，按照下列公式计算销售额：

$$销售额 = 含税销售额 \div (1 + 征收率)$$

小规模纳税人销售自己使用过的固定资产和旧货，减按 2% 征收率征收增值税，应按下面公式确定销售额和应纳税额：

$$销售额 = 含税销售额 \div (1 + 3\%)$$
$$应纳税额 = 销售额 \times 2\%$$

例 2-3　某商店为增值税小规模纳税人，2019 年 5 月取得零售收入总额为 5.15 万元。计算该商店当月应纳的增值税税额。

解析：

$$销售额 = 5.15 \div (1 + 3\%) = 5(万元)$$
$$应纳税额 = 5 \times 3\% = 0.15(万元)$$

例 2-4　某电器生产企业为增值税小规模纳税人，2019 年 5 月发生下列业务：

(1) 外购生产用材料，取得增值税专用发票，注明价款 15 000 元，增值税 1 950 元；外购生产用设备一台，取得增值税专用发票。注明价款 40 000 元，增值税 5 200 元。

(2) 当月销售自产的 B 型小电器 100 件，价税合并取得收入 98 880 元。

(3) 将 5 件 B 型小电器赠送给客户试用。

(4) 将使用过的一台旧设备出售，取得价款 15 450 元。

要求：计算该企业与当月应纳的增值税税额。

解析：

(1) 购进时不得抵扣进项税额。

(2) 销售 B 型小电器的应纳税额，

$$应纳税额 = 98\ 880 \div (1 + 3\%) \times 3\% = 2\ 880(元)$$

(3) 视同销售的应纳税额：

$$应纳税额 = 98\ 880 \div (1 + 3\%) \div 100 \times 5 \times 3\% = 144(元)$$

(4) 出售旧设备的应纳税额：

$$15\ 450 \div (1 + 3\%) \times 2\% = 300(元)$$

(5) 该企业当月应纳增值税合计：

$$应纳税额合计 = 2\ 880 + 144 + 300 = 3\ 324(元)$$

例 2-5　某公司为增值税一般纳税人，主营钢材和商品混凝土业务，其自产商品混凝土符合简易计税规定。2019 年 5 月，销售钢材取得不含税销售额 800 万元；本月采购钢材，取得的增值税专用发票上注明价款 600 万元；销售商品混凝土取得含税销售额 309 万元。计算该企业当月应纳的增值税税额。

解析：

$$销售钢材的应纳税额 = 800 \times 13\% - 600 \times 13\% = 26(万元)$$
$$销售商品混凝土的应纳税额 = 309 \div (1 + 3\%) \times 3\% = 9(万元)$$
$$应纳税额合计 = 26 + 9 = 35(万元)$$

四、进口货物应纳增值税额的计算

根据税法规定，凡是申报进入我国海关境内的货物，均应缴纳进口环节增值税，并由海关代征。纳税人进口货物，按照组成计税价格和规定的税率计算应纳税额。计算公式为

$$应纳税额 = 组成计税价格 \times 税率$$
$$组成计税价格 = 关税完税价格 + 关税$$

如果进口货物属于应征消费税的应税消费品，其组成计税价格中还要包括进口环节已纳费税税额。计算公式为

$$组成计税价格 = 关税完税价格 + 关税 + 消费税$$
$$= (关税完税价格 + 关税) \div (1 - 消费税税率)$$

例 2-6　某增值税一般纳税人从国外进口一台机器设备，成交价为 80 万元，运抵我国海关前发生运输费、保险费、装卸费共计 20 万元。货物报关后，按规定缴纳了进口环节的增值税并取得了海关进口增值税专用缴款书。该机器设备进口后在国内销售，取得不含税销售额 170 万元。已知该机器设备进口关税税率为 20%，增值税税率为 13%。假设增值税缴款书经过比对符合抵扣条件。

要求：(1) 计算该纳税人在进口环节应该缴纳的增值税税额；

(2) 计算该纳税人国内销售环节应缴纳的增值税税额。

解析：

(1) 关税完税价格 = 80 + 20 = 100(万元)

应缴纳的关税 = 100 × 20% = 20(万元)

进口环节增值税的组成计税价格 = 100 + 20 = 120(万元)

进口环节应缴纳的增值税税额(进项税额) = 120 × 13% = 15.6(万元)

(2) 国内销售环节应纳增值税税额 = 170 × 13% – 15.6 = 6.5(万元)

例 2-7　某小规模纳税人委托外贸企业进口货物一批，关税完税价格 60 万元，海关当日填发税款缴纳证，关税税额为 6 万元。计算该企业进口环节应缴纳的增值税税额。

解析：

组成计税价格 = 60 + 6 = 66(万元)

应纳增值税税额 = 66 × 13% = 8.58(万元)

小规模纳税人进口货物也要按规定税率计算进口环节的增值税。

五、"营改增"后部分应税行为预缴增值税的计算

(一) 建筑服务

(1) 一般纳税人跨县(市、区)提供建筑服务，适用一般计税方法计税的，以取得的全部价款和价外费用扣除支付的分包款后的余额，按照 2% 的预征率计算应预缴税款。

$$应预缴税款 = (全部价款和价外费用 - 支付的分包款) \div (1 + 11\%) \times 2\%$$

一般纳税人跨县(市)提供建筑服务，适用一般计税方法计税的，应以取得的全部价款和价外费用为销售额计算应纳税额。

例 2-8　A 省某建筑公司为一般纳税人，2019 年 5 月该公司分别在 B 省和 C 省提供建筑服务取得含税收入分别为 1 635 万元和 2 943 万元，并分别支付分包款 545 万元(专票税额 45 万元)和 763 万元(专票税额 63 万元)。支付不动产租赁费 109 万元(专票注明增值税税额 11 万元)，购进建筑服务 1 526 万元(专票税额 126 万元)。该建筑公司应当如何申报缴纳增值税。

解析：

向 B 省预缴增值税：

$$当期预缴税款 = (1\ 635 - 545) \div (1 + 9\%) \times 2\% = 20(万元)$$

向 C 省预缴增值税：

$$当期预缴税款 = (2\ 943 - 763) \div (1 + 9\%) \times 2\% = 40(万元)$$

向 A 省申报缴纳增值税：

$$当期应纳税额 = (1\ 635 + 2943) \div (1 + 9\%) \times 9\% - 45 - 63 - 9 - 126 - 20 - 40$$
$$= 75(万元)$$

(2) 一般纳税人跨县(市、区)提供建筑服务，选择适用简易计税方法计税的(老项目)，以取得的全部价款和价外费用扣除支付的分包款后的余额，按照 3%的征收率计算应预缴税款。

(3) 小规模纳税人跨县(市、区)提供建筑服务，以取得的全部价款和价外费用扣除支付的分包款后的余额，按照 3%的征收率计算应预缴税款。

$$应预缴税款 = (全部价款和价外费用 - 支付的分包款) \div (1 + 3\%) \times 3\%$$

纳税人在同一地级行政区范围内跨县(市、区)提供建筑服务，不适用《纳税人跨县(市、区)提供建筑服务增值税征收管理暂行办法》(国家税务总局公告 2016 年第 17 号)。

(4) 纳税人提供建筑服务取得预收款，应在收到预收款时，以取得的预收款扣除支付的分包款后的余额，按照规定的预征率(适用一般计税方法计税的项目预征率为 2%，适用简易计税方法计税的项目预征率为 3%)预缴增值税。

按照现行规定应在建筑服务发生地预缴增值税的项目，纳税人收到预收款时在建筑服务发生地预缴增值税的项目，纳税人收到预收款时在机构所在地预缴增值税。

(二) 销售不动产

一般纳税人(非房地产企业)销售其 2016 年 4 月 30 日前取得(不含自建)的不动产，可以选择适用简易计税方法，以取得的全部价款和价外费用减去该项不动产购置原价或者取得不动产时的作价后的余额为销售额，按照 5%的征收率计税应纳税额。纳税人应按照上述计税方法在不动产所在地预缴税款后，向机构所在地主管税务机关进行纳税申报。一般纳税人(非房地产企业)销售其 2016 年 4 月 30 日前自建的不动产，可以选择适用简易计税方法，以取得的全部价款和价外费用为销售额，按照 5%的征收率计算应纳税额。纳税人应按照上述计税方法在不动产所在地预缴税款后，向机构所在地主管税务机关进行纳税申报。

一般纳税人(非房地产企业)销售其 2016 年 5 月 1 日后取得(不含自建)的不动产，应适用一般计税方法，以取得的全部价款和价外费用为销售额计算应纳税额。纳税人应以取得的全部价款和价外费用减去该项不动产购置原价或者取得不动产时的作价后的余额，按照 5%的预征率在不动产所在地预缴税款后，向机构所在地主管税务机关进行纳税申报。

一般纳税人(非房地产企业)销售其 2016 年 5 月 1 日后自建的不动产，应适用一般计税方法，以取得的全部价款和价外费用为销售额计算应纳税额。纳税人应以取得的全部价款和价外费用，按照 5%的预征率在不动产所在地预缴税款后，向机构所在地主管税务机关进行纳税申报。

小规模纳税人(非房地产企业)销售其取得(不含自建)的不动产(不含个体工商户销售购买的住房和其他个人销售不动产)，应以取得的全部价款和价外费用减去该项不动产购置原价或者取得不动产时的作价后的余额为销售额，按照5%的征收率计算应纳税额。纳税人应按照上述计税方法在不动产所在地预缴税款后，向机构所在地主管税务机关进行纳税申报。

小规模纳税人(非房地产企业)销售其自建的不动产，应以取得的全部价款和价外费用为销售额，按照5%的征收率计算应纳税额。纳税人应按照上述计税方法在不动产所在地预缴税款后，向机构所在地主管税务机关进行纳税申报。

(三) 不动产经营租赁

(1) 一般纳税人出租其2016年4月30日前取得的不动产，可以选择适用简易计税方法，按照5%的征收率计算应纳税额。不动产所在地与机构所在地不在同一县(市、区)的，纳税人应按照上述计税方法向不动产所在地主管国税机关预缴税款，向机构所在地主管国税机关申报纳税。

$$应预缴税款 = 含税销售额 \div (1 + 5\%) \times 5\%$$

(2) 一般纳税人出租其2016年5月1日后取得的不动产，适用一般计税方法计税。不动产所在地与机构所在地不在同一县(市、区)的，纳税人应按照3%的预征率向不动产所在地主管国税机关预缴税款，向机构所在地主管国税机关申报纳税。计算公式为

$$应预缴税款 = 含税销售额 \div (1 + 11\%) \times 3\%$$

纳税人以经营租赁方式将土地出租给他人使用，按照不动产经营租赁服务缴纳增值税。

(四) 房地产开发企业销售自行开发的房地产项目

自行开发，是指在依法取得土地使用权的土地上进行基础设施和房屋建设。

房地产开发企业中的一般纳税人(以下简称一般纳税人)销售自行开发的房地产项目，适用一般计税方法计税，按照取得的全部价款和价外费用，扣除当期销售房地产项目对应的土地价款后的余额计算销售额。销售额的计算公式如下：

$$销售额 = (全部价款和价外费用 - 当期允许扣除的土地价款) \div (1 + 11\%)$$

一般纳税人销售自行开发的房地产老项目(开工日期在2016年4月30日前)，可以选择简易计税方法，以取得的全部价款和价外费用为销售额，不得扣除对应的土地价款，按照5%的征收率计税。一经选择简易计税方法计税的，36个月内不得变更为一般计税方法计税。

房地产开发企业中的小规模纳税人，销售自行开发的房地产项目，按照5%的征收率计税。

房地产开发企业采取预收款方式销售所开发的房地产项目，应在收到预收款时按照3%的预征率预缴增值税。公式为

$$应预缴税款 = 预收款 \div (1 + 适用税率或征收率) \times 3\%$$

公式中的适用税率或征收率为：一般计税方法税率为11%，简易计税方法征收率为5%。

房地产开发企业中的一般纳税人销售房地产老项目，以及一般纳税人出租其 2016 年 4 月 30 日前取得的不动产，适用一般计税方法计税的，应以取得的全部价款和价外费用。按照 3%的预征率在不动产所在地预缴税款后，向机构所在地主管税务机关进行纳税申报。

第三节 增值税的会计处理

工作实例

对湖南山河实业有限公司 2019 年 7 月份增值税涉税业务作如下会计处理。

(1) 资料应作会计分录如下：

借：原材料　　　　　　　　　　　　　　　500 000

　　应交税费——应交增值税(进项税额)　　65 900

　　贷：银行存款　　　　　　　　　　　　　　　565 900

注：如购入上述原材料时取得普通发票或者虽取得专用发票，但专用发票不符合抵扣要求，则应将进项税额计入原材料成本，不得抵扣。

(2) 资料应作会计分录如下：

借：在途物资——香辛料　　　　　　　　　643 000

　　应交税费——待扣进项税额　　　　　　　83 470

　　贷：银行存款　　　　　　　　　　　　　　　726 470

可可脂已入库，先按合同价暂估入账，待专用发票等结算凭证到后再做正常会计处理。

借：原材料——可可脂　　　　　　　　　　60 000

　　贷：应付账款——浙江宏图公司　　　　　　　60 000

注：对于企业取得的暂未认证的进项税额可通过"应交税费——待扣进项税额"账户核算，这是个过渡性账户，待进项发票认证后，则从该科目的贷方转入"应交税费——应交增值税"账户的借方。

(3) 资料应作会计分录如下：

借：周转材料——包装物　　　　　　　　　3 090

　　贷：银行存款　　　　　　　　　　　　　　　3 090

注：当一般纳税人从小规模纳税人处购进货物，往往无法取得增值税专用发票，一般纳税人不能够凭普通发票抵扣进项税额，应将进项税额计入购进货物成本。

(4) 资料应作会计分录如下：

借：固定资产——在用食品包装机　　　　　103 000

　　应交税费——应交增值税(进项税额)　　13 000

　　贷：银行存款　　　　　　　　　　　　　　　116 000

注：现行增值税实行消费型增值税，外购固定资产可以抵扣(包括其运费)。征税范围中的固定资产主要是机器、机械、运输工具，以及其他与生产、经营有关的设备、工具、器具等。

(5) 资料应作会计分录如下：

借：原材料——核桃　　　　　　　　　　91 000

　　应交税费——应交增值税(进项税额)　　9 000

　　　贷：银行存款　　　　　　　　　　　　　100 000

注：购入免税农产品按购进免税农产品使用的，经主管税务机关批准的收购凭证上注明的金额(买价)和9%的扣除率之积计算进项税额后，买价和进项税额的差额作为购进农产品的成本。

(6) 资料应作会计分录如下：

借：原材料——香辛料　　　　　　　　　643 000

　　应交税费——应交增值税(进项税额)　　83 470

　　　贷：在途物资——香辛料　　　　　　　　643 000

　　　　　应交税费——待扣进项税额　　　　　83 470

注：待认证专用发票进行了认证，运输发票进行了申报抵扣，其进项税额则通过"应交税费——待扣进项税额"账户贷方转入"应交税费——应交增值税"账户的借方。

如果专用发票超过180日认证期，运输发票超过180日抵扣期，则进项税额不得抵扣，应记入原材料的采购成本。

(7) 资料应作会计分录如下：

借：委托加工物资　　　　　　　　　　　2 000

　　应交税费——应交增值税(进项税额)　　260

　　　贷：银行存款　　　　　　　　　　　　　2 260

注：一般纳税人接受应税劳务，按专用发票上注明的增值税额，借记"应交税费——应交增值税(进项税额)"账户，按专用发票上注明的应当计入加工、修理修配等物资成本的金额，借记"生产成本""委托加工物资""管理费用"等账户，按应支付或实际支付的金额，贷记"银行存款""应付账款"等账户。

(8) 资料应作会计分录如下：

借：固定资产　　　　　　　　　　　　　395 500

　　　贷：银行存款　　　　　　　　　　　　　395 500

注：现行增值税外购固定资产可以抵扣其进项税额，但能抵扣进项税额的固定资产主要是机器、机械、运输工具，以及其他与生产、经营有关的设备、工具、器具，对于集体福利与个人消费的外购固定资产，以及房屋、建筑物等不动产不能纳入增值税进项税额的抵扣范围。

(9) 资料应作会计分录如下：

借：应交税费——应交增值税(已缴税金)　79 800

　　　贷：银行存款　　　　　　　　　　　　　79 800

(10) 资料应作会计分录如下：

借：银行存款　　　　　　　　　　　　　28 250

　　　贷：其他业务收入——食品添加剂　　　　25 000

　　　　　应交税费——应交增值税(销项税额)　3 250

注：企业采取直接收款方式销售货物，无论货物是否发出，均以收到销售款或者取得

索取销售款凭据的当天作为销售收入实现、纳税义务发生和开出增值税发票的时间。

(11) 资料应作会计分录如下：

① 15 日预收款项时：

借：银行存款　　　　　　　　　　　　300 000
　　贷：预收账款——星波旺公司　　　　　　　300 000

② 18 日发出货物，开具专用发票时：

借：预收账款——星波旺公司　　　　　576 300
　　贷：主营业务收入——核桃乳　　　　　　　510 000
　　　　应交税费——应交增值税(销项税额)　　66 300

③ 收到余款时：

借：银行存款　　　　　　　　　　　　276 300
　　贷：预收账款　　　　　　　　　　　　　　276 300

注：企业采用预收贷款结算方式销售货物的，以货物发出的当天作为销售收入实现、纳税义务发生和开出增值税发票的时间。

(12) 资料应作会计分录如下：

① 发出商品时：

借：库存商品——分期收款发出商品　　420 000
　　贷：库存商品——核桃蛋白乳　　　　　　　420 000

② 确认收入，开具专用发票时：

借：应收账款——怡清园公司　　　　　226 000
　　贷：主营业务收入——核桃蛋白乳　　　　　200 000
　　　　应交税费——应交增值税(销项税额)　　26 000

③ 同时结转确认收入部分的成本时：

借：主营业务成本　　　　　　　　　　140 000
　　贷：库存商品——分期收款发出商品　　　　140 000

注：在以后约定的收款日，作相同的账务处理。企业采取赊销和分期收款方式销售货物的，以书面合同约定的收款日期的当天，无书面合同的或者书面合同没有约定收款日期的，以货物发出的当天作为销售收入实现、纳税义务发生和开出增值税发票的时间。

(13) 资料应作会计分录如下：

借：银行存款　　　　　　　　　　　　324 000
　　销售费用　　　　　　　　　　　　　15 000
　　贷：主营业务收入——核桃蛋白乳　　　　　300 000
　　　　应交税费——应交增值税(销项税额)　　39 000

注：委托其他纳税人代销货物时，以收到代销单位的代销清单或者收到全部或者部分货款的当天作为销售收入实现、纳税义务发生和开出增值税发票的时间。

(14) 资料应作会计分录如下：

借：银行存款　　　　　　　　　　　　289 845
　　贷：主营业务收入——核桃乳　　　　　　　252 000
　　　　其他业务收入——周转材料　　　　　　4 500
　　　　应交税费——应交增值税(销项税额)　　33 345

注：企业销售产品时，对单独计价销售的包装物，按规定应缴纳增值税。其账务处理为：按价税合计数，借记"应收账款"、"银行存款"等科目，按应缴的增值税额，贷记"应交税费——应交增值税(销项税额)"科目，按包装物价款贷记"其他业务收入"科目。逾期未能退还的包装物押金，按规定缴纳增值税，按应退的押金，借记"其他应付款"科目，按应缴的增值税额，贷记"应交税额——应交增值税(销项税额)"科目，按应退押金扣除应交增值税的差额，贷记"其他业务收入"科目。

(15) 资料应作会计分录如下：

借：在建工程　　　　　　　　　　　　　70 400
　　贷：库存商品——核桃巧克力乳　　　　　60 000
　　　　应交税费——应交增值税(销项税额)　　10 400

注：按税法规定，企业将自产、委托加工的货物用于非应税项目(如转让无形资产、不动产和应征消费税的固定资产、在建工程等)、集体福利和个人消费，从会计角度来看，属于非销售活动，不计入有关收入类科目，但按税法属于视同销售行为，应按自产、委托加工货物的成本与税务机关认可的货物计税依据计算缴纳增值税，纳税义务发生时间为货物移送的当天。

(16) 资料应作会计分录如下：

借：在建工程　　　　　　　　　　　　　90 400
　　贷：周转材料——铝料　　　　　　　　　80 000
　　　　应交税费——应交增值税(进项税额转出)　10 400

注：已抵扣进项税额的购进货物或者应税劳务改变用途，用于免税项目、非增值税应税劳务、集体福利或个人消费的，应当将该项购进货物或者应税劳务的进项税额从当期的进项税额中扣减。

(17) 资料应作会计分录如下：

借：营业外支出　　　　　　　　　　　　186 000
　　贷：库存商品——核桃蛋白乳　　　　　　160 000
　　　　应交税费——应交增值税(销项税额)　　26 000

注：按税法规定，企业将自产、委托加工或购买的货物作投资，提供给其他单位或个体工商户，以及无偿赠送给其他单位或个人，从会计角度来看，属于非销售活动，没有发生经济利益的流入，但按税法属于视同销售行为，应按自产、委托加工或购买的货物成本与税务机关核定的货物计税依据计算缴纳增值税，纳税义务发生时间为货物移送的当天。

(18) 资料应作会计分录如下：

借：银行存款　　　　　　　　　　　　　11 300
　　贷：其他业务收入　　　　　　　　　　　10 000
　　　　应交税费——应交增值税(销项税额)　　1 300

注：按税法规定，企业销售应税劳务时，以提供劳务同时收讫销售款或者取得索取销售款的凭据的当天作为销售收入实现、纳税义务发生和开出增值税发票的时间。

(19) 资料应作会计分录如下：

借：银行存款　　　　　　　　　　　　　223 740
　　贷：主营业务收入——核桃乳　　　　　　198 000

　　应交税费——应交增值税(销项税额)　　　　　25 740

　　注：企业销售货物由于品种规格不符或质量原因造成购货方要求退货或者折让的，不论是当月销售的还是以前月份销售的，均应冲减退回当月的销售收入；另外，在折扣销售方式下，只有销售额和折扣额在同一张发票上分别注明的，才能按折扣后的余额作为计税销售额，否则，不得从销售额中减去折扣额。

　　(20) 资料应作会计分录如下：

　　借：待处理财产损溢——待处理流动资产损溢　　36 240
　　　　贷：原材料——核桃仁　　　　　　　　　　　　　　31 500
　　　　　　应交税费——应交增值税(进项税额转出)　　　4 740

同时：

　　借：营业外支出　　　　　　　　　　　　　　　36 240
　　　　贷：待处理财产损溢——待处理流动资产损溢　　　36 240

　　注：购进的物质、在产品、产成品发生因管理不善造成的非正常损失，其进项税额应相应转入有关科目不得抵扣。

　　月末，分析汇总湖南山河实业有限公司 2019 年 7 月应交增值税销项与进项税额，本公司有应缴未缴增值税额 23 365 元，即"应交税费——应交增值税"为贷方余额。

　　借：应交税费——应交增值税(已交增值税)　　　23 365
　　　　贷：银行存款　　　　　　　　　　　　　　　　　23 365

一、一般纳税人增值税的会计处理

(一) 会计科目及专栏的设置

　　增值税一般纳税人应当在"应交税费"科目下设置"应交增值税""未交增值税""预交增值税""待抵扣进项税额""待认证进项税额""待转销项税额""增值税留抵税额""简易计税""转让金融商品应交增值税""代扣代交增值税"等明细科目。

　　(1) 增值税一般纳税人应在"应交增值税"明细账内设置"进项税额""销项税额抵减""已交税金""转出未交增值税""减免税款""出口抵减内销产品应纳税额""销项税额""出口退税""进项税额转出""转出多交增值税"等专栏。其中：

　　① "进项税额"专栏，记录一般纳税人购进货物、加工修理修配劳务、服务、无形资产或不动产而支付或负担的、准予从当期销项税额中抵扣的增值税额。

　　② "销项税额抵减"专栏，记录一般纳税人按照现行增值税制度规定因扣减销售额而减少的销项税额。

　　③ "已交税金"专栏，记录一般纳税人当月已缴纳的应交增值税额。

　　④ "转出未交增值税"和"转出多交增值税"专栏，分别记录一般纳税人月度终了转出当月应交未交或多交的增值税额。

　　⑤ "减免税款"专栏，记录一般纳税人按现行增值税制度规定准予减免的增值税额。

　　⑥ "出口抵减内销产品应纳税额"专栏，记录实行"免、抵、退"办法的一般纳税人按规定计算的出口货物的进项税抵减内销产品的应纳税额。

⑦ "销项税额"专栏，记录一般纳税人销售货物、加工修理修配劳务、服务、无形资产或不动产应收取的增值税额。

⑧ "出口退税"专栏，记录一般纳税人出口货物、加工修理修配劳务、服务、无形资产按规定退回的增值税额。

⑨ "进项税额转出"专栏，记录一般纳税人购进货物、加工修理修配劳务、服务、无形资产或不动产等发生非正常损失以及其他原因而不应从销项税额中抵扣、按规定转出的进项税额。

(2) "未交增值税"明细科目，核算一般纳税人月度终了从"应交增值税"或"预交增值税"明细科目转入当月应交未交、多交或预缴的增值税额，以及当月缴纳以前期间未的增值税额。

(3) "预交增值税"明细科目，核算一般纳税人转让不动产、提供不动产经营租赁服务、提供建筑服务、采用预收款方式销售自行开发的房地产项目等，以及其他按现行增值税制度规定应预缴的增值税额。

(4) "待抵扣进项税额"明细科目，核算一般纳税人已取得增值税扣税凭证并经税务机关认证，按照现行增值税制度规定准予以后期间从销项税额中抵扣的进项税额。它包括：一般纳税人自 2016 年 5 月 1 日后取得并按固定资产核算的不动产或者 2016 年 5 月 1 日后取得的不动产在建工程，按现行增值税制度规定准予以后期间从销项税额中抵扣的进项税额；实行纳税辅导期管理的一般纳税人取得的尚未交叉稽核比对的增值税扣税凭证上注明或计算的进项税额。

(5) "待认证进项税额"明细科目，核算一般纳税人由于未经税务机关认证而不得从当期销项税额中抵扣的进项税额。它包括：一般纳税人已取得增值税扣税凭证；按照现行增值税制度规定准予从销项税额中抵扣，但尚未经税务机关认证的进项税额；一般纳税人已申请稽核但尚未取得稽核相符结果的海关缴款书进项税额。

(6) "待转销项税额"明细科目，核算一般纳税人销售货物、加工修理修配劳务、服务、无形资产或不动产，已确认相关收入(或利得)但尚未发生增值税纳税义务，而需于以后期间确认为销项税额的增值税额。

(7) "增值税留抵税额"明细科目，核算兼有销售服务、无形资产或者不动产的原增值税一般纳税人，截止到纳入"营改增"试点之日前的增值税期末留抵税额，按照现行增值税制度规定不得从销售服务、无形资产或不动产的销项税额中抵扣的增值税留抵税额。

(8) "简易计税"明细科目，核算一般纳税人采用简易计税方法发生的增值税计提、扣减、预缴、缴纳等业务。

(9) "转让金融商品应交增值税"明细科目，核算增值税纳税人转让金融商品发生的增值税额。

(10) "代扣代缴增值税"明细科目，核算纳税人购进在境内未设经营机构的境外单位或个人在境内的应税行为代扣代缴的增值税。

(二) 销售业务的账务处理

1. 一般计税方法销售业务的账务处理

一般纳税人在国内销售货物、加工修理修配劳务、服务、无形资产或不动产时，应当按应收或已收的金额，借记"应收账款""应收票据""银行存款"等科目，按取得的收入金额，贷记"主营业务收入""其他业务收入""固定资产清理""工程结算"等科目，同时，按现行增值税制度规定计算的销项税额，贷记"应交税费——应交增值税(销项说额)"。

例 2-9 信达公司为增值税一般纳税人，2019 年 5 月销售自产的产品一批，开具增值税专用发票，注明价款 50 000 元，增值税 6 500 元，款项收到存入银行。该批产品的生产成本为 30 000 元。完成该公司的会计处理。

解析：

(1) 款项收到存入银行：

借：银行存款　　　　　　　　　　　　　　56 500
　　贷：主营业务收入　　　　　　　　　　　　　　50 000
　　　　应交税费——应交增值税(销项税额)　　　　 6 500

(2) 结转销售成本时：

借：主营业务成本　　　　　　　　　　　　30 000
　　贷：库存商品　　　　　　　　　　　　　　　　30 000

例 2-10 信达公司接受外单位委托加工零件一批，收取加工费 2 000 元，增值税 260 元，开出增值税专用发票，款项收到存入银行。完成信达公司的会计处理。

借：银行存款　　　　　　　　　　　　　　 2 260
　　贷：其他业务收入　　　　　　　　　　　　　　 2 000
　　　　应交税费——应交增值税(销项税额)　　　　　 260

例 2-11 信达公司销售一批零件给某小规模纳税企业，开具普通发票，金额为 11 300 元，款项收到存入银行。该批零件的生产成本为 6 000 元。试作信达公司的会计处理。

解析：

(1) 销售实现时：

$$不含税销售额 = 11\,300 \div (1 + 13\%) = 10\,000(元)$$
$$销项税额 = 10\,000 \times 13\% = 1\,300(元)$$

借：银行存款　　　　　　　　　　　　　　11 300
　　贷：主营业务收入　　　　　　　　　　　　　　10 000
　　　　应交税费——应交增值税(销项税额)　　　　 1 300

(2) 结转销售成本时：

借：主营业务成本　　　　　　　　　　　　 6 000
　　贷：库存商品　　　　　　　　　　　　　　　　 6 000

例 2-12 信达公司向外地某客户销售产品一批，不含税售价 25 000 元，产品已发出并向银行办妥了托收手续。完成信达公司的会计处理。

解析：

$$销项税额 = 25\,000 \times 13\% = 3\,250(元)$$

借：应收账款　　　　　　　　　　　　　　28 250
　　贷：主营业务收入　　　　　　　　　　　　　　25 000
　　　　应交税费——应交增值税(销项税额)　　　　 3 250

例 12-13 信达公司采用预收货款方式销售货物一批，2019 年 4 月 15 日收到预收款

500 000 元。5 月 17 日发出货物，开出增值税专用发票，价款 600 000 元，增值税 78 000 元，余款同日收到。完成信达公司的会计处理。

解析：

(1) 4 月 15 日，收到预收款时：

借：银行存款 500 000

　　贷：预收账款 500 000

(2) 5 月 17 日，发出货物并收回余款时：

借：预收账款 500 000

　　银行存款 178 000

　　贷：主营业务收入 600 000

　　　　应交税费——应交增值税(销项税额) 78 000

例 2-14 信达公司本月销售自产设备 10 台，开具增值税专用发票，价款 55 000 元，增值税 71 500 元；另收取设备安装费 45 200 元，开具普通发票。款项收到存入银行。完成会计处理。

解析：

销项税额 = 71 500 + 45 200 ÷ (1 + 13%) × 13% = 76 700(元)

借：银行存款 666 700

　　贷：主营业务收入 550 000

　　　　其他业务收入 40 000

　　　　应交税费——应交增值税(销项税额) 76 700

例 2-15 某运输公司为增值税一般纳税人，2019 年 5 月接受一商贸公司委托将一批货物从甲地运往乙地，开具了增值税专用发票，注明运费 80 000 元，增值税 7 200 元，款项收到存入银行。完成该运输公司的会计处理。

解析：

借：银行存款 87 200

　　贷：主营业务收入 80 000

　　　　应交税费——应交增值税(销项税额) 7 200

例 2-16 家乐电器销售公司(一般纳税人)本月推出冰箱以旧换新的促销活动，每台冰箱正常对外销售的含税价为 3 955 元，采取以旧换新方式回收一台旧冰箱抵付货款 800 元后，每台冰箱实收款 3 155 元。当月共销售冰箱 300 台。完成会计处理。

解析：

销项税额 = 3 955 × 300 ÷ (1 + 13%) × 13% = 136 500(元)

借：银行存款 946 500

　　原材料(库存商品) 240 000

　　贷：主营业务收入 1 050 000

　　　　应交税费——应交增值税(销项税额) 136 500

需注意，按照增值税制度确认增值税纳税义务发生时点早于按照国家统一的会计制度确认收入或利得的时点的，应将应纳增值税额借记"应收账款"科目，贷记"应交税费——应交增值税(销项税额)"，按照国家统一的会计制度确认收入或利得时，应按扣除增值税销项税额后的金额确认。

而按照国家统一的会计制度确认收入或利得的时点早于按照增值税制度确认增值税纳税义务发生时点的，应将相关销项税额记入"应交税费——待转销项税额"科目，待实际发生纳税义务时再转入"应交税费——应交增值税(销项税额)"科目。

2. 销售退回、折让及折扣的账务处理

企业在销售过程中，发生销售退回、折让或折扣时，应区别不同情况进行会计处理：

(1) 销售退回及折让。税法规定，发生销售退回或者折让的，应根据按规定开具的红字增值税专用发票做相反的会计分录。未按规定开具红字增值税专用发票的，增值税额不得从销项税额中扣减。

例 2-17 信达公司 4 月 20 日销售给甲公司产品一批，开出的增值税专用发票上注明价款为 50 000 元，增值税额为 6 500 元，款项已收到。5 月 15 日，该批产品因质量被甲公司退回。完成信达公司的会计处理。

解析：

① 4 月 20 日，销售实现时：

借：银行存款 56 500

    贷：主营业务收入 50 000

        应交税费——应交增值税(销项税额) 6 500

② 5 月 15 日，发生销货退回时：

借：主营业务收入 56 500

    贷：银行存款 50 000

        应交税费——应交增值税(销项税额) 6 500

例 2-18 信达公司上月销售给乙公司一批产品，开出的增值税专用发票上注明价款 8 000 元，增值税额 1 040 元。货已提，款项尚未支付。现接到乙公司的通知，该批产品有质量问题，双方协商折让 10%。收到乙公司转来的折让证明，开出红字发票。完成信达公司的会计处理。

解析：

借：主营业务收入 904

    贷：应收账款 800

        应交税费——应交增值税(销项税额) 104

(2) 折扣销售与销售折扣。折扣分为商业折扣和现金折扣两种形式。商业折扣也就是税法所称的折扣销售，它是在实现销售时确认的，销货方应在开出同一张增值税专用发票上分别写明销售额和折扣额，可按折扣后的余额作为计算销项税额的依据。但若将折扣额另开发票的，不论财务会计如何处理，计算销项税额都要按未折扣的销售额计算。现金折扣即销售折扣，是一种融资性质的理财费用，不得从销售额中减除。

例2-19 信达公司本月销售产品一批，开出的增值税专用发票上注明价款为 10 000 元，增值税为 1 300 元，规定的付款条件为 2/10，n/30。完成信达公司的会计处理。

解析：

产品发出并办妥托收手续时：

借：应收账款　　　　　　　　　　　　　11 300
　　贷：主营业务收入　　　　　　　　　　　　　10 000
　　　　应交税费——应交增值税(销项税额)　　　 1 300

如果上述货款在 10 日内收到：

借：银行存款　　　　　　　　　　　　　11 074
　　财务费用　　　　　　　　　　　　　　　226
　　贷：应收账款　　　　　　　　　　　　　　 11 300

② 如果上述贷款超过 10 日收到：

借：银行存款　　　　　　　　　　　　　11 300
　　贷：应收账款　　　　　　　　　　　　　　 11 300

3. 视同销售的账务处理

企业发生税法上视同销售的行为时，应当按照企业会计准则的规定进行相应的会计处理，并按现行增值税制度规定计算的销项税额，借记"应付职工薪酬""长期股权投资""营业外支出"等科目，贷记"应交税费——应交增值税(销项税额)"科目。

视同销售业务会计处理的关键是区分实际销售和不形成实际销售的业务。对于不形成实际销售的业务，会计上不作销售收入处理，而按成本转账。但是，无论会计上是否作销售处理，只要税法规定视同销售，就应当计算缴纳增值税，并记入"销项税额"。

(1) 将货物交付他人代销与销售代销货物。代销业务需分为以下两种情况进行处理：

一是视同买断方式。是指委托方和受托方签订合同或协议，委托方按合同或协议收取所代销的货款，实际售价可由受托方自定，实际售价与合同或协议价之间的差额归受托方所有。按税法规定，委托其他纳税人代销货物的纳税义务发生时间，为收到代销单位销售的代销清单的当天。因此，委托方在交付商品时不确认销售收入，受托方也不作购进商品处理。当受托方将商品销售后，按实际售价确认为销售收入，并向委托方开具代销清单。委托方在收到代销清单时，确认本企业的销售收入。

例 2-20　甲公司委托乙公司销售 A 商品 100 件，协议价为 100 元/件(不含税)，A 商品成本为 60 元/件，增值税率 13%。甲公司收到乙公司开来的代销清单时开具增值税专用发票，发票上注明：售价 10 000 元，增值税 1 300 元。乙公司实际销售时开具的增值税发票上注明售价 12 000 元，增值税额 1 560 元。完成两公司的会计处理。

解析：

· 甲公司的会计处理如下。

① 将 A 商品交付给乙公司时：

借：委托代销商品　　　　　　　　　　　6 000
　　贷：库存商品　　　　　　　　　　　　　　　6 000

② 收到乙公司开来的代销清单，并向乙公司开具了增值税专用发票：

借：应收账款——乙公司　　　　　　　　11 300
　　贷：主营业务收入　　　　　　　　　　　　　10 000
　　　　应交税费——应交增值税(销项税额)　　　 1 300
借：主营业务成本　　　　　　　　　　　6 000
　　贷：委托代销商品(或发出商品)　　　　　　　6 000

③ 收到乙公司汇来的货款时：

借：银行存款 11 300

    贷：应收账款——乙公司 11 300

- 乙公司的会计处理如下：

① 收到 A 商品时，按协议价：

借：受托代销商品 10 000

    贷：受托代销商品款 10 000

② 实际销售商品时：

借：银行存款 13 560

    贷：主营业务收入 12 000

        应交税费——应交增值税(销项税额) 1 560

同时：

借：主营业务成本 10 000

    贷：受托代销商品 10 000

③ 向甲公司开出代销清单，并收到甲公司开具的专用发票时：

借：受托代销商品款 10 000

    应交税费——应交增值税(进项税额) 1 300

        贷：应付账款——甲公司 11 300

④ 按协议价将款项付给甲公司时：

借：应付账款——甲公司 11 300

    贷：银行存款 11 300

二是收取手续费方式。这是严格意义上的代销业务，即受托方按照委托方规定的价格销售，并根据所代销的商品数量向委托方收取手续费。委托方在收到代销清单时，确认销售收入；受托方在商品销售后，按应收取的手续费确认收入，不核算商品销售收入。

例 2-21 假如上例中乙公司按每件 100 元的价格(不含税)出售，双方约定，甲公司按售价的 10% 支付手续费给乙公司，乙公司据此向甲公司开具了增值税专用发票。完成两公司的会计处理。

解析：

- 甲公司的会计处理如下：

① 将 A 商品交付给乙公司时：

借：委托代销商品(或发出商品) 6 000

    贷：库存商品 6 000

② 收到乙公司开来的代销清单，并向乙公司开具了增值税专用发票：

借：应收账款——乙公司 11 300

    贷：主营业务收入 10 000

        应交税费——应交增值税(销项税额) 1 300

同时结转销售成本：

借：主营业务成本 6 000

    贷：委托代销商品 6 000

③ 收到乙公司开来的增值税专用发票，确认手续费时：

借：销售费用 1 000

　　应交税费——应交增值税(进项税额) 60

　　　贷：应收账款——乙公司 1 060

④ 收到乙公司汇来的货款时：

借：银行存款 10 240

　　　贷：应收账款 10 240

- 乙公司的会计处理如下：

① 收到 A 商品时：

借：受托代销商品 10 000

　　　贷：受托代销商品款 10 000

② 实际销售商品时：

借：银行存款 11 300

　　　贷：应付账款——甲公司 10 000

　　　　应交税费——应交增值税(销项税额) 1 300

③ 向甲公司开出代销清单并收到甲公司开具的增值税专用发票时：

借：应交税费——应交增值税(进项税额) 1 300

　　　贷：应付账款——甲公司 1 300

注销"受托代销商品款"和"受托代销商品"：

借：受托代销商品款 10 000

　　　贷：受托代销商品 10 000

④ 支付甲公司货款并确认手续费收入(向甲公司开具了专用发票)时：

借：应付账款——甲公司 11 300

　　　贷：银行存款 10 240

　　　　主营业务收入(或其他业务收入) 1 000

　　　　应交税费——应交增值税(销项税额) 60

(2) 将自产或委托加工的货物用于集体福利。企业将自产或委托加工的货物用于集体福利，会计上不属于销售业务，但税法规定视同销售货物，应按销售额计算销项税额。需注意，若购进的货物用于集体福利，则不属于增值税视同销售业务。

例 2-22　信达公司将自产的一台空调安装到职工食堂使用，该空调的生产成本为5 000 元，市场不含税售价为 7 500 元。完成信达公司的会计处理。

解析：

$$销项税额 = 7\ 500 \times 13\% = 975(元)$$

借：固定资产 5 975

　　　贷：库存商品 5 000

　　　　应交税费——应交增值税(销项税额) 975

(3) 将自产、委托加工的货物用于个人消费。企业将自产、委托加工的货物用于个人消费(包括纳税人的交际应酬消费和给职工发放非货币性福利)，按税法规定视同销售货物，应按销售额计算缴纳增值税。若购进的货物直接用于个人消费，也不属于增值税视同销售业务。

按企业会计准则规定，以自产的产品作为非货币性福利发放给职工的，应按公允价值和相关税费计量，应计入成本费用的职工薪酬金额，并确认为主营业务收入，其成本的结转和相关税费的处理与正常商品销售相同。

非货币性福利统一采用公允价值计量，当公允价值无法可靠获得时，可以采用成本计量。

例2-23　公司将自产的一批产品作为福利发给职工，该批产品的生产成本为28 000元，市场不含税售价为50 000元。完成会计处理。

解析：

① 发放职工福利时：

$$销项税额 = 50\,000 \times 13\% = 6\,500(元)$$

借：应付职工薪酬——非货币性福利　　56 500

　　贷：主营业务收入　　　　　　　　　　50 000

　　　　应交税费——应交增值税(销项税额)　6 500

② 结转销售成本时：

借：主营业务成本　　　　　　　　　28 000

　　贷：库存商品　　　　　　　　　　　　28 000

企业将自产、委托加工的货物用于纳税人的交际应酬消费时，会计上不属于销售业务，因此，借记"管理费用"等科目，贷记"库存商品"和"应交税费——应交增值税(销项税额)"科目。

(4) 将自产、委托加工或购买的货物作为投资。以存货对外投资，是将一种资产转变成另一种资产的经济业务，会计上属于非货币性资产交换，因此，应遵照非货币性资产交换准则进行会计处理。但无论会计上如何处理，税法规定视同销售，应当计算销项税额。

非货币性资产交换需区分两种情况进行会计处理：不具有商业实质或公允价值不能可靠计量的和具有商业实质且公允价值能可靠计量的。

若交换具有商业实质，按会计准则规定，换出资产为存货的，应当作为销售处理，以公允价值确认收入，同时结转成本。

例2-24　信达公司以自产的一批产品对甲公司进行投资，双方协议按产品的售价件作价。该批产品的成本为500 000元，假设售价和计税价格均为650 000元，该产品的增值税率为13%。该笔交易通常情况下符合非货币性资产交换准则规定的按公允价值计量的条件，即具有商业实质。完成信达公司的会计处理。

解析：

① 对外投资时：

$$销项税额 = 650\,000 \times 13\% = 84\,500(元)$$

借：长期股权投资　　　　　　　　734 500

　　贷：主营业务收入　　　　　　　　　650 000

　　　　应交税费——应交增值税(销项税额)　84 500

② 结转成本时：

借：主营业务成本　　　　　　　　500 000

$\qquad$ 贷：库存商品　　　　　　　　　　　　　　　　　　　　500 000

(5) 将自产、委托加工或购买的货物分配给股东或投资者。将自产、委托加工或购买的货物分配给股东或投资者是一种实质的销售业务，属于两个不同会计主体之间的业务。这一行为虽然没有直接的货币流入，但却避免了货币的流出。实际上它与将货物出售后取得货币资产，然后再分配利润给股东，并无实质区别，只是没有现金流入或流出，直接以货物流出的形式存在，体现的是企业内部与外部的关系。因此，应按一般销售业务处理。

例 2-25　信达公司将自产的一批产品作为股利分配给股东。该批产品的生产成本400 000 元，不含税售价为 500 000 元。完成信达公司的会计处理。

解析：

① 分配利润时：

$$销项税额 = 500\ 000 \times 13\% = 65\ 000(元)$$

借：应付股利　　　　　　　　　　　565 000

$\qquad$ 贷：主营业务收入　　　　　　　　　　　　　500 000

$\qquad\qquad$ 应交税费——应交增值税(销项税额)　　　　65 000

② 结转成本时：

借：主营业务成本　　　　　　　　　400 000

$\qquad$ 贷：库存商品　　　　　　　　　　　　　　　400 000

(6) 将自产、委托加工或购买的货物无偿赠送他人。将自产、委托加工或购买的货物无偿赠送他人不属于销售活动，尽管发生了货物所有权的转移，但企业并未获得实际的经济利益，因此不通过收入类科目核算。为避免因相互赠送而损害国家利益，税法规定，应视同销售货物计算缴纳增值税。

例 2-26　信达公司向灾区捐赠账面成本为 100 000 元的产品一批，该批产品市场不含税售价为 180 000 元，适用增值税税率为 13%。完成信达公司的会计处理。

$$销项税额 = 180\ 000 \times 13\% = 23\ 400(元)$$

解析：

借：营业外支出　　　　　　　　　　123 400

$\qquad$ 贷：库存商品　　　　　　　　　　　　　　　100 000

$\qquad\qquad$ 应交税费——应交增值税(销项税额)　　　　23 400

(7) 一般纳税人发生视同销售服务、无形资产或不动产时，应当按照企业会计准则相关规定进行相应的会计处理，借记"营业外支出"科目，按现行增值税制度规定计算的销项税额，贷记"应交税费——应交增值税(销项税额)"科目。

4. 包装物出售、出租及包装物押金的账务处理

(1) 包装物出售，应区分以下两种情况进行处理：

① 随同产品出售并单独计价的包装物。在随同产品销售并单独计价的包装物业务中，企业实际是在销售产品的同时销售了包装物。

例 2-27　信达公司本月销售产品一批，包装产品的包装物单独计价。开出增值税专用发票上注明，产品价款 40 000 元，包装物价款 3 000 元，增值税分别为 5 200 元和 390 元，款项尚未收到。产品成本 25 000 元，包装物成本 2 200 元。完成信达公司的会计处理。

解析：

销售实现时：

借：应收账款　　　　　　　　　　　　　48 590

　　贷：主营业务收入　　　　　　　　　　　　　40 000

　　　　其他业务收入　　　　　　　　　　　　　 3 000

　　　　应交税费——应交增值税(销项税额)　　　5 590

结转成本时：

借：主营业务成本　　　　　　　　　　　25 000

　　其他业务成本　　　　　　　　　　　 2 200

　　贷：库存商品　　　　　　　　　　　　　　　25 000

　　　　周转材料——包装物　　　　　　　　　　 2 200

② 随同产品出售，但不单独计价的包装物。在随同产品销售不单独计价的包装物的业务中，企业只是在销售产品，而包装物是作为促进产品销售的一个组成部分。

例 2-28　信达公司本月销售产品 10 台，不含税售价 8 000 元/台，随产品发出不单计价的包装箱 10 个，成本共计 280 元，款项全部收到，存入银行。产品成本为 6 000 元/台。完成信达公司的会计处理。

解析：

销售实现时：

借：银行存款　　　　　　　　　　　　　90 400

　　贷：主营业务收入　　　　　　　　　　　　　80 000

　　　　应交税费——应交增值税(销项税额)　　 10 400

结转成本时：

借：主营业务成本　　　　　　　　　　　60 000

　　销售费用　　　　　　　　　　　　　　 280

　　贷：库存商品　　　　　　　　　　　　　　　60 000

　　　　周转材料——包装物　　　　　　　　　　　 280

(2) 包装物出租。企业为了销售货物而出租包装物所收取的租金，属于价外费用，应缴纳增值税。租金收入通过"其他业务收入"科目核算。另外，单独将包装物出租的业务，属于有形动产租赁业务，也需缴纳增值税。

(3) 包装物押金。税法规定，纳税人为销售货物而出租、出借包装物收取的押金。单独记账核算并且时间在 1 年以内，又未过期的，不并入销售额征税，但对因逾期未收回包装物而没收的押金，应按所包装货物的适用税率计算销项税额。

收取的包装物押金是含税的，没收时应将包装物押金还原为不含税价，再并入销售额征税。

例 2-29　信达公司 5 月份销售甲产品 50 件，生产成本为 500 元/件，不含税售价为 800 元/件，随产品出借包装物 10 个，共收取押金 1 130 元，包装物的账面成本共 600 元。款项收到，存入银行。完成信达公司的会计处理。

解析：

① 4 月销售产品，并收取包装物押金时：

借：银行存款   46 330
　　贷：主营业务收入   40 000
　　　　应交税费——应交增值税(销项税额)   5 200
　　　　其他应付款   1 130

② 结转销售成本时：

借：主营业务成本   25 000
　　贷：库存商品   25 000

③ 假定该包装物的回收期为 1 个月，5 月份包装物逾期未退还，没收押金时：

销项税额 = 1 130 ÷ (1 + 13%) × 13% = 130(元)

借：其他应付款   1 130
　　贷：其他业务收入   1 000
　　　　应交税费——应交增值税(销项税额)   130

④ 结转包装物成本时：

借：其他业务成本   600
　　贷：周转材料——包装物   600

5. 一般纳税人采用简易计税方法

税法规定，一般纳税人销售或发生财政部和国家税务总局规定的特定货物或应税行为，可以选择适用简易计税方法计税。销售实现时，按应收或已收的金额，借记"应收账款""应收票据""银行存款"等科目。按取得的收入金额，贷记"主营业务收入""其他业务收入""固定资产清理"等科目，按采用简易计税方法计算的应纳增值税额，贷记"应交税费——简易计税"科目。

例 2-30   信达公司(增值税一般纳税人)销售 2019 年 5 月购进作为固定资产核算的小轿车一辆，开具了普通发票，取得含税销售额 103 000 元。完成应纳税额的计税及会计处理。

解析：

销售额 = 103 000 ÷ (1 + 3%) = 100 000(元)

应纳税额 = 103 000 ÷ (1 + 3%) × 2% = 2 000(元)

借：银行存款   103 000
　　贷：固定资产清理   100 000
　　　　应交税费——简易计税   3 000

借：应交税费——简易计税   1 000
　　贷：营业外收入   1 000

实际缴纳税款时：

借：应交税费——简易计税   2 000
　　贷：银行存款   2 000

6. 差额征税的账务处理

(1) 企业发生相关成本费用允许扣减销售额的账务处理。按现行增值税制度规定企业发生相关成本费用允许扣减销售额的，发生成本费用时，按应付或实际支付的金额，借记"主营业务成本""原材料""库存商品""开发成本""工程施工"等科目，贷记"应付账款""应付票据""银行存款"等科目。待取得合规增值税扣税凭证且纳税义务发生时，按照允许抵扣的税额，借记"应交税费——应交增值税(销项税额抵减)"或"应交税费——简易计税"科目，贷记"主营业务成本""存货""工程施工"等科目。

(2) 金融商品转让按规定以盈亏相抵后的余额作为销售额的账务处理。金融商品实际转让月末，如果产生转让收益，则按应纳税额借记"投资收益"等科目，贷记"应交税费——转让金融商品应交增值税"科目；如果产生转让损失，则可结转下月抵扣税额，借记"应交税费——转让金融商品应交增值税"科目，贷记"投资收益"等科目。缴纳增值税时，借记"应交税费——转让金融商品应交增值税"科目，贷记"银行存款"。年末，本科目如借方有余额，则借记"投资收益"等科目，贷记"应交税费——转让金融商品应交增值税"科目。

(三) 购进业务的账务处理

1. 进项税额允许抵扣的账务处理

(1) 一般购进业务的账务处理。一般纳税人在国内购进货物、加工修理修配劳务、服务、无形资产，按应计入相关成本费用或资产的金额，借记"在途物资"或"原材料""库存商品""生产成本""无形资产""固定资产""管理费用"等科目；按当月已认证的可抵扣增值税额，借记"应交税费——应交增值税(进项税额)"科目；按当月未认证的可抵扣增值税额，借记"应交税费——待认证进项税额"科目；按应付或实际支付的金额，贷记"应付账款""应付票据""银行存款"等科目。

发生退货的，如原增值税专用发票已做认证，应根据税务机关开具的红字增值税专用发票做相反的会计分录；如原增值税专用发票未做认证，应将发票退回并做相反的会计分录。

如果一般纳税人购进的货物等已到达并验收入库，但尚未收到增值税扣税凭证并未付款的，应在月末按货物清单或相关合同协议上的价格暂估入账，不需要将增值税的进项税额暂估入账，即暂估入账的金额不包含增值税进项税额。下月初，用红字冲销原暂估入账金额，待取得相关增值税扣税凭证并经认证后，按应计入相关成本费用或资产的金额，借记"原材料""库存商品""固定资产""无形资产"等科目；按可抵扣的增值税额，借记"应交税费——应交增值税(进项税额)"科目；按应付金额，贷记"应付账款"等科目。一般纳税人购进劳务、服务等，但尚未取得增值税扣税凭证的，比照处理。

例 2-31　信达公司 2019 年 5 月购进原材料一批，取得的增值税专用发票上注明价款 30 000 元，增值税 3 900 元。另支付运费并取得增值税专用发票一张，注明运费 1 200 元，增值税 108 元。款项以银行存款支付，材料验收入库。发票当月通过认证并申报抵扣。完成信达公司的会计处理。

解析：

$$进项税额 = 3\,900 + 108 = 4\,008(元)$$
$$材料采购成本 = 30\,000 + 1\,200 = 31\,200(元)$$

借：原材料　　　　　　　　　　　　　　　31 200

　　应交税费——应交增值税(进项税额)　　4 008

　　　贷：银行存款　　　　　　　　　　　　　　　35 208

例 2-32 信达公司 2019 年 5 月购进一台生产用且不需安装的设备，取得的专用发票上注明价款 250 000 元，增值税 32 500 元，款项以银行存款支付。发票当期通过认证并申报抵扣。完成信达公司的会计处理。

解析：

借：固定资产　　　　　　　　　　　　　　　 250 000
　　应交税费——应交增值税(进项税额)　　　 32 500
　　贷：银行存款　　　　　　　　　　　　　　　　　 282 500

例 2-33　信达公司本月发出材料一批，实际成本为 10 000 元，委托 A 公司加工包装物。取得 A 公司开来的专用发票上注明加工费 1 000 元，增值税 130 元，款项以银行存款支付。发票当月通过认证并申报抵扣。完成信达公司的会计处理。

解析：

① 发出材料时：

借：委托加工物资　　　　　　　　　　　　　　 10 000
　　贷：原材料　　　　　　　　　　　　　　　　　　　 10 000

② 支付加工费、增值税时：

借：委托加工物资　　　　　　　　　　　　　　 1 000
　　应交税费——应交增值税(进项税额)　　　 130
　　贷：银行存款　　　　　　　　　　　　　　　　　 1 130

③ 加工完毕收回包装物时：

借：周转材料——包装物　　　　　　　　　　　 11 000
　　贷：委托加工物资　　　　　　　　　　　　　　　 11 000

例 2-34　信达公司外购原材料一批，取得增值税专用发票上注明价款 800 000 元，税额 104 000 元，另支付材料运费，取得的专用发票上注明运费 30 000 元，税额 2 700 元，支付装卸费，取得的增值税专用发票是注明装卸费 9 000 元，税额 540 元，上述款项均已支付，发票当月通过认证并申报抵扣。完成会计处理。

解析：

$$进项税额 = 104\ 000 + 2\ 700 + 540 = 107\ 240(元)$$

借：原材料　　　　　　　　　　　　　　　　　 839 000
　　应交税费——应交增值税(进项税额)　　　 107 240
　　贷：银行存款　　　　　　　　　　　　　　　　　 946 240

(2) 购进农产品的账务处理。一般纳税人购进农产品，可按照农产品收购发票或者销售发票上注明的农产品买价乘以扣除率计算进项税额抵扣(适用核定扣除办法的除外)。

例 2-35　2019 年 7 月，某食品厂从农民手中收购粮食一批，经主管税务机关批准使用的收购凭证上注明价款为 80 000 元；同时支付该批粮食的运输费取得运输公司开具的专用发票，注明运费 3 000 元，增值税 270 元，专用发票当月通过认证。粮食尚未运到。完成食品厂的会计处理。

解析：

$$进项税额 = 80\ 000 \times 9\% + 270 = 7\ 200 + 270 = 7\ 470(元)$$
$$材料成本 = 80\ 000 - 7\ 200 + 3\ 000 = 75\ 800(元)$$

借：在途物资　　　　　　　　　　　75 800
　　应交税费——应交增值税(进项税额)　7 470
　　贷：银行存款　　　　　　　　　　　　83 270

(3) 取得不动产或不动产在建工程进项税额分期抵扣的账务处理。

一般纳税人自 2016 年 5 月 1 日后取得并按固定资产核算的不动产或者 2016 年 5 月 1 日后取得的不动产在建工程，其进项税额按现行增值税制度规定自取得之日起分 2 年从销项税额中抵扣的，应当按取得成本，借记"固定资产""在建工程""工程物资"等科目，按当期可抵扣的增值税额(60%部分)，借记"应交税费——应交增值税(进项税额)"科目；按以后期间可抵扣的增值税额(40%部分)，借记"应交税费——待抵扣进项税额"科目；按应付或实际支付的金额，贷记"应付账款""应付票据""银行存款"等科目。尚未抵扣的进项税额待以后期间允许抵扣时，按允许抵扣的金额，借记"应交税费——应交增值税(进项税额)"科目，贷记"应交税费——待抵扣进项税额"科目。

例 2-36　2016 年 5 月，信达公司购进新厂房在建工程用物资一批，取得的专用发票上注明价款 20 000 元，增值税 34 000 元，发票当月通过认证，款项尚未支付。其会计处理如当期抵扣的进项税额 = 34 000 × 60% = 20 400 元，剩余 13 600 元(即 40%部分)待 2017 年 5 月进行抵扣。完成会计处理。

解析：

① 2016 年 5 月购进时：

借：工程物资　　　　　　　　　　　200 000
　　应交税费——应交增值税(进项税额)　20 400
　　应交税费——待抵扣进项税额　　　13 600
　　贷：应付账款　　　　　　　　　　　234 000

② 2017 年 5 月，剩余 40%达到允许抵扣条件：

借：应交税费——应交增值税(进项税额)　13 600
　　贷：应交税费——待抵扣进项税额　　　13 600

例 2-37　2016 年 6 月，信达公司购进一座办公楼，取得的专用发票上注明价款 5 000 元，增值税 550 万元，款项以银行存款支付，发票当月通过认证。完成会计处理。

解析：

① 2016 年 6 月购进办公楼时：

当月可以抵扣的进项税额 = 50 × 60% = 330 万元，剩余 220 万元待 2017 年 6 月抵扣。

借：固定资产　　　　　　　　　　　50 000 000
　　应交税费——应交增值税(进项税额)　3 300 000
　　应交税费——待抵扣进项税额　　　2 200 000
　　贷：银行存款　　　　　　　　　　　55 500 000

② 2017 年 6 月，剩余 40%部分达到允许抵扣条件：

借：应交税费——应交增值税(进项税额)　2 200 000
　　贷：应交税费——待抵扣进项税额　　　2 200 000

(4) 接受投资、捐赠等转入货物的账务处理。一般纳税人接受投资转入的货物，按照取得的专用发票上注明的税款，借记"应交税费——应交增值税(进项税额)"科目；按照投资各方确认的公允价值，借记"原材料""库存商品"或"固定资产"等科目；按照投资各方确认的占接受投资方的所有者权益的份额，贷记"实收资本"或"股本"科目；按上述借贷方差额，贷记"资本公积——资本溢价"科目。纳税人接受投资时，如果未取得增值税扣税凭证，则其进项税额不得抵扣。

例 2-38　信达公司接受外单位投资转入的原材料一批，取得的增值税专用发票上注明价款 500 000 元，增值税 65 000 元。双方确定的投资份额为 450 000 元。发票当月通过认证。完成信达公司的会计处理。

解析：

借：原材料　　　　　　　　　　　　　　　　500 000

应交税费——应交增值税(进项税额)　　65 000

贷：实收资本　　　　　　　　　　　　450 000

资本公积——资本溢价　　　　　　115 000

一般纳税人接受捐赠转入的货物，按照取得的专用发票上注明的税款，借记"应交税费——应交增值税(进项税额)"科目；按照捐赠方发票上标明的金额加上应支付的相关税费，借记"原材料""库存商品"或"固定资产"等科目；按支付的相关税费，贷记"银行存款"等科目；按上述借贷方差额，贷记"营业外收入——捐赠利得"科目。纳税人接受捐赠时，如果未取得增值税扣税凭证，则其进项税额不得抵扣。

例 2-39　信达公司 5 月份接受外单位捐赠的原材料一批，取得的增值税专用发票上注明价款 50 000 元，增值税 6 500 元，材料已验收入库。发票当月通过认证。完成信达公司的会计处理如下：

解析：

借：原材料　　　　　　　　　　　　　　　　50 000

应交税费——应交增值税(进项税额)　　6 500

贷：营业外收入——捐赠利得　　　　　　　　56 500

(5) 进口货物的账务处理。一般纳税人进口货物，应按照进口货物的实际成本，借记"原材料""库存商品"或"固定资产"等科目；按照从海关取得的海关进口增值税专用缴款书上注明的增值税额，借记"应交税费——应交增值税(进项税额)"科目；按实际支付或应付的金额，贷记"银行存款""应付账款"等科目。

例 2-40　信达公司从美国进口一批原材料，关税完税价格为 200 000 元，关税为 20 000 元，取得海关进口增值税专用缴款书，材料收到验收入库，款项支付。完成会计处理。

解析：

进项税额 = (关税完税价格 + 关税) × 税率 = (200 000 + 20 000) × 13% = 28 600(元)

借：原材料　　　　　　　　　　　　　　　　220 000

应交税费——应交增值税(进项税额)　　28 600

贷：银行存款　　　　　　　　　　　　248 600

(6) 购买方作为扣缴义务人的账务处理。按照现行增值税制度规定，境外单位或个人在境内发生应税行为，在境内未设有经营机构的，以购买方为增值税扣缴义务人。扣缴义务人按下列公式计算应扣缴税款：

$$应扣缴税款 = 购买方支付的价款 ÷ (1 + 税率) × 税率$$

境内一般纳税人购进服务、无形资产或不动产，按应计入相关成本费用或资产的金额，借记"生产成本""无形资产""固定资产""管理费用"等科目；按可抵扣的增值税额(凭完税凭证)，借记"应交税费——应交增值税(进项税额)"科目；按应付或实际支付的金额，贷记"应付账款""银行存款"等科目，按应代扣代缴的增值税额，贷记"应交税费——代扣代交增值税"科目。实际缴纳代扣代缴增值税时，按代扣代缴的增值税额，借记"应交税费——代扣代交增值税"科目，贷记"银行存款"科目。

2. 进项税额不得抵扣的账务处理

一般纳税人购进货物、加工修理修配劳务、服务、无形资产或不动产，用于简易计税方法计税项目、免征增值税项目、集体福利或个人消费等，其进项税额按照现行增值税制度规定不得从销项税额中抵扣的，取得增值税专用发票时，应借记相关成本费用或资产科目，借记"应交税费——待认证进项税额"科目，贷记"银行存款""应付账款"等科目，经税务机关认证后，根据有关"进项税额""进项税额转出"专栏及"待认证进项税额"明细科目的核算内容，先转入"进项税额"专栏，借记"应交税费——应交增值税(进项税额)"科目，贷记"应交税费——待认证进项税额"科目；按现行增值税制度规定转出时，记入"进项税额转出"专栏，借记相关成本费用或资产科目，贷记"应交税费——应交增值税(进项税额转出)"科目。需注意，购进时不需要抵扣的专用发票也要进行认证。

例 2-41　信达公司购入一批商品作为福利发给职工，取得的增值税专用发票上注明价款 50 000 元，增值税 6 500 元，款项以转账支票支付。完成会计处理。

解析：

(1) 取得专用发票(未认证)时：

借：应付职工薪酬——非货币性福利　　　　50 000
　　应交税费——待认证进项税额　　　　　 6 500
　　　贷：银行存款　　　　　　　　　　　　　　　56 500

(2) 该专用发票经税务机关认证后：

借：应交税费——应交增值税(进项税额)　　6 500
　　　贷：应交税费——待认证进项税额　　　　　　 6 500

(3) 由于该进项税额不得抵扣，按规定进行转出时：

借：应付职工薪酬——非货币性福利　　　　6 500
　　　贷：应交税费——应交增值税(进项税额转出)　　 6 500

3. 进项税额抵扣情况发生改变的账务处理

(1) 因发生非正常损失或改变用途等，原已计入进项税额、待抵扣进项税额或待认证进项税额，但按现行增值税制度规定不得从销项税额中抵扣的，借记"待处理财产损溢""应付职工薪酬""固定资产"等科目，贷记"应交税费——应交增值税(进项税额转出)""应交税费—待抵扣进项税额"或"应交税费——待认证进项税额"科目。

例 2-42　2019 年 5 月，信达公司将其两月前购入的一批原材料转用于职工福利，该批材料的成本为 20 000 元(税率为 13%)。完成会计处理。

解析：

借：应付职工薪酬——非货币性福利　　　　22 600

　　　　贷：原材料　　　　　　　　　　　　　　　　20 000

　　　　　　应交税费——应交增值税(进项税额转出)　　2 600

　　例 2-43　由于管理不善，信达公司上月购进的一批原材料(进项税额已抵扣)被盗，该批材料的账面成本为 7 500 元(其中含运费 500 元)。完成会计处理。

　　解析：

$$进项税额转出 = (7\,500 - 500) \times 13\% + 500 \times 9\% = 955(元)$$

　　借：待处理财产损溢　　　　　　　　　　　　　8 455

　　　　贷：原材料　　　　　　　　　　　　　　　　7 500

　　　　　　应交税费——应交增值税(进项税额转出)　　955

　　例 2-44　2016 年 6 月公司购进一座办公楼，金额 10 000 万元，进项税额 1 100 万元，款项以银行存款支付，取得的专用发票当月已认证。假定该不动产分 20 年计提折旧，直线法，无残值。完成会计处理。

　　解析：

　　① 6 月所属期抵扣 1 100 × 60% = 660 万元，另 440 万元待 2017 年 6 月抵扣。则购入时：

　　借：固定资产　　　　　　　　　　　　　　　　100 000 000

　　　　应交税费——应交增值税(进项税额)　　　　6 600 000

　　　　应交税费——待抵扣进项税额　　　　　　　4 400 000

　　　　贷：银行存款　　　　　　　　　　　　　　　111 000 000

　　② 若 2016 年 10 月，将办公楼改造成员工食堂，专用于集体福利：

$$不动产净值率 = [10\,000 - 10\,000 \div (20 \times 12) \times 4] \div 10\,000 = 98.33\%$$

$$不得抵扣的进项税额 = 1\,100 \times 98.33\% = 1\,081.63(万元)$$

　　借：固定资产　　　　　　　　　　　　　　　　10 816 300

　　　　贷：应交税费——应交增值税(进项税额转出)　　6 600 000

　　　　　　　　　　——待抵扣进项税额　　　　　　4 216 300

　　③ 2017 年 6 月，待抵扣进项税额达到允许抵扣条件时进行抵扣：

　　借：应交税费——应交增值税(进项税额)　　　　183 700

　　　　贷：应交税费——待抵扣进项税额　　　　　　183 700

　　(2) 一般纳税人购进时已全额计提进项税额的货物或服务等转用于不动产在建工程的，对于结转以后期间的进项税额，应借记"应交税费——待抵扣进项税额"科目，贷记"应交税费——应交增值税(进项税额转出)"科目。

　　例 2-45　2017 年 5 月，信达公司将其作为原材料购进的一批钢材(购进时进项税额已全额抵扣)领用出库，用于新厂房的建设工程，该批钢材成本为 50 000 元。完成领用时的会计处理。

　　解析：

$$当期应转出的进项税额 = 50\,000 \times 17\% \times 40\% = 3\,400(元)$$

　　借：在建工程　　　　　　　　　　　　　　　　50 000

　　　　应交税费——待抵扣进项税额　　　　　　　3 400

　　　　贷：原材料　　　　　　　　　　　　　　　　50 000

　　　　　　应交税费——应交增值税(进项税额转出)　　3 400

在"待抵扣进项税额"达到允许抵扣条件时进行抵扣。

(3) 原不得抵扣且未抵扣进项税额的固定资产、无形资产、不动产等，因改变用途等用于允许抵扣进项税额的应税项目的，应按允许抵扣的进项税额，借记"应交税费——应交增值税(进项税额)"科目，贷记"固定资产""无形资产"等科目。固定资产、无形资产等经上述调整后，应按调整后的账面价值在剩余尚可使用寿命内计提折旧或摊销。

例 2-46 2016 年 5 月，公司购进办公楼一座，共计 2 220 万元(含税)。该大楼专用于职工食堂，记入固定资产，并于次月开始计提折旧，假定分 20 年计提折旧，采用直线法无残值。5 月该公司取得该大楼如下 3 份发票：增值税专用发票一份并认证相符，专用发票注明的金额为 1 000 万元，税额 110 万元；增值税专用发票一份一直未认证，专用发票注明的金额为 600 万元，税额 66 万元；增值税普通发票一份，普通发票注明的金额为 400 万元，税额 44 万元。根据税法的相关规定，该大楼当期进项税额不得抵扣。完成会计处理。

解析：

① 购入时：

借：固定资产　　　　　　　　　　　　　2 220 000

　　贷：银行存款　　　　　　　　　　　　　　　2 220 000

② 2017 年 5 月，纳税人将该大楼改变用途，用于允许抵扣项目，税法规定，允许按照不动产净值计算可抵进项税额后分期进行抵扣。

不动产净值率 = 95%，可抵扣进项税额 = 110 × 95% = 104.5(万元)

2017 年 6 月账务处理：

借：应交税费——应交增值税(进项税额)　　627 000(104.5 万元 × 60%)

　　应交税费——待抵扣进项税额　　　　　418 000(104.5 万元 × 40%)

　　贷：固定资产　　　　　　　　　　　　　1 045 000

(四) 月末转出多交增值税和未交增值税的账务处理

月度终了，一般纳税人应将当月应交未交或多交的增值税自"应交增值税"明细科目转入"未交增值税"明细科目。

(1) 月末，转出当月应交未交的增值税时：

借：应交税费——应交增值税(转出未交增值税)

　　贷：应交税费——未交增值税

(2) 月末，转出当月多交的增值税时：

借：应交税费——未交增值税

　　贷：应交税费——应交增值税(转出多交增值税)

(五) 缴纳增值税的账务处理

(1) 缴纳当月应交增值税的账务处理。企业缴纳当月应交的增值税，借记"应交税费——应交增值税(已交税金)"科目，贷记"银行存款"科目。

(2) 缴纳以前期间未交增值税的账务处理。企业缴纳以前期间未交的增值税，借记"应交税费——未交增值税"科目，贷记"银行存款"科目。

(3) 预缴增值税的账务处理。企业预缴增值税时，借记"应交税费——预交增值税"

科目，贷记"银行存款"科目。月末，企业应将"预交增值税"明细科目余额转入"未交增值税"明细科目，借记"应交税费——未交增值税"科目，贷记"应交税费——预交增值税"科目。房地产开发企业等在预缴增值税后，应直至纳税义务发生时方可从"应交税费——预交增值税"科目结转至"应交税费——未交增值税"科目。

(4) 减免增值税的账务处理。对于当期直接减免的增值税，借记"应交税费——应交增值税(减免税款)"科目，贷记损益类相关科目。

(六) 增值税期末留抵税额的账务处理

纳入"营改增"试点当月月初，原增值税一般纳税人应按不得从销售服务、无形资产或不动产的销项税额中抵扣的增值税留抵税额，借记"应交税费——增值税留抵税额"科目，贷记"应交税费——应交增值税(进项税额转出)"科目。待以后期间允许抵扣时，按允许抵扣的金额，借记"应交税费——应交增值税(进项税额)"科目，贷记"应交税费——增值税抵税额"科目。

(七) 增值税税控系统专用设备和技术维护费用抵减增值税额的账务处理

按现行增值税制度规定，企业初次购买增值税税控系统专用设备支付的费用以及缴纳的技术维护费允许在增值税应纳税额中全额抵减的，按规定抵减的增值税应纳税额，借记"应交税费——应交增值税(减免税款)"科目，贷记"管理费用"等科目。

三、小规模纳税人增值税的会计处理

(一) 会计科目的设置

小规模纳税人只需在"应交税费"科目下设置"应交增值税""转让金融商品应交增值税""代扣代交增值税"等明细科目。

(二) 增值税的账务处理

1. 购进业务的账务处理

小规模纳税人实行简易办法计算应纳税额，其购进货物、加工修理修配劳务、服务、无形资产或不动产无论是否取得增值税专用发票，均不享有税款抵扣权。购进时取得的专用发票，应将专用发票上注明的增值税计入相关成本费用或资产，不通过"应交税费——应交增值税"科目核算。会计分录如下：

借：原材料(库存商品、固定资产、管理费用等)
　　贷：银行存款(应付账款等)

2. 销售业务的账务处理

小规模纳税人销售货物，加工修理修配劳务、服务、无形资产或已收的金额，借记"应收账款""应收票据""银行存款"等科目，按取得的收入金额，贷记"主营业务收入""其他业务收入""固定资产清理"等科目，按采用简易计税方法计算的应纳增值税额，贷记"应交税费——应交增值税"科目。发生销售退回时，应根据按规定开具的红字增值税专用发票做相反的会计分录。会计分录如下：

借：银行存款(应收账款、应收票据等)

贷：主营业务收入(或其他业务收入、固定资产清理)

应交税费——应交增值税

3. 缴纳增值税的账务处理

借：应交税费——应交增值税

贷：银行存款

例 2-47 某超市为小规模纳税人，2019 年 5 月购进商品一批，取得的增值税专用发票上注明不含税价款 50 000 元，增值税 6 500 元；本月销售商品取得零售收入 41 200 元。完成会计处理。

(1) 购进商品时：

借：库存商品 56 500

贷：银行存款 56 500

(2) 销售商品时：

$$应交增值税 = 41\,200 \div (1 + 3\%) \times 3\% = 1\,200(元)$$

借：库存现金 41 200

贷：主营业务收入 40 000

应交税费——应交增值税 1 200

(3) 实际缴纳增值税时：

借：应交税费——应交增值税 1 200

贷：银行存款 1 200

第四节 增值税的申报与缴纳

一、增值税的纳税义务发生时间

纳税义务发生时间，是纳税人发生应税行为应当承担纳税义务的起始时间。《增值税暂行条例》及《营业税改征增值税试点实施办法》均明确规定了增值税纳税义务的发生时间。

(一) 销售货物或者提供应税劳务的纳税义务发生时间

纳税人销售货物或者提供应税劳务，其纳税义务发生时间一般为收讫销售款项或者取得索取销售款项凭据的当天；先开具发票的，为开具发票的当天。

按销售结算方式的不同，具体确定如下：

(1) 采取直接收款方式销售货物，不论货物是否发出，均以收到销售款或者取得索取销售款凭据的当天。

对于纳税人生产经营活动中采取直接收款方式销售货物，已将货物移送对方并暂估销售收入入账，但未取得销售款或取得索取销售款凭据，也未开具销售发票的，其增值税纳税义务发生时间为取得销售款或取得索取销售款凭据的当天；先开具发票的，为开具发票的当天。

(2) 采取托收承付和委托银行收款方式销售货物的，以发出货物并办妥托收手续的当天。

(3) 采取赊销和分期收款方式销售货物的，以书面合同约定的收款日期当天；无书面合同的或者书面合同没有约定收款日期的，以货物发出的当天。

(4) 采取预收货款方式销售货物，以货物发出的当天；生产销售生产工期超过 12 个月的大型机械设备、船舶、飞机等货物的，以收到预收款或者书面合同约定的收款日期的当天。

(5) 委托其他纳税人代销货物，以收到代销单位的代销清单或者收到全部或者部分款的当天；未收到代销清单及货款的，以发出代销货物满 180 天的当天。

(6) 提供应税劳务，为提供应税劳务并收讫销售款或者取得索取销售款凭据的当天。

(7) 纳税人发生除将货物交付其他单位或个人代销和销售代销货物以外的视同销售物行为(即视同销售行为的第(3)至第(7)项)的，以货物移送的当天。

(二) 应税行为的纳税义务发生时间

(1) 纳税人应税行为的纳税义务发生时间，以发生应税行为并收讫销售款项或者取得索取销售款项凭据的当天；先开具发票的，以开具发票的当天。

收讫销售款项，是指纳税人销售服务、无形资产、不动产过程中或者完成后收到款项。取得索取销售款项凭据的当天，是指书面合同确定的付款日期；未签订书面合同或者书面合同未确定付款日期的，以服务、无形资产转让完成的当天或者不动产权属变更的当天。

(2) 纳税人提供租赁服务采取预收款方式的，其纳税义务发生时间以收到预收款的当天。

(3) 纳税人从事金融商品转让的，以金融商品所有权转移的当天。

(4) 纳税人发生视同销售服务、无形资产或者不动产的，其纳税义务发生时间为服务、无形资产转让完成的当天或者不动产权属变更的当天。上述销售货物或应税劳务和应税服务纳税义务发生时间的确定，明确了企业在计算应纳税额时，对"当期销项税额"时间的限定，是增值税计税和征收管理中的重要规定，企业必须按上述规定的时限及时、准确地记录销售额和计算当期销项税额。

(三) 进口货物的纳税义务发生时间

纳税人进口货物，其纳税义务发生时间为报关进口的当天。

(四) 增值税扣缴义务发生时间

增值税扣缴义务发生时间为纳税人增值税纳税义务发生的当天。

二、增值税的纳税期限

增值税的纳税期限分别为 1 日、3 日、5 日、10 日、15 日、1 个月或者 1 个季度。纳税人的具体纳税期限，由主管税务机关根据纳税人应纳税额的大小分别核定。以 1 个季度为纳税期限的规定适用于小规模纳税人、银行、财务公司、信用社，以及财政部和国家税务总局规定的其他纳税人。不能按照固定期限纳税的，可以按次纳税。

　　纳税人以 1 个月或者 1 个季度为 1 个纳税期的，自期满之日起 15 日内申报纳税；以 1 日、3 日、5 日、10 日或者 15 日为 1 个纳税期的，自期满之日起 5 日内预缴税款，于次月 1 日起 15 日内申报纳税并结清上月应纳税款。

　　扣缴义务人解缴税款的期限，按照前两款规定执行。

　　纳税人进口货物，应当自海关填发税款缴纳书之日起 15 日内缴纳税款。

三、增值税的纳税地点

　　为了保证纳税人及时申报纳税，税法对纳税地点作了明确规定：

　　(1) 固定业户应当向其机构所在地或居住地的主管税务机关申报纳税。总机构和分支机构不在同一县(市)的，应当分别向各自所在地的主管税务机关申报纳税；经国务院财政、税务主管部门或者其授权的财政、税务机关批准，可以由总机构汇总向总机构所在地的主管税务机关申报纳税。

　　(2) 固定业户到外县(市)销售货物或者应税劳务，应当向其机构所在地的主管税务机关申请开具外出经营活动税收管理证明，并向其机构所在地的主管税务机关申报纳税；未开具证明的，应当向销售地或者劳务发生地的主管税务机关申报纳税；未向销售地或者劳务发生地的主管税务机关申报纳税的，由其机构所在地的主管税务机关补征税款。

　　(3) 非固定业户销售货物、应税劳务或应税行为，应当向销售地、劳务发生地或应税行为发生地主管税务机关申报纳税；未申报纳税的，由其机构所在地或者居住地主管税务机关补征税款。

　　(4) 其他个人提供建筑服务、销售或者租赁不动产、转让自然资源使用权，应向建筑服务发生地、不动产所在地、自然资源所在地主管税务机关申报纳税。

　　(5) 进口货物，应当向报关地海关申报纳税。

　　(6) 扣缴义务人应当向其机构所在地或者居住地的主管税务机关申报缴纳其扣缴的税款。

四、"营改增"后的征收机关

　　营业税改征的增值税，由国家税务局负责征收。纳税人销售取得的不动产和其他个人出租不动产的增值税，国家税务局暂委托地方税务局代为征收。

五、增值税的纳税申报

(一) 一般纳税人的纳税申报

　　增值税一般纳税人不论有无销售额，均应按主管税务机关核定的纳税期限按期办理纳税申报，并如实填写《增值税纳税申报表(一般纳税人适用)》(见表 2-1)、《增值税纳税申报表附列资料(一)、(二)、(三)、(四)、(五)》(见表 2-2、表 2-3、表 2-4、表 2-5、表 2-6)、《固定资产(不含不动产)进项税额抵扣情况表》(见表 2-7)、《本期抵扣进项税额结构明细表》(见表 2-8)和《增值税减免税申报明细表》(见表 2-9)。

　　自 2016 年 6 月 1 日起，在增值税纳税申报其他资料中增加《"营改增"税负分析测算明细表》，由从事建筑、房地产、金融或生活服务等经营业务的增值税一般纳税人在办理增值税纳税申报时填报，具体名单由主管税务机关确定。

税款所属时间： 年 月 日至年 月 日 　填表日期： 年 月 日 　　金额单位：元至角分

表 2-1 增值税纳税申报表
（一般纳税人适用）

纳税人识别号				
纳税人名称	（公章）	法定代表人姓名		所属行业：
开户银行及账号		登记注册类型	注册地址：	营业地址：
				电话号码：

	项　目	栏次	一般项目		即征即退项目	
			本月数	本年累计	本月数	本年累计
销售额	（一）按适用税率计税销售额	1				
	其中：应税货物销售额	2				
	应税劳务销售额	3				
	纳税检查调整的销售额	4				
	（二）按简易办法计税销售额	5				
	其中：纳税检查调整的销售额	6				
	（三）免、抵、退办法出口货物销售额	7			—	—
	（四）免税销售额	8			—	—
	其中：免税货物销售额	9			—	—
	免税劳务销售额	10			—	—
税款计算	销项税额	11				
	进项税额	12				
	上期留抵税额	13		—		—
	进项税额转出	14				
	免、抵、退应退税额	15			—	—
	按适用税率计算的纳税检查应补缴税额	16				—

续表一

项　　目		栏次	一般项目		即征即退项目	
			本月数	本年累计	本月数	本年累计
税款计算	应抵扣税额合计	17＝12＋13－14－15＋16		—		—
	实际抵扣税额	18(如17<11，则为17，否则为11)				
	应纳税额	19＝11－18		—		—
	期末留抵税额	20＝17－18				
	简易征收办法计算的应纳税额	21				
	按简易征收办法计算的纳税检查应补缴税额	22				
	应纳税额减征额	23				
	应纳税额合计	24＝19＋21－23				
税款缴纳	期初未缴税额(多缴为负数)	25				
	实收出口开具专用缴款书退税额	26			—	
	本期已缴税额	27＝28＋29＋30＋31		—		—
	①分次预缴税额	28		—	—	—
	②出口开具专用缴款书预缴税额	29	—	—	—	—
	③本期缴纳上期应纳税额	30				
	④本期缴纳欠缴税额	31				
	期末未缴税额(多缴为负数)	32＝24＋25＋26－27				
	其中：欠缴税额(≥0)	33＝25＋26－27		—		—
	本期应补(退)税额	34＝24－28－29		—		—

续表二

项目		栏次	一般项目		即征即退项目	
			本月数	本年累计	本月数	本年累计
税款缴纳	即征即退实际退税额	35		—	—	—
	期初未缴查补税额	36			—	—
	本期入库查补税额	37			—	—
	期末未缴查补税额	38 = 16 + 22 + 36 − 37				

授权声明

如果你已委托代理人申报，请填写下列资料：

为代理一切税务事宜，现授权
（地址）
为本纳税人的代理申报人，任何与本申报表有关的往来文件，都可寄予此人。

授权人签字：

申报人声明

本纳税申报表是根据国家税收法律法规及相关规定填报的，我确定它是真实的、可靠的、完整的。

声明人签字：

主管税务机关：盖章　　　　接收人：　　　　收到日期：

表2-2　增值税纳税申报表附列资料(一)

（本期销售情况明细）

税款所属时间：　年　月　日至年　月　日　　　填表日期：　年　月　日　　　　　　　　　　金额单位：元至角分

项目及栏次		开具增值税专用发票		开具其他发票		未开具发票		纳税检查调整		合计			服务、不动产和无形资产扣除项目本期实际扣除金额	扣除后	
		销售额	销项(应纳)税额	销售额	销项(应纳)税额	销售额	销项(应纳)税额	销售额	销项(应纳)税额	销售额	销项(应纳)税额	价税合计		含税(免税)销售额	销项(应纳)税额
		1	2	3	4	5	6	7	8	$9=1+3+5+7$	$10=2+4+6+8$	$11=9+10$	12	$13=11-12$	$14=13\div(100\%+税率或征收率)\times税率或征收率$
一般计税方法计税	全部征税项目														
17%税率的货物及加工修理修配劳务　1															
17%税率的服务、不动产和无形资产　2												12		12	
13%税率　3															
11%税率的货物及加工修理修配劳务　4a															
11%税率的服务、不动产和无形资产　4b															
6%税率　5															

续表一

项目及栏次		开具增值税专用发票		开具其他发票		未开具发票		纳税检查调整		合计			服务、不动产和无形资产扣除项目本期实际扣除金额	扣除后	
		销售额	销项(应纳)税额	销售额	销项(应纳)税额	销售额	销项(应纳)税额	销售额	销项(应纳)税额	销售额	销项(应纳)纳税税额	价税合计		含税(免税)销售额	销项(应纳)税额
一、一般计税方法计税 其中：即征即退项目	即征即退货物及加工修理修配劳务	6														
	即征即退服务、不动产和无形资产	7														
二、简易计税方法计税 全部征税项目	6%征收率	8														
	5%征收率的货物及加工修理修配劳务	9a														
	5%征收率的服务、不动产和无形资产	9b														
	4%征收率	10														
	3%征收率的货物及加工修理修配劳务	11														
	3%征收率的服务、不动产和无形资产	12														

续表二

项目及栏次		开具增值税专用发票		开具其他发票		未开具发票		纳税检查调整		合计			服务、不动产和无形资产扣除项目	扣除后	
		销售额	销项(应纳)税额	销售额	销项(应纳)税额	销售额	销项(应纳)税额	销售额	销项(应纳)税额	销售额	销项(应纳)税额	价税合计	本期实际扣除金额	含税(免税)销售额	销项(应纳)税额
二、简易计税方法计税	全部征税项目 预征率　% 13a														
	预征率　% 13b														
	预征率　% 13c														
	其中：即征即退货物及加工修理修配劳务 14														
	即征即退服务、不动产和无形资产 15														
三、免抵退税	货物及加工修理修配劳务 16														
	服务、不动产和无形资产 17														
四、免税	货物及加工修理修配劳务 18														
	服务、不动产和无形资产 19														

表 2-3　增值税纳税申报表附列资料(二)

(本期进项税额明细)

税款所属时间：　　年　月　日至　　年　月　日

纳税人名称(公章)：　　　　　　　　　　　　　　金额单位：元至角分

一、申报抵扣的进项税额				
项　目	栏次	份数	金额	税额
(一) 认证相符的增值税专用发票	1 = 2 + 3			
其中：本期认证相符且本期申报抵扣	2			
前期认证相符且本期申报抵扣	3			
(二) 其他扣税凭证	4 = 5 + 6 + 7 + 8			
其中：海关进口增值税专用缴款书	5			
农产品收购发票或者销售发票	6			
代扣代缴税收缴款凭证	7			
其他	8			
(三) 本期用于购建不动产的扣税凭证	9			
(四) 本期不动产允许抵扣进项税额	10			
(五) 外贸企业进项税额抵扣证明	11			
当期申报抵扣进项税额合计	12 = 1 + 4 − 9 + 10 + 11			
二、进项税额转出额				
项　目	栏次			
本期进项税额转出额	13 = 14 至 23 之和			
其中：免税项目用	14			
集体福利、个人消费	15			
非正常损失	16			
简易计税方法征税项目用	17			
免抵退税办法不得抵扣的进项税额	18			
纳税检查调减进项税额	19			
红字专用发票信息表注明的进项税额	20			
上期留抵税额抵减欠税	21			
上期留抵税额退税	22			
其他应作进项税额转出的情形	23			
三、待抵扣进项税额				
项　目	栏次			
(一) 认证相符的增值税专用发票	24			
期初已认证相符但未申报抵扣	25			

续表

三、待抵扣进项税额				
项　目	栏次			
本期认证相符且本期未申报抵扣	26			
期末已认证相符但未申报抵扣	27			
其中：按照税法规定不允许抵扣	28			
(二)其他扣税凭证	29＝30至33之和			
其中：海关进口增值税专用缴款书	30			
农产品收购发票或者销售发票	31			
代扣代缴税收缴款凭证	32			
其他	33			
	34			
四、其他				
项　目	栏次	份数	金额	税额
本期认证相符的增值税专用发票	35			
代扣代缴税额	36	—	—	

表2-4　增值税纳税申报表附列资料(三)

(服务、不动产和无形资产扣除项目明细)

税款所属时间：　　年　月　日至　　年　月　日

纳税人名称(公章)：　　　　　　　　　　　　　　　金额单位：元至角分

项目及栏次		本期服务、不动产和无形资产价税合计额(免税销售额)	服务、不动产和无形资产扣除项目				
			期初余额	本期发生额	本期应扣除金额	本期时间扣除金额	期末余额
		1	2	3	4＝2＋3	5(5≤1且5≤4)	6＝4－5
17%税率的项目	1						
11%税率的项目	2						
6%税率的项目(不含金融商品转让)	3						
6%税率的金融商品转让项目	4						
5%征收率的项目	5						
3%征收率的项目	6						
免抵退税的项目	7						
免税的项目	8						

表 2-5   增值税纳税申报表附列资料(四)
(税额抵减情况表)

税款所属时间： 年 月 日至 年 月 日

纳税人名称(公章)：   金额单位：元至角分

序号	抵减项目	期初余额	本期发生额	本期应抵减税额	本期实际抵减税额	期末余额
		1	2	3 = 1 + 2	4≤3	5 = 3 - 4
1	增值税税控系统专用设备费及技术维护费					
2	分支机构预征缴纳税款					
3	建筑服务预征缴纳税款					
4	销售不动产预征缴纳税款					
5	出租不动产预征缴纳税款					

表 2-6   增值税纳税申报表附列资料(五)
(不动产分期抵扣计算表)

税所属时间： 年 月 日至 年 月 日

纳税人名称(公章)：   金额单位：元至角分

期初待抵扣不动产进项税额	本期不动产进项税额增加额	本期可抵扣不动产进项税额	本期转入的待抵扣不动产进项税额	本期转出的待抵扣不动产进项税额	期末待抵扣不动产进项税额
1	2	3≤1 + 2 + 4	4	5≤1 + 4	6=1 + 2 - 3 + 4 - 5

表 2-7   固定资产(不含不动产)进项税额抵扣情况表

填表日期： 年 月 日

纳税人名称(公章)：   金额单位：元至角分

项目	当期申报抵扣的固定资产进项税额	申报抵扣的固定资产进项税额累计
增值税专用发票		
海关进口增值税专用缴款书		
合 计		

表2-8 本期抵扣进项税额结构明细表

税款所属时间: 年 月 日至 年 月 日

纳税人名称(公章): 金额单位: 元至角分

项 目	栏次	金额	税额
合计	1 = 2 + 4 + 5 + 10 + 13 + 15 + 17 + 18 + 19		
一、按税率或征收率归集(不包括构建不动产、通行费)的进项			
17%税率的进项	2		
其中: 有形动产租赁的进项	3		
13%税率的进项	4		
11%税率的进项	5		
其中: 运输服务的进项	6		
电信服务的进项	7		
建筑安装服务的进项	8		
不动产租赁服务的进项	9		
受让土地使用权的进项	10		
6%税率的进项	11		
其中: 电信服务的进项	12		
金融保险服务的进项	13		
生活服务的进项	14		
取得无形资产的进项	15		
5%征收率的进项	16		
其中: 不动产租赁服务的进项	17		
3%征收率的进项	18		
其中: 货物及加工、修理修配劳务的进项	19		
运输服务的进项	20		
电信服务的进项	21		
建筑安装服务的进项	22		
金融保险服务的进项	23		
有形动产租赁服务的进项	24		
生活服务的进项	25		
取得无形资产的进项	26		
减按1.5%征收率的进项	27		
	28		
二、按抵扣项目归集的进项			
用于购建不动产并一次性抵扣的进项	29		
通行费的进项	30		
	31		

表 2-9 增值税减免税申报明细表

税款所属时间： 年 月 日至 年 月 日

纳税人名称(公章)：   金额单位：元至角分

一、减税项目						
减税性质代码及名称	栏次	期初余额	本期发生额	本期应抵减税额	本期实际抵减税额	期末余额
		1	2	3=1+2	4≤3	5=3-4
合计	1					
	2					
	3					
	4					
	5					
	6					

二、免税项目						
免税性质代码及名称	栏次	免征增值税项目销售额	免税销售额扣除项目本期实际扣除金额	扣除后免税销售额	免税销售额对应的进项税额	免税额
		1	2	3=1-2	4	5
合计	7					
出口免税	8					
其中：跨境服务	9					
	10					
	11					
	12					
	13					
	14					
	15					
	16					

(二) 小规模纳税人的纳税申报

小规模纳税人不论有无计算销售额，均应按主管税务机关核定的纳税期限按期办理纳税申报，并如实填写《增值税纳税申报表(小规模纳税人适用)》(见表 2-10)和《增值税纳税申报表(小规模纳税人适用)附列资料》(见表 2-11)。

小规模纳税人提供应税服务，在确定应税服务销售额时，按照有关规定可以从取得的全部价款和价外费用中扣除价款的，需填报《增值税纳税申报表(小规模纳税人适用)附列资料》。其他情况不填写该附列资料。

表2-10　增值税纳税申报表

(小规模纳税人适用)

纳税人识别号：□□□□□□□□□□□□□□□□□□□

纳税人名称(公章)：　　　　　　　　　　　　　　　　金额单位：元至角分

税款所属时间：　年　月　日至　年　月　日　　　　　填表日期：　年　月　日

项　目		栏次	本期数		本年累计	
			货物及劳务	服务、不动产和无形资产	货物及劳务	服务、不动产和无形资产
一、计税依据	(一) 应征增值税不含税销售额(3%征收率)	1				
	税务机关代开的增值税专用发票不含税销售额	2				
	税控器具开具的普通发票不含税销售额	3				
	(二) 应征增值税不含税销售额(5%征收率)	4	—		—	
	税务机关代开的增值税专用发票不含税销售额	5	—		—	
	税控器具开具的普通发票不含税销售额	6	—		—	
	(三) 销售使用过的固定资产不含税销售额	7(7≥8)		—		—
	其中：税控器具开具的普通发票不含税销售额	8		—		—
	(四) 免税销售额	9 = 10 + 11 + 12				
	其中：小微企业免税销售额	10				
	未达起征点销售额	11				
	其他免税销售额	12				
	(五) 出口免税销售额	13(13≥14)				
	其中：税控器具开具的普通发票不含税销售额	14				
二、税款计算	本期应纳税额	15				
	本期应纳税额减征额	16				
	本期免税额	17				
	其中：小微企业免税销售额	18				
	未达起征点销售额	19				
	应纳税额合计	20 = 15 − 16				
	本期预缴税额	21			—	—
	本期应补(退)税额	22 = 20 − 21			—	—

续表

项　目	栏次	本期数		本年累计	
		货物及劳务	服务、不动产和无形资产	货物及劳务	服务、不动产和无形资产
纳税人或代理人声明：	如纳税人填报，由纳税人填写以下各栏：				
本纳税申报表是根据国家税收法律法规及相关规定填报的，我确定它是真实的、可靠的、完整的。	办税人员：　　　　　　　　　　财务负责人： 法定代表人：　　　　　　　　　　联系电话： 如委托代理人填报，由代理人填写以下各栏： 代理人名称(公章)：　　　　　　　经办人： 　　　　　　　　　　　　　　　　联系电话：				

表 2-11　增值税纳税申报表(小规模纳税人适用)附列资料

税款所属时间：　年　月　日至　年　月　日

纳税人名称(公章)：　　　　　　　　　　　　　　　　金额单位：元至角分

应税行为(3%征收率)扣除额计算			
期初余额	本期发生额	本期扣除额	期末余额
1	2	3(3≤1+2之和，且3≤5)	4=1+2-3
应税行为(3%征收率)计税销售额计算			
全部含税收入 (适用3%征收率)	本期扣除额	含税销售额	不含税销售额
5	6=3	7=5-6	8=7÷1.03
应税行为(5%征收率)扣除额计算			
期初余额	本期发生额	本期扣除额	期末余额
9	10	11(11≤9+10之和，且11≤13)	12=9+10-11
应税行为(5%征收率)计税销售额计算			
全部含税收入 (适用5%征收率)	本期扣除额	含税销售额	不含税销售额
13	14=11	15=13-14	16=15÷1.05

综合练习题

一、单选题

1. 下列销售行为中，可以按销售差额作为销售额的是( )。

A. 折扣销售并开在同一张发票

B. 以旧换新销售(不含金银首饰)

C. 还本销售

D. 以物易物销售

2. 某食品厂为增值税一般纳税人，2017 年 5 月从农民手中购入一批粮食 40 吨，税务机关批准使用的收购凭证上注明收购金额为 40 000 元。该食品厂将 30 吨粮食用于生产糕点，取得不含税销售额 50 000 元；将另外 10 吨粮食作为福利发给职工。则该食品厂当月应纳增值税税额为( )元。

A. 3 300　　　　B. 8 500　　　　C. 3 800　　　　D. 4 500

3. 下列有关"营改增"的范围表述不正确的是( )。

A. 出租车公司向使用本公司自有出租车的出租车司机收取的管理费用，按陆路运输服务征收增值税

B. 航空运输的湿租业务，属于航空运输服务

C. 航空地面服务属于航空运输服务的范围

D. 水路运输的程租、期租业务，属于水路运输服务

4. 企业采用按期预缴，按月结算，上缴当月应交增值税的会计分录为( )。

A. 借：应交税费——未交增值税
　　贷：应交税费——应交增值税(已交税金)

B. 借：应交税费——应交增值税(已交税金)
　　贷：银行存款

C. 借：应交税费——未交增值税
　　贷：银行存款

D. 借：应交税费——应交增值税(已交税金)
　　贷：应交税费——未交增值税

5. 某一般纳税人购进的原材料发生非正常损失，其成本为 85 万元，其中免税农产品成本为 15 万元，其他材料适用税率为 13%，则应转出的进项税额是( )万元。

A. 14.45　　　　B. 10.85　　　　C. 13.85　　　　D. 11.05

6. 自 2017 年 7 月 1 日起，增值税一般纳税人取得的 2017 年 7 月 1 日及以后开具的增值税专用发票和机动车销售统一发票，应自开具之日起( )日内认证或登录增值税发票选择确认平台进行确认，并在规定的纳税申报期内，向主管国税机关申报抵扣进项税额。

A. 60　　　　B. 90　　　　C. 180　　　　D. 360

二、多选题

1. 增值税一般纳税人(   )，不能作为进项税额抵扣。
A. 外购货物因管理不善发生霉烂变质
B. 外购货物用于免税项目
C. 外购货物用于集体福利
D. 外购货物用于无偿赠送他人

2. 下列关于一般纳税人"应交税费"科目余额说法正确的有(   )。
A. "应交税费——应交增值税"科目的期末借方余额，反映尚未抵扣的增值税
B. "应交税费——应交增值税"科目的期末贷方余额，反映应交未交的增值税
C. "应交税费——未交增值税"科目的期末借方余额，反映多交的增值税
D. "应交税费——未交增值税"科目的期末贷方余额，反映未交的增值税

3. 将购买的货物(   )，不能借记"应交税费——应交增值税(进项税额)"。
A. 用于免税项目
B. 用于机器设备的维修
C. 用于职工集体福利
D. 用于产品的生产

4. 属于增值税视同销售行为的有(   )。
A. 将货物交付他人代销
B. 将自产的货物分配给投资者
C. 将购买的货物对外投资
D. 将购买的货物无偿赠送他人

5. 以下属于增值税视同销售货物行为的是(   )。
A. 将委托加工的货物用于个人消费
B. 将购买的货物用作集体福利
C. 销售他人代销的货物
D. 将自产的货物用作投资

三、计算与核算题

1. 宏发公司为增值税一般纳税人，纳税期限为 1 个月，假定取得的增值税扣税凭证当期均通过查询、认证，且本期申报抵扣。2019 年 5 月发生如下业务：
(1) 销售产品 10 万件，每件不含税售价 160 元，税率 13%，款项收到存入银行。
(2) 没收逾期未退还包装物的押金 22 600 元。
(3) 购入材料一批，专用发票注明价款 12 000 000 元，增值税 1 560 000 元；另外，支付运费并取得货物运输业增值税专用发票一张，注明运费 50 000 元，增值税 4 500 元，款项以银行存款支付。
(4) 将自己生产的产品 1000 件作为福利发给职工，该批产品的成本为每件 100 元，不含税售价为每件 160 元。
(5) 接受甲企业捐赠的材料一批，收到的专用发票上注明价款 100 000 元，增值税

13 000 元。

(6) 将上月外购的生产用材料一批(进项税额已全额抵扣)转用于本企业新仓库的建设工程，该批材料的账面成本为 52 000 元。

(7) 购入生产用机器设备一台，取得的增值税专用发票上注明价款 120 000 元，增值税 15 600 元，款项以银行存款支付。

要求：计算该企业本月的进项税额、销项税额及应纳税额，并进行相关业务的会计。

2. 某公司为增值税一般纳税人，纳税期限为 1 个月，适用的增值税税率为 13%，假定企业当期取得的增值税扣税凭证当期均通过查询、认证，且本期申报抵扣。2019 年 7 月 31 日"应交税费——应交增值税"科目的借方余额为 1 100 元，该公司本月份发生如下涉及增值税的经济业务：

(1) 购入 A 材料一批，取得的专用发票上注明价款 5 000 元，增值税 6 500 元；另外，支付运费并取得货物运输业增值税专用发票一张，注明运费 1 200 元，增值税 108 元。

(2) 进口 B 材料一批，海关审定的关税完税价格为 150 000 元，关税 15 000 元，海关代征了进口环节的增值税，公司取得海关进口增值税专用缴款书。

(3) 从农业生产者手中购进农产品一批用于生产，在税务机关批准使用的收购凭证上注明价款 45 000 元。

(4) 购进新厂房工程用 C 材料一批，取得的专用发票上注明价款 20 000 元，增值税 2 600 元。材料已入库，款项尚未支付。

(5) 接受胜利公司投资的机器设备一台，取得的增值税专用发票上注明价款 5 200 元，增值税 6 760 元。

(6) 采取折扣销售方式销售甲产品一批，价款 180 000 元，给对方 20%的商业折扣，销售额和折扣额开在同一张专用发票上，产品已发出，并办妥了托收手续。

(7) 采取以旧换新的方式销售甲产品一批，新产品不含增值税售价为 80 000 元，开具了增值税专用发票，回收的旧货折价 10 000 元，产品已发出，余款已收到。

(8) 将自产的一批甲产品用于职工福利，该批产品成本为 30 000 元，市场不含税售价为 40 000 元。

(9) 销售甲产品一批，开具的专用发票上注明价款 110 000 元，增值税 14 300 元，并随同产品销售包装物一批，收取价款 4 680 元，开具了普通发票。另外收到押金 11 700 元，单独记账核算。

(10) 月末盘点发现，由于保管不善非正常损失 A 材料一批，成本为 3 000 元。要求：计算该公司本月的进项税额、销项税额及应纳税额，并进行相关业务的会计处理。

第三章

消　费　税

导言

消费税是以特定消费品为课税对象所征收的一种税，属于流转税的范畴。我国现行消费税是 1994 年税制改革中新设置的一个税种。在对货物普遍征收增值税的基础上，选择少数消费品再征收一道消费税，目的是为了调节产品结构，引导消费方向，保证国家财政收入。那么对于应征消费税的企业而言，应如何正确计算其消费税，进行相关会计处理并进行纳税申报？通过本章典型工作任务的操作与学习，你将对企业消费税有一个比较全面的认识。

能力目标

(1) 能准确计算销售、自产自用、委托加工和进口应税消费品应纳的消费税额；

(2) 能进行消费税相关涉税会计处理并登记"应交税费——应交消费税"明细账；

(3) 能熟练地完成消费税的纳税申报工作。

学习目标

(1) 熟悉消费税法的基本内容；

(2) 掌握各环节消费税应纳税额的计算；

(3) 掌握消费税核算科目的设置以及生产销售、自产自用、委托加工、进口等环节消费税业务的会计处理。

第一节　消费税的基本内容

工作实例

湖南芙蓉王股份有限公司为增值税一般纳税人，该公司主要生产经营酒类、卷烟和化妆品。2019年5月初，公司"应交税费——应交消费税"账户余额为78 000元(全部为酒类应税消费品应纳的消费税额)，公司于该年3月10日进行了消费税的纳税申报缴纳工作。2019年5月发生如下经济业务：

(1) 4日将生产的化妆品150套销售给高桥日化批发部，开具的增值税专用发票上注明总价款30 000元，税额3 900元，收到转账支票一张。

(2) 6日将自产啤酒20吨销售给家润多超市，货款已收到；另外运10吨让客户及顾客免费品尝。该啤酒出厂价为2 850元/吨(含包装物押金，不含增值税)，成本为2 000元/吨。

(3) 12日销售给长沙商社自产散装粮食白酒20吨，不含税单价7 000元，总价款为140 000元。

(4) 18日用自产粮食白酒10吨抵偿宏大公司货款70 000元，不足或多余部分不再结算。该粮食白酒本月每吨售价在5 500~6 500元之间浮动，平均售价为6 000元。

(5) 24日将一批自产的化妆品作为福利发给职工个人，这批化妆品的成本为10 000元。假设该类化妆品不存在同类消费品销售价格。

(6) 上月将外购的价值100 000元的烟叶发给了白沙加工厂，委托其加工成烟丝。本月应支付的加工费为40 000元(不含增值税)。5月11日芙蓉王股份公司以银行存款付清全部款项和代缴的消费税，并将收回加工的烟丝全部生产为卷烟10箱；25日该批卷烟全部销售给ABC公司，不含税售价为300 000元，款已收到。

(7) 28日从韩国购进成套化妆品，关税完税价格80 000美元，关税税率为50%。假定当日美元对人民币的汇率为1∶5.20，货款全部以银行存款付清。

湖南芙蓉王股份有限公司2019年5月应纳消费税计算如下：

(1) 由2019年5月初公司"应交税费——应交消费税"账户余额为78 000元可知，公司2019年4月有应缴未缴的消费税78 000元，公司于5月10日进行了4月份的消费税纳税申报，并缴清4月份78 000元消费税。

(2) 4日直接对外销售化妆品，其计税依据为增值税专用发票记账联上价款栏数值30 000元，化妆品消费税率30%，则

$$应纳消费税额 = 30\,000 \times 30\% = 9\,000(元)$$

(3) 6日直接对外销售啤酒，由于啤酒出厂价为2 850元/吨(含包装物押金，不含增值税)小于3 000元/吨，适应定额税率220元/吨，其计税依据为增值税专用发票记账联上数值栏上的数值20吨，则

$$应纳消费税额 = 20 \times 220 = 4\,400(元)$$

免费品尝啤酒属于自产自用行为，其计税依据为出库单上注明给顾客及客户品尝的数量10吨，则

$$应纳消费税额 = 10 \times 220 = 2\,200(元)$$

(4) 12日销售给长沙商社自产散装白酒，为直接对外销售，白酒采用复合税率，计税依据同业务(2)，从价税的计税依据140 000元，从量税的计税依据为20吨，则

$$应纳消费税额 = 140\,000 \times 20\% + 20 \times 2\,000 \times 0.5 = 48\,000(元)$$

(5) 18日用白酒抵偿货款，白酒采用复合税率，其计税依据为出库单上注明抵偿货物数量10吨，计税依据金额以本月同类白酒销售的最高价计算，则

$$应纳消费税额 = 6\,500 \times 10 \times 20\% + 10 \times 2\,000 \times 0.5 = 23\,000(元)$$

(6) 24 日将一批自产的化妆品作为福利发给职工个人，为自产自用应税消费品行为，该类化妆品不存在同类消费品销售价格，则根据出库单中作为福利发给职工个人的数量和成本计算组成计税价格为 $10\,000 \times (1 + 5\%) \div (1 - 30\%)$，则

$$自用化妆品应纳消费税额 = 10\,000 \times (1 + 5\%) \div (1 - 30\%) \times 30\% = 4\,500(元)$$

(7) 根据税法相关规定，对委托加工应税消费品的应纳消费税，采取由受托方代收代缴税款的办法，委托加工的应税消费品，按照受托方的同类消费品的销售价格计算纳税，没有同类消费品销售价格的，按照组成计税价格计算纳税。组成计税价格计算公式为

$$组成计税价格 = (材料成本 + 加工费) \div (1 - 消费税税率)$$

则有

$$烟丝组成计税价格 = (100\,000 + 40\,000) \div (1 - 30\%) = 200\,000(元)$$
$$白沙加工厂代收代缴烟丝的消费税额 = 200\,000 \times 30\% = 60\,000(元)$$

对于自产外销卷烟的计税依据为增值税专用发票记账联上价款金额栏及数值栏的数值，由于每条卷烟价格为 $300\,000 \div (10 \times 250) = 120(元)$，按 56% 税率计税，由于委托加工的应税消费品已由受托方代收代缴消费税，如果委托方收回货物后用于连续生产应税消费品的，其已纳税款准予按照规定从连续生产的应税消费品应纳消费税税额中扣除，则

$$卷烟应纳消费税额 = 300\,000 \times 56\% + 10 \times 150 - 60\,000 = 109\,500(元)$$

(8) 28 日从韩国购进成套化妆品，计税依据根据海关进口增值税专用缴款书收据联中计税价格栏数值和海关进口关税专用缴款书收据联中税款金额栏数值计算进口化妆品组成计税价格，则

$$进口化妆品组成计税价格 = 80\,000 \times 5.2 \times (1 + 50\%) \div (1 - 30\%) = 891\,428.57(元)$$
$$海关代征的化妆品消费税 = 891\,428.57 \times 30\% = 267\,428.57(元)$$

月末，汇总计算湖南芙蓉王股份有限公司 2019 年 5 月应纳消费税，则

$$公司应纳消费税 = 9\,000 + 4\,400 + 2\,200 + 48\,000 + 23\,000 + 4\,500 + 109\,500 = 200\,600(元)$$
$$海关代征的消费税额 = 267\,428.57(元)$$
$$白沙加工厂代收代缴的消费税额 = 60\,000(元)$$

★ 行家提示：

计算应纳消费税时应注意：

(1) 消费税与增值税共同构成对流转额交叉征税的格局。消费税是价内税，增值税是价外税。实行从价定率征收消费税的消费品，其消费税税基与增值税税基是一致的，都是以不含增值税而含消费税的销售额作为计税依据的。缴纳增值税的货物并不都缴纳消费税，而缴纳消费税的货物除对饮食业、商业、娱乐业举办的啤酒屋(啤酒坊)利用啤酒生产设备生产的啤酒外，其余都是增值税征税范围的货物，都同时缴纳增值税，且都属于增值税17%税率的货物的范围，不涉及低税率。但若是增值税小规模纳税人，则会涉及增值税的征收率。

(2) 白酒生产企业向商业销售单位收取的"品牌使用费"是随着应税白酒的销售而向购货方收取的，属于应税白酒销售价款的组成部分，因此，不论企业采取何种方式或以何种名义收取价款，均应并入白酒的销售额中缴纳消费税。

(3) 工业企业进口环节被海关征收过消费税的货物，如果用于企业连续加工同税目的消费品，可按生产领用量抵扣已纳的进口环节消费税。

一、消费税的概念及特点

消费税是对在我国境内从事生产、委托加工和进口应税消费品的单位和个人，以及国务院确定的销售应税消费品的其他单位和个人，就其销售额或销售数量在特定环节征收的一种流转税。

我国现行消费税法的基本规范，是 2008 年 11 月 5 日国务院第 34 次常务会议修订通过，自 2009 年 1 月 1 日起施行的《中华人民共和国消费税暂行条例》。2008 年 12 月 15 日，财政部和国家税务总局公布了修订后的《中华人民共和国消费税暂行条例实施细则》，该细则也自 2009 年 1 月 1 日起施行。

消费税具有以下特点：征税项目具有选择性；纳税环节单一(目前除卷烟和超豪华小汽车实行二次课征外，其他应税消费品仅在商品的生产、进口、流通的某一环节一次性征收消费税)；计税方法多样；税收调节具有特殊性；间接税；税负具有转嫁性(价内税)。

二、消费税的纳税人

在中华人民共和国境内生产、委托加工和进口应税消费品的单位和个人，以及国务院确定的销售应税消费品的其他单位和个人，为消费税的纳税人。

单位，是指企业、行政单位、事业单位、军事单位、社会团体及其他单位。个人，是指个体工商户及其他个人。

境内，是指生产、委托加工和进口属于应当征收消费税的消费品的起运地或者所在地在境内。

三、消费税的征税范围

《消费税暂行条例》规定，消费税的征税对象为在我国境内生产、委托加工和进口的应税消费品，以及国务院确定销售的应税消费品。具体征税范围分布于以下四个环节。

(一) 生产应税消费品

生产应税消费品销售是消费税征收的主要环节，因消费税具有单一环节征税的特点，在生产销售环节征收以后，货物在流通环节无论再流转多少次，都不用缴纳消费税。生产应税消费品除了直接对外销售应征收消费税外，纳税人将生产的应税消费品换取生产资料、消费资料、投资入股、偿还债务，以及用于继续生产应税消费品以外的其他方面都应缴纳消费税。

(二) 委托加工应税消费品

委托加工应税消费品是指委托方提供原料和主要材料，受托方只收取加工费和代垫部分辅助材料加工的应税消费品。由受托方提供原材料或其他情形的一律不能视同加工应税消费品。委托加工的应税消费品收回后，再继续用于生产应税消费品销售的，其加工环节缴纳的消费税款可以扣除。

（三）进口应税消费品

单位和个人进口货物属于消费税征税范围的，在进口环节也要缴纳消费税，并由海关代征。

（四）批发、零售应税消费品

自 2009 年 5 月 1 日起，在我国境内从事卷烟批发业务的单位和个人，在卷烟批发环节加征一道从价税，税率为 5%。纳税人销售给纳税人以外的单位和个人的卷烟于销售时纳税。纳税人之间销售的卷烟不缴纳消费税。批发企业在计算纳税时不得扣除已含的生产环节的消费税税款。2015 年 5 月 7 日，财政部、国家税务总局发布《关于调整卷烟消费税的通知》，自 2015 年 5 月 10 日起，将卷烟批发环节从价税税率由 5% 提高至 11%，并按 0.005 元/支加征从量税。

自 2016 年 12 月 1 日起，"小汽车"税目下增设"超豪华小汽车"子税目。征收范围为每辆零售价格 130 万元(不含增值税)及以上的乘用车和中轻型商用客车，即乘用车和中轻型商用客车子税目中的超豪华小汽车。对超豪华小汽车，在生产(进口)环节按现行税率征收消费税的基础上，在零售环节加征消费税，税率为 10%。

自 1995 年 1 月 1 日起，金银首饰消费税由生产销售环节征收改为零售环节征收。改在零售环节征收消费税的金银首饰仅限于金基、银基合金首饰以及金，银和金基、银基合金的镶嵌首饰。零售环节适用税率为 5%，在纳税人销售金银首饰、钻石及钻石饰品时征收，其计税依据是不含增值税的销售额。

不属于上述范围的应征消费税的首饰，如镀金(银)、包金(银)首饰，以及镀金(银)、包金(银)的镶嵌首饰(简称非金银首饰)，仍在生产销售环节征收消费税。

对既销售金银首饰，又销售非金银首饰的生产、经营单位，应将两类商品划分清楚，分别核算销售额。凡划分不清楚或不能分别核算的，在生产环节销售的，一律从高适用税率征收消费税；在零售环节销售的，一律按金银首饰征收消费税。金银首饰与其他产品组成成套消费品销售的，应按销售额全额征收消费税。

金银首饰连同包装物销售的，无论包装是否单独计价，也无论会计上如何核算，均应并入金银首饰的销售额，计征消费税。

带料加工的金银首饰，应按受托方销售同类金银首饰的销售价格确定计税依据征收消费税。没有同类金银首饰销售价格的，按照组成计税价格计算纳税额。

纳税人采用以旧换新(含翻新改制)方式销售的金银首饰，应按实际收取的不含增值税的全部价款确定计税依据征收消费税。

四、消费税的税目与税率

我国现行消费税共设置了 15 个税目，包括烟、酒、高档化妆品、贵重首饰及珠宝玉石、鞭炮焰火、成品油、摩托车、小汽车、高尔夫球及球具、高档手表、游艇、木制一次性筷子、实木地板、电池、涂料。部分税目还进一步划分了若干子目。

根据不同应税消费品的具体情况，消费税分别规定了比例税率和定额税率两种税率形式。税目及税率情况详见表 3-1。

表 3-1 消费税税目、税率表

税　　目	税　　率
一、烟	
1. 卷烟	
工业 (1) 甲类卷烟	56%加 0.003 元/支(生产环节)
(2) 乙类卷烟	36%加 0.003 元/支(生产环节)
商业批发	11%加 0.005 元/支(生产环节)
2. 雪茄烟	36%(生产环节)
3. 烟丝	30%(生产环节)
二、酒	
1. 白酒	20%加 0.5 元/500 克(或者 500 毫升)
2. 黄酒	240 元/吨
3. 啤酒	
(1) 甲类啤酒	250 元/吨
(2) 乙类啤酒	220 元/吨
4. 其他酒类	10%
三、高档化妆品	15%
四、贵重首饰及珠宝玉石	
1. 金银首饰、铂金首饰和钻石(零售环节)	5%
2. 其他贵重首饰和珠宝玉石	10%
五、鞭炮焰火	15%
六、成品油	
1. 汽油	1.52 元/升
2. 石脑油	1.52 元/升
3. 溶剂油	1.52 元/升
4. 润滑油	1.52 元/升
5. 柴油	1.2 元/升
6. 航空煤油(暂缓征收)	1.2 元/升
7. 燃料油	1.2 元/升
七、摩托车	
1. 气缸容量(排气量、下同)为 250 毫升的	3%
2. 气缸容量在 250 毫升(不含)以上的	10%
八、小汽车	
1. 乘用车(生产或进口环节)	
(1) 气缸容量(排气量、下同)在 1.0 升(含 1.0 升)以下的	1%
(2) 气缸容量在 1.0 升以上至 1.5 升(含 1.5 升)的	3%
(3) 气缸容量在 1.5 升以上至 2.0 升(含 2.0 升)的	5%
(4) 气缸容量在 2.0 升以上至 2.5 升(含 2.5 升)的	9%

续表

税　目	税　率
(5) 气缸容量在 2.5 升以上至 3.0 升(含 3.0 升)的	12%
(6) 气缸容量在 3.0 升以上至 4.0 升(含 4.0 升)的	25%
(7) 气缸容量在 4.0 升以上的	40%
2. 中轻型商用客车(生产或进口环节)	5%
3. 超豪华小汽车(零售环节)	10%
九、高尔夫球及球具	10%
十、高档手表	20%
十一、游艇	10%
十二、木制一次性筷子	5%
十三、实木地板	5%
十四、电池	4%
十五、涂料	4%

第二节　消费税应纳税额的计算

一、消费税的计税依据

按照现行消费税的基本规定，消费税实行从价定率、从量定额，或者从价定率和从量定额复合计税(以下简称复合计税)的办法计算应纳税额。

(一) 实行从价定率计税办法的计税依据

在从价定率计算方法下，应纳税额等于应税消费品的销售额乘以比例税率。因此，消费税的计税依据为应税消费品的销售额。

1. 销售额的确定

销售额为纳税人销售应税消费品向购买方收取的全部价款和价外费用，但不包括应向购货方收取的增值税税款。价外费用，是指价外向购买方收取的手续费、补贴、基金、集资费、返还利润、奖励费、违约金、滞纳金、延期付款利息、赔偿金、代收款项、代垫款项、包装费、包装物租金、储备费、优质费、运输装卸费以及其他各种性质的价外收费。但下列项目不包括在内：

(1) 同时符合以下条件的代垫运输费用：① 承运部门的运输费用发票开具给购买方的；② 纳税人将该项发票转交给购买方的。

(2) 同时符合以下条件代为收取的政府性基金或者行政事业性收费：① 由国务院或者财政部批准设立的政府性基金，由国务院或者省级人民政府及其财政、价格主管部门批准设立的行政事业性收费；② 收取时开具省级以上财政部门印制的财政票据；③ 所收款项全额上缴财政。

其他价外费用，无论是否属于纳税人的收入，均应并入销售额计算征税。

纳税人应税消费品的计税价格明显偏低并无正当理由的，由主管税务机关核定其计税价格。应税消费品计税价格的核定权限规定如下：卷烟、白酒和小汽车的计税价格由国家税务总局核定，送财政部备案；其他应税消费品的计税价格由省、自治区和直辖市国家税务局核定；进口的应税消费品的计税价格由海关核定。

销售额以人民币计算。纳税人销售的应税消费品，以人民币以外的货币结算销售额的，其销售额的人民币折合率可以选择销售额发生的当天或者当月 1 日的人民币汇率中间价。纳税人应事先确定采用何种折合率，在确定后 1 年内不得变更。

2. 包装物及包装物押金的税务处理

(1) 应税消费品连同包装物销售的，无论包装物是否单独计价以及在会计上如何核算，均应并入应税消费品的销售额中缴纳消费税。

(2) 如果包装物不作价、不可随同产品销售，而是收取押金的，则此项押金不应并入应税消费品的销售额中征税。但对因逾期未收回的包装物不再退还的或者已收取的时间超过 12 个月的押金，应并入应税消费品的销售额，按照应税消费品的适用税率缴纳消费税。

(3) 对既作价又随同应税消费品销售，同时又另外收取押金的包装物的押金，凡纳税人在规定的期限内没有退还的，均应并入应税消费品的销售额，按照应税消费品的适用税率缴纳消费税。

(4) 对酒类产品生产企业销售酒类产品(黄酒、啤酒除外)而收取的包装物押金，无论是否返还以及会计上如何核算，均需并入酒类产品销售额中，依酒类产品的适用税率征收消费税。

3. 含增值税销售额的换算

如果纳税人应税消费品的销售额中未扣除增值税税款，或者因不得开具增值税专用发票而发生价款和增值税税款合并收取的，在计算消费税时，应将含增值税的销售额换算为不含增值税税款的销售额。其换算公式为

应税消费品的销售额 = 含增值税的销售额 ÷ (1 + 增值税税率或者征收率)

(二) 实行从量定额计税办法的计税依据

在从量定额计算方法下，应纳税额等于应税消费品的销售数量乘以定额税率。因此，消费税的计税依据为应税消费品的销售数量。目前，我国消费税对黄酒、啤酒、成品油等税目实行定额税率，采用从量定额的办法征税。

1. 销售数量的确定

销售数量是指纳税人生产、加工和进口应税消费品的数量。具体规定为：
(1) 销售应税消费品的，为应税消费品的销售数量；
(2) 自产自用应税消费品的，为应税消费品的移送使用数量；
(3) 委托加工应税消费品的，为纳税人收回的应税消费品数量；
(4) 进口应税消费品的，为海关核定的应税消费品进口征税数量。

2. 计量单位的换算标准

在实际销售过程中，一些纳税人往往将计量单位混用，为了规范不同产品的计量单位，《消费税暂行条例实施细则》中具体规定了吨与升两个计量单位的换算标准：

黄酒　1吨=962升	啤酒 1吨=988升	航空煤油 1吨=1246升
汽油　1吨=1388升	柴油 1吨=1176升	石脑油　1吨=1385升
溶剂油　1吨=1282升	润滑油 1吨=1126升	燃料油　1吨=1015升

(三) 实行从价定率和从量定额复合计税办法的计税依据

现行消费税征税范围中，只有卷烟、白酒采用复合计税办法。应纳税额等于应税销售以比例税率再加上应税销售数量乘以定额税率。

(四) 计税依据的特殊规定

(1) 纳税人通过自设非独立核算门市部销售的自产应税消费品，应当按照门市部对销售额或者销售数量征收消费税。

(2) 纳税人用于换取生产资料和消费资料、投资入股和抵偿债务等方面的应税消费品，应当以纳税人同类应税消费品的最高销售价格作为计税依据计算消费税。

(3) 白酒生产企业向商业销售单位收取的"品牌使用费"是随着应税白酒的销售而向购货方收取的，属于应税白酒销售价款的组成部分，因此，不论企业采取何种方式或以何种名义收取价款，均应并入白酒的销售额中缴纳消费税。

二、消费税应纳税额的计算

(一) 生产销售(自产自销)应税消费品应纳税额的计算

纳税人生产的应税消费品，在纳税人销售时纳税。销售，是指有偿转让应税消费品的所有权。"有偿"，是指从购买方取得货币、货物或者其他经济利益。

1. 从价定率计算

实行从价定率征收的，其应纳税额的计算公式为

$$应纳税额 = 应税消费品的销售额 \times 比例税率$$

例3-1　某化妆品厂为增值税一般纳税人，2017年5月10日销售高档化妆品一批，开具增值税专用发票，取得不含增值税销售额60万元，增值税额10.2万元；5月20日又销售化妆品一批，开具普通发票，取得含增值税销售额3.51万元。高档化妆品适用的消费税税率为15%。计算该化妆品厂本月应缴纳的消费税税额。

解析：

$$应税销售额 = 60 + 3.51 \div (1 + 17\%) = 63(万元)$$
$$应纳消费税税额 = 63 \times 15\% = 9.45(万元)$$

2. 从量定额计算

实行从量定额征收的，其应纳税额的计算公式为

$$应纳税额 = 应税消费品的销售数量 \times 定额税率$$

例 3-2　某啤酒厂为增值税一般纳税人，2017 年 5 月销售甲类啤酒 500 吨，取得不含增值税的销售额 1 600 000 元。计算该啤酒厂应纳的消费税税额。

解析：

$$应纳消费税税额 = 500 \times 250 = 125\,000(元)$$

3. 从价定率和从量定额复合计算

实行复合计算方法的，其应纳税额的计算公式为

$$应纳税额 = 应税销售额 \times 比例税率 + 应税销售数量 \times 定额税率$$

例 3-3　某白酒厂为增值税一般纳税人，2017 年 5 月销售粮食白酒 90 吨，取得不含增值税的销售额 1 800 000 元。该白酒适用比例税率 20%，定额税率 0.5 元/500 克。计算该白酒厂应纳的消费税税额。

解析：

$$应纳消费税税额 = 90 \times 2\,000 \times 0.5 + 1\,800\,000 \times 20\% = 450\,000(元)$$

（二）自产自用应税消费品应纳税额的计算

自产自用应税消费品是指纳税人生产应税消费品后，不是用于直接对外销售，而是用于自己连续生产应税消费品或用于其他方面。

1. 用于连续生产应税消费品

纳税人自产自用的应税消费品，用于连续生产应税消费品的不纳税。"用于连续生产自产应税消费品"，是指纳税人将应自产自用的应税消费品作为直接材料生产最终应税消费品，自产自用应税消费品构成最终应税消费品的实体。在这种情况下，为了避免重复征税且计税简便，自产自用应税消费品不征税，只就最终应税消费品征税。

2. 用于其他方面的应税消费品

纳税人自产自用的应税消费品，除用于连续生产应税消费品外，凡用于其他方面的，于移送使用时纳税。"用于其他方面"，是指纳税人将自产自用应税消费品用于生产非应税消费品、在建工程、管理部门、非生产机构、提供劳务、馈赠、赞助、集资、广告、样品、职工福利、奖励等方面。

纳税人自产自用的应税消费品，凡用于其他方面的，均视同对外销售，按照纳人生产的同类消费品的销售价格计算纳税。同类消费品的销售价格，是指纳税人当月销售的同类消费品的销售价格，如果当月同类消费品各期销售价格高低不同时，应按销售数量加权平均计算。但销售的应税消费品有下列情况之一的，不得列入加权平均计算：销售价格明显偏低并无正当理由的；无销售价格的。

如果当月无销售或者当月未完结，应按照同类消费品上月或者最近月份的销售价格计算纳税。

没有同类消费品销售价格的，按照组成计税价格计算纳税。组成计税价格和应纳税额的计算公式如下。

(1) 实行从价定率办法计算纳税的：

$$组成计税价格 = (成本 + 利润) \div (1 - 比例税率) = 成本 \times (1 + 成本利润率) \div (1 - 比例税率)$$

$$应纳税额 = 组成计税价格 \times 比例税率$$

(2) 实行复合计税办法计算纳税的：

组成计税价格 = (成本 + 利润 + 自产自用数量 × 定额税率) ÷ (1 − 比例税率)应纳税额
= 组成计税价格 × 比例税率 + 自产自用数量 × 定额税率

上述公式中：

"成本"，是指应税消费品的产品生产成本。

"利润"，是根据应税消费品的全国平均成本利润率计算的利润。应税消费品全国平均成本利润率由国家税务总局确定。

国家税务总局确定的应税消费品全国平均成本利润率为：高档手表为 20%；高尔夫球及球具、游艇、甲类卷烟、粮食白酒为 10%；乘用车为 8%；贵重首饰及珠宝玉石、摩托车为 6%；乙类卷烟、雪茄烟、烟丝、薯类白酒、其他酒、酒精、化妆品、鞭炮焰火、汽车轮胎、中轻型商用客车、木制一次性筷子、实木地板为 5%；电池为 4%；涂料为 7%。

例 3-4   某化妆品厂将自产的一批高档化妆品作为样品派发给消费者，该高档化妆品无同类产品的销售价格。已知其生产成本为 34 000 元，成本利润率为 5%，消费税税率 15%。计算该批高档化妆品应纳消费税税额。

解析：

组成计税价格 = 34 000 × (1 + 5%) ÷ (1 − 15%) = 42 000 (元)

应纳税额 = 42 000 × 15% = 6 300 (元)

例 3-5   某白酒厂将一批自产的白酒(共 3 000 千克)用作职工福利。该批白酒的成本为 120 000 元，成本利润率为 10%，适用比例税率 20%，定额税率 0.5 元/500 克。计算该批白酒应缴纳的消费税税额。

解析：

组成计税价格 = [120 000 × (1 + 10%) + 3 000 × 2 × 0.5] ÷ (1 − 20%) = 168 750 (元)

应纳消费税税额 = 168 750 × 20%) + 3 000 × 2 × 0.5 = 36 750 (元)

(三) 委托加工应税消费品应纳税额的计算

1. 委托加工应税消费品的概念

委托加工应税消费品，是指由委托方提供原材料和主要材料，受托方只收取加工费和代垫部分辅助材料加工的应税消费品。对于由受托方提供原材料生产的应税消费品，或者受托方先将原材料卖给委托方，然后再接受加工的应税消费品，以及由受托方以委托方名义购进原材料生产的应税消费品，不论在会计上是否作销售处理，都不得作为委托加工应税消费品，而应当按照销售自制应税消费品缴纳消费税。

2. 委托加工应税消费品的税务处理

税法规定，委托加工的应税消费品，除受托方为个人(包括个体工商户)外，由受托方在向委托方交货时代收代缴消费税。受托方必须严格履行代收代缴义务，否则要承担税收法律责任。委托个人加工的应税消费品，由委托方收回后缴纳消费税。

3. 委托加工应税消费品代收代缴税额的计算

委托加工的应税消费品，按照受托方的同类消费品的销售价格计算纳税。同类消费品的销售价格，是指受托方(即代收代缴义务人)当月销售的同类消费品的销售价格，如果当月同类消费品销售价格高低不同，应按销售数量加权平均计算。但销售的应税消费品有下列情况之一的，不得列入加权平均计算：销售价格明显偏低并无正当理由的；无销售价格的。

如果当月无销售或者当月未完结，应按照同类消费品上月或者最近月份的销售价格计算纳税额。

没有同类消费品销售价格的，按照组成计税价格计算纳税。组成计税价格和应纳税额的计算公式如下。

(1) 实行从价定率办法计算纳税的：

$$组成计税价格 = (材料成本 + 加工费) \div (1 - 比例税率)$$
$$应纳税额 = 组成计税价格 \times 比例税率$$

(2) 实行复合计税办法计算纳税的：

$$组成计税价格 = (材料成本 + 加工费 + 委托加工数量 \times 定额税率) \div (1 - 比例税率)$$
$$应纳税额 = 组成计税价格 \times 比例税率 + 委托加工数量 \times 定额税率$$

上述公式中："材料成本"，是指委托方所提供加工材料的实际成本。委托加工应税消费品的纳税人，必须在委托加工合同上如实注明(或者以其他方式提供)材料成本，凡未提供材料成本的，受托方的主管税务机关有权核定其材料成本。

"加工费"，是指受托方加工应税消费品向委托方所收取的全部费用(包括代垫辅助材料的实际成本)，但不包括随加工费收取的销项税额。

例 3-6　某化妆品厂委托 B 企业加工高档化妆品一批，发出材料成本为 26 000 元，支付不含增值税的加工费 7 000 元，B 企业代垫辅助材料 1 000 元，B 企业无同类高档化妆品的销售价格。该高档化妆品适用的消费税税率为 15%。计算 B 企业代收代缴的消费税税额。

解析：

$$组成计税价格 = (26\,000 + 7\,000 + 1\,000) \div (1 - 15\%) = 40\,000(元)$$
$$B 企业代收代缴的消费税税额 = 40\,000 \times 15\% = 6\,000(元)$$

(四) 进口应税消费品应纳税额的计算

进口的应税消费品，于报关进口时缴纳消费税。进口应税消费品的消费税由海关代征，进口的应税消费品，由进口人或者其代理人向报关地海关申报纳税。按照征收管理的相关规定，应当自海关填发税款缴款书之日起 15 日内缴纳税款。

纳税人进口应税消费品，按照组成计税价格计算纳税。组成计税价格和应纳税额的计算公式如下。

(1) 实行从价定率办法计算纳税的：

$$组成计税价格 = (关税完税价格 + 关税) \div (1 - 比例税率)$$
$$应纳税额 = 组成计税价格 \times 比例税率$$

(2) 实行复合计税办法计算纳税的：

$$组成计税价格 = (关税完税价格 + 关税 + 进口数量 \times 定额税率) \div (1 - 比例税率)$$
$$应纳税额 = 组成计税价格 \times 比例税率 + 进口数量 \times 定额税率$$

例 3-7　某外贸公司 2017 年 5 月从国外进口一批应税消费品，已知该批消费品的关税完税价格为 100 万元，按规定应缴纳关税 35 万元，假定进口的应税消费品的消费税税率为

10%。计算该批消费品进口环节应缴纳的消费税税额。

解析:

$$组成计税价格 = (100 + 35) \div (1 - 10\%) = 150(万元)$$
$$应缴纳消费品税额 = 150 \times 10\% = 15(万元)$$

(五) 已纳消费税扣除的计算

1. 外购应税消费品连续生产应税消费品已纳税款的扣除

由于某些应税消费品是用外购已缴纳消费税的应税消费品连续生产出来的,在对这些连续生产出来的应税消费品计算征税时,为了避免重复征税,税法规定应按当期生产领用数量计算准予扣除外购(含进口)的应税消费品已纳的消费税税款。扣除范围包括:

(1) 以外购已税烟丝为原料生产的卷烟。

(2) 以外购已税高档化妆品为原料生产的高档化妆品。

(3) 以外购已税珠宝玉石为原料生产的贵重首饰及珠宝玉石。

(4) 以外购已税鞭炮焰火为原料生产的鞭炮焰火。

(5) 以外购已税摩托车连续生产的摩托车。

(6) 以外购已税杆头、杆身和握把为原料生产的高尔夫球杆。

(7) 以外购已税木制一次性筷子为原料生产的木制一次性筷子。

(8) 以外购已税实木地板为原料生产的实木地板。

(9) 以外购已税石脑油、燃料油为原料生产的应税消费品。

(10) 以外购已税润滑油为原料生产的润滑油。

(11) 以外购已税汽油、柴油为原料连续生产的汽油、柴油。

(12) 以外购已税葡萄酒为原料连续生产的葡萄酒。

$$\frac{当期准予扣除的外购}{应税消费品已纳税款} = \frac{当期准予扣除的外购}{应税消费品的买价} \times \frac{外购应税消费品}{适用税率}$$

$$\frac{当期准予扣除的外购}{应税消费品的买价} = \frac{期初库存的外购}{应税消费品的买价} + \frac{当期购进的}{应税消费品的买价} - \frac{期末库存的外购}{应税消费品的买价}$$

例 3-8 某卷烟生产企业,某月初库存外购烟丝的买价为 50 000 元,当月外购烟丝的不含税买价为 2 000 元,月末库存外购烟丝的买价为 30 000 元,其余被当月生产卷烟领用。计算该企业当月准予扣除的外购烟丝已缴纳的消费税税额。

解析:

该企业当月准予扣除的外购烟丝已缴纳的消费税税额为

$$(50\,000 + 20\,000 - 30\,000) \times 30\% = 12\,000(元)$$

2. 委托加工收回的应税消费品连续生产应税消费品已纳税款的扣除

委托加工的应税消费品在提货时已由受托方代收代缴了消费税,如果收回后用于连续生产应税消费品的,为了避免重复征税,其委托加工环节已纳消费税税款,准予按照规定从连续生产的应税消费品应纳消费税税额中抵扣。税法规定,下列连续生产的应税消费品,准予从应纳消费税税额中按当期生产领用数量计算扣除委托加工收回的应税消费品已纳的消费税税款:

(1) 以委托加工收回的已税烟丝为原料生产的卷烟。

(2) 以委托加工收回的已税高档化妆品为原料生产的高档化妆品。

(3) 以委托加工收回的已税珠宝玉石为原料生产的贵重首饰及珠宝玉石。

(4) 以委托加工收回的已税鞭炮焰火为原料生产的鞭炮焰火。

(5) 以委托加工收回的已税摩托车连续生产的摩托车。

(6) 以委托加工收回的已税杆头、杆身和握把为原料生产的高尔夫球杆。

(7) 以委托加工收回的已税木制一次性筷子为原料生产的木制一次性筷子。

(8) 以委托加工收回的已税实木地板为原料生产的实木地板。

(9) 以委托加工收回的已税石脑油、燃料油为原料生产的应税消费品。

(10) 以委托加工收回的已税润滑油为原料生产的润滑油。

(11) 以委托加工收回的已税汽油、柴油为原料连续生产的汽油、柴油。

上述当期准予扣除的委托加工收回的应税消费品已纳消费税税款的计算公式为

$$当期准予扣除的委托加工应税消费品已纳税款 = 期初库存的委托加工应税消费品已纳税款 + 当期收回的委托加工应税消费品已纳税款 - 期末库存的委托加工应税消费品已纳税款$$

3. 委托加工收回的应税消费品对外出售时已纳税款的扣除

根据《中华人民共和国消费税暂行条例实施细则》第七条第二款规定，委托加工的应税消费品直接出售的，不再缴纳消费税。2012年7月30日，财政部、国家税务总局对"直接出售"的含义进行了解释：委托方将收回的应税消费品，以不高于受托方的计税价格出售的，为直接出售，不再缴纳消费税；委托方以高于受托方的计税价格出售的，不属于直接出售，需按照规定申报缴纳消费税，在计税时准予扣除受托方已代收代缴的消费税。该规定自2012年9月1日起实施。

例3-9 承例3-6，该高档化妆品收回后对外销售，取得不含税销售额50 000元。计算该化妆品厂销售高档化妆品时应缴纳的消费税税额。

解析：

$$应纳税额 = 50\,000 \times 15\% - 6\,000 = 1\,500(元)$$

第三节 消费税的会计处理

根据审核无误的涉税原始凭证编制相关消费税记账凭证，并登记好应交税费——应交消费税明细账。

沿用本项目任务一的工作实例，湖南芙蓉王有限公司2019年3月涉税业务会计处理如下：

(1) 公司于2019年5月10日完成2019年4月消费税纳税申报和税款缴纳工作，根据消费税纳税申报表和消费税完税凭证等相关原始凭证应作会计分录如下：

借：应交税费——应交消费税   78 000
    贷：银行存款   78 000

(2) 4 日销售化妆品，凭增值税专用发票记账联确认增值税销项税额作会计分录如下：

借：银行存款   33 900
    贷：主营业务收入   30 000
        应交税费——应交增值税(销项税额)   3 900

计提消费税作会计分录如下：

借：税金及附加   9 000
    贷：应交税费——应交消费税   9 000

(3) 6 日，销售啤酒给超市，凭增值税专用发票记账联确认增值税销项税额，作会计分录如下：

借：银行存款   64 410
    贷：主营业务收入   57 000
        应交税费——应交增值税(销项税额)   7 410

计提消费税作会计分录如下：

借：税金及附加   4 400

啤酒给客户及顾客免费品尝，凭啤酒出库单计算销项税额与消费税作会计分录如下：

借：销售费用   25 905
    贷：库存商品   20 000
        应交税费——应交增值税(销项税额)   3 705
        应交税费——应交消费税   2 200

(4) 12 日销售散装白酒，凭增值税专用发票记账联确认增值税销项税额作会计分录如下：

借：银行存款   158 200
    贷：主营业务收入   140 000
        应交税费——应交增值税(销项税额)   18 200

计提消费税作会计分录如下：

借：税金及附加   48 000
    贷：应交税费——应交消费税   48 000

(5) 18 日以粮食白酒抵偿债务，凭粮食白酒出库单计算销项税额与消费税税额作会计分录如下：

借：应付账款——宏大公司   70 000
    贷：主营业务收入   60 000
        应交税费——应交增值税(销项税额)   7 800
        营业外收入   200

计提消费税作会计分录如下：

借：税金及附加   23 000
    贷：应交税费——应交消费税   23 000

(6) 24 日将化妆品作为福利发放给职工个人，凭发给职工化妆品的出库单计算销项税

额与消费税税额作会计分录如下:

借:应付职工薪酬—非货币性福利　　　　　　16 950

　　贷:主营业务收入　　　　　　　　　　　　15 000

　　　　应交税费——应交增值税(销项税额)　　 1 950

结转成本作会计分录如下:

借:主营业务成本　　　　　　　　　　　　　10 000

　　贷:库存商品——化妆品　　　　　　　　　10 000

计提消费税作会计分录如下:

借:税金及附加　　　　　　　　　　　　　　 4 500

　　贷:应交税费——应交消费税　　　　　　　 4 500

(7) 委托加工烟丝,支付加工费及增值税,凭加工费增值税专用发票作会计分录如下:

借:委托加工物资—烟丝　　　　　　　　　　40 000

　　应交税费——应交增值税(进项税额)　　　 5 200

　　贷:银行存款　　　　　　　　　　　　　　45 200

支付消费税时作会计分录如下:

借:应交税费——应交消费税　　　　　　　　60 000

　　贷:银行存款　　　　　　　　　　　　　　60 000

凭完工入库单、委托加工收料单作会计分录如下:

借:库存商品——烟丝　　　　　　　　　　　140 000

　　贷:委托加工物资—烟丝　　　　　　　　　140 000

25 日销售卷烟,凭增值税专用发票记账联确认增值税销项税额作会计分录如下:

借:银行存款　　　　　　　　　　　　　　　339 000

　　贷:主营业务收入　　　　　　　　　　　　300 000

　　　　应交税费——应交增值税(销项税额)　　39 000

计提消费税作会计分录如下:

借:税金及附加　　　　　　　　　　　　　　169 500

　　贷:应交税费——应交消费税　　　　　　　169 500

(8) 28 日进口化妆品,凭进口发票支付货款,作会计分录如下:

借:在途物资——化妆品　　　　　　　　　　416 000

　　贷:银行存款　　　　　　　　　　　　　　416 000

凭海关开具的进口关税专用缴款书支付关税时作会计分录如下:

借:在途物资——化妆品　　　　　　　　　　208 000

　　贷:银行存款　　　　　　　　　　　　　　208 000

凭海关开具的进口增值税专用缴款书支付增值税、消费税时作会计分录如下:

借:在途物资——化妆品　　　　　　　　　　267 428.57

　　应交税费——应交增值税(进项税额)　　　115 885.71

　　贷:银行存款　　　　　　　　　　　　　　383 314.28

注:进口化妆品组成计税价格 = 416 000 + 208 000 + 267 428.57 = 891 428.57(元)。

一、会计科目的设置

纳税人与代收代缴义务人应在"应交税费"科目下设置"应交消费税"明细科目。纳税人按规定计提的消费税和代收代缴义务人代收的消费税，记入该科目的贷方；实际缴纳的消费税和待扣的消费税，记入该科目的借方。期末余额在贷方，反映尚未缴纳的消费税；期末余额在借方，反映多缴或待扣的消费税。

另外，消费税属于价内税，企业在将生产的应税消费品对外销售时，应缴纳的消费税通过"税金及附加"科目核算，该科目核算企业经营活动(包括主营及其他经营活动)发生的消费税、城市维护建设税、资源税、教育费附加及房产税、土地使用税、车船税、印花税等相关税费。

二、生产销售应税消费品的会计处理

(一) 生产销售应税消费品应纳消费税的核算

企业生产销售应税消费品，按规定计算出应缴的消费税时，借记"税金及附加"科目，贷记"应交税费——应交消费税"科目。同时，还应进行销售收入和增值税销项税额的会计处理。实际缴纳消费税时，借记"应交税费——应交消费税"科目，贷记"银行存款"等科目。

例 3-10 某汽车制造企业 5 月份销售自产小轿车 15 辆，气缸容量为 2.2 升，不含税售价为 160 000 元/辆。小轿车消费税税率为 9%。则该企业的会计处理如何？

解析：

(1) 销售实现时：

$$销项税额 = 160\,000 \times 15 \times 17\% = 408\,000(元)$$

借：银行存款   2 808 000
　　贷：主营业务收入   2 400 000
　　　　应交税费——应交增值税(销项税额)   408 000

(2) 计提消费税时：

$$应纳消费税税额 = 160\,000 \times 15 \times 9\% = 216\,000(元)$$

借：税金及附加   216 000
　　贷：应交税费——应交消费税   216 000

实际缴纳消费税时：

借：应交税费——应交消费税   216 000
　　贷：银行存款   216 000

(二) 外购应税消费品连续生产应税消费品已纳税款扣除的核算

税法规定，纳税人以外购应税消费品连续生产应税消费品销售的，准予从应纳消费税税额中按当期生产领用数量计算准予扣除的外购应税消费品已纳的消费税税率。

因此，当纳税人生产领用外购消费品时，应将外购应税消费品已经支付的消费税记入"应交税费——应交消费税"的借方；待连续生产的应税消费品对外销售计算应缴的消费税时，借记"税金及附加"科目，贷记"应交税费——应交消费税"科目。"应交税费——

应交消费税"科目的借贷方差额即为纳税人实际应缴纳的消费税税额。

例 3-11 某卷烟厂 5 月份外购已税烟丝一批，取得的增值税专用发票上注明价款 30 万元，增值税 5.1 万元，烟丝已验收入库。本月以外购的烟丝生产并销售甲类卷烟 20 标准箱，不含税销售额 50 万元。已知本月期初库存外购烟丝的买价为 9 万元，月末库存外购烟丝的买价为 15 万元。则该卷烟厂的会计处理如何？

解析:

(1) 本月购进烟丝时:

借: 原材料 300 000
　应交税费——应交增值税(进项税额) 51 000
　　贷: 银行存款 351 000

(2) 生产卷烟领用外购烟丝时:

本月生产领用烟丝的买价 = 90 000 + 300 000 − 150 000 = 240 000(元)
当期准予扣除的外购烟丝已纳税款 = 240 000 × 30% = 72 000(元)

借: 生产成本 168 000
　应交税费——应交消费税 72 000
　　贷: 原材料 240 000

(3) 销售卷烟, 取得收入时:

借: 银行存款 585 000
　　贷: 主营业务收入 500 000
　　　应交税费——应交增值税(销项税额) 85 000

(4) 计提当期销售卷烟的消费税时:

应纳消费税税额 = 500 000 × 56% + 20 × 150 = 283 000(元)

借: 税金及附加 283 000
　　贷: 应交税费——应交消费税 283 000

(5) 实际缴纳消费税时:

实际缴纳消费税 = 283 000 − 72 000 = 211 000(元)

借: 应交税费——应交消费税 211 000
　　贷: 银行存款 211 000

三、应税消费品包装物应缴消费税的会计处理

(一) 随同应税消费品销售不单独计价的包装物

随同应税消费品销售而不单独计价的包装物，其收入随同所售产品一起记入"主营业务收入"科目，因此，包装物销售应交的消费税与产品销售应交的消费税应一同记入"税金及附加"科目。

(二) 随同应税产品销售单独计价的包装物

随同产品销售但单独计价的包装物，其收入记入"其他业务收入"科目，其应交的消费税记入"税金及附加"科目。

例 3-12 某酒厂生产销售葡萄酒一批,开出增值税专用发票,注明不含税销售额为 80 000 元,增值税 13 600 元;另收取包装费 1 170 元,开出普通发票。计算该酒厂应缴纳的消费税税额并进行相关业务的会计处理。

解析:

(1) 销售实现时:

增值税销项税额 = $13\,600 + 1\,170 \div (1 + 17\%) \times 17\% = 13\,770$(元)

借:银行存款	94 770	
贷:主营业务收入		80 000
其他业务收入		1 000
应交税费——应交增值税(销项税额)		13 770

(2) 计提消费税时:

应纳消费税税额 = $80\,000 \times 10\% + 1\,170 \div (1 + 17\%) \times 10\% = 8\,100$(元)

借:税金及附加	8 100	
贷:应交税费——应交消费税		8 100

(三) 出租、出借包装物逾期未收回而没收的押金

出租、出借包装物逾期未收回而没收的押金,应按照应税消费品的适用税率缴纳消费税。没收的押金转入"其他业务收入"科目,应缴纳的消费税记入"税金及附加"科目。

例 3-13 某化妆品厂销售自产的高档化妆品一批,取得不含税销售额 100 000 元,增值税 17 000 元。另随同产品销售出借了包装物,收取押金 2 340 元,合同期限为 2 个月。2 个月后由于包装物逾期未还,没收其押金。对该化妆品厂的相关业务进行会计处理。

解析:

(1) 销售当期应作如下会计处理:

借:银行存款	119 340	
贷:主营业务收入		100 000
应交税费——应交增值税(销项税额)		17 000
其他应付款		2 340

(2) 计提化妆品的消费税时:

化妆品应纳消费税税额 = $100\,000 \times 15\% = 15\,000$

借:税金及附加	15 000	
贷:应交税费——应交消费税		15 000

(3) 逾期未收回包装物而没收押金时:

增值税销项税额 = $2\,340 \div (1 + 17\%) \times 17\% = 340$(元)

应纳消费税税额 = $2\,340 \div (1 + 17\%) \times 15\% = 300$(元)

借:其他应付款	2 340	
贷:其他业务收入		2 000
应交税费——应交增值税(销项税额)		340

(4) 计提消费税时:

借:税金及附加	300	

贷：应交税费——应交消费税   300

四、自产自用应税消费品的会计处理

(一) 用于连续生产应税消费品的会计处理

纳税人将自产自用的应税消费品用于连续生产应税消费品的，不再纳消费税，所以只进行实际成本的核算。

例 3-14 某卷烟厂领用自产烟丝用于连续生产卷烟，烟丝的生产成本为 7 200 元。试进行领用时的会计处理。

解析：

借：生产成本   7 200

     贷：原材料   7 200

(二) 用于连续生产非应税消费品、在建工程、提供劳务等的会计处理

由于最终的非应税消费品、不动产或劳务等不再缴纳消费税，所以，应在自产应税消费品移送使用环节视同销售，计算缴纳消费税。移送使用时，借记"生产成本""在建工程"等科目，贷记"原材料""库存商品""应交税费——应交消费税"等科目。

例 3-15 某巧克力生产企业领用库存自产葡萄酒用于连续生产酒心巧克力，已知该葡萄酒的生产成本为 60 000 元，无同类葡萄酒的销售价，葡萄酒的成本利润率为 5%，消费税税率为 10%。试进行领用时的会计处理。

解析：

$$应纳消费税 = 60\,000 \times (1 + 5\%) \div (1 - 10\%) \times 10\% = 7\,000(元)$$

借：生产成本   67 000

     贷：原材料   60 000

         应交税费——应交消费税   7 000

(三) 用于其他方面的会计处理

企业将生产的应税消费品用于其他方面，即用于管理部门、非生产机构、馈赠、赞助、集资、广告、样品、职工福利、奖励等方面时，应视同销售，于移送使用时计算纳税。按规定应缴纳的消费税，应记入"固定资产""生产成本""在建工程""营业外支出""销售费用""税金及附加"等科目。

例 3-16 某汽车制造厂(一般纳税人)以自产的 20 辆小轿车向本市出租汽车公司进投资。双方协议按小轿车的售价作价。每辆车的实际成本为 60 000 元，假设售价和计税价格均为每辆 80 000 元。小轿车的消费税税率为 5%。假如该笔交易符合非货币性资产交换准则规定的按公允价值计量的条件。试进行该汽车制造厂的会计处理。

解析：

(1) 对外投资时：

$$增值税销项税额 = 80\,000 \times 17\% \times 20 = 272\,000(元)$$

$$应纳消费税税额 = 80\,000 \times 5\% \times 20 = 80\,000(元)$$

借：长期股权投资　　　　　　　　　　　1 872 000
　　贷：主营业务收入　　　　　　　　　　　　　1 600 000
　　　　应交税费——应交增值税(销项税额)　　　272 000
(2) 计提消费税时：
借：税金及附加　　　　　　　　　　　　80 000
　　贷：应交税费——应交消费税　　　　　　　　80 000
(3) 结转成本时：
借：主营业务成本　　　　　　　　　　　1 200 000
　　贷：库存商品　　　　　　　　　　　　　　　1 200 000

例 3-17　某酒厂为一般纳税人，5 月份将自产啤酒 4 吨作为职工福利发给本厂职工，该啤酒成本为 2 200 元/吨，不含增值税售价为 3 500 元/吨。该啤酒的消费税税率为 250 元/吨。完成该酒厂的会计处理。

解析：
(1) 发放职工福利时：
$$增值税销项税额 = 3 500 \times 4 \times 17\% = 2380(元)$$
借：应付职工薪酬——非货币性福利　　　16 380
　　贷：主营业务收入　　　　　　　　　　　　　14 000
　　　　应交税费——应交增值税(销项税额)　　　2 380
(2) 计提消费税时：
$$应纳消费税额 = 4 \times 250 = 1000(元)$$
借：税金及附加　　　　　　　　　　　　1 000
　　贷：应交税费——应交消费税　　　　　　　　1 000
(3) 结转成本时：
借：主营业务成本　　　　　　　　　　　8 800
　　贷：库存商品　　　　　　　　　　　　　　　8 800

例 3-18　某汽车制造厂将自产的一辆小汽车提供给集体福利部门使用，同类汽车不含税售价为 80 000 元，其生产成本为 65 000 元，消费税税率 5%。完成会计处理。

解析：
$$增值税销项税额 = 80 000 \times 17\% = 13 600(元)$$
$$应纳消费税税额 = 80 000 \times 5\% = 4 000(元)$$
借：固定资产　　　　　　　　　　　　　82 600
　　贷：库存商品　　　　　　　　　　　　　　　65 000
　　　　应交税费——应交增值税(销项税额)　　　13 600
　　　　　　　　　——应交消费税　　　　　　　　4 000

五、委托加工应税消费品的会计处理

(一) 委托方的会计处理

税法规定，委托方将收回的委托加工的应税消费品，以不高于受托方的计税价格出售的，可直接出售，不再缴纳消费税；委托方以高于受托方的计税价格出售的，不属于直接出售，需按照规定申报缴纳消费税，在计税时准予扣除受托方已代收代缴的消费税。

(1) 委托方以不高于受托方的计税价格出售。如果委托方以不高于受托方的计税价格出售的，可将受托方代收代缴的消费税和应支付的加工费等一并计入委托加工的应税消费品成本，借记"委托加工物资"科目；按照增值税专用发票上注明的增值税额，借记"应交税费——应交增值税(进项税额)"科目；直接出售时，不再缴纳消费税。

例 3-19 佳佳公司委托某加工厂(均为增值税一般纳税人)加工一批一次性筷子，佳佳公司发出材料成本 42 350 元，支付加工费 8 000 元，增值税 1 360 元。受托方代收代缴消费税，假定受托方没有同类产品销售价格。佳佳公司收回该一次性筷子后直接出售，取得不税销售额 52 800 元。完成佳佳公司的会计处理。

解析：

① 发出材料时：

借：委托加工物资　　　　　　　　　　　　42 350
　　贷：原材料　　　　　　　　　　　　　　　　　　42 350

② 支付加工费、增值税和消费税时：

受托方代收代缴消费税的计税价格 = (42 350 + 8 000) ÷ (1 − 5%) = 53 000(元)

受托方代收代缴消费税 = 530 000 × 5% = 2 650(元)

借：委托加工物资　　　　　　　　　　　　10 650
　　应交税费——应交增值税(进项税额)　　 1 360
　　贷：银行存款　　　　　　　　　　　　　　　　　12 010

③ 收回加工后的应税消费品时：

委托加工筷子的成本 = 42 350 + 10 650 = 53 000(元)

借：库存商品　　　　　　　　　　　　　　53 000
　　贷：委托加工物资　　　　　　　　　　　　　　　53 000

④ 收回后直接出售，不再缴纳消费税：

借：银行存款　　　　　　　　　　　　　　61 776
　　贷：主营业务收入　　　　　　　　　　　　　　　52 800
　　　　应交税费——应交增值税(销项税额)　　　　　 8 976

(2) 委托方以高于受托方的计税价格出售。如果委托方以高于受托方的计税价格出售的，可将应税消费品中受托方代收代缴的消费税转入"应交税费——应交消费税"借方抵扣。

例 3-20 保北卷烟厂委托金泰卷烟厂(均为增值税一般纳税人)加工一批烟丝，保北卷烟厂提供烟叶成本为 60 000 元，支付加工费 10 000 元，增值税 1 700 元。委托方提货时，金泰卷烟厂代收代缴了消费税。保北卷烟厂收回委托加工的烟丝后对外销售，取得不含增值税销售额 120 000 元。完成保北卷烟厂的会计处理。

解析：

① 发出材料时：

借：委托加工物资　　　　　　　　　　　　60 000
　　贷：原材料——烟叶　　　　　　　　　　　　　　60 000

② 支付加工费、增值税和消费税时：

受托方代收代缴消费税的计税价格 = (60 000 + 10 000) ÷ (1 − 30%)

= 100 000(元)

受托方代收代缴消费税 = 100 000 × 30% = 30 000(元)

借：委托加工物资　　　　　　　　　　　40 000

应交税费——应交增值税(进项税额)　1 700

贷：银行存款　　　　　　　　　　　　　　41 700

③ 收回烟丝入库时：

委托加工烟丝的成本 = 60 000 + 40 000 = 100 000(元)

借：原材料——烟丝　　　　　　　　　　100 000

贷：委托加工物资　　　　　　　　　　　100 000

④ 烟丝对外销售，取得收入时：

借：银行存款　　　　　　　　　　　　　140 400

贷：其他业务收入　　　　　　　　　　　120 000

应交税费——应交增值税(销项税额)　　20 400

⑤ 计提烟丝的消费税时：

应纳消费税 = 120 000 × 30% = 36 000(元)

借：税金及附加　　　　　　　　　　　　36 000

贷：应交税费——应交消费税　　　　　　36 000

⑥ 结转烟丝的销售成本时，由于烟丝在委托加工环节已纳的消费税准予扣除，故会计处理如下：

借：其他业务成本　　　　　　　　　　　70 000

应交税费——应交消费税　　　　　　　30 000

贷：原材料——烟丝　　　　　　　　　　100 000

⑦ 保北卷烟厂实际应缴纳消费税时：

借：应交税费——应交消费税　　　　　　6 000

贷：银行存款　　　　　　　　　　　　　6 000

2. 委托方收回应税消费品后用于连续生产应税消费品的会计处理

税法规定，委托加工的应税消费品收回后用于连续生产应税消费品的，其已纳的消费税款准予按当期生产领用数量计算扣除。因此，委托方应将受托方代收代缴的消费税，计入"应交税费——应交消费税"科目的借方待扣。

例 3-21　承例 3-20，假定上述烟丝收回后用于连续加工成甲类卷烟，假定当月销售卷烟 5 标准箱(每箱 250 条，每条 200 支)，每标准条不含增值税售价为 120 元。已知月初库存委托加工应税烟丝成本 20 000 元；月末库存委托加工应税烟丝成本为 50 000 元。完成保北卷烟厂的会计处理。

解析：

(1) 发出材料，支付加工费、增值税和消费税，收回烟丝入库的会计处理同上例。

(2) 当月生产卷烟领用烟丝时：

$$当月准予抵扣烟丝的消费税税额 = 20\,000 \times 30\% + 100\,000 \times 30\% - 50\,000 \times 30\%$$
$$= 6\,000 + 30\,000 - 15\,000 = 21\,000(元)$$

借：生产成本   49 000

  应交税费——应交消费税 21 000

   贷：原材料——烟丝   70 000

(3) 销售卷烟，取得收入时：

$$销项税额 = 250 \times 5 \times 120 \times 17\% = 25\,500(元)$$

借：银行存款   175 500

  贷：主营业务收入   150 000

    应交税费——应交增值税(销项税额) 25 500

(4) 计提卷烟的消费税时：

$$应纳消费税税额 = 150\,000 \times 56\% + 5 \times 150 = 84\,750(元)$$

借：税金及附加   84 750

  贷：应交税费——应交消费税   84 750

(5) 实际缴纳消费税时：

$$实际缴纳消费税 = 84\,750 - 2\,100 = 63\,750(元)$$

借：应交税费——应交消费税 63 750

  贷：银行存款   63 750

(二) 受托方的会计处理

受托方在委托提货时代收消费税，按照应收取的加工费和增值税销售税额，借记"银行存款"等科目，贷记"主营业务收入"或"其他业务收入""应交税费——应交增值税(销项税额)"等科目，按照代收代缴的消费税，借记 "银行存款"等科目，贷记"应交税费——应交消费税"科目。受托方上缴消费税时，借记"应交税费——应交消费税"科目，贷记"银行存款"科目。

例 3-22 承例 3-20，金奉卷烟厂收到保北卷烟厂支付的加工费、增值税和消费税时，会计处理如何？

解析：

借：银行存款   41 700

  贷：其他业务收入   10 000

    应交税费——应交增值税(销项税额) 1 700

    应交税费——应交消费税   30 000

六、进口应税消费品的会计处理

进口应税消费品时，其应缴纳的消费税和进口关税一起计入进口应税消费品的成本，在会计处理上，不需要通过"应交税费——应交消费税"科目核算。缴纳时，借记"固定资产""库存商品""原材料"等科目，贷记"银行存款"等科目。

例 3-23 某企业从国外进口一批应税消费品，关税完税价格为人民币 600 000 元，按规定应缴纳关税 120 000 元。假定进口的应税消费品的消费税税率为 10%，增值税税率为

17%。款项均已通过银行存款结算。计算该批应税消费品进口环节应缴纳的消费税和增值税，并进行会计处理。

解析：

$$组成计税价格 = (600\,000 + 120\,000) \div (1 - 10\%) = 800\,000(元)$$
$$应纳消费税税额 = 800\,000 \times 10\% = 80\,000(元)$$
$$应纳增值税税额 = 800\,000 \times 17\% = 136\,000(元)$$

进口环节的会计处理为

借：库存商品	800 000	
应交税费——应交增值税(进项税额)	136 000	
贷：银行存款		936 000

第四节　消费税的申报与缴纳

一、消费税的纳税义务发生时间

(1) 纳税人销售应税消费品的，按不同的销售结算方式分别确定纳税义务发生时间为：① 采取赊销和分期收款结算方式的，为书面合同约定的收款日期的当天，书面合同没有约定收款日期或者无书面合同的，为发出应税消费品的当天；② 采取预收货款结算方式的，为发出应税消费品的当天；③ 采取托收承付和委托银行收款方式的，为发出应税消费品并办妥托收手续的当天；④ 采取其他结算方式的，为收讫销售款或者取得索取销售款凭据的当天。

(2) 纳税人自产自用应税消费品的，纳税义务发生时间为移送使用的当天。

(3) 纳税人委托加工应税消费品的，纳税义务发生时间为纳税人提货的当天。

(4) 纳税人进口应税消费品的，纳税义务发生时间为报关进口的当天。

二、消费税的纳税期限

消费税的纳税期限分别为 1 日、3 日、5 日、10 日、15 日、1 个月或者 1 个季度。纳税人的具体纳税期限，由主管税务机关根据纳税人应纳税额的大小分别核定；不能按照固定期限纳税的，可以按次纳税。

纳税人以 1 个月或者 1 个季度为 1 个纳税期的，自期满之日起 15 日内申报纳税；以 1 日、3 日、5 日、10 日或者 15 日为 1 个纳税期的，自期满之日起 5 日内预缴税款，于次月 1 日起 15 日内申报纳税并结清上月应纳税款。

纳税人进口应税消费品，应当自海关填发税款缴纳书之日起 15 日内缴纳税款。

三、消费税的纳税地点

根据《消费税暂行条例》及《消费税暂行条例实施细则》的规定，消费税的具体纳税地点为：

(1) 纳税人销售的应税消费品，以及自产自用的应税消费品，除国务院财政、税务主管部门另有规定外,应当向纳税人机构所在地或者居住地的主管税务机关申报纳税。

(2) 纳税人到外县(市)销售或者委托外县(市)代销自产应税消费品的,于应税消费品销售后,向机构所在地或者居住地主管税务机关申报纳税。

(3) 纳税人的总机构与分支机构不在同一县(市)的,应当分别向各自机构所在地的主管税务机关申报纳税;经财政部、国家税务总局或者其授权的财政、税务机关批准,可以由总机构汇总向总机构所在地的主管税务机关申报纳税。

(4) 委托加工的应税消费品,除受托方为个人外,由受托方向机构所在地或者居住地的主管税务机关解缴消费税税款。

(5) 委托个人加工的应税消费品,由委托方向其机构所在地或者居住地主管税务机关申报纳税。

(6) 进口的应税消费品,由进口人或者其代理人向报关地海关申报纳税。

四、消费税的纳税申报

消费税纳税人无论是否应缴纳消费税,都应按有关规定及时办理纳税申报,如实填写消费税纳税申报表。消费税的纳税申报表分为:烟类应税消费品消费税纳税申报表(生产环节)、卷烟批发环节消费税纳税申报表、酒类消费税纳税申报表、成品油消费税纳税申报表、小汽车消费税纳税申报表(超豪华小汽车应填写其他应税消费品纳税申报表)、电池消费税纳税申报表、涂料消费税纳税申报表及其他应税消费品消费税纳税申报表。纳税申报表及附表格式见表3-2至表3-11。

表3-2 烟类应税消费品消费税纳税申报表

税款所属期: 年 月 日至 年 月 日

纳税人名称(公章):

纳税人识别号:

填表日期: 2017 年 2 月 8 日

单位:卷烟万支、雪茄烟支、烟丝千克   金额单位:元(列至角分)

项目 应税消费品名称	适用税率		销售数量	销售额	应纳税额
	定额税率	比例税率			
卷烟	30 元/万支	56%			
卷烟	30 元/万支	36%			
雪茄烟	—	36%			
烟丝		30%			
合计	—				

续表

	声明
本期准予扣除税额:	此纳税申报表是根据国家税收法律的规定填报的,我确定它是真实的、可靠的、完整的。
本期减(免)税额:	
期初未缴税额:	
	经办人(签章): 略
本期缴纳前期应纳税额:	财务负责人(签章):略
	联系电话:略
本期预缴税额:	(如果你已委托代理人申报,请填写)
本期应补(退)税额:	授权声明
期末未缴税额:	为代理一切税务事宜,现授权_____ _____(地址)_____为本纳税人的代理申报人,任何与本申报表有关的往来文件,都可寄予此人。 授权人签章:

以下由税务机关填写

受理人(签章):　　　　　　受理日期:　年　月　日　　　　受理税务机关(章):

表 3-3　本期准予扣除税额计算表

税款所属期:　年　月　日至　年　月　日

纳税人名称(公章):

纳税人识别号: □□□□□□□□□□□□□□□□□□□□

填表日期:　年　月　日

一、当期准予扣除的委托加工烟丝已纳税款计算
1. 期初库存委托加工烟丝已纳税款:
2. 当期收回委托加工烟丝已纳税款:
3. 期末库存委托加工烟丝已纳税款:
4. 当期准予扣除的委托加工烟丝已纳税款:
二、当期准予扣除的外购烟丝已纳税款计算
1. 期初库存外购烟丝买价:
2. 当期购进烟丝买价:
3. 期末库存外购烟丝买价:
4. 当期准予扣除的外购烟丝已纳税款:
三、当期准予扣除的外购烟丝已纳税款计算

表 3-4 本期代收代缴税额计算表

税款所属期： 年 月 日至 年 月 日

纳税人名称(公章)：

纳税人识别号：

填表日期： 年 月 日

金额单位：元(列至角分)

项目 ＼ 应税消费品名称		卷烟	卷烟	雪茄烟	烟丝	合计
适用税率	定额税率	30 元/万支	30 元/万支	—	—	—
	比例税率	56%	36%	36%	30%	
受托加工数量						
同类产品销售价格						
材料成本						
加工费						
组成计税价格						
本期代收代缴税款						

表 3-5 卷烟批发环节消费税纳税申报表

税款所属期： 年 月 日至 年 月 日

纳税人名称(公章)：

纳税人识别号：

填表日期： 年 月 日

金额单位：万元、元(列至角分)

应税消费品名称 ＼ 项目	适用税率		销售数量	销售额	应纳税额
	定额税率	比例税率			
卷烟	50 元/万支	11%			
合计	—	—			

	声明
期末未缴税额：	此纳税申报表是根据国家税收法律的规定填报的，我确定它是真实的、可靠的、完整的。 经办人(签章)： 财务负责人(签章)： 联系电话：
本期缴纳前期应纳税额：	
本期预缴税额：	(如果你已委托代理人申报，请填写) 授权声明 为代理一切税务事宜，现授权＿＿＿＿＿(地址)
本期应补(退)税额：	＿＿＿＿＿为本纳税人的代理申报人，任何与本申报表有关的往来文件，都可寄予此人。
期末未缴税额：	授权人签章：

以下由税务机关填写

受理人(签章)： 受理日期： 年 月 日 受理税务机关(章)：

表 3-6 酒类消费税纳税申报表

税款所属期： 年 月 日至 年 月 日

纳税人名称(公章)：

纳税人识别号：

填表日期： 年 月 日

金额单位：元(列至角分)

项目／应税消费品名称	适用税率		销售数量	销售额	应纳税额
	定额税率	比例税率			
粮食白酒	0.5 元/斤	20%			
薯类白酒	0.5 元/斤	20%			
啤酒	250 元/吨	—			
啤酒	220 元/吨	—			
黄酒	240 元/吨				
其他酒	—	10%			
合计		—			

本期准予扣除税额：	声明
本期减(免)税额：	此纳税申报表是根据国家税收法律的规定填报的，我确定它是真实的、可靠的、完整的。
期初未缴税额：	
本期缴纳前期应纳税额：	经办人(签章)：略 财务负责人(签章)：略 联系电话：略
本期预缴税额：	
本期应补(退)税额：	(如果你已委托代理人申报，请填写) 授权声明
期末未缴税额：	为代理一切税务事宜，现授权(地址)_____为本纳税人的代理申报人，任何与本申报表有关的往来文件，都可寄予此人。 授权人签章：

以下由税务机关填写

受理人(签章)：   受理日期： 年 月 日   受理税务机关(章)：

表 3-7 成品油消费税纳税申报表

税款所属期： 年 月 日至 年 月 日

纳税人名称(公章)：

纳税人识别号： ☐☐☐☐☐☐☐☐☐☐☐☐☐☐☐☐☐☐

填表日期： 2017 年 2 月 7 日

计量单位：升

金额单位：元(列至角分)

项目 应税 消费品名称	适用税率 (元/升)	销售数量	销售额	应纳税额
汽油	1.52			
石脑油	1.52			
溶剂油	1.52			
润滑油	1.52			
柴油	1.2			
航空煤油	1.2			
燃料油	1.2			
合计	—		—	—

	声明
本期准予抵减税额：	
本期减(免)税额：	此纳税申报表是根据国家税收法律的规定填报的，我确定它是真实的、可靠的、完整的。
期初未缴税额：	
本期缴纳前期应纳税额：	经办人(签章)： 略 财务负责人(签章)：略 联系电话：略
本期预缴税额：	(如果你已委托代理人申报，请填写) 授权声明
本期应补(退)税额：	为代理一切税务事宜，现授权_____ _____(地址)_____为
期末未缴税额：	本纳税人的代理申报人，任何与本申报表有关的往来文件，都可寄予此人。 授权人签章：

以下由税务机关填写

受理人(签章)： 受理日期： 年 月 日 受理税务机关(章)：

表 3-8 小汽车消费税纳税申报表

税款所属期：　年　月　日至　年　月　日

纳税人名称(公章)：

纳税人识别号：

□□□□□□□□□□□□□□□□□□

填表日期：　年　月　日　　　　　　　　　　　　　　　　单位：辆、元(列至角分)

项目 应税 消费品名称		适用税率	销售数量	销售额	应纳税额
乘用车	气缸容量≤1.0升	1%			
	1.0升＜气缸容量≤1.5升	3%			
	1.5升＜气缸容量≤2.0升	5%			
	2.0升＜气缸容量≤2.5升	9%			
	2.5升＜气缸容量≤3.0升	12%			
	3.0升＜气缸容量≤4.0升	25%			
	气缸容量＞4.0升	40%			
中轻型商用客车		5%			
合计		—	—	—	

	声明
本期准予抵减税额：	
本期减(免)税额：	此纳税申报表是根据国家税收法律的规定填报的，我确定它是真实的、可靠的、完整的。
期初未缴税额：	
本期缴纳前期应纳税额：	经办人(签章)：　略 财务负责人(签章)：略 联系电话：略
本期预缴税额：	(如果你已委托代理人申报，请填写)
本期应补(退)税额：	授权声明 为代理一切税务事宜，现授权_____ _____(地址)_____为
期末未缴税额：	本纳税人的代理申报人，任何与本申报表有关的往来文件，都可寄予此人。 授权人签章：

以下由税务机关填写

受理人(签章)：　　　　　受理日期：　年　月　日　　　　　受理税务机关(章)：

表 3-9 电池消费税纳税申报表

税款所属期： 年 月 日至 年 月 日

纳税人识别号：☐☐☐☐☐☐☐☐☐☐☐☐☐☐☐☐☐☐

纳税人名称(公章)：

填表日期： 年 月 日

计量单位：只 金额单位：元(列至角分)

项目　应税消费品名称	适用税率	销售数量	销售额	应纳税额
电池(不含铅蓄电池)	4%			
铅蓄电池	4%			
合计	—	—	—	

	声明
本期准予抵减税额：	此纳税申报表是根据国家税收法律的规定填报的，我确定它是真实的、可靠的、完整的。
本期减(免)税额：	
期初未缴税额：	经办人(签章)： 略 财务负责人(签章)：略 联系电话：略
本期缴纳前期应纳税额：	
本期预缴税额：	(如果你已委托代理人申报，请填写) 授权声明
本期应补(退)税额：	为代理一切税务事宜，现授权＿＿＿＿＿＿＿＿ ＿＿＿＿＿＿(地址)＿＿＿＿＿＿＿为
期末未缴税额：	本纳税人的代理申报人，任何与本申报表有关的往来文件，都可寄予此人。 授权人签章：

以下由税务机关填写

受理人(签章)： 受理日期： 年 月 日 受理税务机关(章)：

表 3-10 涂料消费税纳税申报表

税款所属期： 年 月 日至 年 月 日

纳税人名称(公章)：

纳税人识别号：

填表日期： 年 月 日　　　　　　计量单位：吨　　　　　　金额单位：元(列至角分)

项目 应税 消费品名称	适用税率	销售数量	销售额	应纳税额
涂料	4%			
合计	—	—	—	

	声明
本期准予抵减税额：	此纳税申报表是根据国家税收法律的规定填报的，我确定它是真实的、可靠的、完整的。
本期减(免)税额：	
期初未缴税额：	经办人(签章)： 略 财务负责人(签章)：略 联系电话：略
本期缴纳前期应纳税额：	
本期预缴税额：	(如果你已委托代理人申报，请填写) 授权声明
本期应补(退)税额：	为代理一切税务事宜，现授权_____ _____(地址)_____为 本纳税人的代理申报人，任何与本申报表有关的往来文件，都可寄予此人。
期末未缴税额：	授权人签章：

以下由税务机关填写

受理人(签章)：　　　　　受理日期： 年 月 日　　受理税务机关(章)：

表 3-11 其他应税消费品消费税纳税申报表

税款所属期： 年 月 日至 年 月 日

纳税人名称(公章)：

纳税人识别号：

填表日期： 年 月 日

金额单位：元(列至角分)

项目 应税 消费品名称	适用税率	销售数量	销售额	应纳税额
合计	—	—	—	

本期准予抵减税额：	声明
本期减(免)税额：	
期初未缴税额：	此纳税申报表是根据国家税收法律的规定填报的，我确定它是真实的、可靠的、完整的。
本期缴纳前期应纳税额：	经办人(签章)： 略 财务负责人(签章)：略 联系电话：略 (如果你已委托代理人申报，请填写) 授权声明 为代理一切税务事宜，现授权_____ _____(地址)_____为本纳税人的代理申报人，任何与本申报表有关的往来文件，都可寄予此人。 授权人签章：
本期预缴税额：	
本期应补(退)税额：	
期末未缴税额：	

以下由税务机关填写

受理人(签章)： 受理日期： 年 月 日 受理税务机关(章)：

综合练习题

一、单选题

1. 下列不需要缴纳消费税的是( )。
A. 汽车制造厂生产销售小汽车
B. 化妆品厂用于广告使用的高档化妆品
C. 卷烟批发企业销售卷烟
D. 首饰厂销售给金银首饰商店的金银首饰

2. 下列各项中，应同时征收增值税和消费税的是( )。
A. 零售环节销售的卷烟
B. 零售环节销售的金银首饰
C. 生产环节销售的普通护肤护发品
D. 生产环节销售的金银首饰

3. 纳税人用自产应税消费品连续生产非应税消费品会计处理为( )。
A. 借：生产成本
　　贷：原材料
　　　　应交税费——应交消费税
B. 借：在建工程
　　　贷：原材料
　　　　　应交税费——应交消费税
C. 借：生产成本
　　　贷：原材料
D. 借：其他业务成本
　　　贷：库存商品

4. 某啤酒厂销售 B 型啤酒 10 吨给某商业企业，开具专用发票注明价款 42 760 元，收取包装物押金 1 500 元，则该啤酒厂应缴纳的消费税是( )元。
A. 2 500　　　　B. 2 600　　　　C. 2 200　　　D. 2 400

5. 甲筷子生产企业 2017 年 5 月份委托乙筷子企业生产木制一次性筷子，支付加工费 7 950 元(不含税)。已知甲筷子生产企业提供原材料的成本为 50 000 元，乙筷子企业无同品销售价格。木制一次性筷子适用的消费税税率为 5%。那么，该批木制一次性筷子的消费税组成计税价格是( )。
A. 51 000　　　　B. 61 000　　　　C. 71 000　　　D. 77 000

二、多选题

1. "税金及附加"科目核算企业经营活动发生的( )等相关税费。

A. 消费税　　　　B. 增值税　　　　C. 资源税　　　D. 城市维护建设税

2. 某烟厂受托加工一批烟丝,该烟厂在向委托方交货时应向委托方收取(　　)。

A. 加工费　　　　　　　　　B. 增值税税款

C. 代收代缴消费税税款　　　D. 代垫辅助材料成本

3. 根据消费税法律制度的规定,下列各项中,应按纳税人同类应税消费品的最高销售价格作为计税依据计征消费税的有(　　)。

A. 用于抵债的应税消费品

B. 用于投资的应税消费品

C. 用于换取生产资料的应税消费品

D. 用于换取消费资料的应税消费品

4. 下列各项中,属于消费税征收范围的是(　　)。

A. 汽车销售公司销售小轿车

B. 金银饰品厂批发自产的金银首饰

C. 日化公司销售自产的高档化妆品

D. 卷烟厂销售自产的烟丝

5. 某化妆品厂生产的高档化妆品,用于(　　)时应征收消费税。

A. 赠送客户

B. 本企业职工运动会奖品

C. 生产其他系列高档化妆品

D. 电视广告的样品

三、计算与核算题

1. 某酒厂本月销售白酒 200 箱,每箱净重 20 千克,共取得不含税销售额 42 000 元,另收取包装物押金 1 170 元,押金单独记账。计算该酒厂本月应缴纳的消费税。

2. 某日化厂向 B 商场销售高档化妆品一批,价税款合计为 292 500 元,所用包装物单独计价出售,价税款合计为 14 040 元。计算该日化厂应纳的消费税并进行相关业务的会计处理。

3. 美丽丝日化厂将自产的一批高档化妆品用作职工福利,该批高档化妆品的不含税售价为 80 000 元,成本为 50 000 元。计算该日化厂应缴纳的消费税并进行会计处理。

4. A 卷烟厂委托 B 卷烟厂加工烟丝一批,A 卷烟厂发出的材料成本为 70 000 元,支付加工费 14 000 元,增值税 2 380 元,B 卷烟厂无同类烟丝的销售价格。A 卷烟厂将烟丝收回后对外销售,取得不含税销售额 150 000 元。计算 A 卷烟厂应缴纳的消费税并进行相关业务的会计处理。

第四章

企业关税实务与
出口退(免)税实务

导言

早在古罗马、古希腊时代就已开征了关税。关税是伴随着国家之间的贸易而产生，并随着贸易的发展而发展。关税是由设在边境、沿海口岸或国家指定的其他水、陆、空国际交往通道的海关机关，按照国家规定对进出关境(或国境)的货物和物品征收的一种税。由于大国之间的贸易摩擦在所难免，关税已经成为贸易壁垒战的一种很有效的武器。作为一名会计人员，有必要熟悉关税知识，掌握关税的基本操作技能。

能力目标

(1) 能根据有关规定计算进出口商品应纳的关税税额；

(2) 会填制海关进出口关税专用缴款书；

(3) 能根据进出口业务进行关税的会计处理；

(4) 能用"免、抵、退"方法计算增值税应免、抵和应退的税款并会办理出口货物退(免)增值税工作；

(5) 能根据提供的业务资料基本会办理出口货物退(免)消费税工作；

(6) 能根据提供的出口业务进行增值税、消费税出口退税的计算和会计处理。

第一节　企业关税实务

工作实例

湖湘对外贸易有限公司，单位编号为4100147817。企业具有进出口经营权，2017年8月公司从美国进口工业皮革 10 吨，进口货物许可证号为 3321588106，批准文号为080082316，进口工业皮革的 FOB 价格为每吨5 000美元，运费6 000美元，保险费率3‰，运输方式为江海运输，运输工具名称为BUEKCY110/452。15 日，货物到达我国长沙口岸，提货单号为 KHCLB238265，单位报关员兼办税会计员持相关材料到海关进行报关，海关编号为 054861842，进口工业皮革的关税税率为 14%，外汇牌价为 1 美元 = 6.82 元人民币。

请完成以下任务：

(1) 准确计算进口货物应纳的关税和增值税，并进行相应会计处理；

(2) 及时、正确地办理海关报关，准确填报进口商品关税专用缴款书。

湖湘对外贸易有限公司进口工业皮革应纳的关税和增值税计算及会计处理如下：

$$完税价格 = (50\,000 + 6\,000) \times 6.82 \div (1 - 3‰) = 383\,069.21(元)$$

$$应纳关税额 = 383\,069.21 \times 14\% = 53\,629.69(元)$$

$$海关应代征增值税额 = (383\,069.21 + 53\,629.69) \times 17\% = 74\,238.81(元)$$

① 购进商品并计算应纳关税时，应作会计分录如下：

借：材料采购　　　　　　　　　　　　　　436 698.9

　　贷：应交税费——应交进口关税　　　　　　　53 629.69

　　　　银行存款　　　　　　　　　　　　　　383 069.21

② 实际缴纳税款时，应作会计分录如下：

借：应交税费——应交进口关税　　　　　　53 629.69

　　　　　　——应交增值税(进项税额)　　　74 238.81

　　贷：银行存款　　　　　　　　　　　　　127 868.5

③ 商品验收入库时，应作会计分录如下：

借：库存商品　　　　　　　　　　　　　　436 698.9

　　贷：材料采购　　　　　　　　　　　　　　436 698.9

湖湘对外贸易有限公司进口工业皮革填制的报关单(见表 4-1)、关税专用缴款书(见表 4-2)和增值税专用缴款书(见表 4-3)。

表 4-1　中华人民共和国海关进口货物报关单

预录入编号：×××××××　　　　　　　　　　　　海关编号：054861842

进口口岸：湖南	备案号		进口日期：2017.8.15	申报日期：2017.8.15
经营单位	运输方式 江海运输	运输工具名称 BUEKCY110/452		提运单号 KHCLB238265
收货单位 湖湘对外贸易有限公司	贸易方式 一般贸易	征免性质 一般征税		征税比例
许可证号 3321588106	起运国(地区)美国		装货港 美国	境内目的地 长沙
批准文号 080082316	成交方式 FOB	运费 USD6 000	保费 3‰	杂费
合同协议号	件数	包装种类 纸箱	毛重(千克)	净重(千克) 10 000
集装箱号	随附单据		用途	
标记号唛码及备注				

续表

项号	商品编号	商品名称	规格型号	数量及单位	原产国(地区)	单价	总价	币制	征免
		皮革		10 吨	美国	USD5000	50000	美元	照章征税

税费征收情况

兹申明以上申报无讹,并承担法律责任 录入员录入单位 004134567125 报关员:××× 单位地址:×××　　　　　　　盖章 邮编:×××　　　电话:×××　填报日期 2017.8.15	海关审单批注及放行日期(签章) 审单 2140 号　　　　审价 2140 号 征税　　　　　统计 　　　　　查验　　　　放行

表 4-2　海关进口关税专用缴款书(收据联)

收入系统:税务系统　　　　　　填发日期:2017 年 8 月 15 日　　　　　　NO.×××

收款单位	收入机关	中央金库			缴款单位(人)	名称	湖湘对外贸易公司	第一联:(收据)国库收款签章后缴款单位或缴款人
	科目	进口关税	预算级次	中央		账号	××××××	
	收缴国库	中国人民银行长沙支行				开户银行	××长沙分行	
税号	货物名称	数量	单位	完税单价(￥)	税率(%)	税款金额(￥)		
××	皮革	10	吨	383 069.21	14	53 629.69		
金额人名币(大写)伍万叁仟陆佰贰拾玖元陆角玖分					合计(￥)53 629.69			
申请单位编号	4100147817	报关单编号		054861842	填制单位	收缴国库(银行)		
合同(批文)号	080082316	运输工具号		BUEKCY110/452				
缴款日期	2017.8.31	提/装货单号		KHCLB238265	制单人: 复核人:	盖章		
备注	一般征税:照章征税 盖章 国际代码:××××××							

表 4-3　海关进口增值税专用缴款书(收据联)

收入系统：税务系统　　　　　　填发日期：2017 年 8 月 15 日　　　　　　　　　　NO.×××

收款单位	收入机关	中央金库			缴款单位(人)	名称	湖湘对外贸易公司	第一联：(收据)国库收款签章后缴款单位或缴款人
	科目	进口增值税	预算级次	中央		账号	××××××	
	收缴国库	中国人民银行长沙支行				开户银行	××长沙分行	
税号	货物名称	数量	单位	完税单价(¥)	税率(%)	税款金额(¥)		
××	皮革	10	吨	436 698.90	17	74 238.81		
金额人名币(大写)柒万肆仟贰佰叁拾捌元捌角壹分						合计(¥) 74 238.81		
申请单位编号	4100147817		报关单编号	054861842	填制单位	收缴国库(银行)		
合同(批文)号	080082316		运输工具号	BUEKCY110/452	制单人： 复核人：	盖章		
缴款日期	2017.8.31		提/装货单号	KHCLB238265				
备注	一般征税：照章征税 盖章 国际代码：××××××							

★ **行家提示：**

(1) 关税作为独特的税种，除了具有一般税收的特点以外，还具有以下特点。

① 征收的对象是进出境的货物和物品。在境内和境外流通的货物，不进出关境的不征关税，即货物和物品只有在进出关境时，才会被征收关税。

② 关税是单一环节的价外税，由海关代国家征收。关税的完税价格中不包括关税，即在征收关税时，是以实际成交价格为计税依据，关税不包括在内。

③ 关税有较强的涉外性。关税只对进出关境的货物和物品征税，因此，关税税则的制定、税率的高低，会直接影响国际贸易的开展。关税政策、关税措施也往往和经济政策、外交政策紧密相关，具有较强的涉外性。

(2) 关税与增值税、消费税均属于对商品的征税，都是流转税，其区别在于：增值税和消费税是对国内生产或消费的商品的征税，而关税是对进出国境或关境的商品的征税。从这个意义上来说，增值税和消费税是国内商品税，关税可以称作进口商品税。

一、关税基本法律内容

1. 关税概念与类型

关税是由海关对进出国境或关境的货物和物品征收的一种流转税。货物是贸易性商品，其纳税人是经营进出口货物的收、发货人；物品是指入境旅客随身携带的行李物品、个人邮递物品、运输工具服务人员携带的自用物品，以及以其他方式进境的个人物品，其纳税人是物品的持有人、所有人或收件人。

国境是一个国家以边界为界限，全面行使主权的境域，包括领土、领海和领空。关境是一个国家关税法令完全施行的境域。一般情况下，一个国家的国境与关境是一致的，但当一个国家在国境内设立自由贸易港、自由贸易区、保税区、保税仓库时，关境就小于国境；当几个国家结成关税同盟，成员国之间相互取消关税，对外实行共同的关税税则时，就其成员国而言，关境就大于国境。

关税税额的计算公式为：应纳关税额 = 关税完税价格 × 关税税率

2. 关税的完税价格

关税完税价格是海关计征关税所使用的计税价格，是海关以进出口货物的实际成交价格为基础审定的完税价格。实际成交价格是一般贸易项下进口或出口货物的买方为购买该项货物向卖方实际支付或应当支付的价格。实际成交价格不能确定时，完税价格由海关依法估定。纳税人向海关申报的价格不一定等于完税价格，只有经海关审核并接受的申报价格才能作为完税价格。我国海关现在依据 2002 年 1 月 1 日起实施的《中华人民共和国海关审定进出口货物完税价格办法》来审定进出口货物的完税价格。

1) 进口货物完税价格的确定

(1) 一般进口货物完税价格的确定。进口货物以海关审定的成交价格为基础的到岸价格为完税价格。到岸价格包括货价及货物运抵我国境内输入地点起卸前的运费、包装费、保险费和其他劳务费。"我国境内输入地"是指入境海关地，包括内陆河、江口岸，一般为第一口岸。"成交价格"是指买方为购买该货物，并按有关规定调整后的实付或应付价格，即买方为购买进口货物直接或间接支付的总额。确定一般进口货物完税价格时需要注意以下两点。

第一，下列费用或价值未包含在进口货物的成交价格中，应一并计入完税价格。

① 特许权使用费，但与进口货物无关或者不构成进口货物向境内销售要件的不计入完税价格；

② 除购货佣金以外的佣金和经纪费，如卖方佣金；

③ 货物运抵我国关境内输入地点起卸前由买方支付的包装费、运费、保险费和其他劳务；

④ 由买方负担的与进口货物视为一体的容器费用；

⑤ 由买方负担的包装材料和包装劳务的费用；

⑥ 卖方直接或间接从买方对该货物进口后转售(含处置和使用)所得中获得的收益。

第二，下列费用，如在货物的成交价格中单独列明的，应从完税价格中扣除。

① 物运抵境内输入地点之后的运输费用、保险费用和其他相关费用；

② 作业设施、机械设备类货物进口后发生的基建、安装、调试、技术指导等费用；

③ 进口关税及其他国内税收。

(2) 进口货物完税价格中的运费和保险费按下列规定确定。

① 海运进口货物应计算至该项货物运抵我国境内的卸货口岸；

② 陆运进口货物应计算至该货物抵运我国关境的第一口岸为止；若成交价格中所包括

的运、保、杂费计算至内地到达口岸的，关境的第一口岸至内地一段的运、保、杂费，不予扣除；

③ 空运进口货物应计算至进入境内的第一口岸；若成交价格为进入关境的第一个口岸外的其他口岸，则应计算至目的地口岸。

进口货物的运费应当按照实际支付的费用计算。如果进口货物的运费无法确定或未实际发生，海关应按该货物进口同期运输行业公布的运费率(额)计算运费；按照"货价加运费"总额的 0.3% 计算保险费。

(3) 进口货物完税价格的估定。进口货物的成交价格经海关审查未能确定的，应当依次以下列价格为基础，估定完税价格。

① 相同货物成交价格法。即以从该进口货物的同一出口国(地区)购进的相同货物的成交价格作为该被估货物完税价格的依据；

② 类似货物成交价格法。即以从该进口货物的同一出口国(地区)购进的类似货物的成交价格作为该被估货物完税价格的依据；

③ 国际市场价格法。即以该进口货物的相同或类似货物在国家市场上公开的成交价格为该进口货物的完税价格依据；

④ 国内市场价格倒扣法。即以该进口货物的相同或类似货物在国内市场的批发价格，减去进口关税和进口环节其他税费以及进口后的正常运输、储存、经营费用及利润后的价格。

⑤ 其他合理方法。如果按上述几种方法顺序估价仍不能确定其完税价格，则可由海关按照规定的估价原则，采用其他合理方法估定完税价格。

(4) 特殊进口货物完税价格的确定。

第一类情形，运往境外加工的货物。运往境外加工的货物，出境时向海关报明，并在海关规定期限内复运进境的，按下列顺序确定其完税价格。

① 以加工后货物进境时的到岸价格与原出境货物相同或类似货物在进境时的到岸价格的差额作为完税价格；

② 若无法得到原出境货物在进境时的到岸价格，可用原出境货物申报出境时的离岸价格替代；

③ 上述方法均不能确定的，可用该出境货物在境外加工时支付的工缴费，加上运抵我国关境输入地点起卸前的包装费、运费、保险费和其他劳务费等一切费用作为完税价格。

第二类情形，运往境外修理的货物。运往境外修理的机械器具、运输工具或其他货物，出境时已向海关报明，并在海关规定期限内复运进境的，按海关审定的境外修理费和料件费作为完税价格。

第三类情形，以租赁和租借方式进口的货物。租赁和租借方式进境的货物，以海关审查确定进境货物的租金作为完税价格。如果租赁进境的货物是一次性支付租金，则以海关审定进口货物的成交价格作为完税价格。

第四类情形，暂时进境货物。经海关批准的暂时进境的货物，应按照一般进口货物估价办法的规定，估定完税价格。

第五类情形，留购的进口货样等货物。国内单位留购的进口货样、展览品及广告陈列品，以海关审定的留购价格为完税价格。

2) 出口货物完税价格的确定

(1) 以成交价格为基础的完税价格。出口货物的完税价格，由海关以该货物向境外销售的成交价格以及该货物运至我国境内输出地点装卸前的运输及相关费用、保险费为基础审定，但不包括出口关税税额。

出口货物的成交价格是指该货物出口销售到我国境外时，买方向卖方实付或应付的价格。但在计算完税价格时下列费用应予扣除。

① 成交价格中含有支付给国外的佣金，与货物成交价格分列的，应予扣除；未单独列明的，则不予扣除；

② 出口货物的销售价格如果包括离境口岸至境外口岸之间的运输、保险费的，该运费、保险费应予扣除。

出口货物完税价格计算公式为

$$完税价格 = 离岸价格 \div (1 + 出口关税税率)$$

(2) 由海关估定的完税价格。出口货物的发货人或其代理人应如实向海关申报出口货物售予境外的价格。当出口货物的成交价格不能确定时，完税价格由海关依次按下列方法予以估定。

① 同时或大约同时向同一国家或地区销售出口的相同货物的成交价格；

② 同时或大约同时向同一国家或地区销售出口的类似货物的成交价格；

③ 根据境内生产相同或类似货物的成本、储运和保险费用、利润及其他杂费计算所得的价格；

④ 按照其他合理方法估定的价格。

3. 关税税率的确定

我国《进出口关税条例》规定，进出口货物应当依照税则规定的归类原则归入合适的税号，确定适用的税率。

关税税率是整个关税制度的核心要素。目前我国的关税税率主要有以下几种。

1) 进口货物税率

改革开放后，我国多次降低进口关税税率。从 1992 年年初的 44.4%，(简单算术平均，后同)至 1996 年年初的 23%；1997 年 10 月 1 日起，平均关税税率为 17%；2001 年 12 月 11 日起我国已经正式成为世界贸易组织成员，2001 年平均关税税率为 15.3%；按 2002 年的新税则，我国的平均关税在 2002 年已降至 12.7%；2006 年，我国的平均关税税率为 9.9%；2007 年，我国的平均关税税率为 9.8%。

国家对进口关税设置最惠国税率、协定税率、特惠税率、普通税率、暂定税率、关税配额税率等形式的税率，对进口货物在一定期限内可以实行暂定税率。

(1) 最惠国税率：适用原产于与我国共同适用最惠国待遇条款的世界贸易组织成员国或地区的进口货物；或原产于与我国签订有相互给予最惠国待遇条款的双边贸易协定的国家或地区的进口货物；以及原产于我国境内的进口货物。

(2) 协定税率：适用原产于我国参加的含有关税收优惠条款的区域性贸易协定的有关缔约方的进口货物。

(3) 特惠税率：适用原产于与我国签订有特殊优惠关税协定的国家或地区的进口货物。

(4) 普通税率：适用原产于上述国家或地区以外的国家或地区的进口货物。

(5) 暂定税率：它是对某些税号中的部分货物在适用最惠国税率的前提下，通过法律程序暂时实施的进口税率，具有非全税目的特点，低于最惠国税率。

适用最惠国税率的进口货物有暂定税率的，应当适用暂定税率；适用协定税率、特惠税率的进口货物有暂定税率的，应当从低适用税率；适用普通税率的进口货物，不适用暂定税率。

(6) 配额税率：配额内关税是对一部分实行关税配额的货物，按低于配额外税率的进口税率征收的关税。按照国家规定实行关税配额管理的进口货物，关税配额内的，适用关税配额税率；关税配额额外的，其适用的税率按照上述的规定执行。

2) 出口货物税率

出口货物税率没有普通税率和优惠税率之分。为鼓励国内企业出口创汇，同时控制一些商品的盲目出口，我国对绝大部分出口货物不征收出口关税，只对少数产品征收出口关税。目前主要是对鳗鱼苗、部分有色金属矿砂及其精矿、生锑、磷、氟钽酸钾、苯、山羊板皮、部分铁合金、钢铁废碎料、铜和铝原料及其制品，以及镍锭、锌锭、锑锭等30多种商品征收出口关税。对出口货物也可在一定期限内实行暂定税率，适用出口税率的出口货物有暂定税率的，应当适用暂定税率。上述范围内有20多种商品实行0%～20%暂定税率，10多种商品为零关税。事实上我国真正征收出口关税的商品只有近20种，其税率都很低。

3) 特别关税

特别关税包括报复性关税、反倾销税与反补贴税、保障性关税。征收特别关税的货物、适用国别、税率、期限和征收办法，由国务院关税税则委员会决定，海关总署负责实施。

(1) 报复性关税。报复性关税是指为报复他国对本国出口货物的关税歧视，而对相关国家的进口货物征收的一种进口附加税。任何国家或地区对其进口的原产于我国的货物征收歧视性关税或者给予其他歧视性待遇的，我国对原产于该国家或者地区的进口货物征收报复性关税。

(2) 反倾销税与反补贴税。反倾销税与反补贴税是指进口国海关对外国的倾销商品，在征收关税额的同时附加的一种特别关税，其目的在于抵消他国补贴。倾销是指正常贸易过程中以低于正常价值的出口价格，大量输出商品到另一国家或地区市场的行为，是一种不公平的贸易做法；补贴是出口国(或地区)政府或者其任何公共机构提供的并为接受者带来利益的财政资助以及任何形式的对收入或者价格的支持，是一种比较隐蔽的降低经营成本的措施。

(3) 保障性关税。当某类商品进口量剧增，对我国相关产业带来巨大威胁或者损害时，可按有关法规规定，采取保障措施，征收保障性关税。任何国家或地区对我国出口成品采取歧视性保障措施的，我国可以根据实际情况对该国或地区采取相应的税收措施。

4. 关税优惠政策

关税减免是对某些纳税人和征收对象给予鼓励和照顾的一种特殊调节手段。关税减免是贯彻国家关税政策的一项重要措施，其权属于中央，未经中央许可，各地海关不得擅自决定减免。关税减免主要有以下三种。

(1) 法定减免。法定减免是税法中明确列出的减税或免税。符合税法规定可予减免税的进出口货物，纳税人无须提出申请，海关可按规定直接予以减免税。《海关法》和《进出口条例》明确规定下列货物、物品予以减免税。

① 下列货物经海关审核无误，可以免税。关税额在人民币 50 元以下的一票货物；无商业价值的广告品和货样；外国政府、国际组织无偿赠送的物资；进出境运输工具装载的途中必需的燃料、物料和饮用品。

② 有下列情形之一的进口货物，海关可以酌情减免。在境外运输途中或起卸时，遭受损坏或者损失的；起卸后海关放行前，因不可抗力遭受损坏或损失的；海关查验已经破漏、损坏或腐烂，经证明不是保管不慎造成的。

③ 为境外厂商加工、装配成品和为制造外销产品而进口原材料、辅料、零件部件、配套件和包装物者，海关按照实际加工出口的成品数量，免征进口关税；或对进口料件先征进口关税，再按照实际加工出口的成品数量予以退税。

④ 经海关核准暂进境或暂出境并在 6 个月内复运出境或复运进境的特定货物，若货物收发货人向海关缴纳相当于税款的保证金或提供担保者，准予暂时免纳关税。

⑤ 我国缔结或者参加的国际条约所规定减征、免征关税的货物、物品。

(2) 特定减免。特定减免是指关税基本法规确定的法定减免以外的，由国务院授权机关颁布的法规、规章特别规定的减免。特定减免税货物一般有地区、企业和用途的限制，如科教用品、残疾人专用品、扶贫、慈善性捐赠物资、加工贸易产品、边境贸易进口物资、保税区进出口货物、出口加工区进出口货物等。

(3) 临时减免。临时减免是指法定减免和特定减免范围以外的其他减免税，即由国务院根据《海关法》对某个单位、某类商品、某个项目或者某批进出口货物的特殊情况，给予特别照顾，一案一批，专文下达的减免税。一般有单位、品种、期限、金额或数量等限制，不能比照执行。

5. 关税的强制执行

根据《海关法》规定，纳税人或其代理人应当在海关规定的缴款期限内缴纳税款，逾期未缴的即构成关税滞纳。为保证海关决定的有效执行和国家财政收入的及时入库，《海关法》赋予海关对滞纳关税的纳税人强制执行的权力。强制措施主要有两类。

(1) 征收滞纳金，滞纳金自关税缴纳期限届满滞纳之日起，至纳税人缴纳关税之日止，按滞纳税款 0.05% 的比例按日征收，周末或法定节假日不予扣除。计算公式：

$$关税滞纳金金额 = 滞纳关税税额 \times 0.05\% \times 滞纳天数$$

(2) 强制征收，纳税人自海关填发缴款书之日起 3 个月仍未缴纳税款的，经海关关长批准，海关可以采取强制措施扣缴。强制措施主要有强制扣缴和变价抵扣两种。

① 强制扣缴。强制扣缴是指海关依法自行或向人民法院申请采取从纳税人的开户银行或者其他金融机构的存款中将相当于纳税人应纳税款的款项强制划拨入国家金库的措施。即书面通知其开户银行或者其他金融机构从其存款中扣缴税款。

② 变价抵扣。变价抵扣是指如果纳税人的银行账户中没有存款或存款不足以强制扣缴时，海关可以将未放行的应税货物依法变卖，以销售货物所得价款抵缴应缴税款。如果该货物已经放行，海关可以将该纳税人的其他价值相当于应纳税款的货物或其他财产依法变卖，以变卖所得价款抵缴应缴纳款。

强制扣缴和变价抵扣的税款含纳税人未缴纳的税款滞纳金。

6. 关税的退还

关税的退还是关税纳税人缴纳税款后，因某种原因的出现，海关将实际征收多于应当征收的税款退还给原纳税人的一种行政行为。根据《海关法》规定，海关多征的税款，海关发现后应当立即退还。

按规定，有下列情形之一的，纳税人可以自缴纳税款之日起 1 年内，书面声明理由，连同原纳税收据向海关申请退还税款并加算银行同期活期存款利息，逾期不予受理。

(1) 因海关误证，多纳税款的。

(2) 海关核准免验进口的货物，在完税后发现有短缺情况，经海关审查认可的。

(3) 已征出口关税的货物，因故未装运出口，申报退关，经海关查明属实的。

对已征出口关税的出口货物和已征进口关税的进口货物，因货物品种或规格原因(非其他原因)原状复运进境或出境的，经海关查验属实的，也应退还已征关税，海关应当在受理退税申请之日起 30 日内作出书面答复并通知退税申请人。

7. 关税的补征和追征

关税的补征和追征是海关在纳税人按海关规定缴纳关税后，发现实际征收税额少于应当征收的税额时，责令纳税人补缴所差税款的一种行政行为。关税的补征是非因纳税人违反海关规定造成少征关税。根据《海关法》规定，进出境货物或物品放行后，海关发现少征或漏征税款，应当自缴纳税款或者货物、物品放行之日起 1 年内，向纳税人补征。

关税的追征是由于纳税人违反海关规定造成少征关税。因纳税人违反规定而造成的少征或者漏征的税款，自纳税人应缴纳税款之日起 3 年以内可以追征，并从缴纳税款之日起按日加收少征或者漏征税款 0.05% 的滞纳金。

8. 关税的纳税争议

为保护纳税人合法权益，我国《海关法》和《关税条例》都规定了，当纳税人对海关确定的进出口货物的征税、减税、补税或者退税等有异议时，有提出申诉的权利。在纳税义务人同海关发生纳税争议时，可以向海关申请复议，但同时应当在规定期限内按海关核定的税额缴纳关税，逾期则构成滞纳，海关有权按规定采取强制执行措施。

纳税争议的内容一般为进出境货物或物品的纳税人对海关在原产地认定、税则归类、税率或汇率适用、完税价格确定、关税减征、免征、追征、补征和退还等征税行为是否合法或适当，是否侵害了纳税义务人的合法权益，而对海关征收关税的行为表示异议。

纳税争议的申诉程序是，纳税义务人自海关填发税款缴款书之日起 30 日内，向原征税海关的上一级海关书面申请复议。对逾期申请复议的，海关不予受理。海关应当自收到复议申请之日起 60 日内作出复议决定，并以复议决定书的形式正式答复纳税人。纳税人对海关复议决定仍然不服的，可以自收到复议决定书之日起 15 日内，向人民法院提起诉讼。

二、关税税额计算

1. 进口货物应纳关税

1) 从价应纳税额的计算

$$关税税额 = 应税进口货物数量 \times 单位完税价格 \times 税率$$

具体分以下几种情况。

(1) 以我国口岸到岸价格(CIF)成交的，或者和我国毗邻的国家以两国共同边境地点交货价格成交的进口货物，其成交价格即为完税价格。应纳关税计算公式为：

$$应纳进口关税额 = CIF \times 关税税率$$

例 4-1 某进出口公司 2017 年 10 月从美国进口一批甲醛，到岸价格为 CIF 北京 USD400 000 元，另外在货物成交过程中，公司向卖方支付佣金 USD20 000 元，已知当时外汇牌价为 USD100 = ￥710，甲醛进口关税税率为 15%。计算该公司进口该批货物应纳的关税。

解析：

该批甲醛的完税价格包括到岸价格和支付给卖方的佣金，则

$$完税价格 = (400\ 000 + 20\ 000) \times 7.1 = 2\ 982\ 000(元)$$
$$应纳关税额 = 2\ 982\ 000 \times 15\% = 447\ 300(元)$$

(2) 以国外口岸离岸价格(FOB)或国外口岸到岸价格成交的，应另加从发货口岸或国外交货口岸运到我国口岸以前的运杂费和保险费作为完税价格。应纳关税的计算公式为：

$$应纳进口关税额 = (FOB + 运杂费 + 保险费) \times 关税税率$$

在国外口岸成交情况下，完税价格中包括的运杂费、保险费，原则上应按实际支付的金额计算，若无法得到实际支付金额，也可按外贸系统海运进口运杂费率或按协商规定的固定运杂费率计算运杂费，保险费按中国人民保险公司的保险费率计算。应纳关税的计算公式：

$$应纳税额 = (FOB + 运杂费) \div (1 - 保险费率) \times 关税税率$$

例 4-2 某公司 7 月从美国进口一批货物，按境外边境口岸价格支付 180 万元人民币，铁路运费 6 万元人民币，保险费率 3‰，货物到达我国某口岸，已知进口货物关税税率为 20%，计算这批进口商品的关税。

解析：

$$完税价格 = (1\ 800\ 000 + 60\ 000) \div (1 - 3‰) = 1\ 865\ 596.79(元)$$
$$应纳关税额 = 1\ 865\ 596.79 \times 20\% = 373\ 119.36(元)$$

(3) 以国外口岸离岸价格加运费(即 CFR 价格)成交的，应另加保险费作为完税价格。应纳关税的计算公式为：

$$应纳进口关税额 = (CFR + 保险费) \times 关税税率 = CFR \div (1 - 保险费率) \times 关税税率$$

例 4-3 某企业从香港进口原产地为韩国的设备 3 台，该设备的总成交价格为 CFR 上海港 HKD180 000，保险费率 3‰，设备进口关税税率为 10%，当日外汇牌价 HKD100 ￥107，计算其应纳的关税。

解析：

$$完税价格 = 180\ 000 \times 1.07 \div (1 - 3‰) = 193\ 179.54(元)$$
$$应纳关税额 = 193\ 179.54 \times 10\% = 19\ 317.95(元)$$

(4) 特殊进口商品关税计算。特殊进口货物种类繁多，需在确定完税价格基础上，再计算应纳关税。计算公式为：

$$应纳税额 = 特殊进口货物完税价格 \times 关税税率$$

例 4-4 某公司 2017 年以 100 万元的价格进口一台设备。2018 年 2 月因出现故障运往美国修理，出境时已向海关报明。同年 5 月按海关规定期限复运进境，此时，该仪器的国

际市场价为 150 万元。若经海关审定的修理费和料件费为 40 万元，进口关税税率为 5%。计算该设备复运进境时应纳的进口关税税额。

解析：

根据规定，运往境外修理的设备，出境时已向海关报明，并在海关规定期限内复运进境的，按海关审定的境外修理费和料件费作为完税价格，故：

$$应纳关税税额 = 40 \times 5\% = 2(万元)$$

2) 从量应纳税额的计算

$$关税税额 = 应税进口货物数量 \times 单位货物税额$$

3) 复合税应纳税额的计算

我国目前实行的复合税都是先计征从量税，再计征从价税。

$$关税税额 = 应税进口货物数量 \times 单位货物税额 + 应税进口货物数量 \times 单位完税价格 \times 税率$$

4) 滑准税应纳税额的计算

$$关税税额 = 应税进口货物数量 \times 单位完税价格 \times 滑准税税率$$

2. 出口货物应纳关税

1) 从价应纳税额的计算

$$关税税额 = 应税出口货物数量 \times 单位完税价格 \times 税率$$

具体分以下几种情况。

(1) 以我国口岸离岸价格(FOB)成交的出口关税计算公式为：

$$应纳关税额 = FOB \div (1 + 关税税率) \times 关税税率$$

(2) 以国外口岸到岸价格(CIF)成交的出口关税计算公式为：

$$应纳关税额 = (CIF - 保险费 - 运费) \div (1 + 关税税率) \times 关税税率$$

(3) 以国外口岸价格加运费价格(CFR)成交的出口关税计算公式：

$$应纳关税额 = (CIF - 运费) \div (1 + 关税税率) \times 关税税率$$

例 4-5 某进出口公司出口产品一批，成交价格为 FOB 大连 USD193 800，其中含支付国外佣金率 2%，另外进口方还支付货物包装费 USD5 000，当日的外汇牌价为 USD100 = ¥710。关税税率为 10%，计算应纳出口关税。

解析：

FOB 价格内包含的支付国外的佣金应扣除，而买方在出口货物 FOB 价外另支付的包装费应计入完税价格。则：

$$不含佣金的 FOB 价格 = 193\,800 \div (1 + 2\%) = USD190\,000$$
$$完税价格 = (190\,000 + 5\,000) \div (1 + 10\%) = USD177\,272.73$$
$$应交出口关税 = 177\,272.73 \times 7.1 \times 10\% = 125\,863.64(元)$$

2) 从量应纳税额的计算

$$出口关税税额 = 应税出口货物数量 \times 单位货物税额$$

3) 复合税应纳税额的计算

我国目前实行的复合税都是先计征从量税，再计征从价税。

$$出口关税税额 = 应税出口货物数量 \times 单位货物税额 + 应税出口货物数量$$

$$\times 单位完税价格 \times 税率$$

4) 滑准税应纳税额的计算

$$出口关税税额 = 应税出口货物数量 \times 单位完税价格 \times 滑准税税率$$

★ **行家提示:**

出口关税的特别之处在于对外的报价是包含关税的,因为关税是价内税,所以对外的销售价包含了关税,因而在计算完税价格时要剔除关税。相反,进口时,进口的价格是不含关税的,所以不需要考虑剔除关税的问题。

三、货物报关与关税缴纳

1. 进出口货物报关

(1) 报关时间。进口货物的纳税人应当自运输工具申报进境之日起 14 日内,向货物的进境地海关申报,如实填写海关进口货物报关单,并提交进口货物的发票、装箱清单、进口货物提货单或运单、关税免税或免予查验的证明文件等。

出口货物的发货人除海关特准外,应当在装货的 24 小时以前,填报出口货物报关单,交验出口许可证和其他证件,申报出口由海关放行,否则货物不得离境出口。

(2) 报关应提交的相关材料。进出口货物时应当提交以下材料:① 进出口货物报关单;② 合同;③ 发票;④ 装箱清单;⑤ 载货清单(舱单);⑥ 提(运)单;⑦ 代理报关授权委托协议;⑧ 进出口许可证件;⑨ 海关要求的加工贸易手册(纸质或电子数据的)及其他进出口有关单证。

2. 关税的缴纳

根据纳税人的申请及进出口货物的具体情况,关税可以在关境地缴纳,也可以在主管地缴纳。关境地缴纳是指进出口货物在哪里通关,纳税人即在哪里缴纳关税,这是最常见的做法。主管地缴纳是指纳税人住址所在地海关监管其通关并征收关税,它只适用于集装箱运载的货物。

纳税人应当自海关填发税款缴款书之日起 15 日内,向指定银行缴纳税款。如果关税缴纳期限的最后 1 日是周末或法定节假日,则关税缴纳期限顺延至周末或法定节假日过后的第 1 个工作日。

关税纳税人因不可抗力或者在国家税收政策调整的情形下,不能按期缴纳的,经海关总署批准,可以延期缴纳税款,但最长不得超过 6 个月。

四、企业关税会计核算

企业发生进出口业务在支付和收取各种相关的款项时,必须取得原始凭证和结算凭证。进出口货物的各种原始凭证和结算凭证不仅是确定关税完税价格、计算应纳税额的依据,同时也是记账的原始依据。

有进出口货物的企业在核算关税时,应设置"应交税费"科目,并在该科目下设"应交进口关税""应交出口关税"两个明细科目,并分别对进、出口关税进行账务处理。企业发生进口关税时，借记"材料采购"科目，贷记"应交税费——应交进口关税"科目，进口当时直接支付关税的，也可不通过"应交税费"科目，直接贷记"银行存款"：发生出口货物应纳关税时，应借记"营业税金及附加"科目，贷记"应交税费——应交出口关税"科目；缴纳税金时，借记"应交税费——应交进口关税或出口关税"科目，货记"银行存款"科目。

需要强调的是：在实际工作中，由于企业经营进出口业务的形式和内容不同，具体会计核算方式有所区别。

1. 关税会计核算实务处理

1) 自营进出口关税的核算

自营进出口是指由有进出自营权的企业办理对外洽谈和签订进出口合同，执行合同办理运输、开证、付汇全过程，并自负进出口盈亏。

企业自营进口商品计算应纳关税时，借记"材料采购"等科目，贷记"应交税费——应交进口关税"，进口当时直接支付关税的，也可不通过"应交税费"科目；企业自营出口商品计算应纳关税额时，借记"营业税金及附加"等科目，贷记"应交税费——应交出口关税"。

以下根据例 4-5 的资料进行会计处理。

① 销售实现

$$取得款项 = (193\,800 + 5\,000) \times 7.1 = 1\,411\,480(元)$$

借：银行存款　　　　　　　　　　　　　1 411 480
　　贷：主营业务收入　　　　　　　　　　　　　　1 411 480
支付国外佣金和包装费
借：银行存款　　　　　　　　　　　　　(62 480)
　　贷：主营业务收入　　　　　　　　　　　　　　(62 480)

② 应交关税时：
借：营业税金及附加　　　　　　　　　　125 863.64
　　贷：应交税费——应交出口关税　　　　　　　　125 863.64

③ 缴纳关税时：
借：应交税费——应交出口关税　　　　　125 863.64
　　贷：银行存款　　　　　　　　　　　　　　　　125 863.64

2) 代理进出口关税的核算

代理进出口是外贸企业接受国内委托方的委托，办理对外洽谈和签订进出口合同，执行合同并办理运输、开证、付汇全过程的进出口业务。受托企业不负担进出口盈亏，只按规定收取一定比例的手续费，因此，受托企业进出口商品计算应纳关税时，借记"应收账款"等有关科目，贷记"应交税费——应交进(出)口关税"科目；代缴进出口关税时，借记"应交税费——应交进(出)口关税"科目，贷记"银行存款"科目；收到委托单位的税款时，借记"银行存款"科目，贷记"应收账款"科目。

例 4-6　某外贸公司受甲单位委托代理进口商品一批，成交价格为 FOB 纽约 USD10 000，另支付运费 USD500，包装费 USD200，保险费 USD300，代理手续费按 CIF 价的 2%收取，关税税率为 10%，外汇牌价为 USD100 = ￥710，甲单位已将款项 USD12 400 汇入外贸公司的存款账户。现该批商品运达，向甲单位办理结算。计算其应纳关税，并作相应会计处理。

解析：

(1) 关税税额的计算：

$$应纳关税额 = (10\ 000 + 500 + 200 + 300) \times 7.1 \times 10\% = 7\ 810(元)$$

$$代理手续费 = 11\ 000 \times 7.1 \times 2\% = 1\ 562(元)$$

(2) 外贸公司的有关会计处理：

① 收到甲单位划来货款时：

借：银行存款　　　　　　　　　　　　88 040

　　贷：应付账款——甲单位　　　　　　　　　　　88 040

② 对外付汇进口商品时：

借：应收账款——外商　　　　　　　　78 100

　　贷：银行存款　　　　　　　　　　　　　　　78 100

③ 计算并缴纳关税时：

借：应付账款——甲单位　　　　　　　7 810

　　贷：应交税费——应交进口关税　　　　　　　7 810

借：应交税费——应交进口关税　　　　7 810

　　贷：银行存款　　　　　　　　　　　　　　　7 810

④ 将进口商品交付甲单位并收取手续费时：

借：应付账款——甲单位　　　　　　　79 662

　　贷：其他业务收入(或主营业务收入)　　　　　1 562

　　　　应收账款——外商　　　　　　　　　　　78 100

(3) 将甲单位余款退回时：

借：应付账款——甲单位　　　　　　　　568

　　贷：银行存款　　　　　　　　　　　　　　　　568

例 4-7 某进出口公司代理乙企业出口商品一批，该商品的 FOB 价格折合人民币 300 000 元，出口关税税率 20%，手续费 12 800 元。计算其应纳关税额，并作相应会计处理。

解析：

(1) 计算并缴纳关税：

$$应纳税额 = 300\ 000 \div (1 + 20\%) \times 20\% = 50\ 000(元)$$

借：应收账款——乙企业　　　　　　　50 000

　　贷：应交税费——应交出口关税　　　　　　　50 000

借：应交税费——应交出口关税　　　　50 000

　　贷：银行存款　　　　　　　　　　　　　　　50 000

(2) 计算应收手续费时：

借：应收账款——乙企业　　　　　　　12 800

　　贷：其他业务收入(或主营业务收入)　　　　　12 800

(3) 收到乙企业支付的税款及手续费时：

借：银行存款　　　　　　　　　　　　62 800

贷：应收账款——乙企业 　　　　　　　　　62 800

五、企业进口货物增值税计算

对进口货物征税是依据国际惯例，根据现行《中华人民共和国增值税暂行条例》的规定，一切进口货物的单位和个人均应按规定缴纳增值税。

(1) 纳税人进口货物，按照组成计税价格和适用的税率计算应纳税额，不得抵扣任何税额，即在计算进口环节的应纳增值税税额时，不得抵扣发生在我国境外的各种税金。

应纳进口增值税计算公式为

应纳进口增值税额 = 组成计税价格 × 适用税率

(2) 进口货物增值税的组成计税价格中包括已纳关税税额，如果是应税消费品，还包括进口货物应纳的进口消费税，但不包括进口增值税。

(3) 进口货物的纳税义务发生时间为报关进口的当天。进口货物应当向报关地海关申报纳税。纳税人进口货物，应当自海关填发进口增值税专用缴纳书之日起 15 日内缴纳税款。

(4) 进口货物已纳税额的抵扣规定。符合抵扣条件的，凭借海关开具的进口增值税专用缴款书，可以从当期销项税额中抵扣。

例4-8 某进出口公司，2018 年 4 月进口一批货物(非应税消费品)，经海关审定的货物价款为 360 万，运抵我国关境内输入地点起卸前的包装费为 8 万元，运输费为 14 万元，保险费为 4 万元。已知：货物关税税率为 15%，增值税税率为 17%。货款全部以银行存款付清。计算一般纳税人进口货物应纳的关税额和应纳的增值税额，并作相应会计处理。

解析：

应纳关税税额 = (360 + 8 + 14 + 4) × 15% = 57.9(万元)

组成计税价格 = (386 + 57.9) = 443.9(万元)

应纳增值税税额 = 443.9 × 17% = 75.463(万元)

进口货物增值税的相关会计处理：

① 进口货物，支付货款时：

借：材料采购 　　　　　　　　　3 860 000
　　贷：银行存款 　　　　　　　　　　　　3 860 000

② 付关税时：

借：材料采购 　　　　　　　　　579 000
　　贷：银行存款 　　　　　　　　　　　　579 000

③ 向海关支付进口增值税时：

借：应交税费——应交增值税(进项税额) 　754 630
　　贷：银行存款 　　　　　　　　　　　　754 630

六、企业进口货物消费税计算

纳税人进口应税消费品，按照组成计税价格和规定的税率计算应纳税额，进口一般货物应纳税额的计算方法如下。

(1) 从价定率计征应纳税额的计算：

$$组成计税价格 = (关税完税价格 + 关税) \div (1 - 消费税比例税率)$$
$$应纳税额 = 组成计税价格 \times 消费税比例税率$$

公式中的"关税完税价格",是指海关核定的关税计税价格。

(2) 从量定额计征应纳税额的计算:

$$应纳税额 = 应税消费品数量 \times 消费税定额税率$$

(3) 从价定率和从量定额复合计税办法应纳税额的计算:

$$组成计税价格 = (关税完税价格 + 关税 + 进口数量 \times 消费税定额税率)$$
$$\div (1 - 消费税比例税率)$$

$$应纳税额 = (组成计税价格 \times 消费税比例税率 + 应税消费品数量 \times 消费税定额税率)$$

注意:进口环节消费税除国务院另有规定者外,一律不得给予减税、免税。

例 4-9 某外资企业 6 月进口一批汽车轮胎,海关核定关税完税价格为 600 万元。已知关税税率为 60%,消费税税率为 3%。计算该企业进口该批轮胎应纳的消费税。

解析:

$$组成计税价格 = (关税完税价格 + 关税) \div (1 - 消费税税率)$$
$$= (600 + 600 \times 60\%) \div (1 - 3\%) = 989.69(万元)$$
$$应纳消费税税额 = 组成计税价格 \times 适用税率 = 989.69 \times 3\% = 29.69(万元)$$

第二节　企业增值税出口退(免)税实务

工作实例

长沙五一股份有限公司是一家有出口经营权的生产企业。为增值税一般纳税人,2017年 8 月份发生如下业务:

(1) 1~31 日取得内销收入为人民币 400 万元,共取得增值税进项税额 90 万元人民币。两种货物退税率均为 11%。该企业没有免税购进原材料,期初没有留抵税额。

(2) 6 日出口 6 000 千克制冷机组油,出口收入 40 万美元(FOB),出口发票号 C10808150,出口报关单号 169941494001,仅有电子核销单号 116659444,出口商品代码为 8418991000,美元汇率为 1:6.90。

(3) 10 日出口编号 8418 的印刷品 205 千克,出口收入 9.7 万美元(FOB),出口发票号 C10808274,出口报关单号 518941494201,电子号 116659455,出口商品代码 8418999990(单证信息完整),美元汇率为 1:7.1134。

请完成以下任务:

(1) 正确计算当期应纳(退)税额并作相应会计处理;

(2) 准确、及时地填报《生产企业出口货物免、抵、退税申报明细表》(见表 4-4)和《生产企业出口货物免、抵、退税申报汇总表》(见表 4-5)。

长沙五一股份有限公司当期应纳(退)税额分析如下:

"免、抵、退"税不得免征和抵扣税额 = 400 000 × 6.9 × (17% - 11%) + 97 000 × 7.1134
× (17% - 11%) = 207 000(元)

$$当期应纳税额 = 4\,000\,000 \times 17\% - (900\,000 - 207\,000) = -13\,000(元)$$

$$当期"免、抵、退"税额 = 400\,000 \times 6.9 \times 11\% + 97\,000 \times 7.1134 \times 11\% = 379\,500(元)$$

$$当期期末留抵税额 = 13\,000(元)$$

当期期末留抵税额<当期"免、抵、退"税额，则：

$$当期应退税额 = 13\,000(元)$$

$$当期"免、抵"税额 = 379\,500 - 13\,000 = 366\,500(元)$$

作会计分录如下：

(1) 实现内销收入时：

借：银行存款　　　　　　　　　　　　　　　　4 680 000

　　贷：主管业务收入　　　　　　　　　　　4 000 000

　　　　应交税费——应交增值税(销项税额)　　680 000

(2) 实现出口销售收入时：

借：银行存款　　　　　　　　　　　　　　　　3 450 000

　　贷：主营业务收入——外销制冷机组油收入　2 760 000

　　　　　　　　　　　——外销印刷品收入　　690 000

(3) 结转当期不予抵扣税额时：

借：主营业务成本　　　　　　　　　　　　　　207 000

　　贷：应交税费——应交增值税(进项税额转出)　207 000

(4) 抵减内销产品销项税额时：

借：应交税费——应交增值税(出口抵减内销产品应纳税额)　366 500

　　贷：应交税费——应交增值税(出口退税)　　　　366 500

(5) 结转应收(或收到)退税款时：

借：其他应收款(银行存款)　　　　　　　　　　13 000

　　贷：应交税费——应交增值税(出口退税)　　　13 000

长沙五一股份有限公司填写的《生产企业出口货物免、抵、退税申报明细表》如表4-4所示和《生产企业出口货物免、抵、退税申报汇总表》如表4-5所示。

表4-4　生产企业出口货物免、抵、退税申报明细表

企业代码：

企业名称：长沙五一股份有限公司

纳税人识别号：　　　　　　　　　　　　　　　　　　所属期：2017年8月

序号	出口发票号码	出口报关单号	出口日期	代理证明号	核销单号	出口商品代码	出口商品名称	计量单位	出口数量	出口销售额		征税税率	退税税率	出口销售额×征退税率之差	出口销售额×退税率	海关进料加工手册	单证不齐标志	备注
										美元	人民币							
1	2	3	4	5	6	7	8	9	10	11	12	13	14	15	16	17	18	19
0001	C10808 150	169941 494001	8月6日		11665 9444	84189 91000	制冷机组油	千克	6000	400 000	2 760 000	17%	11%	165 600	303 600			H
0002	C10808 274	518941 494201	8月10日		11665 9455	84189 99990	印刷品	千克	205	97 000	69 000	17%	11%	41 400	75 900			

| 序号 | 出口发票号码 | 出口报关单号 | 出口日期 | 代理证明号 | 核销单号 | 出口商品代码 | 出口商品名称 | 计量单位 | 出口数量 | 出口销售额 | | 征税税率 | 退税税率 | 出口销售额×征退税率之差 | 出口销售额×退税率 | 海关进料加工手册 | 单证不齐标志 | 备注 |
										美元	人民币							
合计									6205	497 000	3 450 000				207000	379500		
出口企业									退税部门									
滋申明以上申报无讹并愿意承担一切法律责任。 (公章) 经办人：××× 财务负责人：××× 企业负责人：××× ×年×月×日									(章) 经办人： 复核人： 负责人： 年 月 日									

注：① 生产企业应按当期出口并在财务上做销售后的所有出口明细填报本表，一式三份。② 对单证不齐的在"单证不齐标志"栏内做相应标志，缺少报关单的填列 B、缺少核销单的填列 H、缺少代理证明的填列 D、缺少两项以上的，同时填列两个以上对应字母，单证齐全后销号；对前期单证不齐，当期收集齐全的，可在当期免、抵、退税申报时填报本表一并申报，在"单证不齐标志"栏内填写原申报时的所属期和申报序号；③ 中标销售的机电产品，应在"备注"栏内填注 ZB 标志，退税部门人工审单时应审核规定的特殊退税凭证，计算机审核时将进行特殊处理。

表 4-5 生产企业出口货物免、抵、退税申报汇总表

海关企业代码：××××

纳税人名称：×××(公章)

纳税人识别号：××××　　　　　　　　　　所属期：自 2017 年 8 月 1 日至 2017 年 8 月 31 日

金额单位：元(列至角分)

| | 项 目 | 栏 次 | 当 期 | 本年累计 | 与增值税纳税申报表的差额 |
			(a)	(b)	(c)
一、出口额	免抵退出口货物劳务销售额(美元)	1 = 2 + 3	497 000		
	其中：免抵退出口货物销售额(美元)	2	497 000		
	应税服务免抵退税营业额(美元)	3	—		
	免抵退出口货物劳务销售额	4	3 450 000		
	支付给非试点纳税人营业价款	5	—		
	免抵退出口货物劳务计税金额	6 = 4 − 5 = 7+ 8 + 9 + 10			
	其中：单证不齐或信息不齐出口货物销售额	7	2 760 000		
	单证信息齐全出口货物销售额	8	690 000		
	当期单证齐全应税服务免抵退税计税金额	9	—		
	当期单证不齐应税服务免抵退税计税金额	10	—		
	前期出口货物单证信息齐全销售额	11	—	—	
	前期应税服务单证齐全免抵退税计税金额	12	—	—	

续表一

项目		栏次	当期	本年累计	与增值税纳税申报表的差额
一、出口额	全部单证信息齐全出口货物销售额	13 = 8 + 11	690 000		
	全部单证齐全应税服务免抵退税计税金额	14 = 9 + 12	—		
	免税出口货物劳务销售额(美元)	15	—		
	免税出口货物劳务销售额	16	—		
	全部退(免)税出口货物劳务销售额(美元)	17 = 1 + 15	497 000		
	全部退(免)税出口货物劳务销售额	18	3 450 000		
	不予退(免)税出口货物劳务销售额	19	—		
二、不得免征和抵扣税额	出口销售额乘以征退税率之差	20 = 21 + 22	207 000		
	其中：出口货物销售额乘以征退税率之差	21	207 000		
	应税服务免抵退税计税金额乘以征退税率之差	22	—		
	上期结转免抵退税不得免征和抵扣税额抵减额	23	—		—
	免抵退税不得免征和抵扣税额抵减额	24	—		
	免抵退税不得免征和抵扣税额	25(如 20 > 23 + 24 则为 20 - 23 - 24，否则为 0)	207 000		
	结转下期免抵退税不得免征和抵扣税额抵减额	26 = 23 + 24 - 20 + 25	—		—
三、应退税额和免抵税额	免抵退税计税金额乘以退税率	27 = 28 + 29	379 500		
	其中：出口货物销售额乘以退税率	28	379 500		
	应税服务免抵退税计税金额乘以退税率	29	—		
	上期结转免抵退税额抵减额	30	—		—
	免抵退税额抵减额	31	—		
	免抵退税额	32(如 27 > 30 + 31 则为 27 - 30 - 31，否则为 0)	379 500		
	结转下期免抵退税额抵减额	33 = 30 + 31 - 27 + 32	0		—
	增值税纳税申报表期末留抵税额	34	13 000		
	计算退税的期末留抵税额	35 = 34 - 25	13 000		
	当期应退税额	36 = (如 32 > 35 则为 35，否则为 32)	13 000		
	当期免抵税额	37 = 32 - 36	366 500		

续表二

项 目	栏 次	当 期	本年累计	与增值税纳税申报表的差额
出口企业申明:		授权人申明	主管税务机关:	
此表各栏填报内容是真实、合法的,与实际出口业务情况相符。此次申报的出口业务不属于"四自三不见"等违背正常出口经营程序的出口业务。否则,本企业愿意承担由此产生的相关责任。		(如果你已委托代理申报人,请填写下列资料)为代理出口货物退税事宜,现授权为本纳税人的代理申报人,任何与本申报表有关往来文件都可寄予此人。	负责人: 年　月　日	
经办人:××× 办税人:××× 财务负责人:××× 法定代表(负责人):×××年×月×日				

★ **行家提示:**

(1) "免、抵、退"税需要理解的要点包括以下几点。

① 出口企业在国内外采购货物取得的进项税额不分用于内销还是出口均可计算抵扣;② 有留抵税额的,在当期"免、抵、退"税总额的范围内计算应退税额,"免、抵、退"税总额大于应退税额的部分为"免、抵"税额;③ 计算出来的应退税额要冲减留抵税额,即下月初在进行纳税申报时,上月留抵税额要扣除应退税额后才能用于计算应纳税额。

(2) 在增值税"免、抵、退"税和"免、退"税的计算时:

① 退税率低于使用税率的,应计算出的差额部分的税款计入出口货物劳务成本;② 出口企业既有适用增值税"免、抵、退"项目,也有增值税即征即退、先征后退项目的,由于增值税即征即退和先征后退项目不参与出口项目"免、抵、退"税计算,出口企业应分别核算增值税"免、抵、退"项目和增值税即征即退、先征后退项目,并分别申请享受增值税即征即退、先征后退和"免、抵、退"税政策;③ 用于增值税即征即退或者先征后退项目的进项税额也无法划分的,要按照如下公式计算:

$$\text{无法划分进项税额中用于增值税即征即退或者先征后退项目的部分} = \text{当期无法划分的全部进项税额} \times \frac{\text{当期增值税即征即退或者先征后退项目销售额}}{\text{当期全部销售额、营业额合计}}$$

(3) 小规模纳税人出口货物应纳税额的计算。

$$\text{应纳税额} = \text{出口货物离岸价} \div (1 + \text{征收率}) \times \text{征收率}$$

一、增值税出口退(免)税基本法律内容

出口退(免)税是一种国际惯例,指一个国家或地区对符合一定条件的出口货物,在报关出口时免征国内或区内的间接税和退还出口货物在国内或区内生产、流通或出口环节已缴纳的间接税的一项税收制度。因为当货物输入或进口时,货物的输入国或进口国一般要征收进口关税和进口环节的国内流转税,如果将这部分货物在输入或进口前已在国内或区内征收的流转税不予退税的话,就会使这部分货物(即出口货物)负担双重流转税,即出口国的流转税与进口国的进口环节流转税。在其他条件相同时,对比销售地产品,此部分货物就没有竞争力。因此,出口退(免)税是为了平衡税负,使本国出口货物与其他国或地区产的货物具有相对平等的税收条件,这在客观上有利于发展外向型经济、增加出口、扩大出口创汇。

1. 出口企业与非出口企业概念

我国出口货物退(免)税政策所指的出口企业(自 2014 年 1 月 1 日起)是依法办理工商登记、税务登记、对外贸易经营者备案登记、自营或委托出口货物的单位或个体工商户,以及依法办理工商登记的税务登记但未办理对外贸易经营者备案登记的委托出口货物的生产企业。非出口企业是指不具有进出口经营权以及委托出口货物的商贸企业或个人。出口企业自营或委托出口货物实行退(免)税,非出口企业委托出口的货物按免税办理。

2. 出口货物退(免)税规定

我国对出口货物的退(免)税办法主要有两种,分别适用不同的企业、行业或货物,我国出口货物的退(免)税办法类型如表 4-6 所示。

表 4-6　出口货物的退(免)税办法类型

类　型	适　用　对　象
免、抵、退税办法	生产企业出口自产货物和视同自产货物(符合第 61 号国家税务总局关于视同自产货物的具体范围)及对外提供加工修理修配劳务,以及符合第 61 号国家税务总局关于列明生产企业的具体范围的出口非自产货物,免征增值税,相应的进项税额抵减应纳增值税额(不包括适用增值税即征即退、先征后退政策的应纳增值税额),未抵减完的部分予以退还
免、退税办法	不具有生产能力的出口企业(以下称外贸企业)或其他单位出口货物劳务,免征增值税,相应的进项税额予以退还

1) 按我国出口货物的退(免)税政策规定,下列企业出口的货物劳务,除另有规定外,给予免税并退税

(1) 出口货物。出口企业出口货物是指向海关报关后实际离境并销售给境外单位或个人的货物,分为自营出口货物和委托出口货物两类。

(2) 出口企业或其他单位视同出口货物,包括如下 7 类:① 出口企业对外援助、对外承包、境外投资的出口货物;② 出口企业经海关报关进入国家批准出口加工区、保税物流园区、保税港区、综合保税区等并销售给境外单位、个人的货物;③ 免税品经营企业销售的货物(国家规定不允许经营和限制出口的货物、卷烟和超出免税品经营企业《企业法人营

业执照》规定经营范围的货物除外）；④ 出口企业或其他单位销售给用于国际金融组织或外国政府贷款国际招标建设项目的中标机电产品；⑤ 生产企业向海上石油天然气开采企业销售的自产的海洋工程结构物；⑥ 出口企业或其他单位销售给国际运输企业用于国际运输工具上的货物；⑦ 出口企业或其他单位销售给特殊区域内生产企业生产耗用且不向海关报关而输入特殊区域的水、电力、燃气。

(3) 出口企业对外提供加工修理修配劳务。对外提供加工修理修配劳务(即出口货物劳务)，是指对进境出口货物或从事国际运输的运输工具进行的加工修理修配。

2) 按我国出口货物的退(免)税政策规定，下列企业出口的货物劳务，除另有规定外，给予免税，但不予退税

(1) 出口企业或其他单位出口以下货物免征增值税：① 增值税小规模纳税人出口的货物；② 避孕药品和用具，以及古旧图书；③ 软件产品；④ 含黄金、铂金成分的货物、钻石及饰品；⑤ 国家计划内出口的卷烟；⑥ 已使用过的设备。其具体范围是指购进时未取得增值税专用发票、海关进口增值税专用缴款书，但其他相关单证齐全的已使用过的设备；⑦ 非出口企业委托出口的货物；⑧ 非列名生产企业出口的非视同自产货物；⑨ 农业生产者自产农产品；⑩ 油画、花生果仁、黑大豆等财政部和国家税务总局规定的出口免税的货物；⑪ 外贸企业取得普通发票、废旧物资收购凭证、农产品收购发票、政府非税收入票据的货物；⑫ 来料加工复出口的货物；⑬ 特殊区域内的企业出口的特殊区域内的货物；⑭ 以人民币现金作为结算方式的边境地区出口企业，从所在省(自治区)的边境口岸出口到接壤国家的一般贸易和边境小额贸易出口货物；⑮ 以旅游购物贸易方式报关出口的货物。

(2) 出口企业或其他单位视同出口下列货物劳务免征增值税：① 国家批准设立的免税店销售的免税货物；② 特殊区域内的企业为境外的单位或个人提供加工修理修配劳务；③ 同一特殊区域、不同特殊区域内的企业之间销售特殊区域内的货物。

(3) 出口企业或其他单位未按规定申报或未补齐增值税退(免)税凭证的以下出口货物劳务免征增值税：① 未在国家税务总局规定的期限内申报增值税退(免)税的出口货物劳务；② 未在规定期限内申报开具《代理出口货物证明》的出口货物劳务；③已申报增值税退(免)税，却未在国家税务总局规定的期限内向税务机关补齐增值税退(免)税凭证的出口货物劳务。

注意：适用增值税免税政策的出口货物劳务，其进项税额不得抵扣和退税，应当转入成本。

3) 按我国出口货物的退(免)税政策规定，下列出口货物劳务，不适用增值税退(免)税和免税政策，按规定征收增值税

(1) 出口企业出口或视同出口财政部和国家税务总局根据国务院决定明确的取消出口退(免)税的货物(不包括来料加工复出口货物、中标机电产品、列名原材料、输入特殊区域的水电气、海洋工程结构物)。

(2) 出口企业或其他单位销售给特殊区域内的生活消费用品和交通运输工具。

(3) 出口企业或其他单位因骗取出口退税被税务机关停止办理增值税退(免)税期间出口的货物。

(4) 出口企业或其他单位提供虚假备案单证的货物。

(5) 出口企业或其他单位增值税退(免)税凭证有伪造或内容不实的货物。

(6) 出口企业或其他单位未在国家税务总局规定期限内申报免税核销以及经主管税务机关审核不予免税核销的出口卷烟。

(7) 出口企业或其他单位具有我国出口货物的退(免)税政策规定情形之一的出口货物劳务。

3. 出口货物增值税退税率

(1) 退税率一般规定。除财政部和国家税务总局根据国务院决定而明确的增值税出口退税率(以下称退税率)外，出口货物的退税率为其适用税率。国家税务总局根据上述规定将退税率通过出口货物、劳务退税率文库予以发布，供征纳双方执行。目前我国增值税率共分为五档：16%、15%、13%、9%、5%。

(2) 退税率的特殊规定：① 取得小规模纳税人由税务机关代开增值税专用发票的，增值税退税率为征收率(即 3%)；② 取得一般纳税人按简易办法征收开具的增值税专用发票，退税率为征收率；③ 不同退税率货物合并报关的，适用低的退税率；④ 出口货物以黄金、铂金以及钻石饰品为主要原料(80%以上)的，适用原材料的退税率；⑤ 委托加工支付加工费，按加工货物的退税率执行；⑥ 对外修理修配劳务，按被修理修配货物的退税率执行；⑦ 标机电产品，按货物适用税率办理退税；⑧ 销售海洋工程结构物，按该货物的列举税率执行；⑨ 区外企业销售给特殊区域内生产企业的原材料，按原材料的适用税率执行；⑩ 特殊区域内生产企业购进水电气，按水电气适用税率办理退税。

二、增值税"免、抵、退"税和"免、退"税的计算

1. 生产企业出口货物劳务增值税"免、抵、退"税法

生产企业自营出口或委托外贸企业代理出口自产货物和视同自产货物，除另有规定外，采用"免、抵、退"税办法。"免"税是指生产企业出口自产货物和视同自产货物时，免征本企业生产销售环节的增值税，即无出口销项税额；"抵"税，是指生产企业出口自产货物和视同自产货物所耗用的原材料、零部件、燃料、动力等所含应予退还的进项税额，抵顶内销货物的应纳税额，账务处理上表现为企业购进原材料，无论用于生产出口货物还是用于生产内销货物，其进项税额均可抵扣；"退"税，当生产企业出口自产货物和视同自产货物在当月内应抵顶的进项税额大于销项税额时，对没有抵顶完的税额予以退税。

2. 生产企业出口货物、劳务的增值税"免、抵、退"税法计算公式与步骤

(1) 当期应纳税额的计算：

纳税额 = 当期内销货物销项税额 − (当期进项税额
− 当期"免、抵、退"不得免征和抵扣税额) − 上期留抵税额

当期"免、抵、退"不得免征和抵扣税额 = 当期出口货物离岸价 × 外汇人民币折算汇率
× (出口货物的适用税率 − 出口货物的退税率)
− 当期"免、抵、退"不得免征和抵扣税额抵减额

当期"免、抵、退"不得免征和抵扣税额抵减额 = 当期免税购进原材料价格
× (征税率 − 退税率)

注意：① 如果单位没有免税购进原材料，那么当期"免、抵、退"不得免征和抵扣税额抵减项不必计算；② 征税率为出口货物适用的征税率，退税率为出口货物适用的退税率；

③ 如果当期应纳税额计算后为正数，代表企业当期有应纳的增值税，无退税额；如果是负数，此数的绝对值即为期末留抵税额，则有应退税额。

(2) 当期"免、抵、退"税额的计算：

当期"免、抵、退"税额 = 当期出口货物离岸价 × 外汇人民币折算汇率
× 出口货物退税率 − 当期"免、抵、退"税额抵减额

当期"免、抵、退"税额抵减额 = 当期免税购进原材料价格 × 出口货物的退税率。

(3) 当期应退税额和"免、抵"税额的计算：

① 当期应纳税额 ≥ 0 时，当期应退税额 = 0；

② 当期应纳税额 < 0，且期末留抵税额 < 当期"免、抵、退"税额时：

当期应退税额 = 当期期末留抵税额

当期"免、抵"税额 = 当期"免、抵、退"税额 − 当期应退税额

③ 当期应纳税额 < 0，且当期期末留抵税额 ≥ 当期"免、抵、退"税额时：

当期应退税额 = 当期"免、抵、退"税额

当期"免、抵"税额 = 0

注意： a. 当期期末留抵税额为当期增值税纳税申报表中"期末留抵税额"；

b. 公式中的"当期"是指一个增值税的纳税申报期。

3. 外贸企业出口货物、劳务增值税"免、退"税法

(1) 外易企业"免、退"税计税依据。① 外贸企业出口货物(购进直接出口)增值税退税的计税依据，为购进进出口货物的增值税专用发票注明的金额或海关进口增值税专用缴款书注明的完税价格；② 外贸企业出口委托加工修理修配货物增值税退税的计税依据，为加工修理修配费用增值税专用发票注明的金额。外贸企业应将加工修理修配使用的原材料(进料加工海关保税进口料件除外)作价销售给受托加工修理修配的生产企业，受托加工修理修配的生产企业应将原材料成本并入加工修理修配费用开具发票。

(2) 外易企业"免、退"税计算公式如下：

① 外贸企业出口委托加工修理修配货物以外的货物：

应退税额 = 增值税退(免)税计税依据 × 出口货物退税率

② 外贸企业出口委托加工修理修配货物：

应退税额 = 委托加工修理修配的增值税退(免)税计税依据 × 出口货物退税率

三、适用增值税免税政策的出口货物劳务进项税额的处理

适用增值税免税政策的出口货物劳务，其进项税额不得抵扣和退税，应当转入成本。

除出口卷烟外，适用增值税免税政策的其他出口货物劳务的计算，按照增值税免税政策的统一规定执行。其中，如果涉及销售额，除来料加工复出口货物为其加工费收入外，其他均为出口离岸价或销售额。

四、出口货物退(免)增值税的会计计算

1. 生产企业出口货物"免、抵、退"税的计算

生产企业货物出口销售，免缴本环节的增值税，并按规定的退税率计算出口货物的进

项税额，抵减内销产品的应纳税额。这类货物免征出口环节的增值税，反映在账务处理上，出口销售时，借记"应收账款或银行存款"，贷记"主营业务收入"，而无须贷记"应交税——应交增值税(销项税额)"；其耗用的购进货物所负担的进项税额，无论用于生产出口货物还是用于生产内销货物，其进项税均可抵扣。账务处理时，借记"应交税费——应交增值税(进项税额)"账户，由于出口货物的征税率和退税率存在不一致的情况，因而存在免、抵、退税不得免征和抵扣税额的情况，则应按该货物适用的增值税税率与退税率之差乘以出口货物离岸价折合人民币的金额，计算当期出口货物不予抵扣或退税的税额。借记"主营业务成本"账户，贷记"应交税费——应交增值税(进项税转出)"账户；企业按照国家规定的退税率计算的出口货物的进项税抵减内销产品的应纳税额时，借记"应交税费——应交增值税(出口抵减内销产品应纳税额)"账户，贷记"应交税费——应交增值税(出口退税)"账户。对因出口比重较大，在规定期限内不足抵减的，不足部分可按有关规定给予退税，借记"其他应收款——应收出口退税款"账户，贷记"应交税费——应交增值税(出口退税)"账户，企业在实际收到退回的税款时，借记"银行存款"账户，贷记"其他应收款——应收出口退税款"账户。

值得注意的是，申报表"出口抵减内销产品应纳税额"专栏，反映的是出口企业销售出口货物后向税务机关办理免、抵、退申报，按规定计算的应免、抵税额，账务处理时，借记"应交税费——应交增值税(出口抵减内销产品应纳税额)"科目，贷记"应交税费——应交增值税(出口退税)"。

2. 外贸企业出口货物退免增值税的计算

外贸企业购进货物时，应按照专用发票上注明的增值税额，借记"应交税费——应交增值税(进项税额)"；按照专用发票上记载的应计入采购成本的金额，借记"材料采购""库存商品""销售费用"等；按照应付或实际支付的金额，贷记"应付账款""应付票据""银行存款"等。外贸企业按照规定退税率计算应收出口退税款时，借记"其他应收款"，贷记"应交税费——应交增值税(出口退税)"；收到出口退税款时，借记"银行存款"，贷记"其他应收款"；按照出口货物购进时取得的增值税专用发票上记载的进项税额或应分摊的进项税额与按照国家规定的退税率计算的应退税额的差额，借记"主营业务成本"，贷记"应交税费——应交增值税(进项税额转出)"。

五、出口货物退(免)增值税申报管理

1. 出口退(免)税资格认定

(1) 出口企业或其他单位申请办理出口退(免)税资格认定时，除提供《管理办法》规定的资料外，还应提供《出口退(免)税资格认定申请表》电子数据。

(2) 出口企业或其他单位申请变更退(免)税办法的，经主管税务机关批准变更的次月起，按照变更后的退(免)税办法申报退(免)税。企业应将批准变更前全部出口货物，按变更前退(免)税办法申报退(免)税，变更后不得申报变更前出口货物退(免)税。

退(免)税办法由免抵退税变更为免退税的，批准变更前已通过认证的增值税专用发票或取得的海关进口增值税专用缴款书，出口企业或其他单位不得作为申报免退税的原始凭证。

2. 出口货物退(免)税申报

外贸企业和生产企业申报期限统一为"在出口货物报关出口之日的次月起至次年 4 月 30 日前的各增值税纳税申报期内，收齐凭证申报退(免)税"。具体规定如下：

(1) 企业当月出口的货物须在次月的增值税纳税申报期内，向主管税务机关办理增值税纳税申报和免、抵、退税相关申报及消费税免税申报。

(2) 企业应在货物报关出口之日的(以出口货物报关单<出口退税专用>上的出口日期为准，下同)次月起至次年 4 月 30 日前的各增值税纳税申报期内收齐有关资料，向主管税务机关申报办理出口货物增值税免、抵、退税及消费税退税。逾期办理的，企业不得申报免、抵、退税。

第三节 企业消费税出口退(免)税实务

工作实例

中南外贸公司 2017 年 5 月从长沙日用化妆品厂购入化妆品一批，增值税专用发票注明价款 250 万元，增值税税额 42.5 万元，中南公司将该批化妆品销往韩国，离岸价为 40 万美元(当日外汇牌价 1：8.3)，并按规定申报办理消费税退税。消费税税率为 30%，增值税退税率为 11%。上述款项均已收付。

请完成以下任务：

根据涉税原始资料正确计算中南外贸公司应退(免)的消费税，并进行相应会计处理。

中南外贸公司 2015 年 5 月相应会计处理如下：

(1) 购入化妆品验收入库时：

借：库存商品	2 500 000	
应交税费——应交增值税(进项税额)	425 000	
贷：银行存款		2 925 000

(2) 化妆品报关出口时：

| 借：银行存款 | 3 320 000 | |
| 贷：主营业务收入 | | 3 320 000 |

(3) 结转销售成本时：

| 借：主营业务成本 | 2 500 000 | |
| 贷：库存商品 | | 2 500 000 |

(4) 不得抵扣或退税税额，调整出口成本：

| 借：主营业务成本 | 150 000 | |
| 贷：应交税费——应交增值税(进项税额转出) | | 150 000 |

(5) 申请退税时：

$$应退增值税 = 2\,500\,000 \times 11\% = 275\,000(元)$$

$$应退消费税 = 2\,500\,000 \times 30\% = 750\,000(元)$$

借：其他应收款   1 025 000

　　　贷：应交税费——应交增值税(出口退税)　　　　　275 000
　　　　　主营业务成本　　　　　　　　　　　　　　　750 000
　(6) 收到出口退税时：
　借：银行存款　　　　　　　　　　　　　1 025 000
　　　贷：其他应收款　　　　　　　　　　　　　　　1 025 000

★ 行家提示：

　(1) 可以退(免)税的出口货物一般应具备以下四个条件：① 必须是属于增值税、消费税征税范围的货物；② 必须是报关离境的货物；③ 必须是在财务上作销售处理的货物；④ 必须是出口收汇并已核销的货物。

　　目前，出口退税申报已不再需要提供纸质资料。

　(2) 出口退税基本原则：征多少退多少、未征不退、彻底退税。适用消费税退(免)税或征税政策的出口货物。

一、消费税出口退(免)税基本法律内容

　　纳税人出口应税消费品与纳税人出口货物退(免)增值税一样，国家都是给予退(免)税处理的。企业出口应税消费品同时涉及退(免)增值税和消费税，且退(免)消费税与出口货物退(免)增值税在退(免)税范围的限定、退(免)税办理程序、退(免)税审核及管理上大都一致。本章仅就出口应税消费品退(免)消费税某些不同于出口货物退(免)增值税的特殊规定作描述。

1. 出口应税消费品退(免)税政策适用范围

　　按照消费税退(免)税政策，出口应税消费品退(免)消费税可分为下列三类。

　1) 出口免税并退税

　　政策规定，出口企业出口或视同出口适用增值税退(免)税的货物，免征消费税，如果属于购进出口的货物，退还前一环节对其已征的消费税，适用这一政策的是：有出口经营权的外贸企业购进应税消费品直接出口，以及外贸企业受其他外贸企业委托代理出口应税消费品。需要注意的是，外贸企业只有受其他外贸企业委托，代理出口应税消费品才可办理退税，外贸企业受其他企业(主要是非生产性的商贸企业)委托，代理出口应税消费品才可以办理退(免)税。这个政策限定与前述出口货物退(免)增值税的政策规定是一致的。

　2) 出口免税但不退税

　　政策规定，出口企业出口或视同出口适用增值税免税政策的货物，免征消费税，但不退还其以前环节已征的消费税，且不允许在内销应税消费品应纳消费税款中抵扣。使用这一政策的是：有出口经营权的生产性企业自营出口或生产企业委托外贸企业代理出口自产的应纳消费品，依据其实际出口数量免征消费税，不予办理退还消费税。这里，免征消费税是指对生产性企业按其实际出口数量免征生产环节的消费税；不予办理退还消费税，是指因已免征生产环节的消费税，该应税消费品出口时，已不含有消费税，所以也无须再办理退还消费税了。这与前述出口货物退(免)增值税的规定不同，由于消费税仅在生产环节

征收，生产环节免税了，出口的应税消费品已不含有消费税；而增值税却在货物生产、销售各环节道道征收，生产企业出口货物时，已纳的增值税就需退还。

3) 出口不免税也不退税

政策规定，出口企业出口或视同出口适用增值税征税政策的货物，应按规定缴纳消费税，不退还其以前环节已征的消费税，且不允许在内销应税消费品应纳消费税款中抵扣。适用这一政策的是：出口企业出口或视同出口政策明确的取消出口退(免)税的货物以及销售给特殊区域内的生活消费用品、交通运输工具和一切采用虚假、伪造等违法手段出口货物、劳务的情形。

2. 出口应税消费品的退税率

计算出口应税消费品应退消费税的税率或单位税额，依据《消费税暂行条例》所附的《消费税税目税率(税额)表》执行。这是退(免)消费税与退(免)增值税的一个重要区别：

当出口的货物是应税消费品时，其退还增值税要按规定的退税率计算，其退还消费税则按该应税消费品所适用的消费税税率计算。企业应将不同消费税税率的出口应税消费品分开核算和申报，凡划分不清适用税率的，一律从低适用税率计算应退消费税税额。

3. 出口应税消费品应退税额的计税依据

出口应税消费品应退税额的计税依据，按企业购进出口货物的消费税专用缴款书以及海关进口消费税专用缴款书确定。

其中，属于从价定率计征消费税的，为已征消费税并且没有在内销应税消费品应纳消费税税额中抵扣的购进出口货物金额；属于从量定额计征消费税的，为已征消费税，且没有内销应税消费品应纳消费税税额中抵扣的购进出口货物数量之和；如果属于复合计征消费税的，则按从价定率和从量定额的计税依据分别确定。

二、出口应税消费品退税额的计算

1. 从价征收计算退税额

从价定率计征消费税的应税消费品，应依照外贸企业从工厂购进货物时征收消费税的价格计算应退消费税税款，其计算公式：

$$应退消费税税款 = 出口货物的工厂销售额 × 适应税率$$

公式中"出口货物的工厂销售额"不包含增值税，对含增值税的购进金额应换算成不含增值税的金额。

2. 从量征收计算退税额

从量定额计征消费税的应税消费品，应按货物购进和报关出口的数量计算应退消费税税款，其计算公式：

$$应退消费税税款 = 出口数量 × 单位税额$$

3. 复合征收计算退税额

复合计征消费税的应税消费品，应按货物购进和报关出口的数量以及外贸企业从工厂购进货物时征收消费税的价格计算应退消费税税款，其计算公式：

$$应退消费税税款 = 出口货物的工厂销售额 × 适应税率 + 出口数量 × 单位税额$$

三、出口应税消费品的会计计算

生产企业直接出口或视同出口自产应税消费品时，按规定予以直接免税，不计算应缴消费税；生产企业将应税消费品销售给外贸企业，由外贸企业自营出口的，由生产企业先行缴纳消费税，在产品报关出口后，在申请出口退税，退税后如果发生退货或退关的要及时补税。

四、出口货物劳务增值税和消费税政策的个别规定

(1) 出口企业或其他单位退(免)税认定之前的出口货物劳务，如果在办理退(免)税认定后，按规定可以适用增值税退(免)税或免税及消费税退(免)税政策。

(2) 出口企业或其他单位出口货物劳务适用免税政策的，除特殊区域内企业出口特殊区域内货物、出口企业或其他单位视同出口的免征增值税的货物劳务外，如果没有按规定申报免税，按规定应当视同内销货物和加工修理修配劳务征收增值税和消费税。

(3) 开展进料加工业务的出口企业，若发生未经海关批准将海关保税进口料件作价销售给其他企业加工的，政策规定应按章征收增值税、消费税。

(4) 卷烟出口企业经主管税务机关批准，按国家批准的免税出口卷烟计划购进的卷烟，按规定免征增值税、消费税。

(5) 发生增值税、消费税不应退税或免税但已实际退税或免税的，出口企业和其他单位应当按规定及时补缴已退或已免税款。

(6) 国家批准的免税品经营企业，销售给免税店的进口免税货物免征增值税。

(7) 外贸企业应单独设账核算出口货物的购进金额和进项税额，若购进货物时不能确定是用于出口的，应先记入出口库存账，用于其他用途时应从出口库存账转出。

(8) 出口货物劳务增值税和消费税政策的其他情形规定。

拓展专栏

湘南机械厂是一家有进出口经营权的自营生产企业，为增值税一般纳税人。2017 年 9 月出口收入 32 万美元(FOB)，内销收入为人民币 200 万元，9 月购进原材料等 4 705 882.35 元，取得增值税专用发票注明进项税额 80 万元人民币。本月结转已销产品成本为 370 万元人民币。美元汇率 1∶7.4。试计算该企业当期免、抵、退税额和当期应纳税额并进行相应会计处理；假定该公司 10 月出口 64 万美元(FOB)，内销收入为人民币 350 万元，10 月共取得增值税进项税额 65 万元人民币，美元汇率为 1∶7.35。那么该企业当期免、抵、退税额和当期应纳税额又是多少？

综合练习题

一、单选题

1. 下列不属于关税纳税人的有(　　　)。

A. 经营进出口货物的收、发件人　　B. 进口个人邮件的发件人

C. 携带行李物品进境的外国游客　　D. 各种运输工具上携带物品进境的服务人员

2. 进出口货物完税后，如果发生少征或漏征税款，并不是纳税人违反海关法造成的，海关应当自缴纳税款或放行之日起(　　　)内，向发货人补征。

A. 半年　　　　　　B. 1 年　　　　　　C. 2 年　　　　　　D. 3 年

3. 某丝绸进出口公司出口生丝一批，离岸价格 550 万元人民币，其中包括支付给国外的佣金 50 万元，生丝的出口关税税率为 100%，则应纳出口关税为(　　　)万元。

A. 500　　　　　　B. 611.1　　　　　　C. 454.5　　　　　　D. 555.6

4. 某进出口公司从美国进口化工原料一批，货价 30 万元，起卸前的运输、保险、包装费用 5 000 元，进口关税税率为 10%。海关于 8 月 15 日填发税款缴款证，但该公司 8 月 27 才缴清税款。该公司应缴纳的滞纳金为(　　　)元。

A. 1 750　　　　　　B. 175　　　　　　C. 350　　　　　　D. 0

5. 某企业将原进口的一批材料运往国外厂家加工货物，加工后该货物进口价格 280 万元，复运进境时同类货物价格 283 万元，加工费 61 万元，料件费 48 万元，实际运费和保险费共计 12 万元，进口关税税率为 10%，则复运进境时应纳关税为(　　　)万元。

A. 10.90　　　　　　B. 12.10　　　　　　C. 28.30　　　　　　D. 28

6. 境内某公司自越南一口岸以铁路运输方式进口货物，该口岸成交价折合 50 万元人民币，进口关税税率为 10%，运杂费、保险费按规定核定，则应缴纳关税为(　　　)万元。

A. 5.05　　　　　　B. 5.03　　　　　　C. 5.02　　　　　　D. 5.04

7. 下列各项中，(　　　)不属于关税的纳税义务人。

A. 进口货物的收货人　　　　　　B. 出口货物的发货人

C. 进境物品的所有人　　　　　　D. 进口货物的发货人

8. 当一个国家存在自由港、自由区时，该国国境(　　　)关境。

A. 大于　　　　　　B. 等于　　　　　　C. 小于　　　　　　D. 无法比较

9. (　　　)是指对同一种进口货物，由于输出国或生产国不同，或输入情况不同而使用不同税率征收的关税。

A. 反倾销税　　　B. 歧视关税　　　C. 报复关税　　　　D. 优惠关税

10. (　　　)是指对某种货物在税则中预先按照该商品的价格规定几挡税率，价格高的该物品适用较低税率，价格低的该货物适用较高税率。目的是使该物品的价格在国内市场上保持稳定。

A. 反倾销税　　　B. 复合关税　　　C. 滑动关税　　　　D. 歧视关税

二、多选题

1. 下列可以计入进口货物完税价格的有(　　　)。

A. 由买方负担的购货佣金

B. 由买方负担的包装材料费用和包装劳务费用

C. 由买方负担的在审查确定完税价格时与该货物视为一体的容器的费用

D. 与该货物的生产和向中华人民共和国境内销售有关的，在境外开发、设计等相关服务的费用

2. 下列关于滑准税的陈述正确的是(   )。

A. 进口价格越高,关税税率越低

B. 可保持滑准税商品的国内市场价格相对稳定

C. 目前我国对新闻纸实行滑准税

D. 税率与价格成正比

3. 下列关于进出口关税税率正确的是(   )。

A. 进口关税税率分最惠国税率、协定税率、普通税率共三栏

B. 出口货物实行一栏比例税率

C. 一般情况,进出口货物的补税和退税适用该进出口货物原申报进口或出口之日实施的税率

D. 暂时进口货物转为正式进口补税时,应按其申报正式进口实施的税率征税

4. 出口货物完税价格的确定方法是(   )。

A. 海关依法估价确定的完税价格

B. 以成交价格为基础确定的完税价格

C. 根据境外生产类似货物成本、利润、费用计算出的价格

D. 以相同或类似的进口货物成本、利润、费用计算出的价格

5. 下列费用,应当计入进口货物完税价格的是(   )。

A. 由买方负担的经纪费

B. 买方负担的与该货物视为一体的容器的费用

C. 买方负担的包装材料和包装劳务费用

D. 进口关税及国内税收

6. 下列费用或者价值不应当计入进口货物完税价格的有(   )。

A. 厂房、机械、设备等货物进口后的基建、安装、装配、维修和技术服务的费用

B. 货物运抵境内输入地点之后的运输费用

C. 进口关税及其他国内税

D. 该货物在境外开发、设计等相关服务的费用

7. 下列费用中,应并入进口货物完税价格的是(   )。

A. 进口人向境外采购代理人支付的佣金

B. 卖方支付给买方的正常价格回扣

C. 设施设备等货物进口后发生的基建、安装,调试、技术指导等费用

D. 货物成交过程中,进口人向卖方支付的佣金

8. 我国现行关税的基本规范是(   )。

A. 《中华人民共和国进出口关税条例》

B. 《中华人民共和国海关法》

C. 《中华人民共和国进出口税则暂行条例》

D. 《中华人民共和国海关进出口税则》

9. 目前,我国关税税率包括(   )。

A. 从价关税   B. 从量关税   C. 复合关税   D. 滑准关税

10. 进口货物的完税价格中的到岸价格包括(   )。

A. 货价

B. 货物运抵境内起卸前的包装费、运输费、保险费和其他合理费用

C. 进口关税

D. 海关估定的利润

11. 下列各项中，属于关税征税对象的是( )。

A. 贸易性商品

B. 个人邮寄物品

C. 入境旅客随身携带的行李和物品

D. 馈赠物品或以其他方式进入国境的个人物品

12. 根据《进出口关税条例》的规定，下列情形中，纳税人或其代理人可以向海关申请退税的有( )。

A. 进口货物起卸后海关放行前，因不可抗力遭受损坏或损失的

B. 因海关误征，多纳税款的

C. 已征出口关税的货物，因故未装运出口，申报退税，经海关查验属实的

D. 海关核准免验进口的货物，在完税后，发现有短缺情况，经海关审查认可的

三、判断题

1. 为鼓励出口，我国对出口关税采用差别税率，分为普通税率和优惠税率。 ( )

2. 根据《进出口关税条例》规定，因纳税人违反海关有关规定造成少缴或漏缴的关税，海关可以在1年内追征。 ( )

3. 货物是非贸易性商品，物品是贸易性商品。 ( )

4. 我国对一切货物都征收出口关税。 ( )

5. 关税的滞纳金比例是5%。 ( )

6. 按海关现行规定，因收发货人或者他们的代理人违反规定而造成的少征或漏征税款，海关应当自纳税人缴纳税款或者货物放行之日起1年内，向收货人或者他们的代理人追征。 ( )

7. 进口货物成交价格中已包括进口人向其境外代理人支付的经纪费，并且能够单独分列的，可从完税价格中扣除。 ( )

8. 进出口货物完税后，如发现少征或者漏征关税税款，海关应当自缴纳税款或者货物放行之日起1年内，向收发货人或者他们的代理人补征。 ( )

9. 边境小额贸易企业通过指定边境口岸进口原产于毗邻国家的所有商品，进口关税和进口环节增值税减半征收。 ( )

10. 运往境外加工的货物，出境时向海关报明，并在海关规定期限内复运进境的，应当以加工后的货物进境时的到岸价格作为完税价格。 ( )

四、业务题

1. 湖南大地股份公司是一家自营出口生产企业，本季度出口日用工业品48 000美元，报关出口当天美元与人民币汇率比为1∶6.8，该季度内销产品800 000元，增值税税率为17%，出口退税率为15%。当期购进原材料进项税额为152 000元。

要求：根据上述业务计算应纳(退)税额并作相应会计处理(该企业实行"免、抵、退"办法)。

2. 湘中外贸公司 2017 年 10 月发生以下业务：

经有关部门批准从境外进口小汽车 20 辆，每辆货价 20 万元，运抵我国海关前的运输费、保险为每辆 2 万元。公司向海关缴纳了相关税款，并取得了完税凭证。

该公司委托运输公司将小汽车从海关运回本单位，支付运费 5 万元，取得了运输公司开具的普通发票。当月售出小汽车 16 辆，每辆含税销售额 58.5 万元，公司自用 2 辆小汽车作为本单位固定资产。(假设小汽车关税税率为 20%，增值税税率为 17%，消费税税率为 5%)

要求：

(1) 计算小汽车在进口环节应缴纳的关税、增值税和消费税。

(2) 计算国内销售环节 10 月应缴纳的增值税。

(3) 根据上述业务进行会计处理。

第五章

企业所得税实务

导言

《中华人民共和国企业所得税法》及其实施条例于 2008 年 1 月 1 日起正式实施，为了贯彻和落实企业所得税法，国务院、财政部和国家税务总局陆续出台了一系列企业所得税政策法规。这一系列政策的出台，规范了企业所得税的管理，财务人员只有及时掌握和运用政策，才能更好地履行纳税义务、依法保护企业的合法权益。本章就查账征收企业、核定征收企业所得税的计算、纳税申报与核算设计典型工作任务。通过本章的学习，使你能够熟悉企业所得税政策法规，掌握企业所得税纳税申报技巧、掌握企业所得税的会计核算。

能力目标

(1) 能够正确计算企业月(季)度预缴所得税款；

(2) 能够根据企业业务资料进行所得税纳税调整；

(3) 能够正确、规范填写企业所得税月(季)度、年度纳税申报表，进行纳税申报。

第一节   查账征收企业所得税实务

工作实例

风尚服饰有限责任公司，纳税人识别号：430103432164409，公司注册资本：2 000 万元，企业类型为有限责任公司，经营范围为服装的批发与销售。风尚公司成立于 2017 年 10 月 1 日，企业按季度报送企业所得税纳税申报表，按季据实预缴企业所得税税款。

业务 1   2017 年 10-12 月损益类账户有关数据如下(金额单位统一为万元)：

主营业务收入 5 000 万元;

主营业务成本 4 000 万元;

其他业务收入 200 万元;

其他业务成本 60 万元;

税金及附加 12 万元;

销售费用 170 万元,其中广告费、业务宣传费 100 万元;

管理费用 300 万元,其中业务招待费 20 万元,新产品研发费用 120 万元;

财务费用 22 万元,其中利息收入 40 万元,向银行借款 1 200 万元,支付利息费用 62 万元;

营业外收入 50 万元,其中处置固定资产净收益 30 万元,出售无形资产净收益 20 万元;

营业外支出 100 万元,其中通过民政部门向玉树地震灾区捐赠现金 80 万元,固定资产盘亏 20 万元;

投资收益——国债利息收入 50 万元;

上述成本费用中包括全年工资费用 2 000 万元,企业全年平均从业人数 1 000 人;

实际发生职工福利费支出 285 万元;

职工教育经费支出 45 万元(全部列在本年的管理费用中);

工会经费 30 万元且取得工会组织开具的工会经费拨缴款专用收据;

折旧费 21 万元,其中 2017 年 10 月购置计算机 20 台,原值 18 万元,购置汽车 10 辆,原值 360 万元,折旧年限均按 3 年计算,不考虑残值。

业务 2　2018 年度境内应纳税所得额为 1 300 万元,风尚公司在 A、B 两国均设有分支机构,A 国机构的税后所得为 280 万元,所得税税率为 30%,已缴纳所得税 120 万元;B 国机构的税后所得为 240 万元,所得税税率为 20%,已缴纳所得税 60 万元(A、B 两国均与我国签订了避免重复征税的税收协定且两国应税所得额的计算与我国税法一致)。

子任务一　查账征收企业所得税预缴纳税申报

任务目标

(1) 正确计算企业应预缴的所得税额。

(2) 正确、规范填报企业所得税月(季)度预缴纳税申报表(A 类)(见表 5-1)。

2019 年 4 季度风尚公司应预缴的所得税额计算过程如下:

(1) 企业本季度会计利润:

$$5\ 000 + 200 - 4\ 000 - 60 - 12 - 170 - 300 - 22 + 50 - 100 + 50 = 636(万元)$$

(2) 企业实际利润额:

$$636 - 50 = 586(万元)$$

(3) 企业本季度应预缴所得税金额:

$$586 \times 25\% = 146.5(万元)$$

表 5-1　企业所得税月(季)度预缴纳税申报表(A 类)

税款所属期间：2019 年 10 月 1 日至 2019 年 12 月 31 日

纳税人识别号：430103432164409

纳税人名称：风尚服饰有限责任公司　　　　　　　　　　　　　　金额单位：万元

行次		项　目	本期金额	累计金额
1		一、据实预缴		
2		营业收入	5 200	5 200
3		营业成本	4 060	4 060
4		利润总额(本栏目自 2008 年修订为实际利润额)	586	586
5		税率(25%)	—	—
6		应纳税所得税额(4 行 × 5 行)	146.5	146.5
7		减免所得税额		
8		实际已缴所得税额	—	
9		应补(退)的所得税额(6 行 – 7 行 – 8 行)		146.5
10		二、按照上一纳税年度应纳税所得额的平均额预缴		
11		上一纳税年度应纳税所得税		
12		本月(季)应纳税所得额(11 行 ÷ 12 或 11 行 ÷ 4)		
13		税率(25%)		
14		本月(季)应纳所得税额(12 行 × 13 行)		
15		三、按照税务机关确定的其他方法预缴		
16		本月(季)确定预缴的所得税额		
17		总分机构纳税人		
18	总	总机构应分摊的所得税额(9 行或 14 行或 16 行 × 25%)		
19	机	中央财政集中分配的所得税额(9 行或 14 行或 16 行 × 25%)		
20	构	分支机构分摊的所得税额(9 行或 14 行或 16 行 × 50%)		
21	分支	分配比例		
22	机构	分配的所得税额(20 行 × 21 行)		

瑾声明：此纳税申报表是根据《中华人民共和国企业所得税法》、《中华人民共和国企业所得税法实施条例》和国家有关税收规定填报的，是真实的、可靠的、完整的。

法定代表人(签字)：×××　　　　　　　　×××× 年 ×× 月 ×× 日

纳税人公章：×××××× 会计主管：××× 填表日期：×××× 年 ×× 月 ×× 日	代理申报中介机构公章： 经办人： 经办人执业证件号码： 代理申报日期：　年　月　日	主管税务机关受理专用章： 受理人： 受理日期：年　月　日

国家税务总局监制

★ 行家提示：

(1) 企业所得税实行按年计征、分月或分季预缴、年终汇算清缴、多退少补的征收办法。平时月(季)度纳税申报、预缴企业所得税要注意以下两点。

① 企业所得税分月或分季预缴，由税务机关具体核定。

② 企业分月或者分季预缴企业所得税时，应当自月份或季度终了之日起15日内，向税务机关报送预缴企业所得税纳税申报表。

(2) 中华人民共和国企业所得税月(季)度预缴纳税申报表(A类)第4行"利润总额"修改为"实际利润额"，实际利润额填报按会计制度核算的利润总额减除以前年度待弥补亏损以及不征税收入、免税收入后的余额。

(3) 纳税人12月或者第4季度的企业所得税预缴纳税申报，应在纳税年度终了后15日内完成，预缴申报后再进行当年企业所得税汇算清缴。

(4) 自2012年1月1日起小型微利企业预缴企业所得税处理要求如下。

① 上一纳税年度年应纳税所得额低于6万元(含6万元)，同时符合《中华人民共和国企业所得税法实施条例》第九十二条规定的资产和从业人数标准，实行按实际利润额预缴企业所得税的小型微利企业，在预缴申报企业所得税时，将中华人民共和国企业所得税月(季)度预缴纳税申报表(A类)第9行"实际利润总额"与15%的乘积，暂填入第12行"减免所得税额"内。

② 符合条件的小型微利企业在预缴申报企业所得税时，须向主管税务机关提供上一纳税年度符合小型微利企业条件的相关证明材料。主管税务机关对企业提供的相关证明材料核实后，认定企业上一纳税年度不符合规定条件的，不得按第1条规定填报纳税申报表。

③ 纳税年度终了后，主管税务机关应核实企业纳税年度是否符合上述小型微利企业规定条件。不符合规定条件或已按第1条规定计算减免企业所得税预缴的，在年度汇算清缴时要按照规定补缴企业所得税。

一、企业所得税的概述

1. 企业所得税的概念

企业所得税是指对我国境内企业和其他取得收入的组织的生产经营所得和其他所得征收的所得税。

2. 企业所得税纳税义务人

企业所得税纳税义务人是指在中华人民共和国境内的企业和其他取得收入的组织(以下统称企业)，但依照中国法律、行政法规规定成立的个人独资企业、合伙企业除外。

企业所得税纳税人分为居民企业和非居民企业。居民企业是指依法在中国境内成立，或者依照外国(地区)法律成立，但实际管理机构在中国境内的企业。这里的企业包括国有企业、集体企业、私营企业、联营企业、股份制企业、外商投资企业、外国企业以及有生产、经营所得和其他所得的其他组织。其中，有生产、经营所得和其他所得的其他组织，是指经国家有关部门批准，依法注册、登记的事业单位、社会团体等组织。非居民企业是指依照外国(地区)法律成立且实际管理机构不在中国境内,但在中国境内设立机构、场所的,或者在中国境内未设立机构、场所,但又有来源于中国境内所得的企业。

实际管理机构是指对企业的生产经营、人员、账务、财产等实施实质性全面管理和控制的机构。

机构、场所是指在中国境内从事生产经营活动的机构、场所。

3. 征税对象

企业所得税的征税对象是指企业的生产经营所得、其他所得和清算所得。

(1) 居民企业的征税对象为来源于中国境内、境外的所得。

所得包括销售货物所得、提供劳务所得、转让财产所得、股息、红利等权益性投资所得、利息所得、租金所得、特许权使用费所得、接受捐赠所得和其他所得。

(2) 非居民企业的征税对象。

① 在中国境内设有机构、场所的,应当就其所设机构、场所取得的来源于境内,以及发生在境外但与其所设机构、场所有实际联系的所得,缴纳企业所得税。

② 在中国境内未设立机构、场所的,或者虽设立机构、场所但取得的所得与其所设机构、场所没有实际联系的,应当就其来源于中国境内的所得缴纳企业所得税。

实际联系是指非居民企业在中国境内设立的机构、场所拥有的据以取得所得的股权、债权,以及拥有、管理、控制据以取得所得的财产。

4. 税率

(1) 基本税率为 25%。适用于居民企业和在中国境内设有机构、场所且所得与所有关联的非居民企业。

(2) 低税率为 20%。适用于在中国境内未设立机构、场所的,或者虽设立机构、场所但取得的所得与其所设机构、场所没有实际联系的非居民企业(实际征税时适用 10%的税率)。

素养专栏 5-1

一人有限责任公司应缴纳企业所得税吗?

《公司法》所称一人有限责任公司是指只有一个自然人股东或者一个法人股东的有限责任公司。《中华人民共和国企业所得税法》第一条规定,在中华人民共和国境内,企业和其他取得收入的组织为企业所得税的纳税人,依照本法的规定缴纳企业所得税。个人独资企业、合伙企业不适用本法。因此,一人有限责任公司是一种特殊的有限责任公司,注册的是企业法人性质,应缴纳企业所得税。

---

5. 税收优惠政策

1) 减征和免征

(1) 企业从事农、林、牧、渔业项目的所得,包括免征、减征两部分。

企业从事下列项目的所得,免征企业所得税:① 蔬菜、谷物、薯类、油料、豆类、棉花、麻类、糖、水果、坚果的种植;② 农作物新品种的选育;③ 中药材的种植;④ 林木的培育和种植;⑤ 牲畜、家禽的饲养;⑥ 林产品的采集;⑦ 灌溉、农产品初加工、兽医、农技推广、农机作业和维修等农、林、牧、渔服务业项目;⑧ 远洋捕捞。

企业从事下列项目的所得，减半征收企业所得税，包括：① 花卉、茶以及其他饮料作物和香料作物的种植；② 海水养殖、内陆养殖。

(2) 企业从事国家重点扶持的公共基础设施项目的投资经营的所得。自项目取得第一笔生产经营收入所属纳税年度起，第 1 年至第 3 年免征企业所得税，第 4 年至第 6 年减半征收企业所得税。企业承包经营、承包建设和内部自建自用本条规定的项目，不得享受本条规定的企业所得税优惠。

(3) 企业从事符合条件的环境保护、节能节水项目。自项目取得第一笔生产经营收入所属纳税年度起，第 1 年至第 3 年免征企业所得税，第 4 年至第 6 年减半征收企业所得税。

(4) 符合条件的技术转让所得。居民企业技术转让符合条件的所得不超过 500 万元的部分，免征企业所得税；超过 500 万元的部分，减半征收企业所得税。

2) 高新技术企业优惠

国家需要重点扶持的高新技术企业，减按 15% 的税率征收企业所得税。

3) 小型微利企业优惠

小型微利企业减按 20% 的税率征收企业所得税。小型微利企业的条件如下所述。

(1) 工业企业：年度应纳税所得额不超过 50 万元，从业人数不超过 100 人，资产总额不超过 3 000 万元。

(2) 其他企业：年度应纳税所得额不超过 50 万元，从业人数不超过 80 人，资产总额不超过 1 000 万元。

"从业人数"按企业全年平均从业人数计算，"资产总额"按企业年初和年末资产总额平均计算。小型微利企业，是指企业的全部生产经营活动产生的所得均负有我国企业所得税纳税义务的企业。仅就来源于我国所得负有我国纳税义务的非居民企业，不适用上述规定。

4) 加计扣除优惠

加计扣除是指企业在计算应纳税所得额时，在据实扣除的基础上，还可以加扣一定比例。

(1) 开发新技术、新产品、新工艺发生的研究开发费用，未形成无形资产计入当期损益的，在按照规定据实扣除的基础上，按照研究开发费用的 75% 加计扣除；形成无形资产的，按照无形资产成本的 175% 摊销。

(2) 企业安置残疾人员所支付的工资，在按照支付给残疾职工工资据实扣除的基础上，按照支付给残疾职工工资的 100% 加计扣除。残疾人员的范围适用《中华人民共和国残疾人保障法》的有关规定。

5) 创投企业优惠

创业投资企业采取股权投资方式投资于未上市的中小高新技术企业 2 年以上的，可以按照其投资的 70% 在股权持有满 2 年的当年抵扣该创业投资企业的应纳税所得额；当年不足抵扣的，可以在以后纳税年度结转抵扣。

6) 加速折旧优惠

企业的固定资产由于技术进步等原因，确实需要加速折旧的，可以缩短折旧年限或者采取加速折旧的方法。可采用以上折旧方法的固定资产是指：① 由于技术进步，产品更新换代较快的固定资产；② 常年处于强震动、高腐蚀状态的固定资产。

采取缩短折旧年限方法的，最低折旧年限不得低于规定折旧年限的 60%；采取加速折旧方法的，可以采取双倍余额递减法或者年数总和法。

7) 减计收入优惠

企业综合利用资源，生产符合国家产业政策规定的产品所取得的收入，减按 90% 计入收入总额。

8) 税额抵免优惠

企业购置并实际使用《环境保护专用设备企业所得税优惠目录》、《节能节水专用设备企业所得税优惠目录》和《安全生产专用设备企业所得税优惠目录》规定的环境保护、节能节水、安全生产等专用设备的，该专用设备的投资额的 10% 可以从企业当年的应纳税额中抵免；当年不足抵免的，可以在以后 5 个纳税年度结转抵免。

9) 民族自治地方的优惠

民族自治地方的自治机关对本民族自治地方的企业应缴纳的企业所得税中属于地方分享的部分，可以决定减征或免征。

自治州、自治县决定减征或免征的，须报省、自治区、直辖市人民政府批准。

10) 非居民企业优惠

非居民企业减按 10% 的所得税税率征收企业所得税。

11) 特殊行业优惠

① 软件产业和集成电路产业发展税收优惠。我国境内新办的集成电路设计企业和符合条件的软件企业，经认定后，在 2018 年 12 月 31 日前自获利年度起计算优惠期，第一年至第二年免征企业所得税，第三年至第五年按照 25% 的法定税率减半征收企业所得税，并享受至期满为止。

② 证券投资基金税优惠。对证券投资基金从证券市场中取得的收入，包括买卖股票、债券的差价收入，股权的股息、红利收入，债券的利息收入及其他收入，暂不征收企业所得税；对投资者从证券投资基金分配中取得的收入，暂不征收企业所得税；对证券投资基金管理人运用基金买卖股票、债券的差价收入，暂不征收企业所得税。

③ 节能服务公司的优惠政策。自 2011 年 1 月 1 日起，对符合条件的节能服务公司实施合同能源管理项目，符合企业所得税税法有关规定的，自项目取得第一笔生产经营收入所属纳税年度起，第 1 年至第 3 年免征企业所得税，第 4 年至第 6 年按照 25% 的法定税率减半征收企业所得税。

④ 电网企业电网新建项目优惠。根据《中华人民共和国企业所得税法》及其实施条例的有关规定，居民企业从事符合《公共基础设施项目企业所得税优惠目录(2008 年版)》规定条件和标准的电网(输变电设施)的新建项目，可依法享受"三免三减半"的企业所得税优惠政策。

⑤ 从事污染防治的第三方企业优惠。自 2019 年 1 月 1 日起至 2021 年 12 月 31 日，对符合条件的从事污染防治的第三方企业(以下称第三方防治企业)减按 15% 的税率征收企业所得税。

二、平时预缴所得税额的计算

企业所得税实行按年计征、分月(季)预缴、年终汇算清缴，多退少补的办法，实行查账征收方式申报企业所得税的居民纳税人及在中国境内设立机构的非居民纳税人在月(季)度预缴企业所得税时可采用以下方法计算缴纳。

1. 据实预缴

本月(季)应缴所得税额 = 实际利润累计额 × 税率 − 减免所得税额 − 已累计预缴的所得税额

实际利润累计额是指纳税人按会计制度核算的利润总额，包括从事房地产开发企业按本期取得预售收入计算出的预计利润等。平时预缴时，实际利润额填报按会计制度核算的利润总额减除以前年度待弥补亏损以及不征税收入、免税收入后的余额计算，其他纳税事项不作调整，待会计年度终了再作纳税调整。

税率统一按照《企业所得税法》规定的 25% 计算应纳所得税额。

减免所得税额是指纳税人当期实际享受的减免所得税额，包括享受减免税优惠过渡期的税收优惠、小型微利企业的税率优惠、高新技术企业的税率优惠及经税务机关审批或备案的其他减免税优惠。

2. 按照上一纳税年度应纳税所得额的平均额预缴

本月(季)应缴所得税额 = 上一纳税年度应纳税所得额 ÷ 12(或 4) × 税率

注意：按上一纳税年度应纳税所得额实际数除以 12(或 4)得出每月(或季)纳税所得额，上一纳税年度所得额中不包括纳税人的境外所得。税率统一按照 25% 计算。

除了以上两种方法计算预缴所得税外，还可以按税务机关确定的其他方法进行。

子任务二　查账征收企业应纳所得税额年终汇算

任务目标

(1) 准确确定企业年度应纳税所得额。

(2) 正确计算企业年度应补(退)的企业所得税。

沿用本节的工作实例，风尚公司 2019 年度应纳税所得额的调整、分析过程如下：

(1) 国债利息收入调减应纳税所得额 50 万元。

(2) 扣除类调整项目。工资：按税法规定企业实际发生的合理的工资费用可以税前扣除，并作为三项费用的扣除标准的基数。

① 职工福利费：扣除限额 = 2 000 × 14% = 280(万元)，纳税调增 285 − 280 = 5(万元)。

② 职工教育经费：扣除限额 = 2 000 × 2.5% = 50(万元)，实际列支 45 万元，无须调整。

③ 工会经费：扣除限额 = 2 000 × 2% = 40(万元)，实际列支 30 万元，且取得了合法的票据，不用调整。

④　　　　　　业务招待费调增 = 20 − 20 × 60% = 8(万元)

5 200 × 5‰ = 26(万元) > 12(万元)

⑤ 广告费与业务宣传：扣除限额 = 5 200 × 15% = 780(万元)，实际发生 100 万元，可全额扣除。

⑥ 捐赠支出：根据税法规定，企业通过公益性社会团体、县级以上人民政府及其部门

向玉树地震受灾地区的捐赠，允许在当年企业所得税税前全额扣除，不用调整。

⑦ 利息支出，企业向金融机构的借款利息支出准予税前扣除。

⑧ 加计扣除：新产品研发费用调减 $= 75\% \times 120 = 90$(万元)。

(3) 固定资产折旧的调整。小汽车会计折旧年限为 3 年，11 月、12 月共计提折旧为：$360 \div 36 \times 2 = 20$(万元)，而税法折旧年限最低为 4 年，折旧金额为：$360 \div 48 \times 2 = 15$(万元)，固定资产调增 $20 - 15 = 5$(万元)

(4) 汇总纳税调增额：$5 + 8 + 5 = 18$(万元)

(5) 汇总纳税调减额：$50 + 90 = 140$(万元)

(6) 2017 年度应纳税所得额：$636 + 18 - 140 = 514$(万元)

沿用第一节的工作实例，2017 年度风尚公司应纳所得税额：

$$514 \times 25\% = 128.5(万元)$$

本年应补退的所得税税额 $= 128.5 - 146.5 = -18$(万元)

★ 行家提示：

(1) 应纳税所得额的计算方法分为直接法和间接法。

① 直接法的计算公式为

应纳税所得额 = 收入总额 − 不征税收入 − 免税收入 − 各项扣除 − 亏损弥补

② 间接法的计算公式为

应纳税所得额 = 会计利润总额 ± 纳税调整项目金额

(2) 在实务工作中，纳税人通常使用间接法，以会计利润总额为基础，加减纳税调整项计算应纳税所得额。

(3) 纳税调整项目金额包括两方面的内容。

① 企业的财务会计处理和税收规定不一致的，应予以调整的金额。

② 企业按税法规定准予扣除的税收金额。

(4) 应纳税所得额与会计利润是两个不同的概念，两者既有联系又有区别。

① 应纳税所得额是一个税收概念，是根据企业所得税税法，按照一定的标准，纳税人在一个时期内的应税所得，是企业所得税的计税依据。

② 会计利润是一个会计核算概念，它不等同于应纳税所得额，它反映了企业一定会计期间生产经营的财务成果，是确定应纳税所得额的基础。

一、企业所得税的征收方式

企业所得税征收方式分为：查账征收和核定征收。

查账征收是指由纳税人依据账簿记载，先自行计算缴纳，事后经税务机关查账核实，如有不符合税法规定的，要进行纳税调整，对已缴税款多退少补。查账征收方式主要适用于账簿、凭证、财务核算制度比较健全，能够据以如实核算，反映生产经营成果，正确计算应纳税款的纳税人。

企业所得税的计税依据是应纳税所得额，要正确地计算企业所得税，就必须准确地界定应纳税所得额。

在直接法下，应纳税所得额为企业每个纳税年度的收入总额减除不征税收入、免税收入、各项扣除以及允许弥补的以前年度亏损后的余额，其基本计算公式为：

年应纳税所得额 = 收入总额 − 不征税收入 − 免税收入 − 各项扣除 − 弥补亏损

1. 收入总额

企业以货币形式和非货币形式从各种来源取得的收入为收入总额，具体包括以下方面：

(1) 销售货物收入。企业销售商品、产品、原材料、包装物、低值易耗品以及其他存货取得的收入。

(2) 劳务收入。企业从事建筑安装、修理修配、交通运输、仓储租赁、金融保险、邮电通信、咨询经纪、文化体育、科学研究、技术服务、教育培训、餐饮住宿、中介代理、卫生保健、社区服务、旅游、娱乐、加工以及其他劳务服务活动取得的收入。

(3) 转让财产收入。企业转让固定资产、生物资产、无形资产、股权、债权等财产取得的收入。

(4) 股息红利等权益性投资收益。企业因权益性投资从被投资方取得的收入。股息、红利等权益性投资，除国务院财政、税务主管部门另有规定外，按照被投资方做出利润分配决定的日期确认收入的实现。

(5) 利息收入。企业将资金提供他人使用但不构成权益性投资，或者因他人占用本企业资金取得的收入，包括存款利息、贷款利息、债券利息、欠款利息等收入。利息收入，按照合同约定的债务人应付利息的日期确认收入的实现。

值得注意的是，自 2013 年 9 月 1 日，对于兼具权益和债权双重性的企业混合性投资业务，须同时符合 5 个条件(① 被投资企业接受投资后，需要按投资合同或协议约定的利率定期支付利息或定期支付保底利息、固定利润、固定股息；② 有明确的投资期限或特定的投资条件，并在投资期满或者满足特定投资条件后，被投资企业需要赎回投资或偿还本金；③ 投资企业对被投资企业净资产不拥有所有权；④ 投资企业不具有选举权和被选举权；⑤ 投资企业不参与被投资企业日常生产经营活动)的，应按下列规定进行处理：a. 对于被投资企业支付的利息，投资企业应于被投资企业应付利息的日期，确认收入的实现并计入当期应纳税所得额；被投资企业应于应付利息的日期，确认利息支出进行税前扣除；b. 对于被投资企业赎回的投资，投资双方应于赎回时将赎价与投资成本之间的差额确认为债务重组损益，分别计入当期应纳税所得额。

(6) 租金收入。企业提供固定资产、包装物或者其他有形资产的使用权取得的收入。租金收入按照合同约定的承租人应付租金的日期确认收入的实现。

(7) 特许权使用费收入。企业提供专利权、非专利技术、商标权、著作权以及其他特许权的使用权取得的收入。特许权使用费收入，按照合同约定的特许权使用人应付特许权使用费的日期确认收入的实现。

(8) 接受捐赠收入。企业接受来自其他企业、组织或者个人无偿给予的货币性资产、非货币性资产、接收捐赠收入，按实际收到捐赠资产的日期确认收入的实现。

(9) 其他收入。企业取得的除以上收入外的其他收入，包括企业资产溢余收入、逾期未退包装物押金收入、确实无法偿付的应付款项、已作坏账损失处理后又收回的应收款项、债务重组收入、补贴收入、违约金收入、汇兑收益等。

2. 不征税收入和免税收入

1) 不征税收入

(1) 财政拨款,是指各级人民政府对纳入预算管理的事业单位、社会团体等组织拨付的财政资金,但国务院和国务院财政、税务主管部门另有规定的除外。

(2) 依法收取并纳入财政管理的行政事业性收费、政府性基金。行政事业性收费是指依照法律法规等有关规定,按照国务院规定程序批准,在实施社会公共管理,以及在向公民、法人或者其他组织提供特定公共服务过程中,向特定对象收取并纳入财政管理的费用。政府性基金,是指企业依照法律、行政法规等有关规定,代政府收取的具有专项用途的财政资金。

(3) 国务院规定的其他不征税收入,是指企业取得的,由国务院财政、税务主管部门规定专项用途并经国务院批准的财政性资金。

2) 免税收入

(1) 国债利息收入。为鼓励企业积极购买国债,支援国家建设,税法规定,企业因购买国债所得的利息收入,免征企业所得税。

(2) 符合条件的居民企业之间的股息、红利等权益性投资收益,是指居民企业直接投资于其他居民企业取得的投资收益。

(3) 对企业和个人取得的 2012 年及以后年度发行的地方政府债券利息收入、免征企业所得税和个人所得税;

(4) 在中国境内设立机构、场所的非居民企业从居民企业取得与该机构、场所有实际联系的股息、红利等权益性投资收益;该收益不包括连续持有居民企业公开发行并上市流通的股票不足 12 个月取得的投资收益;

(5) 符合条件的非营利组织的收人(不包括非营利组织从事营利活动所取得的收入,但国务院、税务主管部门另有规定的除外)。

3. 税前扣除项目

1) 税前扣除项目的范围

企业实际发生的与取得收入有关的、合理的支出,包括成本、费用、税金、损失和其他支出,准予在计算应纳税所得额时扣除。在实际中,计算应纳税所得额时还应注意三方面的内容:第一,企业发生的支出应当区分收益性支出和资本性支出。收益性支出在发生当期直接扣除;资本性支出应当分期扣除或者计入有关资产成本,不得在发生当期直接扣除。第二,企业的不征税收入用于支出所形成的费用或者财产,不得扣除或者计算对应的折旧、摊销扣除。第三,除企业所得税法和本条例另有规定外,企业实际发生的成本、费用、税金、损失和其他支出,不得重复扣除。

(1) 成本,企业在生产经营活动中发生的销售成本、销货成本、业务支出以及其他耗费,即企业销售商品(产品、材料、下脚料、废料、废旧物资等)、提供劳务、转让固定资产、无形资产(包括技术转让)的成本。

(2) 费用,企业在生产、销售产品及提供劳务等过程中发生的销售费用、管理费用和财务费用,已计入成本有关费用的除外;

(3) 税金,是指企业发生的除企业所得税和允许抵扣的增值税以外的企业缴纳的各项税金及附加，即企业按规定缴纳的消费税、城市维护建设税、关税、资源税、土地增值税、房产税、车船税、土地使用税、印花税、教育费附加等产品销售税金及附加。这些已纳税金准予税前扣除。准许扣除的税金有两种方式：一是在发生当期扣除；二是在发生当期计入相关资产的成本，在以后各期分摊扣除。

(4) 损失，损失是指企业在生产经营活动中发生的固定资产和存货的盘亏、毁损、报废损失，转让财产损失，呆账损失，坏账损失，自然灾害等不可抗力因素造成的损失以及其他损失。企业发生的损失，减除责任人赔偿和保险赔款后的余额，依照国务院财政、税务主管部门的规定扣除。企业已经作为损失处理的资产，在以后纳税年度又全部收回或者部分收回时，应当计入当期收入。

(5) 扣除的其他支出，其他支出是指除成本、费用、税金、损失外，企业在生产经营活动中发生的与生产经营活动有关的、合理的支出。

2) 扣除项目的标准

在计算应纳税所得额时，下列项目可以按实际发生额或者规定的标准扣除。当纳税人的会计处理与税法规定不一致时，应依照税法规定予以调整，并按调整后的金额(准予扣除的金额)扣除。

(1) 工资、薪金支出。企业发生的合理的工资、薪金支出准予据实扣除。"合理工资薪金"，是指企业按照股东大会、董事会、薪酬委员会或相关管理机构制定的工资、薪金制度规定实际发放给员工的工资、薪金。值得注意的是，2011 年及以后各年度企业应纳税所得额税务处理问题实施如下：企业雇用季节工、临时工、实习生、返聘离退休人员以及接受外部劳务派遣用工，也属于企业任职或者受雇员工范畴。企业支付给上述人员的相关费用，可以区分工资薪金支出和职工福利费支出后，准予按规定进行税前扣除。其中属于工资薪金支出的，准予计入企业工资薪金总额的基数，作为计算其他各项相关费用扣除的依据。

(2) 职工福利费、工会经费、职工教育经费。企业发生的职工福利费、工会经费、职工教育经费按标准扣除，未超过标准的按实际数扣除，超过标准的只能按标准扣除。

① 企业发生的职工福利费支出，不超过工资、薪金总额 14% 的部分准予扣除。

② 企业拨缴的工会经费，不超过工资、薪金总额 2% 的部分准予扣除。

③ 除国务院财政、税务主管部门另有规定外，企业发生的职工教育经费支出，不超过工资薪金总额 2.5% 的部分准予扣除，超过部分准予结转以后纳税年度扣除。

(3) 社会保险费。企业发生的社会保险费支出，按下列规定准予扣除：

① 企业按照国务院有关主管部门或省级人民政府规定的范围和标准缴纳的"五险一金"，即基本养老保险费、基本医疗保险费、失业保险费、工伤保险费、生育保险费等基本社会保险费和住房公积金，准予扣除。

② 企业为投资者或者职工支付的补充养老保险费、补充医疗保险费，在国务院财政、税务主管部门规定的范围和标准内，准予扣除。企业依照国家有关规定为特殊工种职工支付的人身安全保险费和符合国务院财政、税务主管部门规定可以扣除的商业保险费准予扣除。

③ 参加财产保险，按照规定缴纳的保险费，准予扣除。企业为投资者或者职工支付的商业保险费，不得扣除。

(4) 利息费用。企业在生产经营过程中发生的利息费用，按下列规定扣除。

① 非金融企业向金融企业借款的利息支出、金融企业的各项存款利息支出和同业拆借利息支出、企业经批准发行债券的利息支出，可据实扣除。

所谓金融企业，是指各类银行、保险公司及经中国人民银行批准从事金融业务的非银行金融机构，包括国家专业银行、区域性银行、股份制银行、外资银行、中外合资银行以及其他综合性银行；还包括全国性保险企业、区域性保险企业、股份制保险企业、中外合资保险企业以及其他专业性保险企业；城市、农村信用社、各类财务公司以及其他从事信托投资、租赁等业务的专业和综合性非银行金融机构。非金融企业，是指除上述金融企业以外的所有企业、事业单位以及社会团体等企业或组织。

② 非金融企业向非金融企业借款的利息支出，不超过按照金融企业同期同类贷款利率计算的数额的部分可据实扣除，超过部分不许扣除。

(5) 借款费用。

① 企业在生产经营活动中发生的合理的不需要资本化的借款费用，准予扣除。

② 企业为购置、建造固定资产、无形资产和经过 12 个月以上的建造才能达到预定可销售状态的存货发生借款的，在有关资产购置、建造期间发生的合理的借款费用，应予以资本化，作为资本性支出计入有关资产的成本；有关资产交付使用后发生的借款利息，可在发生当期扣除。值得注意的是，2011 年及以后各年度企业应纳税所得额税务处理问题实施如下：企业通过发行债券、取得贷款、吸收保户储金等方式融资而发生的合理的费用支出，符合资本化条件的，应计入相关资产成本；不符合资本化条件的，应作为财务费用(包括手续费及佣金支出)，准予在企业所得税前据实扣除。

(6) 汇兑损失。企业在货币交易中，以及纳税年度终了时将人民币以外的货币性资产、负债按照期末即期人民币汇率中间价折算为人民币时产生的汇兑损失，除已经计入有关资产成本以及与向所有者进行利润分配相关的部分外，准予扣除。

(7) 业务招待费。企业发生的与生产经营活动有关的业务招待支出，按照发生额的60%扣除，但最高不得超过当年销售(营业)收入的5‰。

当年销售(营业)收入包括销售货物收入、劳务收入、出租财产收入、转让无形资产使用权收入、视同销售收入等，即会计核算中的"主营业务收入""其他业务收入"。

企业在筹建期间，发生的与筹办活动有关的业务招待支出，可按实际发生额的 60%计入企业筹办费，并按有关规定在税前扣除。

注意：企业会计核算中只要有业务招待费发生，在申报表上一定会有该项目的纳税调增金额，但不会有纳税调减金额。

(8) 广告费和业务宣传费。企业发生的符合条件的广告费和业务宣传费支出，除国务院财政、税务主管部门另有规定外，不超过当年销售(营业)收入 15%的部分，准予扣除；超过部分，准予结转以后纳税年度扣除。

自 2016 年 1 月 1 日起至 2020 年 12 月 31 日止，对化妆品制造、医药制造和饮料制造(不含酒类制造)企业发生的广告费和业务宣传费支出，不超过当年销售(营业)收入 30%的部分，准予扣除；超过部分，准予在以后纳税年度结转扣除。

烟草企业的烟草广告费和业务宣传费支出，一律不得在计算应纳税所得额时扣除。

值得注意的是，2011 年及以后各年度企业应纳税所得额税务处理问题实施如下：企业在筹建期间，发生的与筹办活动有关的业务招待费支出，可按实际发生额的 60% 计计入企业筹办费，并按有关规定在税前扣除；发生的广告费和业务宣传费，可按实际发生额计入作企业筹办费，并按有关规定在税前扣除。

企业申报扣除的广告费支出应与赞助支出严格区分。企业申报扣除的广告费支出，必须符合下列条件：广告是通过工商部门批准的专门机构制作的；已实际支付费用，并已取得相应发票；通过一定的媒体传播。

(9) 环境保护专项资金。企业依照法律、行政法规有关规定提取的用于环境保护、生态恢复等方面的专项资金准予扣除；提取资金后改变用途的，不得扣除。值得注意的是，自 2013 年 1 月 1 日起，企业参与政府统一组织的工矿(含中央下放煤矿)棚户区改造、林区棚户区改造、垦区危房改造并同时符合一定条件的棚户区改造支出，准予在企业所得税前扣除。

(10) 保险费。企业参加财产保险，按照规定缴纳的保险费，准予扣除。

(11) 租赁费。企业根据生产经营活动的需要租入固定资产支付的租赁费，按照以下方法扣除：

① 以经营租赁方式租入固定资产发生的租赁费支出，按照租赁期限均匀扣除。经营性租赁是指所有权不转移的租赁。

② 以融资租货方式租入固定资产发生的租赁费支出，按照规定构成融资租入固定资产价值部分应当提取折旧费用，分期扣除。融资租赁是指在实质上转移与一项资产所有权有关的全部风险和报酬的一种租赁。

(12) 劳动保护费。企业发生的合理的劳动保护支出，准予扣除。自 2011 年 7 月 1 日起，企业根据其工作性质和特点，由企业统一制作并要求员工工作时统一着装所发生的工作服饰费用，可以作为企业合理的支出给予税前扣除。

(13) 公益性捐赠支出。企业发生的公益性捐赠支出，不超过年度利润总额 12% 的部分，准予扣除。超过年度利润总额 12% 的部分，准予以后三年内在计算应纳税所得额时结转扣除。

年度利润总额是指企业按照国家统一会计制度规定计算的年度会计利润。

公益性捐赠是指企业通过公益性社会团体或者县级以上人民政府及其部门，用于《中华人民共和国公益事业捐赠法》规定的公益事业的捐赠。另外，企业发生诸如汶川地震灾后重建、举办北京奥运会和上海世博会等特定事项的捐赠，按规定可以据实全额扣除。

非公益性捐赠不允许扣除。

(14) 资产损失。企业当期发生的固定资产和流动资产盘亏、毁损净损失，由企业提供清楚盘存资料经主管税务机关审核后，准予扣除。

企业因存货盘亏、毁损、报废等原因不得从销项税金中抵扣的进项税金，应视同企业财产损失，准予与存货损失一起在所得税前按规定扣除。

(15) 有关资产的费用。

① 企业转让各类固定资产发生的费用，允许扣除。

② 企业按规定计算的固定资产折旧费、无形资产和递延资产的摊销费，准予扣除。

(16) 总机构分摊的费用。非居民企业在中国境内设立的机构、场所，就其中国境外总机构发生的与该机构、场所生产经营有关的费用，能够提供总机构出具的费用汇集范围、定额、分配依据和方法等证明文件，并合理分摊的，准予扣除。

(17) 其他项目。依照有关法律、行政法规和国家有关税法规定准予扣除的其他项目，如会员费、合理的会议费、差旅费、违约金、诉讼费用等，准予扣除。值得注意的是，2011年及以后各年度企业应纳税所得额税务处理问题实施如下：

① 从事代理服务、主营业务收入为手续费、佣金的企业(如证券、期货、保险代理等企业)，其为取得该类收入而实际发生的营业成本(包括手续费及佣金支出)，准予在企业所得税前据实扣除；

② 电信企业在发展客户、拓展业务等过程(如委托销售电话入网卡、电话充值卡等)中，需向经纪人、代办商支付手续费及佣金的，其实际发生的相关手续费及佣金支出，不超过企业当年收入总额的5%的部分，准予在企业所得税前据实扣除；

③ 根据《中华人民共和国税收征收管理法》的有关规定，对企业发现以前年度实际发生的、按照税收规定应在企业所得税前扣除而未扣除或者少扣除的支出，企业做出专项申报及说明后，准予追补至该项目发生年度计算扣除，但追补确认期限不得超过5年。企业由于上述原因多缴的企业所得税税款，可以在追补确认年度企业所得税应纳税款中抵扣，不足抵扣的，可以向以后年度递延抵扣或申请退税。亏损企业追补确认以前年度未在企业所得税前扣除支出，或盈利企业经过追补确认后出现亏损的，应首先调整该支出所属年度亏损额，然后再按照弥补亏损的原则计算以后年度多缴的企业所得税税款，并按前款规定处理。

(18) 企业参与政府统一组织的棚户区改造支出。企业参与政府统一组织的工矿(含中央下放煤矿)棚户区改造、林区棚户区改造、垦区危房改造并同时符合一定条件的棚户区改造支出，准予在企业所得税前扣除。

4. 不得扣除的项目

在计算应纳税所得额时，下列支出不得扣除。

(1) 向投资者支付的股息、红利等权益性投资收益款项。

(2) 企业所得税税款。

(3) 税收滞纳金，是指纳税人违反税收法律、法规，被税务机关所处的滞纳金。

(4) 罚金、罚款和被没收财物的损失，是指纳税人违反国家有关法律、法规规定，被有关部门所处的罚款，以及被司法机关所处的罚金和被没收的财物。

(5) 超过规定标准的捐赠支出。

(6) 赞助支出，是指企业发生的与生产经营活动无关的各种非广告性质支出。

(7) 未经核定的准备金支出，是指不符合国务院财政、税务主管部门规定的各项资产减值准备、风险准备等准备金支出。

(8) 企业之间支付的管理费、企业内营业机构之间支付的租金和特许权使用费，以及非银行企业内营业机构之间支付的利息，不得扣除。

(9) 与取得收入无关的其他支出。

5. 亏损弥补

亏损是指企业按照《中华人民共和国企业所得税法》及暂行条例的规定，将每个纳税年度的收入总额减除不征税收入、免税收入和各项扣除后小于零的数额。

税法规定，企业某一纳税年度发生的亏损可以用下一年度的所得弥补，下一年度的所得不足以弥补的，可以逐年延续弥补，但最长不得超过 5 年。而且，企业在汇总计算缴纳企业所得税时，其境外营业机构的亏损不得抵减境内营业机构的盈利。

注意事项：

(1) 亏损弥补期应连续计算，不得间断，无论弥补期内是盈利还是亏损，都作为实际弥补期计算。

(2) 连续发生亏损，按先亏先补的顺序弥补。

(3) 企业在汇总计算缴纳企业所得税时，其境外营业机构的亏损不得抵减境内营业机构的赢利。

二、企业应纳所得税额的计算

(1) 查账征收方式下应纳税所得额的计算公式为：

直接法：

应纳税所得额 = 收入总额 − 不征税收入 − 免税收入 − 各项扣除 − 以前年度亏损

间接法：

$$应纳税所得额 = 会计利润总额 \pm 纳税调整项目金额$$

(2) 企业应纳所得税额等于应纳税所得额乘以适用税率，基本计算公式为：

第 1 步：

应纳税额 = 应纳税所得额 × 适用税率 − 减免税额 − 抵减税额

第 2 步：

(境内外)实际应纳所得税额 = 应纳税额 + 境外所得应纳所得税额 − 境外所得抵免所得税额

第 3 步：

本年应补(退)的所得税额 = (境内外)实际应纳所得税额 − 本年累计实际已预缴的所得税额

三、境外所得抵扣税额的计算

在计算应纳税额时还应注意境外所得税已纳税额的扣除。境外所得税已纳税额的扣除是指根据税法规定，纳税人来源于中国境外所得，已在境外缴纳的所得税额，准予在汇总纳税时从其应纳税额中扣除。

我国税法规定对境外已纳税款实行限额扣除。抵免限额采用"分国不分项"的计算原则，即对来源于境外某一国的各项所得不分项，汇总在一起，作为来源于该国的所得额，按我国税法规定计算扣除限额。而对来源于境外不同国家的所得，要依据来源于每个国家的所得，并按我国税法分国计算扣除限额。

企业取得的下列所得已在境外缴纳的所得税税额，可以从其当期应纳税额中抵免，抵免限额为该项所得依照企业所得税法规定计算的应纳税额；超过抵免限额的部分，可以在以后 5 个年度内，用每年度抵免限额抵免当年应抵税额后的余额进行抵补。

(1) 居民企业来源于中国境外的应税所得；

(2) 非居民企业在中国境内设立机构、场所，取得发生在中国境外，但与该机构、场所有实际联系的应税所得。

抵免限额是指企业来源于中国境外的所得，依照企业所得税法和实施条例的规定计算的应纳税额，除国务院财政、税务主管部门另有规定外。计算公式为：

$$抵免限额 = 中国境内、境外所得依照企业所得税法和实施条例规定计算的应纳税总额$$
$$× 来源于某国(地区)的应纳税所得额 ÷ 中国境内、境外应纳税所得总额$$
$$= 源于某国(地区)的应纳税所得额(境外税前所得额) × 25\%$$

子任务三 查账征收企业所得税账务处理

任务目标

正确进行企业所得税月(季)的会计处理、年度汇算清缴的财务处理。

沿用本章第一节工作实例，风尚公司 2019 年 12 月账务处理如下：(金额单位：万元)

(1) 按季计算企业所得税：

借：所得税费用	146.5	
贷：应交税费——应交所得税		146.5

(2) 年末结转损益：

借：本年利润	146.5	
贷：所得税费用		146.5

(3) 2020 年 1 月 15 日前实际预缴所得税：

借：应交税费——应交所得税	146.5	
贷：银行存款		146.5

(4) 2020 年 5 月 31 日前，完成 2019 年所得税汇算清缴工作

2019 年企业应交所得税和本期所得税费用情况如下：

① 税前会计利润：	636
加：永久性差异：国债利息收入	−50
超标准职工福利费	+5
超标准业务招待费	+8
研发费用加计扣除	−60
加：暂时性差异：固定资产折旧会计与税法年限不一致	+5
应纳税所得额税	544
所得税税率	25%
本期应交所得税	136
本期所得税费用	136

② 在应付税款法下，2019 年风尚公司应计入损益中的所得税费用和应交所得税的金额均为 136 万元，而 2019 年风尚公司根据实际利润额预缴和计入损益的数据均为 146.5 万元，这意味着企业预缴税款超过应缴税款，而所得税的汇算清缴工作是在次年 5 月 31 日前完成，因此应作如下账务处理(不考虑所得税对盈余公积的计提的影响)：

借：其他应收款——应收多缴企业所得税款　　10.5

　　贷：以前年度损益调整　　　　　　　　　　　　　10.5

借：以前年度损益调整　　　　　　　　　　10.5

　　贷：利润分配——未分配利润　　　　　　　　　10.5

(5) 在实际工作中，多缴税款一般不予退还，可用于抵扣下年度的所得税费用：

借：应交税费——应交所得税　　　　　　　10.5

　　贷：其他应收款——应收多缴企业所得税款　　　10.5

★ 行家提示：

(1) 应付税款法下，不需要确认税前会计利润与应纳税所得额之间的差异所造成的影响纳税的金额，因此当期计入损益的所得税费用等于当期按应纳税所得额计算的应交所得税。

(2) 资产负债表债务法下，仅确认暂时性差异对所得税的影响，因为永久性差异不会产生资产、负债的账面价值与其计税基础的差异，对企业未来期间的计税没有影响，不会产生递延所得税，因此永久性差异应在发生的当期进行所得税纳税调整。

一、应付税款法

2006 年 2 月 15 日，财政部发布了 39 项企业会计准则，并于 2007 年 1 月 1 日首先在上市公司中推行，随后逐步推广到所有企业。其中《企业会计准则第 18 号——所得税》规定，所得税的核算方法一律采用资产负债表债务法。但是在实务工作中，绝大部分非上市公司仍采用应付税款法核算所得税费用。

(1) 应付税款法是指企业不确认暂时性差异对所得税的影响额，将当期计算得出的应交所得税确认为所得税费用的方法。

采用应付税款法进行所得税会计核算时，按照税法规定对本期税前会计利润进行纳税调整，核算上不区分永久性差异和暂时性差异，在税前会计利润的基础上进行纳税调整，换算成应纳税所得额后按适用税率计算出本期应纳所得税额。在应付税款法下，当期所得税费用等于当期应交所得税。

(2) 应付税款法下企业所得税的一般账务处理：

① 按月、按季计算企业所得税：

借：所得税费用

　　贷：应交税费——应缴所得税

② 期末结转：

借：本年利润

　　贷：所得税费用

③ 月季度实际预缴企业所得税：

借：应交税费——应缴所得税

　　贷：银行存款

④ 年终汇算清缴，如预缴税款<应缴税款的，应在汇算清缴期内结清应补缴的企业所

得税税款：

　　借：以前年度损益调整

　　　　贷：应交税费——补缴所得税

　　借：利润分配——未分配利润

　　　　贷：以前年度损益调整

　　借：应交税费——补缴所得税

　　　　贷：银行存款

　　⑤ 年终汇算清缴，如预缴税款>应缴税款的，主管税务机关应及时按有关规定办理退税：

　　借：其他应收款——应收多缴企业所得税款

　　　　贷：以前年度损益调整

　　借：以前年度损益调整

　　　　贷：利润分配——未分配利润

　　⑥ 企业收到税务局退还的多缴税款：

　　借：银行存款

　　　　贷：其他应收款——应收多缴企业所得税款

　　⑦ 若经纳税人同意后将多缴税款抵缴其下一年度应交所得税：

　　借：应交税费——应交所得税

　　　　贷：其他应收款——应收多缴企业所得税款

　　值得注意的是，采用应付税款法核算所得税费用的优点是操作简便，缺点是企业按税法规定在计算得出应纳所得税税额后，将该金额作为应交税费和所得税费用入账，利润表中的所得税费用核算是不准确的，当会计利润与应纳税所得额不一致时，企业实际应负担的所得税费用，不符合权责发生制原则及配比原则。

二、资产负债表债务法

　　《企业会计准则第 18 号——所得税》要求企业一律采用资产负债表法核算所得税。

1. 资产负债表债务法的定义

　　资产负债表债务法是从资产负债表出发，通过比较资产负债表上列示的资产、负债，按照企业会计准则规定确定的账面价值与按照税法规定确定的计税基础，对于两者之间差额分别应纳税暂时性差异与可抵扣暂时性差异，确认相关的递延所得税负债与递延所得税资产，并在此基础上确定每个会计期间利润表中的所得税费用。

2. 与资产负债表债务法相关的概念

　　(1) 资产和负债项目的账面价值：企业按照企业会计准则确定的有关资产、负债在资产负债表中列示的金额。

　　如某企业存货的账面余额为 100 万元，已计提存货跌价准备 10 万元，则存货的账面价值为 90 万元，等于该项存货在资产负债表中的列示金额。

　　(2) 资产的计税基础：企业收回资产账面价值过程中，计算应纳税所得额时，按照税法规定可以自应税经济利益中抵扣的金额。也就是说，按照税法规定，该项资产在未来使用或最终处置时，允许作为成本或费用于税前列支的金额。在上例中，存货的计税基础为100万元。

$$资产的计税基础 = 资产未来期间计税时可税前扣除的金额$$

(3) 负债的计税基础：负债的账面价值减去未来期间计算应纳税所得额时按照税法规定可予抵扣的金额。

$$负债的计税基础 = 账面价值 - 未来可税前抵扣的金额$$

(4) 永久性差异：某一会计期间，由于会计准则和税法在计算收益、费用或损失时的口径不同所产生的税前会计利润与应纳税所得额之间的差异。这种差异在某一时间发生，在以后还可能继续发生，但不能在以后的时期内转回。由于永久性差异发生后不会在未来期间转回，对于永久性差异采取纳税申报前进行账外调整的处理办法，即在确定应纳税所得额时，在税前会计利润的基础上将永久性差异的金额扣除或加回，以消除该差异对所得税费用的影响。

永久性差异只影响当期，不影响其他会计期间。

(5) 暂时性差异：资产或负债的账面价值与其计税基础之间的差额。由于资产、负债的账面价值与计税基础不同，产生了在未来收回资产或清偿债务的期间内，应纳税所得额增加或减少并导致未来期间应交所得税增加或减少的情况。

暂时性差异影响的纳税额将要递延到以后期间，因此应在本期确认递延所得税资产或负债。

根据暂时性差异对未来期间应税金额影响的不同，暂时性差异可分为应纳税暂时性差异和可抵扣暂时性差异。

① 应纳税暂时性差异是指在确定未来收回资产或清偿负债期间的应纳税所得额时，将导致产生应税金额的暂时性差异。

② 可抵扣暂时性差异是指在确定未来收回资产或清偿负债期间的应纳税所得额时，将导致产生可抵扣金额的暂时性差异。

概括起来可以分为以下四种情况：

a. 资产的账面价值 > 其计税基础时，产生应纳税暂时性差异，确认递延所得税负债；

b. 负债的账面价值 < 其计税基础时，产生应纳税暂时性差异，确认递延所得税负债；

c. 资产的账面价值 < 其计税基础时，产生可抵扣暂时性差异，确认递延所得税资产；

d. 负债的账面价值 > 其计税基础时，产生可抵扣暂时性差异，确认递延所得税资产；

(6) 递延所得税资产：企业对于可抵扣暂时性差异可能产生的未来经济利益，应当以很可能取得用来抵扣可抵扣暂时性差异的应纳税所得额为限，确认相关的递延所得税资产，并减少所得税费用。

(7) 递延所得税负债：应纳税暂时性差异在转回期间将增加未来期间企业的应纳所得税和应交所得税，导致企业经济利益的流出，从其发生当期来看，构成企业应支付税金的义务，应作为递延所得税负债确认。

3. 资产负债表债务法核算的基本程序

在资产负债表债务法下，所得税核算有以下三个步骤

(1) 计算应交所得税：

应交所得税 = 应纳税所得额 × 所得税税率 = (利润总额 + 纳税调整额) × 所得税税率

(2) 计算暂时性差异的影响额，分别确认递延所得税资产和递延所得税负债期末余额：

递延所得税资产期末余额 = 可抵扣暂时性差异期末余额 × 适用所得税税率

递延所得税负债期末余额 = 应纳税暂时性差异期末余额 × 适用所得税税率

通过递延所得税资产(负债)期末余额减去期初余额得到递延所得税资产(负债)的本期的发生额。

(3) 计算所得税费用：

所得税费用 = 当期所得税 + 递延所得税

利润表中的所得税费用包括当期所得税和递延所得税两个组成部分，其中，当期所得税是指当期发生的交易或事项按照适用的税法规定计算确定的当期应交所得税；递延所得税是当期确认的递延所得税资产和递延所得税负债金额或予以转销的金额的综合结果。

按照适用的税法规定计算确定当期应纳税所得额，将应纳税所得额与适用的所得税税率计算的结果确认为当期应交所得税(即当期所得税)，同时结合当期确认的递延所得税资产和递延所得税负债(即递延所得税)，作为利润表中应予确认的所得税费用。

借：所得税费用

　　递延所得税资产

　贷：应交税费——应交所得税

　　　递延所得税负债

例 5-1 沿用本章第一节工作实例，风尚公司 2019 年度永久性差异有四项，在确定应纳税所得额时，永久性差异在税前会计利润的基础上直接进行调整。暂时性差异有一项：固定资产折旧会计年限与税法规定年限不一致产生的暂时性差异。在应付税款法核算方式下，企业不需要考虑暂时性差异的影响。但是如果风尚公司采用资产负债表债务法核算企业所得税，企业当年计入所得税费用的金额如下：

2019 年 12 月 31 日：

汽车的计税基础 = 360 − 15 = 345(万元)

汽车的账面价值 = 360 − 20 = 340(万元)

账面价值 < 计税基础，属于可抵扣暂时性差异，应确认递延所得税资产，金额为 5 × 25% = 1.25(万元)。

完成企业账务处理。

解析：

(1) 借：所得税费用　　　　　　　　　136

　　　　贷：应交税费——应交所得税　　　　　　136

(2) 借：递延所得税资产　　　　　　　1.25

　　　　贷：所得税费用　　　　　　　　　　　1.25

将(1)和(2)合并：

借：所得税费用　　　　　　　　　　134.75

　　递延所得税资产　　　　　　　　　1.25

　　贷：应交税费——应交所得税　　　　　　136

子任务四　查账征收企业年度所得税纳税申报

子任务目标

沿用本章第一节工作实例，规范正确地填写企业所得税年度纳税申报表，完成企业所得税年度汇算清缴工作(假设企业于 2018 年 3 月 4 日进行所得税年度纳税申报)，样表见表5-2～表 5-9。

表 5-2　(主表)中华人民共和国企业所得税年度纳税申报表(A 类)及填表说明

税款所属期间：2019 年 10 月 1 日至 2019 年 12 月 31 日

纳税人名称：430103432164409　　　　　　　　　　　　填表时间：2020 年 3 月 4 日

纳税人识别号：风尚服饰有限责任公司　　　　　　　　　金额单位：万元

类　别	行次	项　目	金额	填写内容	与其他表的关系
利润总额计算	1	一、营业收入(填表 5-3(附表一))	5 200	主要经营业务和其他业务所确认的收入总额	附表一(1)第 2 行
	2	减：营业成本(填表 5-4(附表二))	4 060	经营主要业务和其他业务发生的实际成本总额	附表二(1)第 2+7 行
	3	税金及附加	12	经营业务应负担的消费税、城市维护建设税、资源税、土地增值税和教育费附加等	
	4	销售费用(填表 5-4(附表二))	170	销售商品、材料提供劳务过程中发生的各种税费	附表二(1)第 26 行
	5	管理费用(填表 5-4(附表二))	300	为组织和管理生产经营发生的管理费用	附表二(1)第 27 行
	6	财务费用(填表 5-4(附表二))	22	为筹集生产经营所需资金等而发生的筹资费用	附表二(1)第 28 行
	7	资产减值损失		计提各项资产减值准备发生的减值损失	
	8	加：公允价值变动损益		按照相关会计准则规定应当计入当期损益的资产或负债公允价值变动收益	
	9	投资收益	50	以各种方式对外投资所取得的收益或发生的损失	
	10	二、营业利润	686	当期的营业利润	

续表一

类别	行次	项目	金额	填写内容	与其他表的关系
利润总额计算	11	加：营业外收入(填表5-3(附表一))	50	发生的与其他经营活动无直接关系的各项收入	附表一(1)第17行
	12	减：营业外支出(填表5-4(附表二))	100	发生的与其他经营活动无直接关系的各项支出	附表二(1)第16行
	13	三、利润总额(10 + 11 – 12)	636	当期利润总额	
应纳税所得额计算	14	加：纳税调整增加额(填表5-5(附表三))	18	会计处理与税收规定不一致，进行纳税调整增加的金额	附表三第55行第3列合计
	15	减：纳税调整减少额(填附表三)	140	会计处理与税收规定不一致，进行纳税调整减少的金额	附表三第55行第4列合计
	16	其中：不征税收入		计入营业收入或营业外收入中的属于税收规定的不征税的财政拨款、行政事业性收费、政府性基金以及国务院规定的其他不征税收入	附表三第14行第4列
	17	免税收入	50	已并入利润总额中核算的符合税收规定免税条件的收入或收益	附表五第1行
	18	减计收入		以《资源综合利用企业所得税优惠目录》规定的资源作为主要原材料，生产销售国家非限制和禁止并符合国家和行业相关标准的产品按10%的规定比例减计的收入	附表五第6行
	19	减、免税项目所得		按照税收规定应单独核算的减征、免征项目的所得额	附表五第14行
	20	加计扣除	60	研发费用，以及安置残疾人员就业支付的工资	附表五第9行
	21	抵扣应纳税所得额		创业投资企业按照其投资额的70%抵扣该创业投资企业的应纳税所得额	附表五第39行

类 别	行次	项 目	金额	填写内容	与其他表的关系
应纳税所得额计算	22	加：境外应税所得弥补境内亏损		境外营业机构的赢利可以弥补境内营业机构的亏损。当"利润总额"±"纳税调整事项"<0时，该行填报企业境外应税所得用于弥补境内亏损的部分，最大不得超过企业当年的全部境外应税所得；当"利润总额"±"纳税调整事项">0时，如以前年度无亏损额，本行填零；如以前年度有亏损额，取应弥补以前年度亏损额度的最大值，最大值不得超过企业当年的全部境外应税所得	附表六第7列(当第13+14-15行≥0时，本行=0)
	23	纳税调整后所得(13+14-15+22)	514	当期经过调整后的应纳税所得额，当本行<0时，即为可结转以后年度弥补的亏损额(当年可弥补的所得额)；当本行>0时，应继续计算应纳税所得额	
	24	减：弥补以前年度亏损(填附表四)		按税收规定可在税前弥补的以前年度亏损额，金额等于附表四第6行第10列，但不得超过本表第23行"纳税调整后所得"	附表四第6行第10列
	25	应纳税所得额(23-24)	514	本行不得小于0，本表第23行或者依上述顺序计算结果小于0，本行金额填零	
	26	税率(25%)		税法规定的税率25%	
	27	应纳所得税额(25×26)	128.5		
	28	减：减免所得税额(填表5-7(附表五))		纳税人按税收规定实际减免的企业所得税额，包括小型微利企业、国家需要重点扶持的高新技术企业、享受减免税优惠过渡政策的企业，其实际执行税率与法定税率的差额，以及经税务机关审核或备案的其他减免税优惠	附表五第33行

续表三

类 别	行次	项 目	金额	填写内容	与其他表的关系
应纳税所得额计算	29	减：抵免所得税额(填表 5-7(附表五))		购置用于环境保护、节能节水、安全生产等专用设备的投资额，其设备投资额的 10%可以从企业当年的应纳税中抵免；当年不足抵免的，可以在以后 5 个纳税年度结转抵免	附表五第 40 行
	30	应纳税额(27 − 28 − 29)	128.5	当期的应纳所得税额	
	31	加：境外所得应纳所得税额(填表 5-6(附表六))		来源于中国境外的应纳税所得额(如分得的所得为税后利润应还原计算)，按税法规定的税率(居民企业 25%)计算的应纳所得税额	附表六第 10 列合计
	32	减：境外所得抵免所得税额(填表 5-6(附表六))		纳税人来源于中国境外的所得，依照税法规定计算的应纳所得税额，即抵免限额	附表六第 13 列合计 +第 15 列合计或附表六第 17 列合计
	33	实际应纳所得税额(30 + 31 − 32)	128.5	当期的实际应纳所得税额	
	34	减：本年累计实际已预缴的所得税额	146.5	按照税收规定本年已在月(季)累计预缴的所得税额	
	35	其中：汇总纳税的总机构分摊预缴的税额		汇总纳税的总机构 1 至 12 月份(或 1 至 4 季度)分摊的在当地入库预缴税额	
	36	汇总纳税的总机构财政调库预缴的税额		汇总纳税的总机构 1 至 12 月份(或 1 至 4 季度)分摊的缴入财政调节入库的预缴税额	
	37	汇总纳税的总机构所属分支机构分摊的预缴税额		分支机构就地分摊的预缴税额	
	38	合并纳税(母子体制)成员企业就地预缴比例		经国务院批准的实行合并纳税(母子体制)成员企业按规定就地预缴的比例	

续表四

类　别	行次	项　　目	金额	填写内容	与其他表的关系
应纳税所得额计算	39	合并纳税企业就地预缴的所得税额		合并纳税的成员企业就地应预缴的所得税额	
	40	本年应补(退)的所得税额(33－34)	－18	纳税人当期应补(退)的所得税额	
附列资料	41	以前年度多缴的所得税在本年抵减		以前年度汇算清缴多缴的税款尚未办理退税的金额,且在本年度抵缴的金额	
	42	以前年度应缴未缴在本年入库所得税额		以前年度损益调整税额、上一年度第四季度或第12月预缴税款和汇算清缴的税款,在本年度入库金额	

表 5-3　(附表一)收入明细表及填报说明

填报时间：2020 年 3 月 4 日 　　　　　　　　　　　　　　　　　　　　　金额单位：万元

行次	项　　目	金　额	填写内容及注意事项	与其他表的关系
1	一、销售(营业)收入合计(2＋13)	5 200	根据国家统一会计制度确认的主营业务收入、其他业务收入以及根据税收规定确认的视同销售收入 计算业务招待费、广告费和和业务宣传费支出扣除限额的计算基数	附表六第4行
2	(一) 营业收入合计(3＋8)	5 200	根据国家统一会计制度确认的主营业务收入、其他业务收入	主表第1行
3	1. 主营业务收入(4＋5＋6＋7)	5 000	根据不同行业的业务性质分别填报纳税人在会计核算中的主营业务收入	
4	(1) 销售货物	5 000	从事工业制造、商品流通、农业生产以及其他商品销售企业的主营业务收入	
5	(2) 提供劳务		从事提供旅游饮食服务、交通运输、邮政通信、开展其他服务等纳税人取得的主营业务收入	
6	(3) 让渡资产使用权		让渡无形资产使用权取得的使用费收入以及租赁为基本业务取得的租金收入	

续表一

行次	项　目	金　额	填写内容及注意事项	与其他表的关系
7	(4) 建造合同		建造房屋、道路、桥梁、水坝等建筑物，以及船舶、飞机、大型机械设备等的主营业务收入	
8	2. 其他业务收入(9 + 10 + 11 + 12)	200	按照会计核算中"其他业务收入"的具体业务性质分别填报	
9	(1) 材料销售收入	200	销售材料、下脚料、废料、废旧物资等收入	
10	(2) 代购代销手续费收入		从事代购代销、受托代销商品收取的手续费收入	
11	(3) 包装物出租收入		出租、出借包装物的租金和逾期未退包装物没收的押金	
12	(4) 其他		在"其他业务收入"会计科目核算的、上述未列举的其他业务收入	
13	(二) 视同销售收入(14 + 15 + 16)		会计上不作为销售核算，而在税收上作为销售货物、转让财产、提供劳务的业务	附表三第2行第3列
14	(1) 非货币性交易视同销售收入		不具有商业实质或交换涉及资产的公允价值均不能可靠计量的非货币性资产交换，按照税收规定应视同销售确认收入的金额	
15	(2) 货物、财产、劳务视同销售收入		将货物、财产、劳务用于捐赠、偿债、赞助、集资、广告、样品、职工福利或者利润分配等用途的，按照税收规定应视同销售确认收入的金额	
16	(3) 其他视同销售收入		税收规定的上述货物、财产、劳务之外的其他视同销售收入金额	
17	二、营业外收入(18 + 19 + 20 + 21 + 22 + 23 + 24 + 25 + 26)	50	在"营业外收入"会计科目核算的与其生产经营无直接关系的各项收入	主表第1行
18	1. 固定资产盘盈		在资产清查中发生的固定资产盘盈数额	
19	2. 处置固定资产净收益	30	处置固定资产而取得的净收益。不包括在主营业务收入中核算的、正常销售固定资产类商品	

行次	项　目	金　额	填写内容及注意事项	与其他表的关系
20	3. 非货币性资产交易收益		在非货币性资产交易行为中，执行《企业会计准则第 14 号——收入》具有商业实质且换出资产为固定资产、无形资产的，其换出资产公允价值和换出资产账面价值的差额计入营业外收入的；执行《企业会计制度》和《小企业会计制度》实现的与收到补价相对应的收益额，在本行填列	
21	4. 出售无形资产收益	20	处置无形资产而取得的净收益	
22	5. 罚款净收入		日常经营管理活动中取得的罚款收入	
23	6. 债务重组收益		发生债务重组行为确认的债务重组利得	
24	7. 政府补助收入		从政府无偿取得的货币性资产或非货币性资产,包括实行会计制度下补贴收入核算内容	
25	8. 捐赠收入		纳税人接受的来自其他企业、组织或者个人无偿给予的货币性资产、非货币性资产	
26	9. 其他		在"营业外收入"会计科目核算的、上述未列举的营业外收入	

表 5-4　(附表二)成本费用明细表及填报说明

填报时间：2020 年 3 月 4 日

金额单位：万元

行次	项　目	金　额	填写内容及注意事项	与其他表的关系
1	一、销售(营业)成本合计(2＋7＋12)	4 060	根据国家统一会计制度确认的主营业务成本、其他业务成本和按税收规定视同销售确认的成本	主表第 2 行
2	(一) 主营业务成本(3＋4＋5＋6)	4 000	纳税人根据不同行业的业务性质分别填报在会计核算中的主营业务成本	
3	(1) 销售货物成本	4 000	从事工业制造、商品流通、农业生产以及其他商品销售企业发生的主营业务成本	

续表一

行次	项　目	金　额	填写内容及注意事项	与其他表的关系
4	(2) 提供劳务成本		从事提供旅游饮食服务、交通运输、邮政通信、开展其他服务等纳税人发生的主营业务成本	
5	(3) 让渡资产使用权成本		让渡无形资产使用权发生的使用费成本以及租赁为基本业务的企业发生的租金成本	
6	(4) 建造合同成本		建造房屋、道路、桥梁、水坝等建筑物，以及船舶、飞机、大型机械设备等发生的主营业务成本	
7	(二) 其他业务成本(8＋9＋10＋11)	60	按照会计核算中"其他业务成本"的具体业务性质分别填报	
8	(1) 材料销售成本	60	销售材料、下脚料、废料、废旧物资等发生的支出	
9	(2) 代购代销费用		从事代购代销、受托代销商品等发生的支出	
10	(3) 包装物出租成本		出租、出借包装物发生的租金支出和逾期未退包装物发生的支出	
11	(4) 其他		纳税人按照会计制度应在"其他业务成本"中核算的其他成本费用支出	
12	(三) 视同销售收入(13＋14＋15)		按税收规定计算的与视同销售收入对应的成本	附表三第21行第4列
13	(1) 非货币性交易视同销售成本		分别与附表一(1)的"视同销售收入"对应行次的数据配比。每笔被确认为视同销售的经济事项，在确认计算应税收入的同时，均有与此收入相配比的应税成本	
14	(2) 货物、财产、劳务视同销售成本			
15	(3) 其他视同销售成本			
16	二、营业外支出(17＋18＋19＋20＋21＋22＋23＋24)	100	纳税人按照国家统一会计制度在"营业外支出"会计科目核算的与生产经营无直接关系的各项支出	主表第12行

续表二

行次	项　目	金　额	填写内容及注意事项	与其他表的关系
17	1. 固定资产盘亏	20	在营业外支出中核算的固定资产盘亏数额	
18	2. 处置固定资产净损失		在营业外支出中核算的处置固定资产净损失数额	
19	3. 出售无形资产损失		在营业外支出中核算的出售无形资产损失的数额	
20	4. 债务重组损失		纳税人执行《企业会计准则——债务重组》确认的债务重组损失	
21	5. 罚款支出		在日常经营管理活动中取得的罚款支出	
22	6. 非常损失		在营业外支出中核算的各项非正常的财产损失(包括流动资产损失、坏账损失等)	
23	7. 捐赠支出	80	实际发生的货币性、非货币性捐赠支出	
24	8. 其他		按照会计制度核算的在会计账务记录的其他支出	
25	三、期间费用(26 + 27 + 28)	492	按照会计制度核算的销售费用、管理费用和财务费用	
26	1. 销售费用	170	纳税人在销售商品、材料、提供劳务过程中发生的各种费用,根据"销售费用"科目的数额计算填报	主表第4行
27	2. 管理费用	300	纳税人为组织和管理企业生产经营发生的管理费用,根据"管理费用"科目的数额计算填报	主表第5行
28	3. 财务费用	22	纳税人为筹集生产经营所需资金发生的筹集费用,根据"财务费用"科目的数额计算填报	主表第6行

表 5-5 (附表四)企业所得税弥补亏损明细表

填报时间：2018 年 3 月 4 日　　　　　　　　　　　　　　　　金额单位：万元

行次	项目	年度	赢利额或亏损额	合并分立企业转入可弥补亏损额	当年可弥补的所得额	以前年度亏损弥补额					本年度实际弥补的以前年度亏损额	可结转以后年度弥补的亏损额
						前四年度	前三年度	前二年度	前一年度	合计		
			1	2	3	4	5	6	7	8	9	10	11
1	第 1 年	2013										0
2	第 2 年	2014				*						0
3	第 3 年	2015				*	*					0
4	第 4 年	2016				*	*	*				0
5	第 5 年	2017				*	*	*	*			0
6	本年	2018	544		544	*	*	*	*	*		0
7	可结转以后年度弥补的亏损额合计											0

表 5-6 (附表六)广告费和业务宣传费跨年度纳税调整表

填报时间：2020 年 3 月 4 日　　　　　　　　　　　　　　　　金额单位：万元

行次	项目	金额
1	本年度广告费和业务宣传费支出	100
2	其中：不允许扣除的广告费和业务宣传费支出	
3	本年度符合条件的广告费和业务宣传费支出(1−2)	100
4	本年计算广告费和业务宣传费扣除限额的销售收入	5 200
5	税收规定的扣除率	0.15
6	本年度广告费和业务宣传费扣除限额(4×5)	780
7	本年广告费和业务宣传费支出纳税调整额 (3≤6, 本行 = 2 行；3>6, 本行 = 1 − 6)	
8	本年结转以后年度扣除额(3>6, 本行 = 3 − 6；3≤6, 本行 = 0)	0
9	加：以前年度累计结转扣除额	
10	减：本年扣除的以前年度结转额	
11	累计结转以后年度扣除额(8 + 9 − 10)	0

表 5-7　(附表五)税收优惠明细表

填报时间：2020 年 3 月 4 日　　　　　　　　　　　　　　　　金额单位：万元

行次	项　　　目	金　额
1	一、免税收入(2 + 3 + 4 + 5)	50
2	1. 国债利息收入	50
3	2. 符合条件的居民企业之间的股息、红利等权益性投资收益	
4	3. 符合条件的非营利性组织收入	
5	4. 其他	
6	二、减计收入(7 + 8)	
7	1. 企业综合利用资源、生产符合国家产业政策规定的产品所取得的收入	
8	2. 其他	
9	三、加计扣除额合计(10 + 11 + 12 + 13)	90
10	1. 开发新技术、新产品、新工艺发生的研究开发费用	90
11	2. 安置残疾人员所支付的工资	
12	3. 国家鼓励安置的其他就业人员支付的工资	
13	4. 其他	
14	四、减免所得额合计(15 + 25 + 29 + 30 + 31 + 32)	
15	(一) 免税所得(16 + 17 + … + 24)	
16	1. 蔬菜、谷物、薯类、油料、豆类、棉花、麻类、糖料、水果、坚果的种植	
17	2. 农作物新品种的选育	
18	3. 中药材的种植	
19	4. 林木的培育和种植	
20	5. 牲畜、家禽的饲养	
21	6. 林产品的采集	
22	7. 灌溉、农产品初加工、兽医、农技推广、农机作业和维修等农、林、牧、渔、服务业项目	
23	8. 远洋捕捞	
24	9. 其他	
25	(二) 减税所得(26 + 27 + 28)	
26	1. 花卉、茶以及其他饮料作物和香料作物的种植	
27	2. 海水养殖、内陆养殖	
28	3. 其他	
29	(三) 从事国家重点扶持的公共基础设施项目投资经营的所得	
30	(四) 从事符合条件的环境保护、节能节水项目的所得	
31	(五) 符合条件的技术转让所得	
32	(六) 其他	
33	五、减免税合计(34 + 35 + 36 + 37 + 38)	

行次	项　目	金　额
34	(一) 符合条件的小型微利企业	
35	(二) 国家需要重点扶持的高新技术企业	
36	(三) 民族自治地方的企业应缴纳的企业所得税中属于地方分享的部分	
37	(四) 过渡期税收优惠	
38	(五) 其他	
39	六、创业投资企业抵扣的应纳税所得额	
40	七、抵免所得税额合计(41 + 42 + 43 + 44)	
41	(一) 企业购置用于环境保护专用设备的投资额抵免的税额	
42	(二) 企业购置用于节能节水专用设备的投资额抵免的税额	
43	(三) 企业购置用于安全生产专用设备的投资额抵免的税额	
44	(四) 其他	
45	企业从业人数(全年平均人数)	1 000
46	资产总额(全年平均数)	2 100
47	所属行业(工业企业、其他企业)	其他企业必填

表 5-8　(附表七)资产折旧、摊销情况及纳税调整明细表

填报时间：2020 年 3 月 4 日　　　　　　　　　　　　　　　　　　　　　　金额单位：万元

行次	资产类别	资产原值		折旧、摊销年限		本期折旧、摊销额		纳税调整额
		账载金额	计税基础	会计	税收	会计	税收	
		1	2	3	4	5	6	7
1	一、固定资产	378	378	*	*	21	16	5
2	1. 房屋建筑物							
3	2. 飞机、火车、轮船、机器、机械和其他生产设备							
4	3. 与生产经营有关的器具、工具、家具							
5	4. 飞机、火车、轮船以外的运输工具	360	360	3	4	20	15	5
6	5. 电子设备	18	18	3	3	1	1	0
7	二、生产性生物资产			*	*			
8	1. 林木类							
9	2. 畜类							
10	三、长期摊销费用			*	*			
11	1. 已足额提取折旧的固定资产的改建支出							

行次	资产类别	资产原值		折旧、摊销年限		本期折旧、摊销额		纳税调整额
		账载金额	计税基础	会计	税收	会计	税收	
		1	2	3	4	5	6	7
12	2. 租入固定资产的改建支出							
13	3. 固定资产大修理支出							
14	4. 其他长期待摊费用							
15	四、无形资产							
16	五、油气勘探投资							
17	六、油气开发投资							
18	合计	378	378	*	*	21	16	5

表 5-9　(附表三)纳税调整项目明细表

填报时间：2020 年 3 月 4 日　　　　　　　　　　　　　　　　　金额单位：万元

行次	项　　目	账载金额	税收金额	调整金额	调减金额
		1	2	3	4
1	一、收入类调整项目	*	*		50
2	1. 视同销售收入(填写附表一)	*	*		*
3	2. 接受捐赠收入	*			*
4	3. 不符合税收规定的销售折扣和折让				*
5	4. 未按权责发生制原则确认的收入				
6	5. 按权益法核算长期股权投资对初始投资成本调整确认收益	*	*	*	
7	6. 按权益法核算的长期股权投资持有期间的投资收益	*	*		
8	7. 特殊重组				
9	8. 一般重组				
10	9. 公允价值变动净收益(填写附表七)	*	*		
11	10. 确认为递延收益的政府补助				
12	11. 境外应税所得(填写附表六)	*	*	*	
13	12. 不允许扣除的境外投资损失	*	*		*
14	13. 不征税收入(填写附表一(3))	*	*	*	
15	14. 免税收入(填写附表五)	*	*	*	50
16	15. 减计收入(填写附表五)	*	*	*	
17	16. 减、免税项目所得(填写附表五)	*	*	*	
18	17. 抵扣应纳税所得额(填写附表五)	*	*	*	
19	18. 其他				
20	二、扣除类调整项目	*	*	13	90

续表

行次	项　　目	账载金额 1	税收金额 2	调整金额 3	调减金额 4
21	1. 视同销售成本(填写附表二)	*	*	*	
22	2. 工资薪金支出	2 000	2 000	0	0
23	3. 职工福利费支出	285	280	5	0
24	4. 职工教育经费支出	45	45	0	0
25	5. 工会经费支出	30	30	0	0
26	6. 业务招待费支出	20	12	8	*
27	7. 广告费和业务费宣传费支出(填写附表六)	*	*		
28	8. 捐赠支出	80	80	0	*
29	9. 利息支出	22	22	0	0
30	10. 住房公积金				*
31	11. 罚金、罚款和被没收财物的损失		*		*
32	12. 税收滞纳金		*		*
33	13. 赞助支出		*		*
34	14. 各类基本社会保障性缴款				
35	15. 补充养老保险、补充医疗保险				
36	16. 与未实现融资收益相关的在当期确认的财务费用				
37	17. 与取得收入无关的支出		*		*
38	18. 不征税收入用于支出所形成的费用		*		*
39	19. 加计扣除(填写附表五)	*	*	*	90
40	20. 其他				
41	三、资产类调整项目	*	*	5	0
42	1. 财产损失				
43	2. 固定资产折旧(填写附表七)	*	*	5	0
44	3. 生产性生物资产折旧(填写附表九)	*	*		
45	4. 长期待摊费用的摊销(填写附表七)	*	*		
46	5. 无形资产摊销(填写附表七)	*	*		
47	6. 投资转让、处置所得(填写附表十一)	*	*		
48	7. 油气勘探投资(填写附表七)	*	*		
49	8. 油气开发投资(填写附表七)	*	*		
50	9. 其他				
51	四、准备金调整项目(填写附表十)	*	*		
52	五、房地产企业预售收入计算的预计利润	*	*		
53	六、特别纳税调整应税所得	*	*		*
54	七、其他	*	*		
55	合计	*	*	18	140

★ 行家提示：

(1) 查账征收企业申报所得税时，应填报中华人民共和国企业所得税纳税中报表(A 类)报表。

① 企业在申报、预缴月度或季度所得税时，应填报企业所得税月(季)度纳税申报表(A 类)；

② 年度汇算清缴时，应填报中华人民共和国企业所得税年度纳税申报表(A 类)及附表。

(2) 月(季)度纳税申报、预缴时所得税的计税依据是企业的实际利润额。

(3) 年度汇算清缴时所得税的计税依据是经过调整以后的应纳税所得额。

(4) 所得税税收优惠政策实行备案制。根据不同的税收优惠政策，分为事前备案和事后备案两种，因此纳税人应及时向税务机关提请备案。例如，甲企业享受的某项税收优惠政策为事前备案政策，甲企业想要享受 2013 年税收优惠政策，则必须在 2012 年向税务机关报送相关资料，提请备案，经税务机关登记后执行，如未按规定事先备案的，纳税人不得享受税收优惠。对于事后备案的项目，纳税人应在企业所得税年度纳税申报的同时，向主管税务机关报送备案资料。

(5) "税款所属期间"：纳税人填报的"税款所属期间"为公历 1 月 1 日至 12 月 31 日，即使在年度中间开业的纳税人填报的"税款所属期间"也填写公历 1 月 1 日至 12 月 31 日(2010 年最新规定)。

(6) 值得注意的是，自 2013 年及以后年度企业所得税纳税申报时，商业零售企业存货损失税前扣除问题按如下方法处理：① 企业存货因零星失窃、报废、废弃、过期、破损、腐败、鼠咬、顾客退换货等正常因素形成的损失，为存货正常损失，准予按会计科目进行归类、汇总，然后再将汇总数据以清单的形式进行企业所得税纳税申报，同时出具损失情况分析报告；② 企业存货因风、火、雷、震等自然灾害，以及仓储、运输失事和重大案件等非正常因素形成的损失，为存货非正常损失，应当以专项申报形式进行企业所得税纳税申报；③ 存货单笔(单项)损失超过 500 万元的，无论是何种因素形成的，均应以专项申报方式进行企业所得税纳税申报。

一、企业所得税的征收管理

1. 纳税地点

(1) 除税收法律、行政法规另有规定外，居民企业以企业登记注册地为纳税地点，登记注册地在境外的，以实际管理机构所在地为纳税地点。

(2) 居民企业在中国境内设立不具有法人资格的营业机构的，应当汇总计算并缴纳企业所得税。企业汇总计算并缴纳企业所得税时，应当统一核算应纳税所得额，具体办法由国务院财政、税务主管部门另行制定。

2. 纳税期限

企业所得税的纳税年度采用公历年制(1 月 1 日至 12 月 31 日)，企业在一个纳税年度中间时开业，或者由于合并、关闭等原因，使该纳税年度的实际经营期不足 12 个月的，应当以其实际经营期为一个纳税年度。

3. 纳税申报

(1) 企业所得税的预缴。企业按月或者按季预缴企业所得税时，应当自月份或季度终之日起 15 日内向税务机关报送预缴企业所得税纳税申报表，预缴税款。

(2) 企业所得税年度汇算清缴。企业所得税年度汇算清缴是指纳税人自纳税年度终了之日起 5 个月内或实际经营终止之日起 60 日内，依照税收法律、法规、规章及其他有关企业所得税的规定，自行计算本纳税年度应纳税所得额和应纳所得税额，根据月度或季度预缴企业所得税的数额，确定该纳税年度应补或者应退税额，并填写企业所得税年度纳税申报表，向主管税务机关办理企业所得税年度纳税申报，提供税务机关要求提供的有关资料，结清全年企业所得税税款的行为。

纳税人在纳税年度内预缴企业所得税税款少于应缴企业所得税税款的，应在汇算清缴期内结清应补缴的企业所得税税款；预缴税款超过应纳税款的，主管税务机关应及时按有关规定办理退税，或者经纳税人同意后抵缴其下一年度应缴企业所得税税款。

企业清算时，应当以整个清算期间作为一个纳税年度，依法计算清算所得及其应纳所得税。企业应当自清算结束之日起 15 日内，向主管税务机关报送企业清算所得税纳税申报表，结清税款。

企业在纳税年度内从事生产、经营(包括试生产、试经营)，或在纳税年度终止经营活动的纳税人，无论是否在减税、免税期间，也无论赢利或亏损，均应按照企业所得税法及其实施条例和本办法的有关规定进行企业所得税汇算清缴。

二、企业所得税的纳税申报

1. 纳税人办理企业所得税年度纳税申报时应填写和报送的资料

(1) 企业所得税年度纳税申报表及其附表。

(2) 财务报表。

(3) 备案事项相关资料。

(4) 总机构及分支机构基本情况、分支机构征税方式，分支机构的预缴税情况。

(5) 委托中介机构代理纳税申报的，应出具双方签订的代理合同，并附送中介机构出具的包括纳税调整的项目、原因、依据、计算过程、调整金额等内容的报告。

(6) 涉及关联方业务往来的，同时报送《中华人民共和国企业年度关联业务往来报告表》。

(7) 主管税务机关要求报送的其他有关资料。

纳税人采用电子方式办理企业所得税年度纳税申报的，应按有关规定保存有关资料或附报纸质纳税申报资料。

2. 所得税纳税申报表的填写顺序

鉴于年度纳税申报表许多数据互为依据的复杂性及相关数据的逻辑关系，填写时应按如下步骤进行。

第一步：

附表一：收入明细表(金融企业收入明细表、事业单位、社会团体、民办非企业单位收入明细表)；

附表二：成本费用明细表(金融企业成本费用明细表、事业单位、社会团体、民办非企业单位支出明细表)。

研发费用：研发项目可加计扣除研究开发费用情况归集表。

第二步：

附表五：税收优惠明细表；

附表六：境外所得税抵免计算明细表；

附表七：以公允价值计量资产纳税调整表；

附表八：广告费和业务宣传费跨年度纳税调整表；

附表九：资产折旧、摊销情况及纳税调整明细表；

附表十：资产减值准备项目调整明细表；

附表十一：长期股权投资所得(损失)明细表。

第三步：

附表三：纳税调整项目明细表。

第四步：

附表四：企业所得税弥补亏损明细表。

第五步：

主表：中华人民共和国企业所得税年度纳税申报表(A 类)(具体填报说明见表 5-2)及利润表、资产负债表。

第二节　核定征收企业所得税实务

工作实例

星辉娱乐城，注册资本 200 万元，企业类型为有限责任公司，经营范围：餐饮、娱乐、卡拉 OK 等。

星辉娱乐城经税务机关批准，按收入总额核定应纳税所得额，应税所得率为 20%。

2019 年销售收入总额为 180 万元，成本费用总额为 200 万元，亏损金额为 20 万元。

子任务一　核定征收企业的所得税计算

任务目标

正确计算、核定征收企业应纳的所得税额。

星辉娱乐城 2019 年应纳所得税额计算过程如下：

$$应纳税所得额 = 180 \times 20\% = 36(万元)$$

$$应纳所得税额 = 36 \times 25\% = 9(万元)$$

如果星辉娱乐城经税务机关检查，企业成本费用支出核算准确，收入核算有误。税务机关审批该企业按成本费用核定应纳税所得额，则该企业应纳所得税为：

$$应纳税所得额 = 200 \div (1 - 20\%) \times 20\% = 50(万元)$$

$$应纳所得税额 = 50 \times 25\% = 12.5(万元)$$

★ 行家提示：

(1) 根据企业所得税政策规定，核定征收企业不得享受小型微利企业税收优惠政策。

(2) 核定征收企业不能享受除免税收入以外的所得税优惠。

一、核定征收企业所得税的范围

纳税人具有下列情形之一的，可核定征收企业所得税。

(1) 依照法律、法规的规定可以不设置账簿的。

(2) 依照法律、法规的规定应当设置账簿但未设置账簿的。

(3) 擅自销毁账簿或者拒不提供纳税资料的。

(4) 虽设置账簿，但账目混乱或者成本资料、收入凭证、费用凭证残缺不全，难以查账的。

(5) 发生纳税义务，未按照规定的期限办理纳税申报，经税务机关责令限期申报，逾期仍不申报的。

(6) 申报的计税依据明显偏低，又无正当理由的。

二、核定征收方法

核定征收的方法，包括核定应纳所得税额和核定应税所得率两种。

(1) 核定应纳所得税额(又称定额征收)是指税务机关按照一定的标准、程序和方法，直接核定纳税人年度应纳所得税额，由纳税人按规定进行申报缴纳的方法。

(2) 核定应税所得率是指税务机关按照一定的标准、程序和方法，预先核定纳税人应税所得率，由纳税人根据纳税年度内收入总额或成本费用等项目的实际发生额，按预先核定的应税所得率计算缴纳企业所得税的方法。

注：应税所得率不是税率，它是由税务机关根据企业主营项目确定的，在计算应纳税所得额时预先规定的比例，相当于企业应纳税所得额占其经营收入的比例。

(3) 具有如下情形的企业，采用核定应税所得率的方法：

① 能正确核算(查实)收入总额，但不能正确核算(查实)成本费用总额的；

② 能正确核算(查实)成本费用总额，但不能正确核算(查实)收入总额的；

③ 通过合理的方法，能计算和推定纳税人收入总额或成本费用总额的。

纳税人不属于以上情形的，核定其应纳所得税额。

(4) 采用应税所得率方式核定征收企业所得税，应纳税额的计算公式为：

$$应纳所得税额 = 应纳税所得额 \times 适用税率$$

$$应纳税所得额 = 应税收入额 \times 应税所得率$$

或

$$应纳税所得额 = 成本(费用)支出额 \div (1 - 应税所得率) \times 应税所得率$$

注：应税收入额等于收入总额减去不征税收入和免税收入后的余额收入总额为企业以货币形式和非货币形式从各种来源取得的收入。

应税所得率的幅度标准如表 5-12 所示。

表 5-12　应税所得率的幅度标准

行　业	应税所得率
农、林、牧、渔业	3%～10%
制造业	5%～15%
批发和零售业	4%～15%
交通运输业	7%～15%
建筑业	8%～20%
饮食业	8%～25%
娱乐业	15%～30%
其他行业	10%～30%

纳税人的生产经营范围、主营业务发生重大变化，或者应纳税所得额或应纳税额增减变化达到 20%，应及时向税务机关申报调整已确定的应纳税额或应税所得率。

子任务二　核定征收企业所得税纳税申报

任务目标

(1) 正确计算、核定征收企业应纳的所得税额。
(2) 正确计算企业年度应补(退)的企业所得税。

★ 行家提示：

(1) 采取核定应税所得率征收企业所得税的纳税人，汇算清缴时需要报送企业所得税年度纳税申报表(B 类)及附表五《税收优惠明细表》。

企业所得税年度纳税申报表(B 类)与企业所得税月(季)度纳税申报表(B 类)格式完全相同。

在核定征收方式下企业所得税年度纳税申报表附表五《税收优惠明细表》与查账征收方式下企业所得税年度纳税申报表(A 类)附表五《税收优惠明细表》格式完全相同。

(2) 采取核定定额征收企业所得税的纳税人，不进行汇算清缴。

(3) 对于实行核定征收方式征收企业所得税的纳税人，原则上实行核定应税所得率征收企业所得税，确实无法实行核定应税所得率征收企业所得税的，才能实行核定应纳所得税额方式征收企业所得税。

一、核定征收企业纳税申报

(1) 核定征收企业月(季)度所得税申报纳税时，应填报企业所得税月(季)纳税申报表(B 类)。

(2) 核定征收企业年度汇算清缴时，应填报中华人民共和国企业所得税年度纳税申报表(B 类)及附表。

(3) 纳税人实行核定应税所得率方式的，按下列规定申报纳税：

① 主管税务机关根据纳税人应纳税额的大小确定纳税人按月或者按季预缴，年终汇算清缴，预缴方法一经确定，一个纳税年度内不得改变；

② 纳税人应依照确定的应税所得率计算纳税期间实际应缴纳的税额，进行预缴。按实际数额预缴有困难的，经主管税务机关同意，可按上一年年度应纳税额的 1/2 或 1/4 预缴，或者按经主管税务机关认可的其他方法预缴；

③ 纳税人预缴税款或年终进行汇算清缴时，应按规定填写《中华人民共和国企业所得税月(季)度预缴纳税申报表(B 类)》、《中华人民共和国企业所得税年度纳税申报表(B 类)》及附表，在规定的纳税申报时限内报送主管税务机关。

(4) 纳税人实行核定应纳所得额方式的，按下列规定申报纳税：

① 纳税人应纳所得税额尚未确定之前，可暂按上年度应纳所得税额的 1/2 或 1/4 预缴，或者按经主管税务机关认可的其他方法，按月或按季分期预缴；

② 在应纳税所得额确定以后，减除当年已预缴的所得税额，余额按剩余月份或季度均分，以此确定以后各月或各季的应纳税额，由纳税人按月或按季填写《中华人民共和国企业所得税月(季)度预缴纳税申报表(B 类)》，在规定的纳税申报期限内进行纳税申报；

③ 纳税人年度终了后，在规定的时限内按照实际经营额或实际应纳税额向税务机关申报纳税；申报额超过核定经营额或应纳税额的，按申报额缴纳税款；申报额低于核定经营额或应纳税额的，按核定经营额或应纳税额缴纳税款。

二、非居民企业所得税核定征收管理

非居民企业、外国企业常驻代表机构应当按规定设置账簿，根据合法、有效凭证记账，进行核算，并应按照其实际履行的功能与承担的风险相匹配的原则，准确计算应纳税所得额，据实申报缴纳企业所得税。

非居民企业因会计账簿不健全，资料残缺难以查账，或者其他原因不能准确计算并据实申报其应纳税所得额的，税务机关有权采取以下方法核定其应纳税所得额。

(1) 按收入总额核定应纳税所得额：适用于能够正确核算收入或通过合理方法推定收入总额，但不能正确核算成本费用的非居民企业。计算公式如下：

应纳税所得额 = 收入总额 × 经税务机关核定的利润率

(2) 按成本费用核定应纳税所得额：适用于能够正确核算成本费用，但不能正确核算收入总额的非居民企业。计算公式如下：

应纳税所得额 = 成本费用总额 ÷ (1 − 经税务机关核定的利润率)
× 经税务机关核定的利润率

(3) 按经费支出换算收入核定应纳税所得额：适用于能够正确核算经费支出总额，但不能正确核算收入总额和成本费用的非居民企业。

税务机关可按照以下标准确定非居民企业的利润率：

① 从事承包工程作业、设计和咨询劳务的，利润率为 15%～30%；

② 从事管理服务的，利润率为 30%～50%；

③ 从事其他劳务或劳务以外经营活动的，利润率不低于 15%。

税务机关有根据认为非居民企业的实际利润率明显高于上述标准的，可以按照比上述标准更高的利润率核定其应纳税所得额。

非居民企业与中国居民企业签订机器设备或货物销售合同，同时提供设备安装、装配、技术培训、指导、监督服务等劳务，其销售货物合同中未列明提供上述劳务服务收费金额，或者计价不合理的，主管税务机关可以根据实际情况，参照相同或相近业务的计价标准核定劳务收入。无参照标准的，以不低于销售货物合同总价款的 10% 为原则，确定非居民企业的劳务收入。

非居民企业为中国境内客户提供劳务取得的收入，凡其提供的服务全部发生在中国境内的，应全额在中国境内申报缴纳企业所得税。凡其提供的服务同时发生在中国境内外的，应以劳务发生地为原则划分其境内外收入，并就其在中国境内取得的劳务收入申报缴纳企业所得税。税务机关对其境内外收入划分的合理性和真实性有异议的，可以要求非居民企业提供真实有效的证明，并根据工作量、工作时间、成本费用等因素合理划分其境内外收入；如非居民企业不能提供真实有效的证明，税务机关可视同其提供的服务全部发生在中国境内，确定其劳务收入并据以征收企业所得税。

采取核定征收方式征收企业所得税的非居民企业，在中国境内从事适用不同核定利润率的经营活动，并取得应税所得的，应分别核算并适用相应的利润率计算缴纳企业所得税；凡不能分别核算的，应从高适用利润率，计算缴纳企业所得税。

税务机关发现非居民企业采用核定征收方式计算申报的应纳税所得额不真实，或者明显与其承担的功能风险不相匹配的，有权予以调整。

拓展专栏

开创公司为居民企业，公司注册资本 6 000 万元，企业类型为有限责任公司，2019 年境内经营业务如下：

① 取得销售收入 2 500 万元；

② 销售成本 1 100 万元；

③ 发生销售费用 670 万元(其中广告费 450 万元)，管理费用 480 万元(其中业务招待费 15 万元、新技术的研究开发费用为 40 万元)，财务费用 60 万元；

④ 销售税金 160 万元(含增值税 120 万元)；

⑤ 营业外收入 70 万元，营业外支出 50 万元(含通过公益性社会团体向贫困山区捐款 30 万元，支付税收滞纳金 6 万元)，包括通过税务机关核定的固定资产净损失 14 万元；

⑥ 连续 12 个月以上的权益性投资收益 34 万元(已在投资方所在地按 15% 的税率缴纳了所得税)；

⑦ 计入成本、费用中的实发工资总额 150 万元，拨缴职工工会经费 3 万元，支出职工

福利费 23 万元，职工教育经费 6 万元。

开创公司在 A、B 两国设有分支机构，在 A 国机构的税后所得为 28 万元，A 国所得税税率为 30%；在 B 国机构的税后所得为 24 万元，B 国所得税税率为 20%。在 A、B 两国已分别缴纳所得税 12 万元、6 万元。假设在 A、B 两国应税所得额的计算与我国税法相同。开创公司采用据实按季预缴所得税，2019 年 1～9 月已预缴了企业所得税 50 万元。以前期与当年公司所得税会计均采用应付税款法。

要求：

(1) 正确计算企业境内所得应预缴的所得税额，规范填报企业所得税月(季)度预缴纳税申报表(A 类)。

(2) 准确确定企业年度应纳税所得额，正确计算企业年度应补(退)的企业所得税。规范填写企业所得税年度的税申报表，完成企业所得税年度汇算清缴工作。

综合练习题

一、单选题

1. 根据企业所得税法规定，依法在中国境内成立，或者依照外国(地区)法律成立但实际管理机构在中国境内的企业是(   )。

A. 本国企业   B. 外国企业   C. 居民企业   D. 非居民企业

2. 企业发生的公益性捐赠支出，在年度利润总额(   )以内的部分，准予在计算应纳税所得额时扣除。

A. 10%   B. 12%   C. 15%   D. 20%

3. 企业应当自年度终了之日起(   )个月内，向税务机关报送年度企业所得税纳税申报表，并汇算清缴，结清应缴应退税款。

A. 3   B. 4   C. 5   D. 6

4. 某企业于 2017 年销售了 2015 年积压的一批货物，如何对这批货物计税，有以下不同意见，你认为正确的是(   )。

A. 按照规定不计算存货成本，也不准予在计算应纳税所得额时扣除

B. 按照规定计算存货成本，但不准予在计算应纳税所得额时扣除

C. 按照规定计算存货成本，准予在计算应纳税所得额时扣除

D. 以上意见都不正确

5. 某企业是生产电机的企业，在境外设有营业机构。2017 年该企业的境内营业机构赢利 1 000 万元，境外营业机构亏损 100 万元。企业在汇总计算缴纳企业所得税时，对境外营业机构的亏损能否抵减境内营业机构的盈利有不同意见，你认为正确的是(   )。

A. 根据规定，境外营业机构的亏损不得抵减境内营业机构的盈利

B. 根据规定，境外营业机构的亏损可以抵减境内营业机构的盈利

C. 根据规定，境外营业机构的亏损是否抵减境内营业机构的盈利，适用境外机构的营业地国的法律

D. 以上意见都不正确

6. 按照新企业所得税法的规定，下列企业不缴纳企业所得税的是( )。

A. 国有企业　　　　B. 私营企业　　　　C. 合伙企业　　　　D. 外商投资企业

7. A 公司 2017 年度取得以下收入：销售商品收入 200 万元，其他企业使用 A 公司可循环使用的包装物支付 100 万元，获得股息收入 100 万元，其他企业租用 A 公司的固定资产支付 200 万元，转让无形资产收入 100 万元，A 公司 2017 年度取得的租金收入总额是( )万元。

A. 100　　　　　　B. 200　　　　　　C. 300　　　　　　D. 400

8. 企业所得税法所称企业以非货币形式取得的收入，应当按照( )确认收入额。

A. 公允价值　　　B. 重置价值　　　C. 历史价值　　　D. 原始价值

9. 甲企业 2017 年度实际发生的与经营活动有关的业务招待费为 100 万元，该公司按照( )万元予以税前扣除，该公司 2017 年度的销售收入为 4 000 万元。

A. 60　　　　　　B. 100　　　　　　C. 240　　　　　　D. 20

10. 在计算应纳税所得额时，下列( )支出不得扣除。

A. 缴纳的增值税　　　　　　　　　B. 合理分配的材料成本

C. 企业所得税税款　　　　　　　　D. 销售固定资产的损失

11. 下面( )可以提取折旧。

A. 经营租赁方式租出的固定资产　　B. 以融资租赁方式租出的固定资产

C. 未使用的固定资产(机器设备)　　D. 单独估价作为固定资产入账的土地

12. 以分期收款方式销售货物的，按照( )日期确认收入的实现。

A. 合同约定收款　　　　　　　　　B. 发出商品

C. 实际收到货款　　　　　　　　　D. 预收货款

二、多选题

1. 企业实际发生的与取得收入有关的、合理的支出，准予在计算应纳税所得额时扣除，其中包括( )。

A. 企业生产的成本、费用　　　　　　B. 企业的税金

C. 企业的损失　　　　　　　　　　　D. 赞助支出

2. 在计算应纳税所得额时，下列支出不得扣除：( )

A. 税收滞纳金　　　　　　　　　　　B. 被没收财物的损失

C. 法定比例范围内的公益性捐赠支出　D. 向投资者支付的股息

3. 在计算应纳税所得额时，企业按照规定计算的固定资产折旧，准予扣除。但是下列固定资产不得计算折旧扣除的是( )。

A. 所有的未投入使用的固定资产　　　B. 以经营租赁方式租入的固定资产

C. 以融资租赁方式租出的固定资产　　D. 与经营活动无关的固定资产

4. 在计算应纳税所得额时，企业按照规定计算的无形资产摊销费用，准予扣除。但下列( )不得计算摊销费用扣除。

A. 自行开发的支出已在计算应纳税所得额时扣除的无形资产

B. 自创商誉

C. 与经营活动无关的无形资产

D. 开发无形资产时未形成资产而发生的费用

E. 其他不得计算摊销费用扣除的无形资产

5. 在计算应纳税所得额时，企业财务、会计处理办法与税收法律、行政法规的规定不一致的，应当依照(　　)的规定计算纳税。

A. 税收法律 　　　　　　　　　B. 税收行政法规

C. 国家税务局的规章 　　　　　D. 税收地方性法规

6. 企业的下列(　　)为不征税收入。

A. 财政拨款 　　　　B. 依法收取并纳入财政管理的政府性基金

C. 国务院规定的不征税收入 　　D. 国债利息收入

E. 符合条件的非营利组织的收入

7. 企业的下列(　　)为免税收入。

A. 国债利息收入

B. 符合条件的居民企业之间的股息、红利等权益性投资收益

C. 在中国境内设立机构、场所的居民企业从非居民企业取得与该机构、场所有实际联系的股息、红利等权益性投资收益

D. 符合条件的非营利组织的收入

E. 国债处置收益

8. 企业的下列所得，可以免征、减征企业所得税的有(　　)。

A. 从事农、林、牧、渔业项目的所得

B. 从事国家重点扶持的公共基础设施项目投资经营的所得

C. 从事符合条件的环境保护、节能节水项目的所得

D. 符合条件的技术转让所得

9. 在计算应纳税所得额时，企业发生的下列(　　)作为长期待摊费用，按照规定摊销的，准予扣除。

A. 未经核定的准备金支出 　　　B. 租入固定资产的改建支出

C. 固定资产的大修理支出 　　　D. 赞助支出

10. 企业发生非货币性资产交换，以及将货物、财产、劳务用于(　　)，应当视同销售货物、提供劳务。

A. 捐赠 　　B. 偿债 　　C. 赞助 　　D. 在建工程

三、判断题

1. 企业所得税法中的亏损和财务会计中的亏损含义是不同的。企业所得税法所称亏损是指企业将每个纳税年度的收入总额减除不征税收入、免税收入和各项扣除以后小于零的数额。(　　)

2. 企业所得税法中的转让财产收入是指企业转让固定资产、无形资产、流动资产、股权、股票、债券、债权等所取得的收入。(　　)

3. 企业所得税法的收入总额包括财政拨款、税收返还和依法收取并纳入财政管理的行政事业性收费和政府性基金。(　　)

4. 企业取得的所得税返还(退税)和出口退税的增值税进项属于不征税收入项目。
（　　）

5. 根据企业所得税法的规定，在我国目前的税收体系中，允许税前扣除的税收种类主要有消费税、资源税和城市维护建设税、教育费附加，以及房产税、车船税、耕地占用税、城镇土地使用税、车辆购置税、印花税等。
（　　）

6. 企业发生的公益救济性捐赠，在应纳税所得额12%以内的部分，准予在计算应纳税所得额时扣除。
（　　）

7. 企业所得税法允许按规定的比例在税前扣除的准备金只有坏账准备金和商品削价准备金两种。
（　　）

8. 企业已经作为损失处理的资产，在以后的纳税年度又全部收回或者部分收回时，应当计入损失发生年度的收入。
（　　）

9. 企业发生的赞助费支出准予扣除。
（　　）

10. 企业单独估价作为固定资产入账的土地可以计算折旧扣除。
（　　）

11. 企业自创商誉作为无形资产可以计算摊销费用扣除。
（　　）

四、业务题

1. 某企业2019年全年取得收入总额为3 000万元，其中租金收入50万元；销售成本、销售费用、管理费用共计2 800万元；"营业外支出"中列支35万元，其中，通过希望工程基金委员会向某灾区捐款10万元，直接向某困难地区捐赠5万元，非广告性赞助20万元。

计算：该企业全年应缴纳多少企业所得税？

2. 某中型工业企业执行现行财会制度和税收法规，2019年企业会计报表利润为200 000元，未做任何项目调整，已按25%的所得税率计算缴纳所得税50 000元。税务检查人员对该企业进行所得税纳税审查，经查阅有关账证资料，发现如下问题。

(1) 企业2019年度有正式职工100人，实际列支工资、津贴、补贴、奖金为1 200 000元。

(2) 企业"长期借款"账户中记载，年初向中国银行借款100 000元，年利率为5%，向其他企业借周转金200 000元，年利率10%，上述借款均用于生产经营。

(3) 全年销售收入60 000 000元，企业列支业务招待费250 000元。

(4) 该企业2019年在税前共计提取并发生职工福利费168 000元，计提了工会经费24 000元，计提了教育经费38 000元。

(5) 2019年6月5日"管理费用"科目列支厂部办公室使用的空调器一台，价款6 000元(折旧年限按6年计算，不考虑残值)。

(6) 年末"应收账款"借方余额1 500 000元，"坏账准备"科目贷方余额6 000元(该企业坏账核算采用备抵法，按3%提取坏账准备金)。

(7) 其他经核实均无问题，符合现行会计制度及税法规定。

要求：

(1) 简明扼要地指出存在的问题。

(2) 计算应补企业所得税额。

第六章

个人所得税实务

导言

个人所得税是主要以自然人取得的各类应税所得为征税对象而征收的 一种所得税,是政府利用税收对个人收入进行调节的一种手段 。个人所得税的纳税人不仅包括个人还包括具有自然人性质的企业。在我国,个人所得税按收入来源分为 11 类,不同的类别采用不同的税率、不同的扣除标准与计税方法。同样金额的收入,缴纳的税款可能不同,如果少缴了税,有的符合法律而有的可能违反了法律,遭遇罚款甚至要承担刑事责任。通过本章典型工作任务的操作,你将会深入了解如何计算个人所得税,如何进行个人所得税纳税申报等知识。

能力目标

(1) 能准确计算代扣代缴、个体工商户应纳的个人所得税额;

(2) 能正确进行个人所得税涉税账务处理;

(3) 能够正确、规范填写个人所得税扣缴报告表、个人所得税纳税申报表,并能熟练进行个人所得税的纳税申报工作。

第一节 扣缴义务人个人所得税实务

工作实例

我国公民张冰为长沙市长大集团一名高级技术人员,2019 年 1~12 月收入情况如下。

(1) 每月取得工资收入及扣缴个人所得税情况如表 6-1 所示。

(2) 3 月转让 2017 年购买的精装公寓一套给宏利办事处,售价 230 万元,转让过程中支付的相关税费为 13.8 万元。该套房屋的购进价为 100 万元,购房过程中支付的相关税费为 3 万元。所有税费支出均取得合法凭证,假设不考虑房屋折旧因素。

(3) 6月因提供重要线索，协助公安部门侦破某重大经济案件，获得 W 公安局奖金 2 万元，已取得公安部门提供的获奖证明材料。

(4) 9月在参加市友好商场组织的有奖销售活动中，中奖所得共计价值 3 万元，将其中的 1 万元通过市教育局用于公益性捐赠。

(5) 10月将自有的一项非职务专利技术提供给境外 ABC 公司使用，一次性取得特许权使用费收入 6 万元，该项收入已在境外缴纳个人所得税 7 800 元。

(6) 11月一篇论文被东海大学出版社采纳，编入其论文集出版，获得稿酬 5 000 元，次月因添加印数又取得追加稿酬 2 000 元(注：境内所得均已扣缴了个人所得税)。

表 6-1　工资薪金明细表

月份	基本及岗位工资	伙食补助	月奖	住房补贴	过节费	应发工资	住房公积金	基本养老保险费	基本医疗保险费	失业保险费	三险一金合计	个人所得税	实发工资
	①	②	③	④	⑤	⑥	⑦	⑧	⑨	⑩		⑪	⑫
1	7 500	900	1 200	3 000	1 000	13 600	1 200	900	300	120	2 520	961	10 119
2	7 500	900	1 200	3 000	2 000	14 600	1 200	900	300	120	2 520	1 161	10 919
3	7 100	900	1 200	3 000	0	12 200	1 200	900	300	120	2 520	681	8 999
4	7 100	900	1 200	3 000	0	12 200	1 200	900	300	120	2 520	681	8 999
5	7 100	900	1 200	3 000	1 000	13 200	1 200	900	300	120	2 520	881	9 799
6	7 100	900	1 200	3 000	0	12 200	1 200	900	300	120	2 520	681	8 999
7	7 100	900	1 200	3 000	0	12 200	1 200	900	300	120	2 520	681	8 999
8	7 100	900	1 200	3 000	0	12 200	1 200	900	300	120	2 520	681	8 999
9	7 100	900	1 200	3 000	1 000	13 200	1 200	900	300	120	2 520	881	9 799
10	7 100	900	1 200	3 000	1 000	13 200	1 200	900	300	120	2 520	881	9 799
11	7 100	900	1 200	3 000	0	12 200	1 200	900	300	120	2 520	681	8 999
12	7 100	900	1 200	3 000	0	12 200	1 200	900	300	120	2 520	681	8 999
年终奖金	—	—	—	—	—	36 000	—	—	—	—		3 495	32 505
合计						189 200					30 240	13 027	145 933

子任务一　个人所得税税款计算

任务目标

根据个人所得分类分析、计算扣缴个人所得税应纳税额。

根据张冰 2019 年全年所得，分类计算个人所得税及扣缴情况如下：

(1) 2019 年度，长沙市长大集团支付给张冰的工资薪金所得，扣缴个人所得税：

① 每月工资、薪金个人所得税预扣预缴，以 1 月为例：

应纳税所得额 = 应发工资 − 个人缴付的"三险一金" − 基本费用扣除标准

$$= 13\,600 - 2\,520 - 5\,000 = 6\,080(元)$$

$$应纳税额 = 6\,080 \times 10\% - 210 = 398(元)$$

注：张冰各月工资、薪金个人所得税，长沙市长大集团为扣缴义务人，应由发放工资

的长沙长大集团代扣代缴。

② 年终奖个人所得税计算：

按 12 个月分摊后，每月奖金 = 36 000 ÷ 12 = 3 000(元)，按照月度税率表确定适用的税率为 3%，速算扣除数为 0。

$$应纳税额 = 36\ 000 \times 3\% - 0 = 1\ 080(元)$$

张冰年终奖个人所得税：长沙市长大集团为扣缴义务人，也应由发放工资的长沙市长大集团代扣代缴，则：

$$张冰全年应纳个人所得税 = 398 + 498 + 258 \times 7 + 358 \times 3 + 1\ 080 = 4\ 856(元)$$

$$全年应发工资 = 13\ 600 + 14\ 600 + 12\ 200 \times 7 + 13\ 200 \times 3 + 36\ 000$$

$$= 189\ 200 - 30\ 240 = 158\ 960(元)$$

$$全年工资薪金所得 = 各月应发工资 + 年终奖 - 各月缴付的三险一金 -$$

$$每月预算扣除标准 5000 \times 12$$

$$= 158\ 960 - 5\ 000 \times 12 = 98\ 960(元)$$

说明：居民个人取得全年一次性奖金，也可以选择不并入当年综合所得计算纳税。

(2) 转让房屋所得应缴纳的个人所得税 = (230 000 - 13 800 - 1 000 000 - 3 000) × 20%

$$= 226\ 400(元)$$

张冰转让公寓所得应纳的个人所得税由宏利办事处代扣代缴。

(3) 从公安部门获得的奖金属于免税范畴，应缴纳的个人所得税 = 0(元)

(4) 中奖所得应缴纳的个人所得税：

$$捐赠限额 = 30\ 000 \times 30\% = 9\ 000(元)$$

捐款限额小于实际捐款 10 000 元，则中奖所得应缴纳的个人所得税 = (30 000 - 9 000) × 20% = 4 200(元)

张冰中奖所得应缴纳的个人所得税由市友好商场代扣代缴。

(5) 特许权使用费所得应纳的个人所得税：

从境外取得的特许权使用费在我国缴纳个人所得税时可扣除的税收限额

$$= 60\ 000 \times (1 - 20\%) \times 20\% = 9\ 600(元)$$

从境外取得的特许权使用费在我国实际应补缴的个人所得税 = 9 600 - 7 800 = 1 800(元)

(6) 稿酬应缴纳的个人所得税 = (5 000 + 2 000) × (1 - 20%) × 20% × (1 - 30%) = 784(元)

张冰稿酬所得应缴纳的个人所得税由东海大学出版社代扣代缴。

综上：

$$张冰全年共应纳个人所得税 = 4\ 856 + 226\ 400 + 4\ 200 + 9\ 600 + 784 = 245\ 840(元)$$

$$支付单位已代扣个人所得税 = 4\ 856 + 226\ 400 + 4\ 200 + 784 = 236\ 240(元)$$

$$张冰应补个人所得税额 = 245\ 840 - 236\ 240 - 7\ 800 = 1\ 800(元)$$

子任务二　个人所得税税款会计核算

任务目标

根据个人所得税相关资料，进行代扣代缴义务人扣缴个人所得税的账务处理。

沿用本节工作实例，张冰 2019 年各项所得，其扣缴义务人所进行的个人所得税会计分录如下：

(1) 长沙市长大集团支付职工工资，并应代扣代缴个人所得税款。

借：应付职工薪酬　　　　　　　　　　　4 856

　　贷：应交税费——代扣个人所得税　　　4 856

按规定期限申报缴税时：

借：应交税费——代扣个人所得税　　　　4 856

　　贷：银行存款　　　　　　　　　　　　4 856

(注：实际工作中是按月代扣、按月进行会计处理与申报纳税的。)

(2) 转让房产，企业代扣代缴的个人所得税。

宏利办事处购入公寓时：

借：固定资产　　　　　　　　　　　2 300 000

　　贷：其他应付款　　　　　　　　　　　2 300 000

支付转让款，并代扣个人所得税时：

借：其他应付款　　　　　　　　　　2 300 000

　　贷：应交税费——代扣个人所得税　　　226 400

　　　　银行存款　　　　　　　　　　　2 073 600

(3) 中奖所得代扣代缴个人所得税。

市友好商场支付奖金代个人所得税：

借：销售费用　　　　　　　　　　　　30 000

　　贷：应交税费——代扣代缴个人所得税　　4 200

　　　　银行存款　　　　　　　　　　　25 800

(4) 稿酬所得代扣代缴的个人所得税。

东海大学出版社支付稿酬，并代扣代缴个人所得税：

借：主营业务成本　　　　　　　　　　7 000

　　贷：应交税费——代扣代缴个人所得税　　784

　　　　银行存款　　　　　　　　　　　6 216

★ **行家提示：**

(1) 个人所得税的纳税人依据住所和居住时间两个标准，区分为居民纳税人和非居民纳税人。居民纳税人是指在中国境内有住所或在中国境内无住所，但在中国境内居住满 1 年的个人，负无限纳税义务，就其来源于中国境内、境外的所得，向中国缴纳个人所得税；非居民纳税人是指在中国境内无住所且不居住，或在中国境内无住所且在境内居住不满 1 年的个人，负有限纳税义务，仅就其来源于中国境内的所得，向中国缴纳个人所得税。

(2) 我国个人所得税采用分类课征制，列举了 11 项应纳税所得项目。个人所得税的形式，包括现金、实物、有价证券和其他形式的经济利益。

(3) 任职、受雇于报刊等单位的记者、编辑等专业人员，因在本单位的报刊上发表作品取得的所得，属于因任职、受雇而取得的所得，应与其当月工资收入合并，按"工资、薪金所得"项目征税。

(4) 在确定财产租赁所得纳税义务人时，应以产权凭证为依据，无产权凭证的，由主管税务机关根据实际情况确定。产权所有人死亡，在未办理产权继承手续期间，该财产出租而有租金收入的，以领取租金的个人为纳税义务人。

素养专栏 6-1

看看美国的个人所得税制

  美国于 1861 年首次成功地实行了个人所得税制度，是国际社会公认的比较完善的税制。在美国，每个纳税人都有一个唯一的社会保险号码，纳税人的各项收入信息汇集在它下面。美国国内收入局在要求纳税人如实申报纳税的同时，建立了严密高效的信息稽核系统，有效地实现了对纳税人诚信纳税的监控。一旦发现问题，立即从计算机系统中调出来单独审核。对故意逃税的人将给予严厉处罚。由于个人所得账户能及时显示个人的收入流量，并按照收入状况实行累进税，所以高收入者多纳税，不确定的临时性收入也可及时征税。目前，美国的最高税率是 35%，约 1/3 的联邦个人所得税由年收入 50 万美元以上的人缴纳。另外，美国个人所得税有大量的不予征收的应税所得项目、所得扣除项目和税收抵免等优惠政策，这都是值得借鉴的。

一、个人所得税与纳税义务人

1. 个人所得税的概念及特点

  个人所得税是对个人(自然人)取得的各项应税所得征收的一种税。我国个人所得税的特点主要有以下几点：

  (1) 实行分类征收。我国现行个人所得税采用的是分类所得税制，即将个人取得的各种所得划分为 11 类，分别适用不同的费用减除规定、不同的税率和不同的计税方法，实行分类课征制度。

  (2) 累进税率与比例税率并用。我国现行个人所得税根据各类个人所得的不同性质和特点，将这两种形式的税率运用于个人所得税制。其中，对工资、薪金所得，个体工商户的生产、经营所得，对企业事业单位的承包、承租经营所得，采用累进税率，实行量能负担；对劳务报酬、稿酬等其他所得，采用比例税率，实行等比负担。

  (3) 费用扣除额较宽。我国本着费用扣除从宽、从简的原则，采用费用定额扣除和定率扣除两种方法。对工资、薪金所得，每月减除费用 3 500 元；对劳务报酬等所得，每次收入不超过 4 000 元的减除 800 元，每次收入 4 000 元以上的减除 20%的费用。按照这样的标准减除费用，实际上等于对绝大多数的工资、薪金所得予以免税或只征很少的税款，也使得提供一般劳务、取得中低劳务报酬所得的个人大多不用负担个人所得税。

  (4) 计算简便。我国个人所得税的费用扣除采取总额扣除法，免去了对个人实际生活费用支出逐项计算的麻烦，各种所得项目实行分类计算，并且具有明确的费用扣除规定，费用扣除项目及方法易于掌握，计算比较简单，符合税制简便原则。

  (5) 采取课源制和申报制两种征纳方法。我国《个人所得税法》规定，对纳税人的应纳税额分别采取由支付单位源泉扣缴和纳税人自行申报两种方法。对凡是可以在应税所得的支付环节扣缴个人所得税的，均由扣缴义务人履行代扣代缴义务；对于没有扣缴义务人的，以及个人在两处以上取得工资、薪金所得的，由纳税人自行申报纳税。此外，对其他不便于扣缴税款的，亦规定由纳税人自行申报纳税。

2. 纳税义务人

个人所得税的纳税义务人，包括中国公民、个体工商户以及在中国有所得的外籍人员(包括无国解人员，下同)和香港、澳门、台湾同胞。

上述纳税义务人根据住所和居住时间两个标准，区分为居民和非居民，分别承担不同的纳税义务。居民纳税人承担无限纳税义务，非居民纳税人承担有限纳税义务，其判断标准及纳税义务如表 6-2 所示。

表 6-2　居民纳税人和非居民纳税人的判断标准与纳税义务

纳税人	判断标准	纳税义务
居民纳税人	(1) 在中国境内有住所的个人 (2) 在中国境内无住所，而一个纳税年度在中国境内居住满 183 天的个人	就来源于中国境内和境外的全部所得纳税
非居民纳税人	(1) 在中国境内无住所又不居住的个人 (2) 在中国境内无住所而一个纳税年度在中国境内居住累计不满 183 天的个人	仅就来源于中国境内的所得纳税

1) 居民个人

(1) 住所标准。我国个人所得税法采用习惯性住所的标准，将在中国境内有住所的个人界定为，因户簿、家庭、经济利益关系而在中国境内习惯性居住的个人(如出国留学的孩子)。这里所说的习惯性居住，是判定纳税义务人属于居民个人还是非居民个人的一个重要依据。它是指个人因学习、工作、探亲等原因消除之后，没有理由在其他地方继续居留时，所要回到的地方，而不是指实际居住或在某一个特定时期内的居住地。一个纳税人因学习、工作、探亲、旅游等原因，原来是在中国境外居住，但是在这些原因消除之后，如果必须回到中国境内居住的，则中国为该人的习惯性居住地。尽管该纳税义务人在一个纳税年度内，其至连续几个纳税年度，都未在中国境内居住过 1 天，他仍然是中国的居民个人，应就其来自全球的应纳税所得，向中国缴纳个人所得税。

(2) 居住时间标准。一个纳税年度在境内居住累计满 183 天，是指在一个纳税年度(每年 1 月 1 日～12 月 31 日止，下同)内，在中国境内居住满 183 日。在计算居住天数时，按其一个纳税年度内在境内的实际居住时间确定，取消了原有的临时离境规定。即境内无住所的某人在一个纳税年度内无论出境多少次，只要在我国境内累计住满 183 天，就可判定为我国的居民个人。综上可知，个人所得税的居民个人包括以下两类：

① 在中国境内定居的中国公民和外国侨民。但不包括虽具有中国国籍，却并没有在中国大陆定居，而是侨居海外的华侨和居住在香港、澳门、台湾的同胞。

② 从公历 1 月 1 日起至 12 月 31 日止，在中国境内累计居住满 183 天的外国人、海外侨胞和香港、澳门、台湾同胞。例如，一个外籍人员从 2018 年 10 月起到中国境内的公司任职，在 2019 年纳税年度内，虽然曾多次离境回国，但由于该外籍个人在我国境内的居住

停留时间累计达 206 天，已经超过了一个纳税年度内在境内累计居住满 183 天的标准。因此，该纳税义务人应为居民个人。

现行税法中关于"中国境内"的概念，是指中国大陆地区，目前还不包括香港、澳门和台湾地区。

2）非居民个人

非居民个人是"在中国境内无住所又不居住，或者无住所而一个纳税年度内在境内居住累计不满 183 天的个人"。也就是说，非居民个人，是指习惯性居住地不在中国境内，而且不在中国居住；或者在一个纳税年度内，在中国境内居住累计不满 183 天的个人。在现实生活中，习惯性居住地不在中国境内的个人，只有外籍人员、华侨或香港、澳门和台湾同胞。因此，非居民个人，实际上只能是在一个纳税年度中，没有在中国境内居住，或者在中国境内居住天数累计不满 183 天的外籍人员、华侨或香港、澳门、台湾同胞。

自 2019 年 1 月 1 日起，无住所个人一个纳税年度内在中国境内累计居住天数，按照个人在中国境内累计停留的天数计算。在中国境内停留的当天满 24 小时的，计入中国境内居住天数，在中国境内停留的当天不足 24 小时的，不计入中国境内居住天数。

3．扣缴义务人

凡支付应纳税所得的单位或个人，都是个人所得税的扣缴义务人。

税法规定，扣缴义务人在向纳税人支付各项应纳税所得(个体工商户的生产、经营所得除外)时，必须履行代扣代缴税款的义务。

二、个人所得税的征税对象

1．工资、薪金所得

(1) 工资、薪金所得，是指个人因任职或者受雇而取得的工资、薪金、奖金、年终加薪、劳动分红、津贴、补贴以及与任职或受雇有关的其他所得。其中，年终加薪、劳动分红不分种类和取得情况，一律按工资、薪金所得课税。奖金是指所有具有工资性质的奖金，免税奖金的范围在税法中另有规定 。

对工资、薪金中的下列项目不予征税：

① 独生子女补贴。

② 托儿补助费。

③ 差旅费津贴、误餐补助。其中，误餐补助是指按照财政部规定，个人因公在城区、郊区工作，不能在工作单位或返回就餐的，根据实际误餐顿数，按规定的标准领取的误餐费。注意：单位以误餐补助名义发给职工的补助、津贴不能包括在内。

④ 执行公务员工资制度未纳入基本工资总额的补贴、津贴差额和家属成员的副食品和补贴；

⑤ 外国来华留学生，领取的生活津贴费、奖学金，不属于工资、薪金范畴，不征个人所得税。

(2) 内部退养的人员所得：

① 在办理内部退养手续后从原任职单位取得的一次性收入，应按办理内部退养手续至法定离退休年龄之间的所属月份进行平均，并与领取当月的"工资、薪金所得"合并后减

除当月费用扣除标准，按"工资、薪金所得"征收个人所得税，例如，某人法定退休年龄60岁，50岁时办理内部退养手续，从原单位一次取得12万元。在内部退养期间，每月从单位取得工资2 700元，则

$$每月所得额 = 120\ 000 \div 120 + 2\ 700 = 3\ 700(元)$$

应纳税所得额为 200 元，应纳个人所得税 = $200 \times 3\% = 6$(元)；② 个人在办理内部退养手续后至法定退休年龄之间重新就业取得的"工资、薪金所得"的，应与其从原任职单位取得的同一月份的"工资、薪金所得"合并缴纳个人所得税。

(3) 公司职工取得的用于购买企业国有股权的劳动分红，按"工资、薪金所得"项目计征个人所得税。

(4) 对雇员免收差旅费、旅游费，按照"工资、薪金所得"项目征税；对非雇员免收差旅费、旅游费，按照"劳务报酬所得"项目征税。

2. 个体工商户的经营所得

(1) "个人独资企业""个人合伙企业"比照个体工商户的生产、经营所得项目征税。

(2) 出租车驾驶员从事客货营运取得的收入：对出租车不拥有所有权的，按"工资、薪金所得"项目征税；对出租车拥有所有权的，比照"个体工商户的生产经营所得"项目征税。

3. 对企业、事业单位的承包经营、承租经营所得

对企事业单位的承包经营、承租经营所得是指个人承包经营、承租经营以及转包、转租取得的所得，包括个人按月或按次取得的工资、薪金性质的所得。承包、承租经营有以下两种情况：

(1) 个人对企事业单位承包、承租经营后，工商登记改变为个体工商户，按个体工商户的生产、经营所得项目征收个人所得税，不再征收企业所得税。

(2) 个人对企事业单位承包、承租经营后，工商登记仍为企业的，不论其分配方式如何，先缴纳企业所得税，然后承包人缴纳个人所得税；具体包括以下两种情况：承包、承租人对企业经营成果不拥有所有权，仅按合同(协议)规定取得一定所得的，应按工作、薪金所得项目征收个人所得税；承包、承租按合同(协议)规定只向发包方、出租方缴纳一定的费用，缴纳承包、承租费后的企业的经营成果归承包、承租人所有的，其取得的所得，按对企事业单位承包、承租经营所得项目征收个人所得税。

4. 劳务报酬所得

劳务报酬所得是指个人独立从事非雇用的各种劳务所取得的所得，具体是指个人从事设计、装潢、安装、制图、化验、测试、医疗、法律、会计、咨询、讲学、新闻、广播、翻译、审稿、书画、雕刻、影视、录音、录像、演出、表演、广告、展览、技术服务、介绍服务、经济服务、代办服务以及其他劳务取得的所得。

在实际工作中，要严格区分劳务报酬所得与工资、薪金所得。两者的区别在于：劳务报酬所得是个人独立从事自由职业或独立提供某种劳务所取得的报酬，不存在雇用与被雇用关系；而工资、薪金所得是个人从事非独立劳务活动，从所在单位领取的报酬，个人与单位存在雇用与被雇用关系。

值得注意的其他规定有以下几点：

(1) 个人担任董事职务所取得的董事费收入：① 个人担任董事、监事，且不在公司任

职、受雇的，其担任董事职务所取得的董事费收入，按"劳务报酬所得"项目纳税；② 在公司(包括关联公司)任职、受雇，同时兼任董事、监事的，应将董事费、监事费与个人工资收入合并，统一按"工资、薪金所得"项目纳税。

(2) 在校学生因参与勤工俭学活动取得的应税所得项目。

(3) 对营销成绩突出的非雇员以培训班、研讨会、工作考察等名义组织旅游活动，所发生费用的全额作为该营销人员当期的劳务收入，按"劳务报酬所得"项目纳税。

(4) 个人兼职取得的收入，按"劳务报酬所得"项目纳税。

5. 稿酬所得

稿酬所得是指个人因其作品以图书、报纸形式出版、发表取得的所得。这里所说的"作品"，是指包括中外文字、图片、乐谱等能以图书、报刊方式出版、发表的作品。"个人作品"包括本人的著作和翻译的作品等。例如，作家将其书画作品通过"出版社"出版取得的报酬，应属于"稿酬所得"。

(1) 作者去世后，财产继承人取得的遗作稿酬，应征收个人所得税。

(2) 对报纸、杂志、出版等单位的职员在本单位的刊物上发表作品、出版图书取得所得征税问题，有关税收制度规定如下：① 任职、受雇于报纸、杂志等单位的记者、编辑等专业人员，因在本单位的报纸、杂志上发表作品取得的所得，属于因任职、受雇而取得的所得，应与其当月工资收入合并，按"工资、薪金所得"项目征收个人所得税；除上述专业人员以外，其他人员在本单位的报纸、杂志上发表作品取得的所得，应按"稿酬所得"项目征收个人所得税。② 出版社的专业作者撰写、编写或翻译的作品，由本社以图书形式出版而取得的稿费收入，应按"稿酬所得"项目征收个人所得税。

6. 特许权使用费所得征收个人所得税

特许权使用费所得是指个人提供专利权、著作权、商标权、非专利技术以及其他特许权的使用权取得的所得。提供著作权的使用权取得的所得，不包括稿酬所得。商标权，即商标注册人享有的商标专用权。著作权，即版权，是作者依法对文学、艺术和科学作品享有的专有权。个人提供或转让商标权、著作权、专有技术或技术秘密、技术诀窍取得的所得，应当依法缴纳个人所得税。

(1) 对于作者将自己的文字作品手稿原件或复印件公开拍卖(竞价)取得的所得，属于提供著作权的使用所得，故应按"特许权使用费所得"项目征收个人所得税。

(2) 个人取得特许权的经济赔偿收入，应按"特许权使用费所得"项目征收个人所得税。

(3) 编剧从电视剧的制作单位取得的剧本使用费，统一按"特许权使用费所得"项目征收个人所得税。

7. 利息、股息、红利所得

利息、股息、红利所得是指个人拥有债权、股权而取得的利息、股息、红利所得。

利息是指个人的存款利息、贷款利息和购买各种债券的利息。股息，也称股利，是指股票持有人根据股份制公司章程规定，凭股票定期从股票公司取得的投资利益。红利，也称公司(企业)分红，是指股份公司或企业根据应分配的利润，按股份分配超过股息部分的利润。股份制企业以股票形式向股东个人支付股息、红利(派发红股)，应以派发的股票面额为收入额计税。

8. 财产租赁所得

财产租赁所得是指个人出租建筑物、土地使用权、机器设备、车船以及其他财产取得的所得，财产包括动产和不动产。

9. 财产转让所得

财产转让所得是指个人转让有价证券、股权、建筑物、土地使用权、机器设备、车船以及其他自有财产给他人或单位而取得的所得，包括转让不动产和动产而取得的所得。对个人股票买卖取得的所得暂不征税。

10. 偶然所得

偶然所得是指个人取得的所得是非经常性的，属于各种机遇性所得，包括得奖、中奖、中彩以及其他偶然性质的所得(含奖金、实物和有价证券)。偶然所得应缴纳的个人所得税税款，一律由发奖单位或机构代扣代缴。

(1) 个人因参加企业的有奖销售活动而取得的赠品所得，应按照"偶然所得"项目征收个人所得税。

(2) 个人取得单张有奖发票，奖金所得不超过 800 元(含 800 元)的，暂免征收个人所得税，奖金所得超过 800 元的，应全额按照《个人所得税法》规定的"偶然所得"项目征收个人所得税。

(3) 个人购买福利彩票、赈灾彩票、体育彩票，一次中奖在 1 万元以下(含 1 万元)暂免征收个人所得税；超过 1 万元的，全额征收个人所得税。

11. 其他所得

其他所得应确定征税的，由国务院财政部门确定。个人取得的所得，难以界定应纳税所得项目的，由主管税务机关确定。

三、个人所得税税率

个人所得税根据不同应税所得项目，适应税率有累进税率和比例税率两种形式。

(1) 工资、薪金所得，以及对经营成果不拥有所有权的承包经营、承租经营所得，适用 3%～45% 的七级超额累进税率，如表 6-3 所示。

表 6-3　个人所得税税率表(工资、薪金所得)

级　数	全月应纳税所得额	税率/(%)	速算扣除数/元
1	不超过 3 600 元的	3	0
2	超过 3 600 元至 144 000 元	10	2 520
3	超过 144 000 元至 300 000 元	20	16 920
4	超过 300 000 元至 420 000 元	25	31 920
5	超过 420 000 元至 660 000 元	30	52 920
6	超过 660 000 元至 960 000 元	35	85 920
7	超过 960 000 元	45	181 920

注：本表所称全月应纳税所得额是指按照《个人所得税法》第六条的规定，以居民个人综合所得，以每一纳税年收入额减除费用 60 000 元及专项扣除、专项附加扣除和依法确定的其他扣除后的余额。

(2) 非居民个人取得工资、薪金所得，劳务报酬所得，稿酬所得和特许权使用费所得适用税率，如表 6-4 所示。

表 6-4　非居民个人工资、薪金所得，劳务报酬所得，稿酬所得，特许权

使用费所得适用税率表(居民个人月度税率表同此表)

级数	应纳税所得额	税率/(%)	速算扣除数
1	不超过 3000 元的部分	3	0
2	超过 3000 元至 12000 元的部分	10	210
3	超过 12000 元至 25000 元的部分	20	1 410
4	超过 25000 元至 35000 元的部分	25	2 660
5	超过 35000 元至 55000 元的部分	30	4 410
6	超过 55000 元至 80000 元的部分	35	7 160
7	超过 80000 元的部分	45	15 160

(3) 对经营成果拥有所有权的企事业单位承包、承租经营所得及个体工商户适用 5%～35% 的五级超额累进税率，如表 6-5 所示。

表 6-5　个人所得税税率表

(个体工商户的生产、经营所得和对企事业单位的承包、承租经营所得适用)

级　数	全年应纳税所得额	税率/(%)	速算扣除数/元
1	不超过 30 000 元的	5	0
2	超过 30 000 元至 90 000 元的部分	10	1 500
3	超过 90 000 元至 300 000 元的部分	20	10 500
4	超过 300 000 元至 500 000 元的部分	30	40 500
5	超过 500 000 元的部分	35	65 500

注：本表所称全年应纳税所得额是指按照《个人所得税法》第六条规定，个体工商户的生产、经营所得来源，是指以每一纳税年度的收入总额减除成本、费用以及损失后的余额。对企事业单位的承包、承租经营所得，是指以每一纳税年度收入总额减除必要费用后的余额。

(4) 其他个人应税所得适用 20% 的比例税率，包括劳务报酬所得、稿酬所得、特许权使用费所得、利息、股息、红利所得、财产租赁所得、财产转让所得、偶然所得、经国务院和财政部批准征税的其他所得。

四、个人所得税应纳税额的计算

$$应纳税额 = 应纳税所得额 \times 适用税率$$

1. 工资、薪金所得应纳税额的计算

工资、薪金所得适用七级超额累进税率，按月预缴，按年综合所得计算缴纳。

平时工资、薪金所得预缴税额的计算，其计算公式如下：

$$应纳税所得额 = 每月收入额 - 费用扣除标准(5000元起征点) -$$
$$专项扣除(五险一金等) - 专项附加扣除 - 依法确定的其他扣除$$
$$应纳税额 = \sum(各级距应纳税所得额 \times 该级距的适用税率)$$

或

$$应纳税额 = 应纳税所得额 \times 适用税率 - 速算扣除数$$

2. 全年一次性奖金所得应纳税额的计算

(1) 一次性奖金包括年终加薪、实行年薪制和绩效工资办法的单位根据考核情况兑现的年薪和绩效工资。居民个人取得全年一次性奖金,在2021年12月31日前,可选择不并入当年综合所得,按以下计税办法,由扣缴义务人发放时代扣代缴:

首先,将居民个人取得的全年一次性奖金,除以12个月,按其商数依照按月换算后的综合所得税率表(如上表6-4所示)确定适用税率和速算扣除数。单独计算纳税。计算公式为

$$应纳税额 = 全年一次性奖金收入 \times 适用税率 - 速算扣除数$$

注意:在一个纳税年度内,对每一个纳税人,该计税办法只允许采用一次。

实行年薪制和绩效工资的单位,居民个人取得年终兑现的年薪和绩效工资按上述方法执行。

其次,居民个人取得全年一次性奖金,也可以选择并入当年综合所得计算纳税。

自2022年1月1日起,居民个人取得全年一次性奖金,应并入当年综合所得计算缴纳个人所得税。

3. 个体工商户的经营所得与企事业单位承包经营、承租经营所得应纳税额的计算

应纳税额的计算在本项目任务二中进行单独讲述。

4. 劳务报酬所得应纳税额的计算

劳务报酬所得适用20%的比例税率,劳务报酬畸高的,实行加成征收。按次
计算,根据不同劳务特点,只有一次性收入的,以取得该项收入为一次;属于同一事项连续取得收入的,以一个月内取得的收入为一次,其计算公式为

每次收入不足4 000元的:

$$应纳税额 = (每次收入额 - 800) \times 20\%$$

每次收入在4 000元以上的:

$$应纳税额 = 每次收入额 \times (1 - 20\%) \times 20\%$$

每次收入的应纳税所得额超过20 000元的:

$$应纳税额 = 每次收入额 \times (1 - 20\%) \times 适用税率 - 速算扣除数$$

5. 稿酬所得应纳税额的计算

稿酬所得适用20%的比例税率,并按应纳税额减征30%,按次计算。具体同一作品再版取得的所得,应视为另一次稿酬所得计征个人所得税;同一作品先在报刊上连载,然后再出版,或者先出版,再在报刊上连载的,应视为两次稿酬所得征税,即连载作为一次,出版作为另一次;同一作品在报刊上连载取得收入的,以连载完成后取得的所有收入合并为一次,计征个人所得税;同一作品在出版和发表时,以预付稿酬或分次支付稿酬等形

式取得的稿酬收入，应合并计算第二次；同一作品出版、发表后，因添加印数而追加稿酬的，应与以前出版、发表时取得的稿酬合并计算为一次，计征个人所得税。两人或两人以上共同编写一本书的，按照每个人取得的稿酬，各自分别计算应纳税额。其计算公式如下。

每次收入不足 4 000 元的：

$$应纳税额 = (每次收入额 - 800) \times 20\% \times (1 - 30\%)$$

每次收入在 4 000 元以上的：

$$应纳税额 = 每次收入额 \times (1 - 20\%) \times 20\% \times (1 - 30\%)$$

6. 特许权使用费所得应纳税额的计算

特许权使用费所得适用 20%的比例税率，按次计算。一般以某项使用权的一次转让所取得的收入为一次，如果该次转让取得的收入是分笔支付的，则应将各笔收入相加为一次的收入，计征个人所得税。其计算公式如下：

每次收入不足 4 000 元的：

$$应纳税额 = (每次收入额 - 800) \times 20\%$$

每次收入在 4 000 元以上的：

$$应纳税额 = 每次收入额 \times (1 - 20\%) \times 20\%$$

7. 财产租赁所得应纳税额的计算

财产租赁所得适用 20%的比例税率，对个人按市场价出租的住房，自 2001 年 1 月 1 日起暂减按 10%的税率征收个人所得税。财产租赁可以扣除费用包括税费、修缮费和法定扣除标准，其中在出租财产过程中缴纳的税金和教育费附加等要有完税(缴款)凭证，还准予扣除能够提供有效、准确凭证，证明由纳税人负担的该出租财产实际开支的修缮费用，允许扣除的修缮费每月以 800 元为限，一次扣不完的，未扣完的余额可无限期向以后月份结转抵扣，法定扣除标准为 800 元(月收入不超过 4 000 元)或 20%(月收入 4 000 元以上)，计算公式如下。

每次(月)收入不足 4 000 元的：

$$应纳税额 = [每次(月)收入额 - 允许扣除的项目(税费) - 修缮费用(800 元为限) - 800] \times 适用税率$$

每次(月)收入在 4 000 元以上的：

$$应纳税额 = [每次(月)收入额 - 允许扣除的项目(税费) - 修缮费用(800 元为限)] \times (1 - 20\%) \times 适用税率$$

8. 财产转让所得应纳税额的计算

财产转让所得适用 20%的比例税率，以转让财产的收入额减除财产原值和合理费用后的余额为应纳税所得额。合理费用是指卖出财产时按照规定支付的有关费用，经税务机关认定方可减除，计算公式为

$$应纳税额 = (收入总额 - 财产原值 - 合理费用) \times 20\%$$

9. 利息、股息、红利所得及偶然所得和其他所得应纳税额的计算

利息、股息、红利所得及偶然所得和其他所得适用 20%的比例税率，以每次取得的收入额为应纳税所得额，不得从收入额中扣除任何费用，但个人取得单张有奖发票的奖金不超过 800 元(含 800 元)的，暂免征收个人所得税。计算公式为

$$应纳税额 = 每次收入额 \times 20\%$$

10. 其他规定

(1) 境外取得的税额扣除：纳税义务人从中国境外取得的所得，准予其在应纳税额中扣除已在境外缴纳的个人所得税税额，但扣除额不得超过该纳税义务人境外所得依照我国现行个人所得税法规定计算的应纳税额。

"已在境外缴纳的个人所得税税额"是指纳税义务人从中国境外取得的所得，区别不同国家或地区的法律应当缴纳并且实际已经缴纳的税额。

"依照我国现行个人所得税法规定计算的应纳税额"是指纳税义务人从中国境外取得的所得，区别不同国家或地区和不同应税项目，依照税法规定的费用减除标准和适用税率计算的应纳税额；同一国家或地区内不同应税项目的应纳税额之和，为该国家或地区的扣除限额。

纳税义务人在中国境外一个国家或者地区实际已经缴纳的个人所得税税额，低于依照前款规定计算出的该国家或者地区扣除限额的，应当在中国缴纳差额部分的税款；超过该国家或地区扣除限额的，其超过部分不得在本纳税年度的应纳税额中扣除，但是可以在以后纳税年度的该国家或者地区扣除限额的余额中补扣。补扣期限最长不得超过 5 年。

(2) 捐赠扣除：个人将其取得的各项应税所得对教育事业和其他公益事业捐赠的部分，捐赠额未超过纳税义务人申报的应纳税所得额 30%的部分，可以从其应纳税所得额中扣除。

"个人将其取得的各项应税所得对教育事业和其他公益事业的捐赠"是指个人将其所得通过中国境内的社会团体、国家机关向教育和其他社会公益事业以及遭受严重自然灾害地区、贫困地区的捐赠。

(3) 个人资助的研究开发经费的扣除：个人取得的各项应税所得(不含偶然所得和经国务院财政部门确定征税的其他所得)用于资助非关联的科研机构和高等学校研究开发新产品、新技术、新工艺所发生的研究开发经费，经主管税务机关确定，可以全额在下月或下次或当年计征个人所得税时，从应纳税所得额中扣除，不足抵扣的，不得结转抵扣。

五、个人所得税的减免税优惠

为了鼓励科学发明，支持社会福利、慈善事业和照顾某些纳税人的实际困难，《个人所得税法》对有关所得项目，有免税、减税的优惠规定。

1. 免税项目

(1) 省级人民政府、国务院部委和中国人民解放军以上单位，以及外国组织、国际组织颁发的科学、教育、技术、文化、卫生、体育、环境保护等方面的奖金。

(2) 国债和国家发行的金融债券利息。

(3) 按照国家统一规定发给的补贴、津贴。

(4) 福利费、抚恤金、救济金。

(5) 保险赔款。

(6) 军人的转业安置费、复员费。

(7) 按照国家统一规定发给干部、职工的安家费、退职费、退休工资、离休工资、离休生活补助费。

(8) 依照我国有关法律规定应予免税的各国驻华使馆、领事馆的外交代表、领事官员和其他人员的所得。

(9) 中国政府参加的国际公约、签订的协议中规定免税的所得。

(10) 对乡、镇(含乡、镇)以上人民政府或经县(含县)以上人民政府主管部门批准成立的有机构、有章程的见义勇为基金或者类似性质组织,奖励见义勇为者的奖金或奖品,经主管税务机关核准,免征个人所得税。

(11) 企业和个人按照省级以上人民政府规定的比例缴付的住房公积金、医疗保险金、基本养老保险金、失业保险金,允许在个人应纳税所得额中扣除,免予征收个人所得税。超过规定的比例缴付的部分并入个人当期的工资、薪金收入,计征个人所得税。个人领取原提存的住房公积金、医疗保险金、基本养老保险金时,免予征收个人所得税。

(12) 对个人取得的教育储蓄存款利息所得以及国务院财政部门确定的其他专项储蓄存款或者储蓄性专项基金存款的利息所得,免征个人所得税。自 2008 年 10 月 9 日起,对居民储蓄存款利息,暂免征收个人所得税。

(13) 储蓄机构内从事代扣代缴工作的办税人员取得的扣缴利息税手续费所得,免征个人所得税。

(14) 生育妇女按照县级以上人民政府根据国家有关规定制定的生育保险办法,取得的生育津贴、生育医疗费或其他属于生育保险性质的津贴、补贴,免征个人所得税。

(15) 对工伤职工及其近亲属按照 《工伤保险条例》 规定取得的工伤保险待遇,免征个人所得税。

(16) 对个体工商户或个人,以及个人独资企业和合伙企业从事种植业、养殖业、饲养业和捕捞业(以下简称“四业”),取得的 “四业” 所得暂不征收个人所得税。

(17) 个人举报、协查各种违法、犯罪行为而获得的奖金。

(18) 个人办理代扣代缴税款手续,按规定取得的扣缴手续费。

(19) 个人转让自用达 5 年以上并且是唯一的家庭居住用房取得的所得。

(20) 对按 《国务院关于高级专家离休退休若干问题的暂行规定》 和《国务院办公厅关于杰出高级专家暂缓离休审批问题的通知》精神,达到离休、退休年龄,但确因工作需要,适当延长离休、退休年龄的高级专家,其在延长离休、退休期间的工资、薪金所得,视同退休工资、离休工资免征个人所得税。

(21) 外籍个人从外商投资企业取得的股息、红利所得。

(22) 凡符合下列条件之一的外籍专家取得的工资、薪金所得可免征个人所得税:

① 根据世界银行专项贷款协议由世界银行直接派往我国工作的外国专家。

② 联合国组织直接派往我国工作的专家。

③ 为联合国援助项目来华工作的专家。

④ 援助国派往我国专为该国无偿援助项目工作的专家，除工资、薪金外，其取得 的生活津贴也免税。

⑤ 根据两国政府签订文化交流项目来华工作 2 年以内的文教专家，其工资、薪金 所得由该国负担的。此外，外国来华文教专家，在我国服务期间，由我方发工资、薪金，并对其住房、使用汽车、医疗实行免费"三包"，可只就工资、薪金所得按照税法规定征收个人所得税；对我方免费提供的住房、使用汽车、医疗，可免予计算纳税。

⑥ 根据我国大专院校国际交流项目来华工作 2 年以内的文教专家，其工资、薪金 所得由该国负担的。

⑦ 通过民间科研协定来华工作的专家，其工资、薪金所得由该国政府机构负担的。

(23) 股权分置改革中非流通股股东通过对价方式向流通股股东支付的股份、现金等收入，暂免征收流通股股东应缴纳的个人所得税。

(24) 对被拆迁人按照国家有关城镇房屋拆迁管理办法规定的标准取得的拆迁补偿款(含因棚户区改造而取得的拆迁补偿款)，免征个人所得税。

(25) 对个人投资者从投保基金公司取得的行政和解金，暂免征收个人所得税。

(26) 对个人转让上市公司股票取得的所得暂免征收个人所得税。自 2008 年 10 月 9 日起，对证券市场个人投资者取得的证券交易结算资金利息所得，暂免征收个人所得税， 即证券市场个人投资者的证券交易结算资金在 2008 年 10 月 9 日后(含 10 月 9 日)孳生的利息所得，暂免征收个人所得税。

(27) 个人从公开发行和转让市场取得的上市公司股票，持股期限超过 1 年的，股息红利所得暂免征收个人所得税。

(28) 个人取得的下列中奖所得，暂免征收个人所得税：

① 单张有奖发票奖金所得不超过 800 元(含 800 元)的，暂免征收个人所得税；个人取得单张有奖发票奖金所得超过 800 元的，应全额按照个人所得税法规定的"偶然所得"征收个人所得税。

② 购买社会福利有奖募捐奖券、体育彩票一次中奖收入不超过 10 000 元的暂免征收个人所得税，对一次中奖收入超过 10 000 元的，应按税法规定全额征税。

(29) 乡镇企业的职工和农民取得的青苗补偿费，属种植业的收益范围，同时，也属经济损失的补偿性收入，暂不征收个人所得税。

(30) 对由亚洲开发银行支付给我国公民或国民(包括为亚行执行任务的专家) 的薪金和津贴，凡经亚洲开发银行确认这些人员为亚洲开发银行雇员或执行项目专家的，其取得的符合我国税法规定的有关薪金和津贴等报酬，免征个人所得税。

(31) 自原油期货对外开放之日起，对境外个人投资者投资中国境内原油期货取得的所得，三年内暂免征收个人所得税。

(32) 自 2018 年 1 月 1 日至 2020 年 12 月 31 日，对易地扶贫搬迁贫困人口按规定取得的住房建设补助资金、拆旧复垦奖励资金等与易地扶贫搬迁相关的货币化补偿和易地扶贫搬迁安置住房(以下简称安置住房),免征个人所得税。

(33) 经国务院财政部门批准免税的所得。

2. 减税项目

(1) 个人投资者持有 2019—2023 年发行的铁路债券取得的利息收入,减按 50% 计入应纳税所得额计算征收个人所得税。税款由兑付机构在向个人投资者兑付利息时代扣代缴。铁路债券是指以中国铁路总公司为发行和偿还主体的债券,包括中国铁路建设债券、中期票据、短期融资券等债务融资工具。

(2) 自 2019 年 1 月 1 日起至 2023 年 12 月 31 日,一个纳税年度内在船航行时间累计满 183 天的远洋船员,其取得的工资薪金收入减按 50% 计入应纳税所得额,依法缴纳个人所得税。

(3) 有下列情形之一的,经批准可以减征个人所得税:

① 残疾、孤老人员和烈属的所得。

② 因严重自然灾害造成重大损失的。

③ 其他经国务院财政部门批准减税的。

3. 暂免征税项目

根据《财政部、国家税务总局关于个人所得税若干政策问题的通知》和有关文件的规定,对下列所得暂免征收个人所得税。

(1) 外籍个人以现金形式或实报实销形式取得的住房补贴、伙食补贴、搬迁费、洗衣费。

(2) 外籍个人按合理标准取得的境内、境外出差补贴。

(3) 外籍个人取得的语言训练费、子女教育费等,经当地税务机关审核批准为合理的部分。

(4) 外籍个人从外商投资企业取得的股息、红利所得。

(5) 凡符合下列条件之一的外籍专家取得的工资、薪资所得,可免个人所得税:

① 根据世界银行专项贷款协议,由世界银行直接派往我国工作的外国专家;

② 联合国组织直接派往我国工作的专家;

③ 为联合国援助项目来华工作的专家;

④ 援助国派往我国专为该国援助项目工作的专家;

⑤ 根据两国政府签订的文化交流项目来华工作两年以内的文教专家,其工资、薪金所得由该国负担的;

⑥ 根据我国大专院校国际交流项目来华工作两年以内的文教专家,其工资、薪金所得由该国负担的;

⑦ 通过民间科研协定来华工作的专家,其工资、薪金所得由该国政府机构负担的。

(6) 个人举报、协查各种违法、犯罪行为而获得的奖金。

(7) 个人办理代扣代缴手续，按规定取得的扣缴手续费。

(8) 个人转让自用达 5 年以上，并且是唯一的家庭生活用房取得的所得。

(9) 达到离休、退休年龄，但确因工作需要，适当延长离休、退休年龄的高级专家(指享受国家发放的政府特殊津贴的专家、学者)，其在延长离休、退休期间的工资、薪金所得，视同离休、退休工资免征个人所得税。

(10) 对国有企业职工，因企业依照《中华人民共和国企业破产法(试行)》宣告破产，从破产企业取得的一次性安置费收入，免予征收个人所得税。

(11) 职工与用人单位解除劳动关系取得的一次补偿收入(包括用人单位发放的经济补偿金、生活补助费和其他补助费用)，在当地上年职工年平均工资 3 倍数额内的部分，可免征个人所得税。超过该标准的一次性补偿收入，应按照《国家税务总局关于个人因解除劳动合同取得经济补偿金征收个人所得税问题的通知》(国税发[1999]178 号)的有关规定，计算征收个人所得税。

根据国税发[1999]178 号文件，个人解除劳动合同取得的一次性补偿收入，自 1999 年 10 月 1 日起，按以下规定征收个人所得税：

① 对于个人因解除劳动合同而取得一次性经济补偿收入，应按"工资、薪金所得"项目计征个人所得税。

② 考虑到个人取得的一次性经济补偿收入数额较大，而且被解聘的人员可能在一段时间内没有固定收入，因此，对于个人取得的一次性经济补偿收入，可视为一次取得数月的工资、薪金收入，允许在一定期限内进行平均。具体平均办法为：以个人取得的一次性经济补偿收入，除以个人在本企业的工作年限数，以其商数作为个人的月工资、薪金收入，按照税法规定计算缴纳个人所得税。个人在在本企业的工作年限数按实际工作年限数计算，超过 12 年的按 12 年计算。

③ 按照上述方法计算的个人一次性经济补偿收入应纳的个人所得税税款，由支付单位在支付时一次性代扣，并于次月 7 日内缴入国库。

④ 个人按国家和地方政府规定比例实际缴纳的住房公积金、医疗保险金、基本养老保险金、失业保险基金在计税时予以扣除。

⑤ 个人在解除劳动合同后又再次任职、受雇的，对个人已缴纳个人所得税的一次性经济补偿收入，不再与再次任职、受雇的工资、薪金所得合并计算补缴个人所得税。

(12) 城镇企业事业单位及其职工个人按照《失业保险条例》规定的比例，实际缴付的失业保险费，均不计入职工个人当期的工资、薪金收入，免予征收个人所得税。

城镇企业是指国有企业、城镇集体企业、外商投资企业、城镇私营企业以及其他城镇企业。不包括城镇企业事业单位招用的农民合同制工人。

城镇企业事业单位和职工个人超过上述规定的比例缴付失业保险费的，应将其超过规定比例缴付的部分计入职工个人当期的工资、薪金收入，依法计征个人所得税。

(13) 企业和个人按照国家或地方政府规定的比例，提取并向指定金融机构实际缴付的住房公积金、医疗保险金、基本养老保险金，免予征收个人所得税。

(14) 个人领取原提存的住房公积金、医疗保险金、基本养老保险金，以及具备《失业保险条例》规定条件的失业人员领取的失业保险金，免予征收个人所得税。

(15) 个人取得的教育储蓄存款利息所得和按照国家或省级地方政府规定的比例缴付的住房公积金、医疗保险金、基本养老保险金、失业保险金存入银行个人账户所取得的利息所得，免予征收个人所得税。

(16) 自 2008 年 10 月 9 日(含)起，对储蓄存款利息所得暂免征收个人所得税。

(17) 个人转让离婚析产房屋的征税问题：

① 通过离婚析产的方式分割房屋产权式夫妻双方对共同共有财产的处置，个人因离婚办理房屋产权过户手续，不征收个人所得税。

② 个人转让离婚析产房屋所取得的收入，允许扣除其相应的财产原值和合理费用后，余额按照规定的税率缴纳个人所得税；其相应的财产原值，为房屋初次购置全部原值和相关税费之和乘以转让者占房屋所有权的比例。

③ 个人转让离婚析产房屋所取得的收入，符合家庭生活自用 5 年以上唯一住房的，可以申请免征个人所得税，其购置时间按照《国家税务总局关于房地产税收政策执行中几个具体问题的通知》执行。

(18) 生育妇女按照县级以上人民政府根据国家有关规定制定的生育保险办法，取得的生育津贴、生育医疗费或其他属于生育保险性质的津贴、补贴，免征个人所得税。

4. 企业年金的个人所得税优惠问题

年金是企业及其职工在依法参加基本养老保险的基础上，自愿建立的补充养老保险制度。年金包括企业年金和职业年金，俗称补充养老保险。企业年金适用于企事业单位，职业年金适用于事业单位。职工在达到国家规定的退休年龄时，可以从本人企业个人账户中一次或定期领取企业年金。职工未达到国家规定的退休年龄的，不得从个人账户中提前提取资金。出境定居人员的企业年金个人账户资金，可根据本人要求一次性支付给本人。职工或退休人员死亡后，其企业年金个人账户余额由其指定的受益人或法定继承人一次性领取。企业年金个人缴费工资计税基数为本人上一年度月平均工资(月平均工资按国家统计局规定列入工资总额统计的项目计算)，月平均工资超过职工工作地所在设区域城市上一年度职工月平均工资 300% 以上的部分，不计入个人缴费工资计税基数。

自 2014 年 1 月 1 日起，符合规定的年金，在年金缴费环节和年金基金投资收益环节暂不征收个人所得税，将纳税义务递延到个人实际领取年金的环节。具体规定如下：

(1) 企业和事业单位根据国家有关政策规定的办法和标准，为在本单位任职或者受雇的全体职工缴付的年金，对于单位缴费部分在计入个人账户时，个人暂不缴纳个人所得税。个人根据国家有关政策规定缴付的年金个人缴费部分，在不超过本人缴费工资计税基数的 4% 标准内的部分，暂从个人当期的应纳税所得额中扣除。

(2) 年金基金投资运营收益分配计入个人账户时，个人暂不缴纳个人所得税。

(3) 超过规定的标准缴付的年金单位缴费和个人缴费部分，应并入个人当期的工资、薪金所得，依法计征个人所得税。税款由建立年金单位代扣代缴，并向主管税务机关申报解缴。

(4) 个人达到国家规定的退休年龄，在 2014 年 1 月 1 日之后按月领取的年金，全额按照"工资、薪金所得"项目适用的税率，计征个人所得税；对于按年或按季领取的年金，平均分摊计入各月，每月领取额全额按照"工资、薪金所得"项目适用的税率，计征个人所得税。

值得注意的是：领取年金时，是全额征税，不得扣除费用扣除标准。

六、个人所得税的会计核算

我国现行个人所得税法规定，除了个体工商户的生产经营所得之外，凡是支付个人应税所得的企业、单位或个人，在支付应税所得时均应按规定代扣代缴个人所得税款。扣缴的税款通过"应交税费——代扣个人所得税"账户核算。

1. 支付薪酬代扣代缴个人所得税款

(1) 在支付薪酬的同时代扣代缴个人所得税款：

借：应付职工薪酬

　　贷：应交税费——代扣个人所得税

(2) 实际缴纳个人所得税款时：

借：应交税费——代扣个人所得税

　　贷：银行存款

2. 承包、承租经营所得应交所得税

(1) 承包、承租人对企业经营成果不拥有所有权，仅按合同(协议)规定取得一定所得的，其所得按"工资、薪金所得"项目征税，由支付薪酬方代扣代缴个人所得税，其会计处理同上。

(2) 承包、承租人按合同(协议)的规定只向发包、出租方缴纳一定费用后，企业经营成果归其所有的，由承包、承租人自行申报缴纳个人所得税，发包、出租方不作扣缴所得税的会计处理。

3. 支付其他所得的单位代扣代缴的劳务费报酬、特许权所用费、稿酬、财产租赁费、利息、股息、红利等个人所得税款

(1) 企业在支付费用、代扣代缴的个人所得税时：

借：其他应付款

　　管理费用

　　财务费用

　　销售费用

　　应付利润等

　　贷：银行存款

　　　　应交税费——代扣个人所得税

(2) 实际缴纳个人所得税款时：

借：应交税费——代扣个人所得税

　　贷：银行存款

4. 企业从个人处购买财产代扣代缴所得税

(1) 购置固定资产时：

借：固定资产

贷：银行存款

应交税费——代扣个人所得税

(2) 实际缴纳个人所得税款时：

借：应交税费——代扣个人所得税

贷：银行存款

5. 向股东支付股利、代扣代缴所得税

(1) 向股东支付现金股利时：

借：应付股利

贷：银行存款(或库存现金)

应交税费——代扣个人所得税

(2) 实际缴纳个人所得税款时

借：应交税费——代扣个人所得税

贷：银行存款

子任务三　个人所得税税款申报

任务目标

沿用本节工作实例，正确规范地填报个人所得税纳税申报表(适用于年所得 12 万元以上的)(见表 6-6)，办理年终个人所得税的自行申报工作(假设张冰于 2018 年 3 月 2 日办理了自行申报)。

★ 行家提示：

(1) 代扣代缴是指按照税法规定负有扣缴义务的单位和个人，在向个人支付应纳税所得时，计算应纳税额，从其所得中扣出并缴入国库。

(2) 扣缴义务人每月所扣的税款，应当在次月 7 日内缴入国库，并向主管税务机关报送"扣缴个人所得税报告表"、支付个人收入明细表、代扣代收税款凭证以及其他税务机关要求报送的有关资料。

(3) 扣缴义务人在代扣代缴税款时，必须向纳税人开具税务机关统一印制的代扣代收税款凭证。对工资、奖金所得和利息、股息、红利所得等，因纳税人人数众多，不便一一开具代扣代收税款凭证的，经主管税务机关同意，可不开具代扣代收凭证，但应通过一定形式告知纳税人已扣缴税款。

(4) 年所得 12 万元不含以下所得：

① 个人所得税法规定的免税所得，即省级人民政府、国务院部委、中国人民解放军军以上单位，以及外国组织、国际组织颁发的科学、教育、技术、文化、卫生、体育、环境保护等方面的奖金；国债和国家发行的金融债券利息；按照国家统一规定发给的补贴、津贴，即个人所得税法实施条例第十三条规定的，按照国务院规定发放的政府特殊津贴、院士津贴、资深院士津贴以及国务院规定免纳个人所得税的其他补贴、津贴；福利费、抚恤金、救济金；保险赔款；军人的转业费、复员费；按照国家统一规定发给干部、职工的安家费、退职费、退休工资、离休工资、离休生活补助费；依照我国有关法律规定应予免税的各国驻华使馆、领事馆的外交代表、领事官员和其他人员的所得；中国政府参加的国际公约、签订的协议中规定免税的所得。

② 个人所得税法实施条例规定可以免税的来源于中国境外的所得。

③ 个人所得税法实施条例规定的按照国家规定单位为个人缴付或个人缴付的基本养老保险费、基本医疗保险费、失业保险费、住房公积金。

一、个人所得税的扣缴申报

1. 扣缴申报的概念

扣缴申报是指按照税法规定负有扣缴税款义务的单位和个人，在向个人支付应纳税所得时，应计算应纳税额，并从其所得中扣除，同时向税务机关报送扣缴个人所得税报告表。这种做法的目的是控制税源，防止漏税和逃税。

2. 扣缴义务人

税法规定，凡是支付个人应纳税所得的企业(公司)、事业单位、机关单位、社团组织、军队、驻华机构、个体户等单位或个人，都是个人所得税的扣缴义务人。从2006年1月1日起，扣缴义务人必须依法履行个人所得税全员全额扣缴申报义务，即扣缴义务人向个人支付应税所得时，不论其是否属于本单位人员、支付的应税所得是否达到纳税标准，扣缴义务人应当在代扣税款的次月内，向主管税务机关报送其支付应税所得个人的基本信息、支付所得项目和数额、扣缴税款数额以及其他相关涉税信息。

3. 代扣代缴的范围

扣缴义务人向个人支付下列所得时，应代扣代缴个人所得税：工资、薪金所得；对企(事)业单位承包经营、承租经营所得；劳务报酬所得；稿酬所得；特许权使用费；利息、股息、红利所得；财产租赁所得；财产转让所得；偶然所得；经国务院财政部门确定征税的其他所得。

4. 扣缴个人所得税报告表的编制

扣缴义务人每月所扣的税款，应当在次月7日内缴入国库，并向主管税务机关报送扣缴个人所得税报告表(见表6-7)，代扣代收税款凭证和包括每一纳税人姓名、单位、职务、收入和税款等内容的个人所得税基础信息表(A表)(见表6-8)，以及税务机关要求报送的其他有关资料。

表 6-7 扣缴个人所得税报告表

税款所属期：　年　月　日至　年　月　日

扣缴义务人名称：　　　　　　　　　　　　扣缴义务人所属行业：□一般行业 □特定行业月份申报

扣缴义务人编码：□□□□□□□□□□□□□□□　　　　　金额单位：人民币元(列至角分)

序号	姓名	身份证件类型	身份证件号码	所得项目	所得期间	收入额	免税所得	税前扣除项目								减除费用	准予扣除的捐赠额	应纳税所得额	税率(%)	速算扣除数	应纳税额	减免税额	应扣缴税额	已扣缴税额	应补(退)税额	备注
								基本养老保险费	基本医疗保险费	失业保险费	住房公积金	财产原值	允许扣除的税费	其他	合计											
1	2	3	4	5	6	7	8	9	10	11	12	13	14	15	16	17	18	19	20	21	22	23	24	25	26	27
合计																										

谨声明：此扣缴报告表是根据《中华人民共和国个人所得税法》及其实施条例和国家有关税收法律规定填写的，是真实的、完整的、可靠的。

法定代表人(负责人)签字：　　　　　年　月　日

扣缴义务人公章： 经办人：	代理机构(人)签章： 经办人： 经办人执业证件号码：	主管税务机关受理专用章： 受理人：
填表日期：年　月　日	代理申报日期：　　年　月　日	受理日期：　　　年　月　日

表 6-8 个人所得税基础信息表(A 表)

扣缴义务人名称(公章):

所属期: 年 月 日至 年 月 日　　　　填表日期: 年 月 日　　　　金额单位: 元(列至角分)

姓名	身份证照类型及号码	收入额						备注
		合计	工资、薪金所得	承包、承租所得	劳务报酬所得	利息、股息、红利所得	其他各项所得	
1	2	3	4	5	6	7	8	9
合计								

制表人:　　　　审核人:

(本表一式二份,一份扣缴义务人留存,一份保主管税务机关)

二、个人所得税的自行纳税申报(年所得 12 万元以上)

自行纳税申报是由纳税人自行在税法规定的期限内,向税务机关申报取得的所得项目和税额,如实填写个人所得税纳税申报表,并按照税法规定计算应纳税额,据此缴纳个人所得税。

1. 自行申报纳税义务人

凡依据个人所得税法的规定负有纳税义务的纳税人,有下列情形之一的,需要自行进行纳税申报。

(1) 自 2006 年 1 月 1 日起,年所得 12 万元以上的。

(2) 从中国境内两处或两处以上取得工资、薪金所得的。

(3) 从中国境外取得所得的。

(4) 取得应税所得,没有扣缴义务人的,如个体工商户从事生产、经营的所得。

(5) 国务院规定的其他情形。

上述所称年所得 12 万元以上的纳税人,无论取得的各项所得是否已足额缴纳了个人所得税,均应于纳税年度终了后向主管税务机关办理纳税申报。年所得 12 万元以上的纳税人,不包括在中国境内无住所，且在一个纳税年度终了在中国境内居住不满 1 年的个人。

2. 自行申报的内容

年所得 12 万元以上的纳税人，在纳税年度终了后，应当填写个人所得税纳税申报表(适用于年所得 12 万元以上的纳税人申报)，并在办理纳税申报时报送主管税务机关，同时报送个人有效身份证件复印件，以及主管税务机关要求报送的其他资料。有效身份证件，包括纳税人的身份证、护照、回乡证、身份证件等。

3. 自行申报的期限

(1) 年所得 12 万元以上的纳税人，在纳税年度终了后 3 个月内向主管税务机关办理纳税申报。

(2) 从中国境外取得所得的纳税人，在纳税年度终了后 30 日内向中国境内主管税务机关办理纳税申报。

(3) 纳税人取得其他各项所得必须申报纳税的，在取得所得的次月 7 日内向主管税务机关办理纳税申报。

4. 自行申报的方式

纳税人可以采取数据电文、邮寄等方式申报，也可以直接到主管税务机关申报，或者采取符合主管税务机关规定的其他方式申报。纳税人采取数据电文方式申报的，应当按照税务机关规定的期限和要求保存有关纸质资料；采取邮寄方式申报的，以邮政部门挂号信函收据作为申报凭据，以寄出的邮戳日期为实际申报日期。纳税人也可以委托有税务代理资质的中介机构或他人代为办理纳税申报。

第二节　个体工商户个人所得税实务

工作实例

赵强开了一家路路通运输行，经主管税务机关核定采用查账征收方式按实缴纳所得税。该运输行 2017 年 12 月收入总额 113 600 元，与经营活动相关的营业成本、费用 88 788 元，运输行 1～11 月累计应纳税所得额为 179 200 元，已预缴所得税 36 760 元。

2018 年 2 月 15 日，赵强进行了 2017 年度汇算清缴，有关 2017 年运输行经营情况如下：

(1) 取得销售收入 100 万元。

(2) 发生营业成本 63.64 万元。

(3) 发生营运税费 3.3 万元。

(4) 发生业务招待费用 3 万元。

(5) 5 月 20 日购买小货车一辆支出 6 万元(折旧年限 4 年，不考虑残值)，全部记入了当年营业费用。

(6) 共有雇员 6 人，人均月工资 2 500 元，全部计入当年营业成本中。另外个体户老板每月领取 5 000 元未入账。

(7) 当年向某单位借入流动资金 10 万元，支付利息费用 1.2 万元，同期银行贷款利息率为 6.8%。

(8) 10 月 30 日小货车在运输途中发生车祸被损坏，损失达 5.2 万元，次月取得的保险公司的赔款 3.5 万元。

(9) 对外投资，分得股息 3 万元。

(10) 通过当地民政部门对边远山区捐款 6 万元。

子任务一 个体工商户的个人所得税税款计算及会计核算

任务目标

正确计算个体工商户生产经营所得应纳的个人所得税，并进行相应的会计处理。

路路通运输行 2017 年度应缴纳的个人所得税计算、分析过程如下：

(1) 计算 2017 年 12 月应税所得额：

$$11.3600 - 8.8788 = 2.4812(万元)$$

$$全年应税所得额 = 2.4812 + 17.92 = 20.4012(万元)$$

$$12 月应预缴税额 = (2.4812 + 17.92) \times 35\% - 1.475 - 3.676 = 1.989\ 42(万元)$$

(2) 2018 年 2 月 15 日，进行年终汇算清缴：

① 按规定业务招待费只能按实际发生额的 60% 扣除，但最高不得超过销售(营业)收入的 5‰。

按实际发生额计算扣除额 $= 3 \times 60\% = 1.8(万元)$，按收入计算扣除限额 $= 100 \times 5‰ = 0.5(万元)$，所以，按规定只能扣除 0.5 万元。

② 购买小货车的费用 6 万元应作固定资产处理，不得直接扣除。本题中可按 4 年期限折旧(不考虑残值)计算扣除。

$$应扣除的折旧费用 = 6 \div 4 \div 12 \times 7 = 0.875(万元)$$

③ 雇员工资可按合理的实际数扣除，但雇主工资每月扣除限额 3 500 元，超过部分不得扣除。

$$雇主工资费用扣除额 = 0.35 \times 12 = 4.2(万元)$$

④ 非金融机构的借款利息费用按同期银行的利率计算扣除，超过部分不得扣除。

$$利息费用扣除限额 = 10 \times 6.8\% = 0.68(万元)$$

⑤ 小货车损失有赔偿的部分不能扣除。

$$小货车损失应扣除额 = 5.2 - 3.5 = 1.7(万元)$$

⑥ 对外投资分回的股息 3 万元，应按股息项目单独计算缴纳个人所得税，不能并入营运的应纳税所得额一并计算纳税，由支付股息的单位代扣代缴。

$$股息应纳个税 = 3 \times 20\% = 0.6(万元)$$

⑦ 对边远山区的捐赠在全年应纳税所得额 30% 以内的部分可以扣除，超过部分不得扣除。

(3) 该个体工商户 2017 年度应缴纳个人所得税计算如下：

① 应纳税所得额 = 100 – 63.64 – 3.3 – 0.5 – 0.875 – 4.2 – 0.68 – 1.7 = 25.105(万元)。

② 公益、救济性捐赠扣除限额 = 25.105 × 30% = 7.5315(万元)实际捐赠金额 6 万元小于扣除标准 7.531 5 万元，可按实际捐赠额 6 万元扣除。

③ 2017 年应缴纳个人所得税 = (25.105 – 6) × 35% – 1.475 + 0.6 = 5.811 75(万元)，其中含股息个人所得税 0.6 万元。

全年应补缴个人所得税额 = 5.811 75 – 0.6 – 1.989 42 – 3.676 = –0.453 67(万元)

(4) 路路通运输行 2017 年应缴纳的个人所得税会计处理如下：

预缴 2017 年 12 月税款会计处理：

借：应交税费——应交个人所得税　　　　　　19 894.2

　　贷：银行存款　　　　　　　　　　　　　　　19 894.2

全年应纳所得税额汇算清缴会计处理：

① 计算个人所得税时：

借：留存利润　　　　　　　　　　　　　　　58 117.5

　　贷：应交税费——应交个人所得税　　　　　　58 117.5

② 退回多交的个人所得税时：

借：银行存款　　　　　　　　　　　　　　　4 536.7

　　贷：应交税费——应交个人所得税　　　　　　4 536.7

★ 行家提示：

(1) 实行核定征税的投资者，不能享受个人所得税的优惠政策。

(2) 凡实行查账征税办法的个人独资企业和合伙企业，其税率比照"个体工商户"的生产、经营所得"应税项目，适用 5%～35% 的五级超额累进税率，计算征收个人所得税；实行核定应税所得率征收方式的，先按照应税所得率计算其应纳所得额，再按其应纳税所得额的大小，适用 5%～35% 的五级超额累进税率计算征收个人所得税。

(3) 投资者的工资、薪金收入不按照工资、薪金的规定单独征税，而是将其并入生产、经营所得一并计算，但可按照工资、薪金征税的规定计算扣除相应的费用。

(4) 个体工商户和从事生产、经营的个人，取得与生产、经营活动无关的其他各项应税所得，应分别按照有关规定，计算征收个人所得税。如取得对外投资取得的股息所得，应按"利息、股息、红利所得"项目的规定单独计征个人所得税。

(5) 一人兼有多项应税所得的规定：纳税人同时取得两项或两项以上应纳所得时，除按税法规定应同项合并计税的外，其他应税项目应就其所得分项分别计算纳税。税法规定应同项合并计税的应税所得有：工资、薪金所得，个体工商户的生产经营所得，对企事业单位的承包、承租经营所得等。纳税人兼有不同项目劳务报酬所得时，应分别减除费用，计算缴纳个人所得税。

一、个体工商户个人所得税税款的计算

个体工商户生产、经营所得包括：个体工商户从事工业、手工业、建筑业、交通运输业、商业、饮食业、服务业、修理业以及其他行业取得的所得；个人经政府有关部门批准，

取得营业执照,从事办学、医疗、咨询以及其他有偿服务活动取得的所得;其他个人从事个体工商业生产、经营取得的所得;上述个体工商户和个人取得的与生产、经营活动有关的各项应税所得。

个人独资企业和合伙企业的生产、经营所得参照个体工商户生产、经营所得征税。个人独资企业和合伙企业的个人投资者以企业资金为本人、家庭成员及其相关人员支付与企业生产经营无关的消费性支出及购买汽车、住房等财产性支出,视为企业对个人投资者利润分配,并入投资者个人的生产经营所得,依照“个体工商户生产、经营所得”项目征收个人所得税。

对于账册健全的个体工商户的生产、经营所得适用五级超额累进税率,实行按年计算,分月或分季预缴,年终汇算清缴,多退少补的方法。以每一纳税年度的收入总额,减除成本、费用及损失后的余额作为应纳税所得额,按适用税率计算应纳税额。其应纳税额可按下列公式计算:

$$应纳税额 = 应纳税所得额 \times 适用税率 - 速算扣除数$$

1. 查账征收

对于实行查账征收的个体工商户,以每一纳税年度收入总额,减除成本、费用以及损失后的余额,为应纳税所得额。具体包括以下内容。

1) 收入总额

个体工商户的收入总额是指个体工商户从事生产、经营,以及与生产、经营有关的活动所取得的各项收入,包括商品(产品)销售收入、劳务服务收入、工程价款收入、财产出租或转让收入、利息收入、其他收入和营业外收入。

2) 准予扣除的项目

在计算应纳税所得额时,准予从收入总额中扣除的项目包括成本、费用、损失和准予扣除的税金。

3) 成本费用

成本费用是指个体工商户从事生产、经营所发生的各项直接支出和分配计入成本的间接费用以及销售费用、管理费用、财务费用。

(1) 各项直接支出和分配计入成本的间接费用。各项直接支出和分配计入成本的间接费用是指个体工商户在生产、经营过程中实际消耗的各种原材料、辅助材料、备品配件、外购半成品、燃料、动力、包装物等直接材料和发生的商品进价成本、运输费、装卸费、包装费、折旧费、修理费、水电费、差旅费、租赁费(不包括融资租赁费)、低值易耗品等,以及支付给生产经营从业人员的工资。对个体工商户业主的工资费,从2011年9月1日起扣除标准每月3 500元,全年为42 000元。

(2) 销售费用。销售费用是指个体工商户在销售产品、自制半成品和提供劳务过程中发生的各项费用,包括:运输费、装卸费、包装费、委托代销手续费、广告费、展销费、销售服务费以及其他销售费用。

(3) 管理费用。管理费用是指个体工商户为管理和组织生产经营活动而发生的各项费用,包括:劳动保险费、咨询费、诉讼费、审计费、土地使用费、低值易耗品摊销、开办费摊销、无法收回的账款(坏账损失)、业务招待费以及其他管理费用。

(4) 财务费用。财务费用是指个体工商户为筹集生产经营资金而发生的各项费用，包括：利息净支出、汇兑净损失、金融机构手续费以及筹资中的其他财务费用。

① 损失是指个体工商户在生产、经营过程中发生的各项营业外支出，包括：固定资产盘亏、报废、毁损和出售的净损失、自然灾害或意外事故损失、公益救济性捐赠、赔偿金、违约金等；

② 税金是指个体工商户按规定缴纳的消费税、城市维护建设税、资源税、土地使用税、土地增值税、房产税、车船税、印花税、耕地占用税以及教育费附加。

纳税人不能提供有关的收入、成本、费用、损失等的完整、准确的纳税资料，不能正确计算应纳税所得额的，应由主管税务机关核定其应纳税所得额。

4) 准予在所得税前列支的其他项目及列支标准

(1) 个体工商户在生产经营中的借款利息支出，未超过中国人民银行规定的同类、同期贷款利率计算的数额部分，准予扣除。

(2) 个体工商户发生的与生产经营有关的财产保险、运输保险以及从业人员的养老、医疗保险及其他保险费用支出，按国家规定的标准计算扣除。

(3) 个体工商户发生的与生产经营有关的修理费，可以据实扣除。修理费用发生不均衡或数额较大的，应分期扣除。

(4) 个体工商户按规定缴纳的工商管理费、个体劳动者协会会费、摊位费，按实际发生数扣除。

(5) 个体工商户在生产经营中租入固定资产而支付的费用，其扣除分两种情况处理：以融资租赁方式租入固定资产而发生的租赁费，应计入固定资产价值，不得直接扣除，如果是以经营租赁方式租入固定资产的租赁费，可以据实扣除。

(6) 个体工商户研究开发新产品、新技术、新工艺所发生的开发费用，以及研究开发新产品、新技术、新工艺所发生的开发费用，以及为研究开发新产品、新技术、新工艺而购置的单台价值在5万元以下的测试仪器和实验性装置的购置费，准予扣除。超出上述标准和范围的，按固定资产管理，不得在当期扣除。

(7) 个体工商户在生产经营过程中发生的固定资产和流动资产盘亏，即毁损净损失，由个体工商户提供清查盘存资料，经主管税务机关审核后，可以在当期扣除。

(8) 个体工商户在生产经营过程中发生的以外币结算的往来款项增减变动时，由于汇率变动而发生的人民币的差额，作为汇兑损益，计入当期所得或在当期扣除。

(9) 个体工商户发生的与生产经营有关的无法收回的账款，应由其提供有效证明，报经主管税务机关审核后，按实际发生额扣除。

(10) 个体工商户向其从业人员实际支付的合理的工资、薪金支出，允许在税前据实扣除。

(11) 个体工商户拨缴的工费经费、发生的职工福利费、职工教育费经费支出分别按工资、薪金总额的2%、14%、2.5%的标准据实扣除。

(12) 个体工商户每一纳税年度发生的广告费和业务宣传费不超过当年销售(营业)收入15%的部分，可据实扣除；超过部分，准予在以后纳税年度结转扣除。

(13) 个体工商户每一纳税年度发生的与其生产经营业务直接相关的业务招待费支出，

按照发生额的 60% 扣除，但最高不得超过当年销售(营业)收入的 5‰。

(14) 个体工商户将其所得通过中国境内的社会团体、国家机关向教育和其他社会公益事业，以及遭受严重自然灾害地区、贫困地区的捐赠，当捐赠额不超过其应纳税所得额 30% 的部分可以据实扣除(另有规定的除外)。纳税人直接给受益人的捐赠不得扣除。

(15) 个体工商户在生产经营过程中发生的与家庭生活混用的费用，由主管税务机关核定分摊比例，据此计算确定属于生产经营过程中发生的费用，准予扣除。

(16) 个体工商户的年度经营亏损，经申报主管税务机关审核后，允许用下一年度的经营所得弥补。下一年度所得不足弥补的，允许逐年延续弥补，但最长不得超过 5 年。

(17) 个体工商户购入低值易耗品的支出，原则上一次摊销，但一次性购入价值较大的，应分期摊销。分期摊销的价值标准和期限由各省、自治区、直辖市地方税务局确定。

2. 核定征收

1) 核定征收的范围

有下列情形之一的，主管税务机关应采取核定征收方式征收个人所得税。

(1) 企业依照国家有关规定应当设置但未设置账簿的。

(2) 企业虽设置账簿，但账目混乱或成本资料、收入凭证、费用凭证残缺不全，难以查账的。

(3) 纳税人发生纳税义务，未按照规定的期限办理纳税申报，经税务机关责令限期申报，逾期仍不申报的。

2) 核定征收方式

核定征收方式包括定额征收、核定应税所得率征收以及其他合理的征收方式。

个人所得税应税所得率如表 6-9 所示。

$$应纳税所得额 = 收入总额 \times 应税所得率$$
$$= 成本费用支出额 \div (1 - 应税所得率) \times 应税所得率$$
$$应纳税额 = 应纳税所得额 \times 适用税率$$

表 6-9　个人所得税应税所得率表

行　　业	应税所得率
工业、交通运输业、商业	5%～20%
建筑业、房地产开发业	7%～20%
饮食服务业	7%～25%
娱乐业	20%～40%
其他行业	10%～30%

企业经营多业的，无论其经营项目是否单独核算，均应根据其主营项目确定其适用的应税所得率。

二、对企(事)业单位承包、承租经营所得

1. 对企(事)业单位承包、承租经营所得征税对象

对企(事)业单位承包、承租经营所得是指个人承包经营或承租经营以及转包、转租取

得的所得。

值得注意的是，承包、承租人对企业经营成果不拥有所有权，仅按合同(协议)规定取得一定所得的，其所得应按"工资、薪金"税目征税；承包、承租人按合同(协议)的规定只向发包方、出租方缴纳一定费用，企业经营成果归承包、承租人所有的，其取得的所得，应按"对企(事)业单位、承包承租经营所得"项目征税。

2. 对企(事)业单位承包、承租经营所得应纳税额的计算

企(事)业单位的承包、承租经营所得应纳税额计算所适用税率同"个体工商户生产、经营所得"项目税率。

对企(事)业单位承包、承租经营所得，实行按年计算、分月或分季预缴、年终汇算清缴、多退少补的方法，以每一纳税年度的收入总额，减除必要的费用后的余额为应纳税所得额。纳税年度的收入总额是指纳税人按照承包、承租经营合同分得的经营利润和工资、薪金性质所得；减除必要费用是指按月扣除 3 500 元。其计算公式为

$$应纳税所得额 = 每一纳税年度的收入总额 - 必要费用$$

$$应纳税所得额 = 应纳税所得额 \times 适用税率 - 速算扣除数$$

实行承包、承租经营的纳税义务人，在一个纳税年度内，承包、承租经营不足 12 个月的，以其实际承包、承租经营的月份数为一个纳税年度计算纳税。其计算公式为

$$应纳税所得额 = 该年度承包、承租经营收入额$$
$$- (3\,500 \times 该年度实际承包、承租经营月份数)$$
$$应纳税额 = 应纳税所得额 \times 适用税率 - 速算扣除数$$

三、个体工商户个人所得税的会计核算

对采用自行申报缴纳个人所得税的纳税人，除实行查账征收的个体工商户外，一般不进行会计核算。实行查账征收的个体工商户，其应缴纳的个人所得税，应通过"留存利润"和"应交税费——应交个人所得税"等账户核算。在计算应纳个人所得税时，借记"留存利润"账户，贷记"应交税费——应交个人所得税"账户。实际缴纳时，借记"应交税费——应交个人所得税"账户，贷记"银行存款"账户。

子任务二 个体工商户的个人所得税税款申报

任务目标

(1) 沿用本节工作实例，正确填报生产经营所得个人所得税纳税申报表(A 表)(见表 6-10)。

(2) 沿用本节工作实例，正确填报生产经营所得个人所得税纳税申报表(B 表)(见表 6-11)。

表 6-10 生产经营所得个人所得税纳税申报表(A 表)

税款所属期：2017 年 12 月 1 日至 2017 年 12 月 31 日　　　　　　金额单位：元(列至角分)

投资者信息	姓名	赵强	身份证件类型		身份证号码														
	国籍(地区)				纳税人识别号														

被投资单位信息	名称		纳税人识别号	
	征收方式	■查账征收　□核定征收	类型	√个体工商户　□承包、承租经营者　□个人独资企业　□合伙企业

项　目	行次	金　额
一、本期收入总额	1	113 600
二、本期成本费用总额	2	88 788
三、本期利润总额	3	24 812
四、分配比例(%)	4	
五、应纳税所得额	5	24 812
查账征收　1. 按本期实际计算的应纳税所得额	6	24 812
2. 上年度应纳税所得额的 1/12 或 1/4	7	
核定征收　1. 税务机关核定的应税所得率(%)	8	
2. 税务机关认可的其他方法确定的应纳税所得额	9	
六、按上述内容换算出的全年应纳税所得额	10	(注：1-11 月累计应纳税所得额 179 200 元)　204 012
七、税率(%)	11	35%
八、速算扣除数	12	14 750
九、本期预缴税额	13	19 894.20
十、减免税额	14	
十一、本期实际应缴税额	15	19 894.20

谨声明：此表是根据《中华人民共和国个人所得税法》及其实施条例和国家相关法律法规规定填写的，是真实的、完整的、可靠的。

纳税人签字：　　　　　　　　　年　月　日

代理申报机构(人)公章：　经办人：　经办人执业证件号码：	主管税务机关受理专用章：　受理人：
代理申报日期：　　年　月　日	受理日期：　　年　月　日

国家税务总局监制

表 6-11 生产经营所得个人所得税纳税申报表(B 表)

税款所属期：2017 年 12 月 1 日至 2017 年 12 月 31 日　　　　　　　　　金额单位：元(列至角分)

投资者信息	姓名	赵强	身份证件类型		身份证号码													
	国籍(地区)				纳税人识别号													
被投资单位信息	名称				纳税人识别号													
	类型	□个体工商户　　　　□承包、承租经营者　　　　□个人独资企业　　　　□合伙企业																

项　目	行次	金　额	补充资料
一、收入总额	1	1 000 000	
减：成本	2		
营业费用	3	636 400	
管理费用	4	90 000	
财务费用	5	12 000	
税金及附加	6	33 000	1. 年平均职工人数：　　人
营业外支出	7	77 000	2. 工资总额：　　元
二、利润总额	8	151 600	3. 投资者人数：　　人
三、纳税调整增加额	9		
1. 超过规定标准扣除项目	10		
(1) 职工福利费	11		
(2) 职工教育费经费	12		
(3) 工会经费	13		
(4) 利息支出	14	5 200	
(5) 业务招待费	15	25 000	
(6) 广告费和业务宣传费	16		
(7) 教育和公益事业捐赠	17		
(8) 住房公积金	18		
(9) 社会保险费	19		
(10) 折旧费用	20	51 250	
(11) 无形资产摊销	21		
(12) 资产损失	22		
(13) 其他	23		
2. 不允许扣除的项目	24		
(1) 资本性支出	25		
(2) 无形资产受让、开发支出	26		
(3) 税收滞纳金、罚款、罚金	27		

续表

项　目	行次	金　额	补充资料
(4) 赞助支出、非教育和公益事业捐赠	28		
(5) 灾害事故损失赔偿	29		
(6) 计提的各种准备金	30		
(7) 投资者工资薪金	31	60 000	
(8) 与收入无关的支出	32		
其中：投资者家庭费用	33		
四、纳税调整减少额	34		
1. 国债利息收入	35		
2. 其他	36		
五、以前年度损益调整	37		
六、经纳税调整后的生产经营所得	38		
减：弥补以前年度亏损	39		
乘：分配比例(%)	40		
七、允许扣除的其他费用	41		
八、投资者减除费用	42	42 000	
九、应纳税所得额	43	191 050	
十、税率(%)	44	35%	
十一、速算扣除数	45	14 750	
十二、应纳税额	46	52 117.5	
减：减免税额	47		
十三、全年应缴税额	48	52 117.5	
加：期初未缴税额	49		
减：全年已预缴税额	50	56 654.2	
十四、应补(退)税额	51	−4 536.7	

谨声明：此表是根据《中华人民共和国个人所得税法》及其实施条例和国家相关法律法规规定填写的，是真实的、完整的、可靠的。

纳税人签字：　　　　　　　　　　　　　　　　　×××××年×月×日

代理申报机构(人)公章： 经办人： 经办人执业证件号码：	主管税务机关受理专用章： 受理人：
代理申报日期：　　年　月　日	受理日期：　　　年　月　日

国家税务总局监制

★ 行家提示：

(1) 个体工商户和个人独资、合伙企业投资者取得的生产、经营所得应纳的税款，分月预缴的，纳税人在每月终了后 7 日内办理纳税申报；分季预缴的，纳税人在每个季度终了后 15 日内办理纳税申报。纳税年度终了后，纳税人在 3 个月内进行汇算清缴。

(2) 纳税人年终一次性取得对企事业单位的承包经营、承租经营所得的，自取得所得之日起 30 日内办理纳税申报；在 1 个纳税年度内分次取得承包经营、承租经营所得的，在每次取得所得后的次月 15 日内申报预缴，纳税年度终了后 3 个月内汇算清缴。

(3) 自 2013 年 8 月 1 日起，个人所得税申报表将简化至 12 张，其中：① 基础信息登记类申报表两张分别为个人所得税基础信息表(A 表)(新增)，基于现行个人所得税以代扣代缴为主要征收方式，个人基础信息的获取主要依托扣缴义务人。个人所得税基础信息表(B 表)(新增)作为自行纳税申报纳税人自主申报的信息，将作为个人所得税基础信息表(A 表)的有效补充；② 扣缴申报类申报表三张，一张是适用于扣缴义务人办理全员全额扣缴个人所得税申报的扣缴个人所得税报告表(修订)，一张是适用于特定行业职工工资、薪金个人所得税年度申报的特定行业个人所得税年度申报表(修订)以及限售股转让所得扣缴个人所得税报告表适用于证券机构预扣预缴，或者直接代扣代缴限售股转让所得个人所得税的申报；③ 自行申报类申报表共六张。a. 三张是自然人纳税人适用，当自然人纳税人取得两处及两处以上工资薪金所得，或者取得所得没有扣缴义务人的，或者其他情形，须办理自行纳税申报时，填报个人所得税自行纳税申报表(A 表)(修订)。当自然人纳税人从境外取得所得，须办理自行纳税申报时，填报个人所得税自行纳税申报表(B 表)(修订)。当自然人纳税人年所得额 12 万元以上的填报个人所得税纳税申报表(适用于年所得 12 万元以上的纳税人申报)；b. 另外三张是生产经营纳税人适用，对个体工商户业主、企事业单位承包承租经营者、个人独资企业投资者、合伙企业合伙人取得生产经营所得的，按查账征收办理预缴纳税申报，或者按核定税收申报时，填报生产经营所得个人所得税申报表(B 表)(修订)。如果投资者兴办两个或两个以上投资单位，年度终了需汇总纳税申报时，填报生产经营所得投资者个人所得税年度汇总纳税申报表(修订)。④ 限售股转让所得个人所得税清算申报表适用于纳税人取得限售股转让所得已预扣预缴个人所得税款的清算申报。

一、个体工商户所得税的纳税申报

个体工商户个人所得税的缴纳有查账征收和定期定额征收两种方式。

(1) 对于账册健全、能准确提供有关纳税资料的个体工商户，实行查账征收。其生产经营所得应纳的税款实行按年计算、分月预缴，由纳税人在次月 15 日内申报预缴，年度终了后 3 个月汇算清缴，多退少补。对账册不健全的个体工商户，其生产、经营所得的应纳税款，由税务机关依据《税收征管法》自行确定征收方式。

(2) 对于达不到《个体工商户建账管理暂行办法》规定设置账簿标准的个体工商户实行定期定额征收。定期定额户可以委托经税务机关认定的银行或其他金融机构办理税款划缴。

定额纳税是指税务机关对经营规模小，经营情况比较稳定的个体户，可根据业户的实际经营情况，核定应纳税额，按月纳税，年终不清算。

定率纳税是指税务机关经调查，定期制定行业所得税负担率，在缴纳增值税的同时，一并按销售收入计算缴纳的所得税，年终不清算。

查账征收"个体工商户的生产、经营所得"和"对企事业单位的承包经营、承租经营所得"个人所得税的个体工商户、承包承租经营者、个人独资企业投资者和合伙企业合伙人的个人所得税年度汇算清缴：纳税人在办理申报时，在填报生产经营所得个人所得税纳税申报表(B 表)时，须同时附报附加表《个人所得税基础信息表(B 表)》。合伙企业有两个或两个以上自然人投资者的，应分别填报该表。

二、申报期限

个体工商户、个人独资企业投资者、合伙企业合伙人的生产、经营所得应纳个人所得税的年度纳税申报，应在年度终了后 3 个月内办理。

对企事业单位承包经营、承租经营者应纳个人所得税的年度纳税申报，应在年度终了后 30 日内办理；纳税人一年内分次取得承包、承租经营所得的，应在年度终了后 3 个月内办理汇算清缴。

纳税人不能按规定期限办理纳税申报的，应当按照《中华人民共和国税收征收管理法》(以下简称税收征管法)及其实施细则的规定办理延期申报。

拓展专栏

公民李某是高校教授，2017 年取得以下各项收入：

(1) 每月取得工资 4 000 元，6 月取得上半年学期奖金 6 000 元，12 月取得下半年学期奖金 8 000 元，12 月学校为其家庭财产购买商业保险 4 000 元，其所在学校选择将下半年学期奖金按照一次性奖金办法代扣代缴个人所得税。

(2) 2 月以 10 万元购买 A 企业股权，并于 10 月以 25 万元将股权转让给 B，不考虑相关的税费。

(3) 5 月出版一本专著，取得稿酬 40 000 元，李某当即拿出 10 000 元通过政府部门捐给农村义务教育。

(4) 6 月为 B 公司进行营销筹划，取不含税的报酬 35 000 元，该公司决定为李某负担个人所得税。

要求：根据所给资料，回答下列问题：

(1) 李某取得的稿酬所得应缴纳个人所得税为多少元？

(2) 2017 年李某取得的工资、学期奖金以及学校为其购买的商业保险应缴纳的个人所得税合计为多少元？

(3) 李某股权转让行为应缴纳个人所得税为多少元？

(4) 李某营销策划取得的所得应代付的个人所得税为多少元？

综合练习题

一、单选题

1. 下列所得一次收入畸高可以实行加成征收的是(　　)。

A. 稿酬所得　　　　　B. 劳务报酬所得　　　C. 偶然所得　　　D. 股息红利所得

2. 下列所得中，适用于加成征税规定的是(　　)。

A. 个体工商业户的生产经营所得　　　　　B. 劳务报酬所得

C. 稿酬所得　　　　　　　　　　　　　　D. 特许权使用费所得

3. 居民陈某 2017 年出租自有居住用房，租期一年，全年租金收入为 36 000 元。计算其全年应纳的个人所得税为(　　)元。

A. 5 280　　　　　B. 5 760　　　　　C. 8 640　　　　　D. 2 640

4. "劳务报酬所得一次收入畸高的"是指(　　)。

A. 个人一次取得的劳务报酬所得超过 20 000 元

B. 个人一次取得的劳务报酬所得超过 50 000 元

C. 个人一次取得的劳务报酬的应纳税所得额超过 20 000 元

D. 个人一次取得的劳务报酬的应纳税所得额超过 50 000 元

5. 某韩国人于 2016 年 1 月 12 日来华工作，2017 年 2 月 15 日回国，2017 年 3 月 12 日返回中国，2017 年 11 月 15 日至 2017 年 11 月 30 日期间，因工作需要去了日本和新加坡，后于 2018 年 6 月离华回国，该纳税人(　　)。

A. 2016 年为居民纳税人，2017 年为非居民纳税人

B. 2017 为居民纳税人，2018 年为非居民纳税人

C. 2017 年和 2018 年均为非居民纳税人

D. 2016 年和 2017 年均为居民纳税人

6. 廖某 2017 年出版了中篇小说一部，取得稿酬 5 000 元，同年该小说在一家晚报上连载，取得稿酬 3 800 元，廖某以上稿酬所得应纳个人所得税为(　　)元。

A. 980　　　　　B. 985.6　　　　　C. 1 120　　　　　D. 1 600

7. 对于劳务报酬所得，若同一事项连续取得收入的，其收入"次"数的确认方法是(　　)。

A. 以取得收入为一次

B. 以一个月内取得的收入为一次

C. 以一个季度内取得的收入为一次

D. 以事项完成后取得的所有收入合并为一次

8. 自行申报缴纳个人所得税的个体工商户，应向(　　)主管税务机关申报。

A. 收入来源地　　　　　　　　　B. 实际经营所在地

C. 税务机关指定地　　　　　　　D. 个人户籍所在地

9. 年所得 12 万元以上的纳税人，在纳税年度终了后(　　)个月内向主管税务机关办理纳税申报。

A. 7　　　　　B. 15　　　　　C. 30　　　　　D. 3

10. 中国公民王某 2017 年度在 A 国取得特许权使用费所得 6 000 元，在 A 国已按该国税法纳税 1 200 元，此外，该公民在国内有工资收入，一年为 24 600 元，则该公民这一纳税年度应纳个人所得税(　　)元。

A. 336　　　　　B. 0　　　　　C. 30　　　　　D. 270

11. 下列应税项目中，不适用代扣代缴方式的是(　　)。

A. 工资薪金所得　　　　　　　　　　B. 稿酬所得

C. 个体户生产经营所得　　　　　　　D. 劳务报酬所得

12. 演员章某一次获得表演所得 30 000 元(含税)，其应纳个人所得税税额(　　)元。

A. 7 200　　　　B. 5 200　　　　C. 4 800　　　　D. 7 000

13. 赵某 2017 年 1 月将自有住房出租，租期一年，每月取得租金收入 250 元(超过当地市场价格)，全年租金收入 30 000 元(不考虑其他税费)，赵某 2017 年的租金收入应纳的个人所得税税额为(　　)元。(当地政策个人按市价出租住房所得减按 50%征收个人所得税)

A. 5 840　　　　B. 2 040　　　　C. 4 080　　　　D. 3 360

二、多选题

1. 下列各项中，应当按照工资、薪金所得项目征收个人所得税的有(　　)。

A. 劳动分红　　　　　　　　　　　B. 独生子女补贴

C. 差旅费津贴　　　　　　　　　　D. 超过规定标准的误餐费

2. 下列个人所得应按工资、薪金所得项目征税的有(　　)。

A. 公司职工购买国有股权的劳动分红

B. 集体所有制职工以股份形式取得企业量化资产参与分配获得的股息

C. 内部退养的个人从办理内部退养手续至法定退休年龄之间从原单位取得的收入

D. 职工从本单位取得的子女托儿补助

3. 下列纳税人中，工资、薪金所得适用附加费用扣除标准的有(　　)。

A. 境外任职或受雇的中国公民

B. 内地中外合资企业任职的华侨

C. 内地国外常设机构工作的中方人员

D. 内地无住所、居住不满1年的外籍人员

4. 下列项目中，直接以每次收入额为应纳税所得额计算缴纳个人所得税的有(　　)。

A. 稿酬所得　　　　　　　　　　　B. 利息、股息、红利所得

C. 偶然所得　　　　　　　　　　　D. 特许权使用费所得

5. 下列所得属于劳务报酬所得的有(　　)。

A. 从事设计取得的所得　　　　　　B. 从事审稿业务取得的所得

C. 从事翻译取得的所得　　　　　　D. 个人担任董事职务取得的董事费收入

6. 个人取得的下列所得，免征个人所得税的有(　　)。

A. 单位部门津贴　　　　B. 个人转让自用 8 年的家庭唯一生活用房的所得

C. 本单位发的先进个人奖金　　　D. 离退休人员工资

7. 下列劳务报酬所得中，不适用加成征收的是(　　)。

A. 设计费 32 000 元　　　　　　　B. 咨询费 5 500 元

C. 中介费 22 000 元　　　　　　　D. 稿酬 26 000 元

8. 下列所得适用 20%比例税率的有(　　)。

A. 财产租赁所得　　　　　　　　　B. 财产转让所得

C. 稿酬所得　　　　　　　　　　　D. 个体工商业户的生产经营所得

9. 下列属于稿酬所得项目的是(　　)。

A. 将译文在学术刊物上发表取得的所得

B. 集体编写并正式出版的教材取得的报酬

C. 受托翻译论文的报酬

D. 在报纸上发表文章的报酬

10. 对所得征收个人所得税时，以每次收入额为应纳税所得额的有(   )。

A. 股息、利息、红利所得   B. 稿酬所得

C. 劳务报酬所得   D. 偶然所得

11. 在计算个体工商户的经营所得时，下列税金可以扣除的有(   )。

A. 消费税   B. 城市维护建设税

C. 增值税   D. 土地增值税

12. 下列所得适用超额累进税率的有(   )。

A. 工资、薪金所得   B. 个体工商户生产、经营所得

C. 对企事业单位的承包、承租经营所得   D. 财产转让所得

13. 下列各项所得中，应当缴纳个人所得税的有(   )。

A. 个人的贷款利息   B. 个人取得的企业债券利息

C. 个人取得的国库券利息   D. 个人取得的股息

14. 计算个体工商业户的生产经营所得时不得在所得税前列支的项目有(   )。

A. 各种赞助支出   B. 个体工商户的工资支出

C. 财产保险支出   D. 缴纳的个人所得税

15. 下列各项个人所得中，应当征收个人所得税的有(   )。

A. 企业集资利息   B. 从股份公司取得股息

C. 企业债券利息   D. 国家发行的金融债券利息

16. 下列各项中，适用 5%～35% 的五级超额累进税率征收个人所得税的有(   )。

A. 个体工商的生产经营所得   B. 合伙企业的生产经营所得

C. 个人独资企业的生产经营所得   D. 对企事业单位的承包经营、承租经营所得

17. 下列情况中，应由纳税人自行申报纳税的有(   )。

A. 年所得 12 万元以上的

B. 从中国境内两处或者两处以上取得工资、薪金所得的

C. 从中国境外取得所得的

D. 取得应税所得，没有扣缴义务人的

18. 下列个人所得在计算个人所得税应纳税所得额时，可按月减除定额费用的有
(   )。

A. 对企事业单位的承包、承租经营所得   B. 财产转让所得

C. 工资薪金所得   D. 个体工商户的生产经营所得

三、判断题

1. 临时离境是指在一个纳税年度中，一次不超过 30 日或多次累计不超过 120 日的
离境。   (   )

2. 在确定财产租赁的应纳税所得额时，纳税人在出租财产过程中缴纳的税金和教育费

附加，可持完税凭证，从其财产租赁收入中扣除。　　　　　　　　　　（　　）

3. 财产转让所得按月纳税，以转让财产的收入额减除财产原值和合理费用后的余额为应纳税所得额。　　　　　　　　　　　　　　　　　　　　　　　　　　　（　　）

4. 凡向个人支付应纳税所得的单位和个人，不论是向本单位人员支付，还是向其他人员支付，均应在支付时代扣代缴其应纳的个人所得税。　　　　　　　　　　（　　）

5. 个人领取的原提存的住房公积金、医疗保险金、基本养老保险金，免征个人所得税。
　　　　　　　　　　　　　　　　　　　　　　　　　　　　　　　　　（　　）

6. 两个或两个以上个人共同取得同一项所得的，应先就其全部收入减除费用计算征收个人所得税，然后将其税后所得在各纳税人之间分配。　　　　　　　　　（　　）

7. 劳务报酬所得适用比例税率，税率为20%。对劳务报酬所得一次收入畸高的，可以实行加成征收。"一次收入畸高"是指一次收入的应纳税所得额超过50 000元的。（　　）

8. 对个人独资企业和合伙企业生产经营所得，按查账征税法征收的，投资者及其家庭发生的生活费用允许在税前扣除。　　　　　　　　　　　　　　　　　　（　　）

9. 个人担任董事职务取得的董事费收入，属于劳务报酬性质的，按劳务报酬所得项目征税。　　　　　　　　　　　　　　　　　　　　　　　　　　　　　　　（　　）

10. 个人所得用于各种公益救济性捐赠的，按捐赠额在纳税人申报的应纳税所得额30%以内的部分可从应纳税所得额中扣除。　　　　　　　　　　　　　　　（　　）

11. 对企事业单位的承包经营、承租经营所得按年纳税；减除必要费用是指按月减除1 600元。　　　　　　　　　　　　　　　　　　　　　　　　　　　　　　　（　　）

12. 同一作品在报刊上连载取得的收入，应当以每次连载取得的收入为一次计征个人所得税。　　　　　　　　　　　　　　　　　　　　　　　　　　　　　　　（　　）

13. 利息、股息、红利所得、偶然所得和其他所得，以每次收入额减除必要的费用后为应纳税所得额。　　　　　　　　　　　　　　　　　　　　　　　　　（　　）

14. 个体工商户生产经营所得的个人所得税税率为25%比例税率。　　　　（　　）

四、业务题

1. 假定2019年1月1日，某个人与事业单位签订承包合同经营招待所，承包期为3年。2019年招待所实现承包经营利润85 000元，按合同规定承包人每年应从承包经营利润中上缴承包费20 000元。计算承包人2019年应纳个人所得税税额。

2. 王某建房一幢，造价36 000元，支付费用2 000元。该人转让房屋，售价60 000元，在卖房过程中按规定支付交易费等有关费用2 500元，其应纳多少个人所得税？

3. 陈某在参加商场的有奖销售过程中，中奖所得共计价值20 000元。陈某领奖时告知商场，从中奖收入中拿出4 000元通过教育部门向某希望小学捐赠。请按照规定计算商场代扣代缴个人所得税后，陈某实际可得中奖金额。

4. 中国居民方某在2019年同一纳税年度，从A、B两国取得应税收入，其中，在A国一公司任职，取得工资、薪金收入69 600元(平均每月5 800元)，因提供一项专利技术使用权，一次取得特许权使用费收入30 000元，该两项收入在A国缴纳个人所得税5 000元；因在B国出版著作，获得稿酬收入(版税)15 000元，并在B国缴纳该项收入的个人所得税1 720元。计算方某该年度应纳的个人所得税。

第七章

企业其他税实务

 导言

　　1994 年税制改革之后，我国的税种由 37 个缩减到目前的 21 个。在税收大家庭中，除前面分项目学习的流转税与所得税大税种外，还有许多小税种，它们分布广泛，一般为地方税。虽然它们为小税种，纳税人可不能轻视，对于某些企业来说，其应缴税额之和相当可观，甚至超过大税种，且其会计处理也各有特色。本章选用企业经常碰到的小税种进行讲解，旨在全方位提高读者的办税岗位技能。

能力目标

　　(1) 能根据有关规定计算城市维护建设税及教育费附加、房产税、城镇土地使用税、土地增值税、车船税和印花税应纳税额；

　　(2) 能根据相关涉税业务进行城市维护建设税及教育费附加、房产税、城镇土地使用税、土地增值税、车船税和印花税的会计处理；

　　(3) 能准确填制城市维护建设税及教育费附加、房产税、城镇土地使用税、土地增值税、车船税和印花税申报表，熟练进行纳税申报工作。

第一节　企业城市维护建设税及教育费附加实务

工作实例

　　恒祥有限责任公司为私营企业，该公司从事实木地板加工销售与房屋装饰服务。2019年 5 月进口原木一批，海关缴款凭证上载明已缴纳进口增值税 10 万元，本月国内销售地板缴纳增值税 30 万元、消费税 14 万元，安装装饰业务缴纳增值税 12 万元。(假设办税员于

2019 年 6 月 8 日进行了纳税申报工作)

请完成以下任务:

(1) 根据涉税原始资料正确计算企业应纳的城市维护建设税并进行相应会计处理。

(2) 规范、正确填报企业城市维护建设税纳税申报表(见表 7-1),进行纳税申报。

表 7-1　城市维护建设税纳税申报表

填表日期:2019 年 6 月 8 日

纳税人识别号:405714765291173

金额单位:元(列至角分)

纳税人名称	恒祥有限责任公司		税款所属时期	2017.5.1—2017.5.31	
计税依据	计税金额	税率	应纳税额	已纳税额	应补(退)税额
1	2	3	4 = 2 × 3	5	6 = 4 − 5
增值税	300 000	7%	21 000		21 000
消费税	140 000	7%	9 800		9 800
增值税	120 000	7%	8 400		8 400
合计					39 200
如纳税人填报,由纳税人填写以下各栏			如委托代理人填报,由代理人填写以下各栏		
会计主管(签章) 胡大力	纳税人(公章)		代理人名称		代理人 (公章)
			代理人地址		
			经办人	学生本人	电话	××××
以下由税务机关填写					
收到申报表日期			接收人		

恒祥有限责任公司 2017 年 5 月应纳的城市维护建设税计算与会计处理如下:

应纳税额 = 纳税人实际缴纳"两税"(增值税 + 消费税)税额 × 适用税率

= (300 000 + 120 000 + 140 000) × 7%

= 39 200(元)

(1) 计提城市维护建设税时:

借:税金及附加 —— 城市维护建设税　　　　　39 200

　　贷:应交税费 —— 应交城市维护建设税　　　　　　39 200

(2) 实际缴纳城市维护建设税时:

借:应交税费 —— 应交城市维护建设税　　　　　39 200

　　贷:银行存款　　　　　　　　　　　　　　　　　39 200

★ 行家提示:

(1) 城市维护建设税申报表填列注意以下两点:

① 该表的"税务登记号码"是指地方税务机关核发的税务登记证件编号。

② "税款所属时期"应与增值税、消费税的税款所属期保持一致。

(2) 自 2009 年 2 月 1 日起,增值税小规模纳税人企业(含查账征收的个体工商户)的城市维护建设税和教育费附加申报纳税期限调整如下:

① 纳税人城市维护建设税和教育费附加税种登记的征收品目仅为增值税附征的,其申

报纳税期限调整为一个季度。

② 纳税人城市维护建设税和教育费附加税种登记的征收品目有增值税附征的,其中报纳税期限暂不调整,仍为一个月。

(3) 纳税人购买税控设备,可抵免当期的应纳增值税税额,但不能抵免城市维护建设税和教育费附加。

(4) 对实行"免、抵、退"的企业,当期免抵的增值税额应当作为城市维护建设税与教育费附加的计税依据。

一、城市维护建设税概述

城市维护建设税是一种特定目的的税,是国家对从事工商经营,缴纳增值税、消费税的单位和个人就其实际缴纳的"两税"(增值税、消费税)税额为计税依据而征收的一种税。按"三税"税额附加征收,其本身没有特定的、独立的课税对象,目的是为了筹集城市公用事业和公共设施的维护、建设资金,加快城市开发建设步伐。负有缴纳"三税"义务的单位与个人是城市维护建设税的纳税人。自 2010 年 12 月 1 日起,外商投资企业、外国企业及外籍个人同样是城市维护建设税的纳税人,同样适用 1985 年及 1986 年以来国务院及国务院财政主管部门发布的有关城市维护建设税和教育费附加的法规、规章、政策。城市维护建设税与其他税种比较,具有以下的特点。

(1) 税款专款专用。城市维护建设税专款专用,用来保护城市的公共事业和公共设施的维护和建设,是一种具有受益税性质的税种。

(2) 属于一种附加税。城市维护建设税与其他税种不同,没有独立的征税对象或税基,而是以增值税、消费税"两税"实际缴纳的税额之和为计税依据,属于一种附加税。

二、城市维护建设税的计算

1. 计税依据

城市维护建设税的计税依据是指纳税人实际缴纳的"两税"税额,但是不包括纳税人违反"两税"有关税法而加收的滞纳金和罚款。对于纳税人在被查补"两税"和被处以罚款时,应同时对其漏缴的城市维护建设税进行补税、征收滞纳金和罚款。城市维护建设税以"两税"税额为计税依据并同时征收,如果免征或减征"两税"也就同时免征或减征城市维护建设税,但对出口商品退还增值税、消费税时,不退还已缴纳的城市维护建设税。

2. 税率

城市维护建设税采用比例税率,按纳税人所在地的不同,设置三档差别比例税率如表7-2 所示。

表 7-2　城市维护建设税税率表

纳税人所在地区	税率
市区	7%
县城或镇	5%
市区、县城和镇以外的其他地区	1%

城市维护建设税的适用税率，应当按照纳税人所在地的规定税率执行。但是，对下列两种情况，可按缴纳"两税"所在地的规定税率就地缴纳城市维护建设税。

(1) 由受托方代扣代缴、代收代缴"二税"的单位和个人，其代扣代缴、代收代缴的城市维护建设税按受托方所在地适用税率执行。

(2) 流动经营等无固定纳税地点的单位和个人，在经营地缴纳"两税"的，其城市维护建设税的缴纳按经营地适用税率执行。

3. 应纳税额的计算

城市维护建设税的应纳税额是按纳税人实际缴纳的"两税"税额计算的，其计算公式为：

$$应纳税额 = 纳税人实际缴纳的"二税"税额 \times 适用税率$$

三、城市维护建设税的会计核算

城市维护建设税的会计核算应设置"应交税费——应交城市维护建设税"科目。计提城市维护建设税时，应借记"税金及附加"科目，贷记本科目；实际缴纳城市维护建设税时，应借记本科目，贷记"银行存款"科目。本科目期末贷方余额反应企业应缴而未缴的城市维护建设税。

四、城市维护建设税的减免税优惠政策

城市维护建设税原则上不单独减免，但因其具有附加税性质，当主税发生减免时，城市维护建设税也相应发生减免，具体有以下几种情况。

(1) 随"二税"的减免而减免。

(2) 随"二税"的退库而退库。

(3) 海关对进口产品代征的增值税、消费税，不征收城市维护建设税。

(4) 对"二税"实行先征后返、先征后退、即征即退办法的，除另行规定外，对随"二税"附征的城市维护建设税和教育费附加，一律不予退(返)还。

五、城市维护建设税的缴纳

1. 纳税地点

城市维护建设税以纳税人实际缴纳的增值税、消费税税额为计税依据，分别与"二税"同时缴纳。所以，纳税人缴纳"二税"的地点，就是该纳税人缴纳城市维护建设税的地点。但是属于下列情况的，纳税地点有所不同。

(1) 代扣代缴、代收代缴"二税"的单位和个人，同时也是城市维护建设税的代扣代缴、代收代缴义务人，其城市维护建设税的纳税地点在代扣代收地。

(2) 跨省开采的油田，下属生产单位与核算单位不在一个省的，其生产的原油，在油井所在地缴纳增值税，其应纳税款由核算单位按照各油井的产量和规定税率计算汇拨各油井所在地缴纳。所以各油井应纳的城市维护建设税，应由核算单位计算，随同增值税一并汇拨油井所在地，由油井在缴纳增值税的同时，一并缴纳城市维护建设税。

(3) 对管道局输油部分的收入，由取得收入的各管道局于所在地缴纳增值税。所以，

其应纳城市维护建设税，也应由取得收入的各管道局于所在地缴纳增值税时一并缴纳。

(4) 对流动经营等无固定纳税地点的单位和个人，应随同"二税"在经营地按适用税率缴纳。

2. 纳税期限

由于城市维护建设税是由纳税人在缴纳"二税"时同时缴纳的，所以其纳税期限与"二税"的纳税期限一致。

3. 纳税申报

城市维护建设税与"二税"同时申报缴纳，纳税人应按照有关税法的规定，如实填写《城市维护建设税纳税申报表》。

六、教育费附加相关知识

(1) 教育费附加是对缴纳增值税、消费税的单位和个人征收的一种专项附加费，是正税以外的政府行政收费。国务院于 1986 年 4 月 28 日发布了《征收教育费附加的暂行性规定》，并于同年 7 月 1 日起实施。目的是为了多渠道筹集教育经费，改善中小学办学条件，促进地方教育事业的发展。自 2010 年 12 月 1 日起，对外商投资企业、外国企业及外籍个人(以下简称外资企业)征收教育费附加。

(2) 教育费附加对缴纳"二税"的单位和个人征收，以其实际缴纳的"二税"税额为计费依据，分别与"二税"同时缴纳。现行教育费附加的征收率为"二税"税额的 3%，湖南省现行教育费附征率为 4.5%，包括教育费附加 3% 和地方教育费附加 1.5% 两项。另外，从 2005 年 10 月 1 日起对生产卷烟和烟叶的单位也按 3% 征收教育费附加。教育费附加的计算公式为：

$$应纳教育费附加 = 实际缴纳"二税"税额 × 征收比率$$

例 7-1 某市区一家企业 2019 年 3 月实际缴纳增值税 200 000 元，缴纳消费税 100 000 元。那么该企业的应缴纳的教育费附加等于(200 000 + 100 000) × 3% = 9 000(元)。

(3) 教育费附加的减免规定。海关进口商品征收的增值税、消费税，不征收教育费附加；对由于减免"二税"而发生退税的，可同时退还已征收的教育费附加，但对于出口产品退还增值税、消费税的，不退还已征收的教育费附加。

(4) 教育费附加通过"应交税费"科目核算。计提教育费附加时应借记"税金及附加"科目，贷记本科目；缴纳教育费附加时应借记本科目，贷记"银行存款"科目，本科目期末贷方余额反映应缴而未缴的教育费附加。

素养专栏 8-1

逃税造就了威士忌酒，是真的吗？

苏格兰威士忌酒驰誉世界，被西方人奉为"生命之水"。早期的苏格兰威士忌酒，却由于酿制粗糙，酒精度相当高而且口味不佳，只有中下阶层人士饮用，被视为劣等货。威士忌酒是怎样登上大雅之堂，成为世界名酒的呢？竟然与"逃税"有关。

　　原来在 18 世纪末，由于英国政府加重酒税。有部分从事威士忌酒生产的人，为了逃税，便搬上蒸馏工具，躲到人烟稀少的山区或森林里秘密酿制私酒。由于燃料不够，就利用草炭来代替；此外，盛酒容器不够，就用装过葡萄酒的旧木桶来装；酿成的酒由于不敢大量销售，只好把私酒密封后常年收藏在山洞中。岂料"无心插柳柳成荫"。木桶盛载、多年窖藏正是酿造佳酿的必要条件，再加上蒸熏过程中草炭的烟味进入了酒内，便形成了极佳的特殊风味。

　　发现这一秘密后，酿酒人干脆以后都模仿这种办法来酿酒，很快威士忌酒就以其特殊的风味而打进伦敦，到 19 世纪已为贵族和上层社会广泛接受，并逐步成为全世界都知名的佳酿。

第二节　企业房产税实务

工作实例

　　公司名称：阿波罗集团有限责任公司
　　计算机代码：00547　　　　　　　　公司办公电话：0731-84446688
　　公司地址：湖南省长沙市五星路 220 号
　　开户银行：商业银行五星路支行　　　账号：191107987230595126
　　纳税人识别号：430571476529117
　　办税人：学生本人　　　　　　　　　财务负责人：赵刚
　　注册资本：3 000 万元　　　　　　　企业类型：有限责任公司

　　阿波罗集团有限责任公司所在地区的房产税减除比率为 30%，截至 2017 年年初，该集团公司拥有以下房产(房屋权证上载明该房产均为钢筋混凝土结构)：

　　(1) 2017 年年初，该集团公司固定资产账面显示房屋及建筑物原价 3 000 万元，其中管理部门及生产车间用房 2 幢，原值共计 2 000 万元，管理部门办公大楼原值 400 万元，生产车间用房原值 1 600 万元；闲置用房 3 幢，原值分别为 350 万元(2 幢)和 300 万元(1 幢)。

　　(2) 1 月 1 日，将原值为 350 万元的 2 幢闲置用房投资给岳阳河山有限公司，协议规定，每月向岳阳河山有限公司收取固定收入 5 万元，当年可获得收益 60 万元。

　　(3) 4 月 1 日，将原值为 300 万元的闲置房转让给如家旅馆，收到转让价款 320 万元，支付转让过程中发生的税金及费用 9.8 万元，账面显示该房产已提房屋折旧费 58 万元。

　　(4) 4 月 17 日，新建的一幢生产车间投入使用，原值 210 万元。

　　注：按当地税务规定，房产税纳税期限为按年计算，分半年预缴。

　　请完成以下任务：

　　(1) 根据涉税原始资料正确计算企业应纳的房产税并进行相应会计处理。

　　(2) 规范、正确地填报企业房产税的纳税申报表，进行纳税申报。

　　阿波罗集团有限责任公司 2017 年应纳的房产税计算及会计处理如下：

管理大楼：$4\,000\,000 \times (1 - 30\%) \times 1.2\% = 33\,600$(元)

生产车间：$16\,000\,000 \times (1 - 30\%) \times 1.2\% = 134\,400$(元)

闲置用房出租：$600\,000 \times 12\% = 72\,000$(元)

新车间投入使用，纳税人自行新建房屋用于生产经营，从建成之次月起，缴纳房产税则：

$$2\,100\,000 \times (1 - 30\%) \times 1.2\% \times 8 \div 12 = 11\,760(元)$$

闲置用房转让之前需要缴纳房产税：

$$3\,000\,000 \times (1 - 30\%) \times 1.2\% \times 1 \div 4 = 6\,300(元)$$

阿波罗全年应纳房产税额 $= 33\,600 + 134\,400 + 72\,000 + 11\,760 + 6\,300 = 258\,060$(元)

(1) 计提房产税时：

借：管理费用——房产税　129 030

　　贷：应交税费——应交房产税　129 030（258 060 ÷ 2）

(2) 实际缴纳上半年房产税时：

借：应交税费——应交房产税　129 030

　　贷：银行存款　129 030

注：实际操作中，按月计提房屋税，由纳税人所属省、自治区直辖市人民政府确立的纳税期限，按期申报纳税。

★ 行家提示：

(1) 企业出租房屋给自己单位的职工，也属于房屋出租范围，属于房产税的征税范围，照常征收房产税。

(2) 房产税的征税对象是房产，即以房屋形态表现的财产。独立于房屋之外的建筑物，如围墙、烟囱、水塔、室外游泳池等不属于房产。

(3) 自 2008 年 12 月 18 日起，财政部、国家税务总局规定，对于依照房产原值计税的房产，不论是否记载在会计账簿固定资产科目中，均应按房屋原价计算缴纳房产税。房产原值是指企业按照会计制度的规定，在固定资产账簿中记载的房屋原价。

(4) 凡是在基建工地为基建工地服务的各种工棚、材料棚、休息棚和办公室、食堂、茶炉房、汽车等临时性房屋，不论是施工企业自行建造还是由基建单位出资建造，交施工企业使用的，在施工期间，一律免征房产税。但是，如果在基建工程结束以后，施工企业将这种临时性房屋交还或者估价转让给基建单位的，应当从基建单位接收的次月起，依照规定征收房产税。

(5) 房产税按年征收，分期缴纳。缴纳期限湖南省具体规定为：① 以房产余值计征的，分季缴纳，分别于 3 月、6 月、9 月、12 月 15 日内向主管税务机关申报纳税；② 以租金收入计征的，按月缴税，于次月 15 日内向主管税务机关申报。

(6) 房地产税不是房产税，一切与房地产经济运动过程有直接关系的税都属于房地产税。其中就包含企业所得税、个人所得税、房产税、城镇土地使用税、城市房地产税、印花税、土地增值税、投资方向调节税、契税、耕地占用税等。房地产税属于一个税务体系，而房产税只是其中的一小部分。

(7) 自 2011 年 1 月 28 日起,我国在上海、重庆等地区开始对某些个人住房试征房地产税。

一、房产税的概念

房产税是以房产为征税对象，依据房产价值或房产租金收入向房产所有人或经营人征收的一种税。房产税是一种财产性质的税种，目的是运用税收杠杆加强对房产的管理，提高房产使用效率，合理调节房产所有人和经营人的收入。房产的产权所有人是房产税的纳税人。产权属于国家的，由经营管理单位缴纳；产权属于集体和个人所有的，由集体和个人缴纳；产权出典的，由承典人缴纳；产权所有人、承典人不在房产所在地的，或者产权未确定及租典纠纷未解决的，由房产代管人或使用人缴纳。

二、房产税的计算

1. 计税依据

房产税的征税对象是城市、县城、建制镇和工矿区的房产，不包括农村的房产，其计税依据为房产的计税价值或房产的租金收入。按房产的计税价值征税的，称为从价计征；按房产的租金收入计征的，称为从租计征。

(1) 从价计征。从价计征的，计税依据是房产原值减除一定比例后的余值。房产原值是"固定资产，账户中记载的房屋原价；减除一定比例后是省、自治区、直辖市人民政府确定的10%~30%的扣除比例。

(2) 从租计征。从租计征的，计税依据为房产租金收入，即房屋产权所有人出租房产使用权所得的报酬，包括货币收入和实物收入。

2. 税率

房产税采用的是比例税率。由于房产税的计税依据分为从价计征和从租计征两种形式，所以房产税的税率也有两种：采用从价计征的，税率为1.2%。采用从租计征的，税率为12%。从2001年1月1日起，对个人按市场价格出租的居民住房，用于居住的，可暂减按4%的税率征收房产税。

3. 应纳税额的计算

(1) 从价计征。从价计征是按房产原值减除一定比例后的余值计征，其计算公式为：

$$应纳税额 = 应税房产原值 \times (1 - 扣除比例) \times 1.2\%$$

(2) 从租计征。从租计征是按房产的租金收入计征的，其计算公式为：

$$应纳税额 = 租金收入 \times 12\%$$

三、房产税的会计核算

房产税的会计核算应设置"应交税费——应交房产税"科目。该科目贷方登记本期应缴纳的房产税税额；借方登记企业实际缴纳的房产税税额；期末贷方余额表示企业应缴而未缴的房产税税额。

核算时，企业按规定计算应缴的房产税，借记"管理费用"科目，贷记"应交税费——应交房产税"科目。缴纳房产税时，借记"应交税费——应交房产税"科目，贷记"银行存款"科目。

四、房产税的减免税优惠政策

(1) 国家机关、人民团体、军队自用的房产免税。但上述免税单位的出租房屋以及非自身业务使用的生产、经营用房，不属于免税范围。

(2) 由国家财政部门拨付经费的单位，其自身业务范围内使用的房产免税。

(3) 宗教寺庙、公园、名胜古迹自用的房产免税。

(4) 个人所有非营业用的房产免税。

(5) 经财政部批准免税的其他房产。

五、房产税的缴纳

1. 纳税期限

房产税实行按年计算，分期缴纳的征税方法，具体纳税期限由各省、自治区、直辖市人民政府确定。各地一般按季度或半年征收一次，在季度或半年内规定某一月份征收。

2. 纳税义务发生时间

(1) 纳税人将原有房产用于生产经营的，从生产经营之月起，计征房产税。

(2) 纳税人自行新建房屋用于生产经营的，自建成之次月起，计征房产税。

(3) 纳税人委托施工企业建设的房屋，从办理验收手续之次月起，计征房产税。对于在办理验收手续前已使用或出租、出借的新建房屋，应从使用或出租、出借的当月起按规定计征房产税。

(4) 纳税人购置新建商品房，自房屋权属交付使用之次月起计征房产税。

(5) 纳税人购置存量房，自办理房屋权属转移、变更登记手续，房地产权属登记机关签发房屋权属证书之次月起计征房产税。

(6) 纳税人出租、出借房产，自交付出租、出借房产之次月起计征房产税。

(7) 纳税人是房地产开发企业的，其自用、出租、出借本企业建造的商品房，自房屋使用或者交付之次月起计征房产税。

3. 纳税申报

纳税人应按照条例的要求，将现有房屋的坐落地点、结构、面积、原值、出租收入等情况，如实向房屋所在地税务机关办理纳税申报，如实填写《房产税纳税申报表》。

4. 纳税地点

房产税的纳税地点为房产所在地。房产不在同一地方的纳税人，应按房产坐落地点分别向房产所在地的税务机关纳税。

第三节 企业城镇土地使用税实务

工作实例

长沙市好又多商场，地处高新区硅谷路 200 号(属一等地段)，纳税人识别号：

430123447652911。会计负责人兼办税员：学生本人。商场土地使用证书上记载暂用土地的面积为 11 000 平方米，其中商场自办托儿所占地面积为 2 000 平方米。经核定的一等地段年税额为 10 元/平方米，本市规定企业自办托儿所占地面积免税，城镇土地使用税分半年缴纳一次(注：办税员已在 2017 年 7 月 10 日缴纳了一次土地使用税)。

请完成以下任务：

(1) 根据涉税原始资料正确计算企业应纳的城镇土地使用税并进行相应会计处理。

(2) 规范、正确填报企业城镇土地使用税纳税申报表(见表 7-4)，2017 年 12 月 10 日进行 2017 年纳税申报。

长沙市好又多商场全年应纳城镇土地使用税的计算及会计处理如下：

$$全年应纳税额 = 实际占用应税土地面积(平方米) \times 适用税率$$
$$= (11\,000 - 2\,000) = 9\,000 \times 10 = 90\,000(元)$$

① 计提城镇土地使用税时：

借：管理费用——城镇土地使用税　　　　　　45 000
　　贷：应交税费——应交城镇土地使用税　　　　　45 000

② 缴纳城镇土地使用税时(半年缴纳一次)：

借：应交税费——应交城镇土地使用税　　　　45 000
　　贷：银行存款　　　　　　　　　　　　　　　　45 000

★ 行家提示：

(1) 城镇土地使用税填表说明：

① 本表适用于城镇土地使用税纳税人填报。

② 土地所处地点。土地管理部门已核发土地证的，应根据土地证填写。

③ 土地等级按照纳税人占用的土地所在地县(市)人民政府划分的土地等级填列。

④ 本期增减栏。本期比上期减少的用负号表示。

⑤ 本表第一联存根联，经税务机关审核后返回纳税人留存，作为已申报凭据；第二联申报联，征收机关作为户管资料留存。本申报表格式为 A4 横式。

(2) 对在城镇土地使用税征税范围内单独建造的地下建筑用地，按规定征收城镇土地使用税。其中，已取得地下土地使用权证的，按土地使用权证确认的土地面积计算应征税款；未取得地下土地使用权证或地下土地使用权证上未标明土地面积的，按地下建筑垂直投影面积计算应征税款。对上述地下建筑用地暂按应征税款的 50%征收城镇土地使用税。

一、城镇土地使用税的概念

城镇土地使用税是对城市、县城、建制镇和工矿区范围内使用土地的单位和个人，按实际使用土地面积所征收的一种税。城镇土地使用税是一种资源税性质的税种，有利于合理使用城镇土地，用经济手段加强对土地的控制和管理，变土地的无偿使用为有偿使用。我国境内城市、县城、建制镇范围内使用土地的单位和个人是城镇土地使用税的纳税人。拥有土地使用权的纳税人不在土地所在地的，由该土地的代管人或实际使用人缴纳；土地使用权未确定或权属纠纷未解决的，由实际使用人纳税；土地使用权为多方共有的，由共有各方分别纳税。

二、城镇土地使用税的计算

1. 计税依据

城镇土地使用税的征税对象是城市、县城、建制镇和工矿区内国家所有和集体所有的土地。以纳税人实际占用的土地面积为计税依据，土地面积计量单位为平方米，按下列办法确定。

(1) 由省、自治区、直辖市人民政府确定的单位组织测定土地面积的，以测定的面积为准。

(2) 尚未组织测量，但纳税人持有政府部门核发的土地使用证书的，以证书确认的土地面积为准。

(3) 尚未核发土地使用证书的，应由纳税人据实申报土地面积，据以纳税，待核发使用证以后再作调整。

2. 税率

城镇土地使用税采用定额税率，即采用有幅度的差别税额，按大、中、小城市和县城、建制镇、工矿区分别规定每平方米土地使用税年应纳税额。城镇土地使用税税率如表 7-3 所示。

表 7-3 城镇土地使用税税率表

级别	人口(人)	每平方米税额(元)
大城市	50 万以上	1.5～30
中等城市	20 万～50 万	1.2～24
小城市	20 万元以下	0.9～18
县城、建制镇、工矿区	—	0.6～12

各省、自治区、直辖市人民政府可根据市政建设情况和经济繁荣程度在规定幅度内，确定所辖地区的适用税额幅度。经济落后地区，土地使用税的适用税额标准可适当降低，但降低额不得超过上述规定最低税额的 30%，经济发达地区的适用税额标准可以适当提高，但须报财政部批准。

3. 应纳税额的计算

城镇土地使用税的应纳税额，可以通过纳税人实际使用的土地面积乘以该土地所在地段适用税额求得，其计算公式为：

$$全年应纳税额 = 实际使用应税土地面积(平方米) \times 适用税额$$

三、城镇土地使用税的减免税优惠政策

(1) 国家机关、人民团体、军队自用的土地。
(2) 由国家财政部门拨付事业经费的单位自用土地。
(3) 宗教寺庙、公园、名胜古迹自用的土地。
(4) 市政街道、广场、绿化地带等公共用地。

(5) 直接用于农、林、牧、渔业的生产用地。

(6) 经批准开山填海整治的土地和改造的废弃土地，从使用之月起免缴土地使用税五年至十年。

(7) 非营利性医疗机构、疾病控制机构和妇幼保健机构自用的土地，自2000年7月起免征城镇土地使用税。对营利性医疗机构自用的土地自取得执照之日起免征城镇土地使用税三年。

(8) 企业办学校、医院、托儿所、幼儿园，其用地能与企业其他用地明确区分的，免征城镇土地使用税。

(9) 免税单位无偿使用纳税单位的土地。如公安、海关等单位使用铁路、民航等单位的土地免税；但纳税单位无偿使用免税单位的土地，纳税单位应依法缴纳城镇土地使用税。

(10) 部分特殊行业用地暂免征收土地使用税的规定：① 高校后勤实体用地；② 企业的铁路专用线及公路等用地；③ 企业厂区以外的公共绿化用地和向社会开放的公园用地；④ 港口的码头用地；⑤ 盐场的盐滩和盐矿的矿井用地；⑥ 水利设施管护用地；⑦ 机场飞行区。

(11) 下列土地由省级地方税务局确定减免土地使用税：个人所有的居住房屋及院落用地；单位职工家属的宿舍用地；集体和个人办的学校、医院、托儿所及幼儿园用地；基建项目在建期间使用的土地以及城镇集贸市场用地等。

四、城镇土地使用税的缴纳

1. 纳税期限

城镇土地使用税实行按年计算、分期缴纳的征收方法，具体纳税期限由省、自治区、直辖市人民政府确定。

2. 纳税义务发生时间

(1) 纳税人购置新建商品房，自房屋交付使用之次月起，缴纳土地使用税。

(2) 纳税人购置存量房，自办理房屋权属转移、变更登记手续，房地产权属登记机关签发房屋权属证书之次月起，缴纳土地使用税。

(3) 纳税人出租出借房产，自交付出租、出借房产之次月起，缴纳土地使用税。

(4) 纳税人新征用的耕地，自批准征用之日起满1年时，缴纳土地使用税。

(5) 纳税人新征用的非耕地，自批准征用次月起缴纳土地使用税。

(6) 纳税人以出让或转让方式有偿取得土地使用权的，应由受让方从合同约定交付土地时间的次月起缴纳土地使用税；合同未约定交付时间的，由受让方从合同签订的次月起缴纳土地使用税。

3. 纳税地点

城镇土地使用税的纳税地点为土地所在地，由土地所在地的地方税务机关征收。

纳税人使用的土地不属于同一省、自治区、直辖市管辖的，由纳税人分别向土地所在地的税务机关申报缴纳；在同一省、自治区、直辖市管辖范围内，纳税人跨地区使用土地时，其纳税地点由各省、自治区、直辖市税务机关确定。

4. 纳税申报

城镇土地使用税的纳税人应按照条例的有关规定及时办理纳税申报，如实填写《城镇土地使用税纳税申报表》。

五、城镇土地使用税的会计核算

城镇土地使用税的会计核算应设置"应交税费——应交城镇土地使用税"科目。本期应缴纳的城镇土地使用税税额记在该科目贷方；企业实际缴纳的城镇土地使用税登记在借方；期末贷方余额表示企业应缴而未缴的城镇土地使用税税额。

平时，企业按规定计算应交城镇土地使用税，借记"管理费用"科目，贷记："应交税费——应交城镇土地使用税"科目；上缴城镇土地使用税时，借记"应交税费——应交城镇土地使用税"科目，贷记"银行存款"科目。

第四节　企业土地增值税实务

工作实例

长沙市江大园林公司，公司地址：五一大道124号。开户银行：光大银行五一路支行，账号：110107987230595。办税人：学生本人。财务负责人：于会石。主管部门：市规划局。纳税人识别号：273744144。2017年5月转让地处万家丽路123号的恒湾一号公寓楼一幢(2014年建造)，取得转让收入6 800万元。该公寓当时造价为1 500万元，已提折旧500万元。经房地产评估机构评定，该公寓楼的重置成本价为3 000万元，该楼房为七成新。转让前为取得土地使用权支付的地价款和按规定缴纳的有关费用为1 203万元(可提供支付凭证)，该公司于当年5月10日与购买方杉杉公司签订了房地产转让合同，并办理了产权变更登记手续。评估价格已经税务机关认定。

请完成以下任务：

(1) 根据涉税原始资料正确计算企业应纳的土地增值税并进行相应会计处理。

(2) 规范、正确地填报企业土地增值税纳税申报表(见表7-4)，假定公司于2017年5月5日进行2017年纳税申报。

① 长沙市江大园林公司土地增值税的计算如下：(单位：万元)

a. 转让房地产的收入为6 800万元；

b. 准予扣除的项目金额：

· 取得土地使用权支付的金额为1 203万元

· 房地产的评估价格 = 3 000 × 70% = 2 100(万元)

· 与转让房地产有关的税金为：6 800 × 5% × (1 + 7% + 3%) + 6 800 × 0.5‰ = 377.4(万元)

扣除项目金额合计：1 203 + 2 100 + 377.4 = 3 680.4(万元)

c. 土地增值额 = 6 800 - 3 680.40 = 3 119.60(万元)

d. 土地增值率 = 3 119.60 ÷ 3 680.40 × 100% = 84.76%

e. 应纳土地增值税 = 3 119.60 × 40% - 3 680.4 × 5% = 1 063.82(万元)

② 长沙市江大园林公司土地增值税会计处理如下：

a. 房屋出售转入清理时：

借：固定资产清理　　　　　　　　　10 000 000

　　累计折旧　　　　　　　　　　　5 000 000

　　贷：固定资产　　　　　　　　　　　　15 000 000

b. 企业收到转让收入时：

借：银行存款　　　　　　　　　　68 000 000

　　贷：固定资产清理　　　　　　　　　　68 000 000

c. 企业因销售不动产应缴增值税等税时：

借：固定资产清理　　　　　　　　　3 774 000

　　贷：应缴税费——应交增值税　　　　　3 400 000

　　　　　　——应交城市维护建设税　　　238 000

　　　　　　——应交教育费附加　　　　　102 000

　　　　　　——应交印花税　　　　　　　34 000

d. 计算应纳土地增值税会计处理：

·计算应交土地增值税时：

借：固定资产清理　　　　　　　　10 638 200

　　贷：应交税费——应交土地增值税　　　10 638 200

·缴纳税费时：

借：应交税费——应交土地增值税　10 638 200

　　贷：银行存款　　　　　　　　　　　　10 638 200

e. 结转固定资产净损益时：

借：固定资产清理　　　　　　　　43 587 800

　　贷：营业外收入　　　　　　　　　　　43 587 800

表 7-4　土地增值税纳税申报表

（非从事房地产开发的纳税人适用）

税款所属时间：2017 年　　　　　　　　　　　　　税务登记号：273744144

金额单位：元　　　　　　　　　　　　　　　　　面积单位：平方米

纳税人名称	长沙市江大园林公司	项目名称	恒湾一号公寓楼		项目地址	万家丽路 123 号	
业别	企业	经济性质	有限责任公司	纳税人地址	五一大道124 号	邮政编码	
开户银行	光大银行五一路支行	银行账号	110107987230595	主管部门	市规划局	电话	

续表

项　目	行次	金　额
一、转让房地产收入总额 1 = 2 + 3	1	68 000 000
其中　货币收入	2	68 000 000
实物收入及其他收入	3	
二、扣除项目金额合计 4 = 5 + 6 + 9	4	36 804 000
1. 取得土地使用权所支付的金额	5	12 030 000
2. 旧房及建筑物的评估价格 6 = 7 × 8	6	21 000 000
其中　旧房及建筑物的重置成本价	7	30 000 000
成新度折扣率(70%)	8	
3. 与转让房地产有关的税金等 9 = 10 + 11 + 12 + 13	9	3 774 000
其中　增值税	10	3 400 000
城市维护建设税	11	238 000
印花税	12	34 000
教育费附加	13	102 000
三、增值额 14 = 1 - 4	14	31 196 000
四、增值额与扣除项目金额之比(%)15 = 14 ÷ 4(84.76%)	15	
五、适用税率(%)(40%)	16	
六、速算扣除系数(%)(5%)	17	
七、应缴土地增值税税额 18 = 14 × 16 - 4 × 17	18	10 638 200

授权代理人	(如果你已委托代理申报人,请填写下列资料) 　为代理一切税务事宜,现授权　(地址) 为本纳税人的代理申报人,任何与本报有关的来往文件都寄于此人。 授权人签字:	声明	我声明:此纳税申报表是根据《中华人民共和国土地增值税暂行条例》及其《实施细则》的规定填报的。我确信它是真实的、可靠的、完整的。 　　　声明人签字:

纳税人签章加盖长沙市江大园林公司章	法人代表签章	于会石	经办人员(代理申报人)签章	(学生本人)	备注

(以下部分由主管税务机关负责填写)

主管税务机关收到日期		接收人		审核日期		税务审核人员签章
审核记录						主管税务机关盖章

★ **行家提示：**

表7-4《土地增值税纳税申报表》适用于非从事房地产开发的纳税人。该纳税人应在签订房地产转让合同后的7日内，向房地产所在地主管税务机关填报土地增值税纳税申报表。

一、土地增值税的概念

根据《宪法》和《土地管理法》的规定，城市的土地属国家所有。农村和城市校区的土地除法律规定属国家所有以外，均属集体所有。集体所有土地由国家征用，土地使用权转归国家所有后，才能进行转让，才能纳入土地增值税的征税范围。未经国家征用的集体土地不得转让。我国的土地增值税是对有偿转让国有土地使用权及地上建筑物和其他附着物产权并取得增值性收入的单位和个人所征收的一种税。土地增值税的纳税人是指转让国有土地使用权及地上的一切建筑物和其他附着物产权，并取得收入的单位和个人，包括机关、团体、部队、企事业单位、个体工商业户及国内其他单位和个人，也包括外商投资企业、外国企业及外国机构、华侨、港澳台同胞及外国公民等。

二、土地增值税的征税范围和税率

1. 征税范围

土地增值税的课税对象是有偿转让国有土地使用权及地上建筑物和其他附着物产权所取得的增值额。土地增值税的征税范围主要有一般规定和具体规定。

(1) 征税范围的一般规定。

① 土地增值税只对转让国有土地使用权的行为征税，转让非国有土地和出让国有土地的行为均不征税。

② 土地增值税既对转让土地使用权的行为征税，也对转让地上建筑物和其他附着物的产权的行为征税。

③ 土地增值税只对有偿转让的房地产征税。对以继承、赠予等方式无偿转让的房地产，则不予征税。

(2) 征税范围的具体规定，如表7-5所示。

表7-5 土地增值税征税具体范围

有关事项	是否征收土地增值税
1. 出售	征收。包括三种情况： (1) 出售国有土地使用权； (2) 取得国有土地使用权后进行房屋开发建造后出售； (3) 存量房地产买卖
2. 继承、赠予	继承不征(无收入)；赠予中公益性赠予、赠予直系亲属或承担直接赡养义务人不征；非公益性赠予征收
3. 出租	不征收(无权属转移)
4. 房地产抵押	抵押期不征；抵押期满偿还债务本息不征；抵押期满，不能偿还债务，而以房地产抵债，征收

续表

有关事项	是否征收土地增值税
5. 房地产交换	单位之间换房，有收入的征收；个人之间互换自住房不征收
6. 以房地产投资、联营	房地产转让到投资联营企业，不征税；将投资联营房地产再转让，征收
7. 合作建房	建成后自用，不征税；建成后转让，征收
8. 企业兼并转让房地产	暂免
9. 代建房	不征收(无权属转移)
10. 房地产重新评估	不征收(无收入)
11. 国家收回房地产权	不征收
12. 市政搬迁	不征收

2. 土地增值税税率

土地增值税实行的是四级超率累进税率，其目的是抑制房地产的投机、炒卖活动，适当调节纳税人的收入分配，增值多的多征，增值少的少征，无增值的不征。土地增值税具体税率如表 7-6 所示。

表 7-6　土地增值税税率表

级数	增值税与扣除项目金额的比率	税率(%)	速算扣除系数(%)
1	不超过 50% 的部分	30	0
2	超过 50%～100% 的部分	40	5
3	超过 100%～200% 的部分	50	15
4	超过 200% 的部分	60	35

三、土地增值税的计税依据

1. 土地增值税的计税依据为转让房地产取得的增值额

土地增值额 = 转让房地产取得的收入总额 − 扣除项目金额

2. 确定增值额的扣除项目

(1) 取得土地使用权所支付的金额。

① 纳税人为取得土地使用权所支付的地价款；

② 纳税人在取得土地使用权时按国家统一规定缴纳的有关费用。

(2) 房地产开发成本。

(3) 房地产开发费用：与房地产开发项目有关的三项期间费用，即销售费用、管理费用和发生的财务费用。

① 对于财务费用，纳税人能够按转让房地产项目计算分摊利息支出，并能提供金融机构的贷款证明的：

房地产开发费用 = 利息 + (取得土地使用权所支付的金额 + 房地产开发成本) × 5% 以内

(注：利息最高不能超过按商业银行同类同期贷款利率计算的金额。)

② 纳税人不能按转让房地产项目计算分摊利息支出，或不能提供金融机构贷款证明的：

房地产开发费用 = (取得土地使用权所支付的全额 + 房地产开发成本) × 10% 以内

(4) 与转让房地产有关的税费：房地产开发企业只能扣"两税一费"(增值税、城市维护建设税、教育费附加)，而非房地产开发企业可扣"三税一费"(因为另有印花税)。

(5) 财政部规定的其他扣除项目：

从事房地产开发的纳税人可加计 20% 的扣除：

加计扣除费用 = (取得土地使用权支付的金额 + 房地产开发成本) × 20%

四、土地增值税应纳税额的计算

1. 增值额的确定

土地增值额 = 转让收入 − 扣除项目金额

在实际的房地产交易过程中，纳税人有下列情形之一的，则按照房地产评估价格计算征收土地增值税：

① 隐瞒、虚报房地产成交价格的；

② 提供扣除项目金额不实的；

③ 转让房地产的成交价格低于房地产评估价格，又无正当理由的。

2. 应纳税额计算

应纳税额 = 增值额 × 适用税率 − 扣除项目金额 × 速算扣除系数

在出售旧房及建筑物计算土地增值税的增值额时，其扣除项目金额中的旧房及建筑物的评估价格应按在转让已使用的房屋及建筑物时，由政府批准设立的房地产评估机构评定的重置成本价乘以成新度折扣率后的价格进行确定。

五、土地增值税的会计核算

企业应当在"应交税费"科目下设"应交土地增值税"明细科目，专门用来核算土地增值税的发生和缴纳情况，贷方反映企业应缴的土地增值税。借方反映企业实际缴纳的土地增值税。余额在贷方反映企业应缴而未缴的土地增值税。

不同性质的企业，其土地增值税的会计处理各有不同。

1. 主营房地产业务

主营房地产业务的企业，土地增值税和当期销售收入配比。企业计算土地增值税时，借记"税金及附加"科目，贷记"应交税费——应交土地增值税"科目；实际缴纳时，借记"应交税费——应交土地增值税"科目，贷记"银行存款"等科目。

例 7-2　某房地产开发公司转让写字楼一栋，取得收入 26 200 万元，取得土地使用权支付金额为 1 600 万元，开发成本为 3 200 万元，开发费用为 700 万元，转让房地产有关的税金为 65 万元。

解析：

该项目增值额为 19 675 万元，即 26 200 − [(1 600 + 3 200 + 700 + 65) + (1 600 + 3 200) × 20%] = 19 675(万元)，则增值额占扣除项目金额比例 = 19 675 ÷ 6 525 × 100% = 301.53%，应纳土地增值税 = 19 675 × 60% − 6 525 × 35% = 9 521.25(万元)。该企业应作如下会计分录：

(1) 企业计算土地增值税时：

借：税金及附加　　　　　　　　　95 212 500
　　贷：应交税费——应交土地增值税　　　　　95 212 500

(2) 企业实际缴纳税金时：

借：应交税费——应交土地增值税　95 212 500
　　贷：银行存款　　　　　　　　　　　　　95 212 500

2. 兼营房地产业务

兼营房地产业务的企业，应由当期营业收入负担土地增值税，借记"其他业务支出"科目，贷记"应交税费——应交土地增值税"科目；实际缴纳时，借记"应交税费——应交土地增值税"科目，贷记"银行存款"等科目。

例 7-3　某企业兼营土地开发业务，转让已开发的土地使用权，取得转让收入为 4 000 万元，取得土地使用权支付金额为 800 万元，土地开发成本为 320 万元，开发费用 120 万元。

解析：

增值额 = 4 000 - [(800 + 320 + 120) + (800 + 320) × 20%] = 2 536(万元)，则增值额占扣除项目金额比例 = 2 536 ÷ 1 464 × 100% = 173.22%，该企业应纳土地增值税 = 2 536 × 50% - 1 464 × 15% = 1 048.4(万元)。企业应作如下会计分录：

(1) 企业计算土地增值税时：

借：其他业务支出　　　　　　　　10 484 000
　　贷：应交税费——应交土地增值税　　　　　10 484 000

(2) 企业实际缴纳税金时：

借：应交税费——应交土地增值税　10 484 000
　　贷：银行存款　　　　　　　　　　　　　10 484 000

3. 非从事房地产开发企业转让房地产业务

企业转让国有土地使用权连同地上已完工使用的建筑物及附着物的会计处理，通过"固定资产""固定资产清理""累计折旧"等科目核算。企业转让房地产时，借记"固定资产清理""累计折旧"等科目，贷记"固定资产"科目；企业收到转让收入时，借记"银行存款"等科目，贷记"固定资产清理"科目；企业计算土地增值税时，借记"固定资产清理"科目，贷记"应交税费——应交土地增值税"科目。企业缴纳税金时，借记"应交税费——应交土地增值税"科目，贷记"银行存款"等科目。

六、土地增值税的减免税优惠政策

(1) 法定免税。有下列情形之一的，免征土地增值税。

① 纳税人建造普通标准住宅出售，增值额未超过扣除项目金额 20% 的(含 20%)，免征土地增值税；增值额超过扣除项目金额 20% 的，应对其全部增值额计税(包括未超过扣除项目金额 20% 的部分)。

即当(增值率 = 增值额 ÷ 扣除项目金额 × 100%) < 20% 时，免征土地增值税。

② 因国家建设需要依法征用、收回的房地产。

(2) 转让房地产免税。因城市规划、国家建设的需要而搬迁，由纳税人自行转让原房地产的，经税务机关审核，免征土地增值税。

(3) 转让自用住房免税。个人因工作调动或改善居住条件而转让原自用住房，凡居住满 5 年及以上的，免征土地增值税；居住满 3 年未满 5 年的，减半征收土地增值税。未满 3 年的，全额征收土地增值税。

(4) 房地产入股免税。以房地产作价入股进行投资或联营的，转让到所投资、联营的企业中的房地产，免征土地增值税。

(5) 合作建自用房免税。对于一方出地，一方出资金，双方合作建房，建成后按比例分房自用的，暂免征土地增值税。

(6) 互换房地产免税。个人之间互换自有居住用房地产的，经当地税务机关核实，免征土地增值税。

(7) 个人转让普通住宅免税。从 1999 年 8 月 1 日起，对居民个人转让其拥有的普通住宅，暂免征土地增值税。

(8) 赠与房地产不征税。房产所有人、土地使用权所有人将房屋产权、土地使用权赠与直系亲属或承担直接赡养义务人的，不征收土地增值税。

(9) 房产捐赠不征税。房产所有人、土地使用权所有人通过中国境内非营利社会团体、国家机关将房屋产权、土地使用权赠与教育、民政和其他社会福利、公益事业的，不征收土地增值税。

(10) 从 2008 年 11 月 1 日起，对居民个人销售住房一律免征土地增值税。销售廉租住房、经济适用住房的免征土地增值税。

七、土地增值税的申报与缴纳

1. 土地增值税纳税申报

土地增值税的纳税人应在转让房地产合同签订后的 7 日内，到房地产所在地主管税务机关办理纳税申报，并向税务机关提交房屋及建筑物产权、土地使用权证书；土地使用、房屋买卖合同；房地产评估报告及其他与转让房地产有关的资料。纳税人因经常发生房地产转让而难以在每次转让后申报的，经税务机关审核同意后，可以定期进行纳税申报，具体期限由税务机关根据情况确定。

2. 土地增值税的纳税地点

土地增值税的纳税人应向房地产所在地主管税务机关办理纳税申报，并在税务机关核定的期限内缴纳土地增值税。这里所说的房地产所在地，是指房地产的坐落地。纳税人转让的房地产坐落在两个或两个以上地区的，应按房地产所在地分别进行申报纳税。

(1) 纳税人是法人的。当纳税人转让的房地产的坐落地与其机构所在地或经营所在地同在一地时，可在办理税务登记的原管辖税务机关申报纳税；如果转让的房地产坐落地与其机构所在地或经营所在地不在一地，则应在房地产坐落地的主管税务机关申报纳税。纳税人转让的房地产坐落在两个或两个以上地区的，应按房地产所在地分别申报纳税。

(2) 纳税人是自然人的。当纳税人转让的房地产的坐落地与其居住所在地同一地时，应在住所所在地税务机关申报纳税；如果转让的房地产的坐落地与其居住所在地不在一地，则在房地产坐落地的税务机关申报纳税。

第五节　企业车船税实务

工作实例

公司名称：湖南运达有限公司

公司性质：国有企业　　　　　　　　　　经济类型：工业

营业地址：湖南省长沙市芙蓉中路120号　　邮编：410002

开户银行：光大银行关芙蓉支行　　　　　账号：61019872305951246

纳税人识别号：430571476529116

财务负责人：张威武　　　　　　　　　　办税人：学生本人

2017年，湖南运达有限公司拥有载货汽车40辆(每辆车自重吨位10吨)，单位税额为80元/自重吨；拥有载客汽车10辆，其中核定载客人数30人的6辆，单位税额为1 200元/辆；核定载客人数8人的4辆，排气量为2.4升，单位税额为1 000元/辆(公司于2018年1月10日办理了申报事宜)。

请完成以下任务：

(1) 根据涉税原始资料正确计算企业应纳的车船税并进行相应会计处理。

(2) 规范、正确地填报企业车船税纳税申报表(见表7-7)，进行纳税申报。

表7-7　车船税纳税申报表

税款所属时间：2017年1月1日至2017年12月31日　　　　　　填报日期：2018年1月10日

金额单位：元(列至角分)

纳税人名称		湖南运达有限公司				税务登记证号			430571476529116	
地址		湖南省长沙市芙蓉中路120号				邮政编码			410002	
开户行及账户		光大银行关芙蓉支行 61019872305951246				办税人员			学生本人	
车船类别	计税标准	数量	单位税额	吨位	全年应纳税额	年缴纳次数	本　期			
							应纳税额	已纳税额	应补(退)税额	
1	2	3	4	5	6＝3×4(或6＝3×4×5)	7	8＝6÷7	9	10＝8－9	
货车	吨	40	80	10	32 000	1	32 000	0	32 000	
客车	辆	6	1 200		7 200	1	7 200	0	7 200	
客车	辆	4	1 000		4 000	1	4 000	0	4 000	
合计					43 200		43 200	0	43 200	
如纳税人填报，由纳税人填写以下各栏			如委托代理人填报，由委托代理人填写以下各栏						备注	
纳税人 (公章)	代理人名称					代理人 (公章)				
	代理人地址									
	经办人姓名			学生本人		电话				
以下由税务机关填写										
收到申报表日期				接受人						

湖南运达有限公司车船税计算如下：

$$全年应纳车船税额 = 40 \times 10 \times 80 + 6 \times 1\,200 + 4 \times 1\,000$$
$$= 32\,000 + 7\,200 + 4\,000 = 43\,200(元)$$

湖南运达有限公司涉税业务车船税会计处理如下：

(1) 计算缴纳车船税时：

借：管理费用——车船税　　　　　　　43 200
　　贷：应交税费——应交车船税　　　　　　　　　43 200

(2) 实际缴纳车船税时：

借：应交税费——应交车船税　　　　　43 200
　　贷：银行存款　　　　　　　　　　　　　　　　43 200

★ 行家提示：

车船的所有人或管理人未缴纳车船税的，使用人应当代为缴纳车船税。

一、车船税的概念

车船税是指在我国境内的车辆、船舶的所有人或者管理人按照规定缴纳的一种税。在我国境内，车辆、船舶的所有人或管理人是车船税的纳税人。车船所有人是指在我国境内拥有车船的单位和个人；管理人是指对车船具有管理使用权，但不具有所有权的单位。

二、车船税的计算

1. 计税依据

车船税的征税对象是依法应当在我国车船管理部门登记的车辆和船舶。车辆包括机动车辆和非机动车辆；船舶包括机动船舶和非机动船舶。其计税依据具体规定如下。

(1) 车船税实行从量计税的办法，分别选择了三种单位的计税标准，即辆、净吨位和自重吨位：① 采用以辆为计税标准的车辆有载客汽车、摩托车；② 采用以净吨位为计税标准的主要是船舶；③ 采用以自重吨位为计税标准的有载货汽车、专项作业车、三轮汽车和低速货车。

(2) 车辆自重尾数在 0.5 吨以下(含 0.5 吨)的，按 0.5 吨计算；超过 0.5 吨的，按 1 吨计算。船舶净吨位尾数在 0.5 吨以下(含 0.5 吨)的不予计算，超过 0.5 吨的按照 1 吨计算。1 吨以下的小型车船，一律按 1 吨计算。

(3) 拖船按照发动机功率每 2 马力折合净吨位 1 吨计算征收车船税。

(4) 客货两用汽车按照载货汽车的计税单位和税额标准计征车船税。

(5) 所涉及的核定载客人数、自重、净吨位、马力等计税标准，以车船管理部门核发的车船登记证书或行驶证书相应项目所载数额为准。纳税人未到车船管理部门办理登记手续的，上述计税标准以车船出厂合格证明或进口凭证相应项目所在数额为准；不能提供车船出厂合格证明或进口凭证的，由税务机关根据车船自身状况并参照同类车船核定。

2. 税目与税率

车船税实行定额税率，即对征税的车船规定单位固定税额。由于车辆与船舶的行驶情况不同，车船税的税额也有所不同。车辆的适用税额由省、自治区、直辖市人民政府按照国务院的规定，在如表 7-8 所示的车船税税目税额表规定的税额幅度内确定。船舶的适用税额由省、自治区、直辖市人民政府按照国务院的规定在车船税税目税额表规定的税额幅度内确定，游艇的适用税额由国务院另行规定。

表 7-8 车船税税目税额表
(2012 年 1 月 1 日起实施)

税　目		计税单位	年基准税额	备　注
乘用车[按发动机气缸容量(排气量分档)]	1.0 升(含)以下的	每辆	60 元至 360 元	核定载客人数 9 人(含)以下
	1.0 升以上至 1.6 升(含)的		360 元至 660 元	
	1.6 升以上至 2.0 升(含)的		660 元至 960 元	
	2.0 升以上至 2.5 升(含)的		960 元至 1 620 元	
	2.5 升以上至 3.0 升(含)的		1 620 元至 2 460 元	
	3.0 升以上至 4.0 升(含)的		2 460 元至 3 600 元	
	4.0 升以上的		3 600 元至 5 400 元	
商用车	客车	每辆	480 元至 1 440 元	核定载客人数 9 人以上，包括电车
	货车	整备质量每吨	16 元至 120 元	包括半挂牵引车、挂车、客货两用汽车、三轮汽车和低速载货汽车等；挂车按照货车税额的 50% 计算
其他车辆	专用作业车	整备质量每吨	16 元至 120 元	不包括拖拉机
	轮式专用机械车	整备质量每吨	16 元至 120 元	
摩托车		每辆	36 元至 180 元	
船舶	机动船舶	净吨位每吨	3 元至 6 元	拖船、非机动驳船分别按照机动船舶税额的 50% 计算；游艇的税额另行规定

3. 应纳税额的计算

车船税应根据不同类型的车船和其适用的计税标准分别计算。

(1) 载客汽车和摩托车：
$$应纳税额 = 应纳税车辆数量 × 单位税额$$
(2) 载货汽车、三轮汽车和低速货车和船舶：
$$应纳税额 = 应纳税车船的自重或净吨位数量 × 单位税额$$

三、车船税的会计核算

车船税的会计核算应设置"应交税费——应交车船税"科目。该科目贷方登记本期应缴纳的车船税税额；借方登记企业实际缴纳的车船税税额；期末贷方余额表示企业应缴而未缴的车船税税额。

企业按规定计算应缴的车船税时，借记"管理费用"科目，贷记"应交税费——应交车船税"科目；企业缴纳车船税时，借记"应交税费——应交车船税"科目，贷记"银行存款"科目。

四、车船税的减免税优惠政策

(1) 下列车船免征车船税：① 捕捞、养殖渔船；② 军队、武装警察部队专用的车船；③ 警用车船；④ 依照法律和中华人民共和国缔结或者参加的国际条约的规定应当予以免税的外国驻华使领馆、国际组织驻华代表机构及其有关人员的车船。

(2) 对节约能源、使用新能源的车船可以减征或免征车船税，对高能耗、高污染的车船可以加收车船税。对受严重自然灾害影响纳税困难以及有其他特殊原因确需减税、免税的，可以减征或免征车船税。

(3) 省、自治区、直辖市人民政府根据当地实际情况，可以对公共交通车船，农村居民拥有并主要在农村地区使用的摩托车、三轮汽车和低速载货汽车定期减征、免征车船税。

五、车船税的征收管理

车船税由纳税人所在地地方税务机关负责征收管理。扣缴义务人代收代缴的车船税，由扣缴义务人所在地地方税务机关负责征收管理。

1. 纳税期限

车船税按年申报缴纳。纳税年度，自公历 1 月 1 日至 12 月 31 日。由扣缴义务人代收代缴机动车车船税的，车船税的纳税期限为纳税人购买机动车交通事故责任强制保险当日。

2. 纳税义务发生时间

车船税纳税义务发生时间为取得车船所有权或者管理权的当月。具体规定为纳税人取得车辆在车辆管理部门核发的车辆登记证书或行驶证书所记载日期的当月。纳税人未按照规定到车辆管理部门办理应税车辆登记手续的，以车辆购置发票所载开具时间的当月作为车船税的纳税义务发生时间。对未办理车辆登记手续且无法提供车辆购置发票的，由主管地方税务机关核定纳税义务发生时间。

3. 纳税地点

车船税由地方税务机关负责征收。车船税的纳税地点为车船的登记地或者车船扣缴义务人所在地。依法不需要办理登记的车船，车船税的纳税地点为车船的所有人或管理人所在地。

4. 纳税申报

(1) 车船的所有人或管理人未缴纳车船税的，使用人应当代为缴纳车船税。

(2) 从事机动车交通事故责任强制保险业务的保险机构为机动车车船税的扣缴义务人，应当依法代收代缴车船税。保险机构应当在收取保险费时代收车船税，一并出具保险单和代收税款凭证。

(3) 机动车车船税的扣缴义务人代收代缴车船税时，纳税人不得拒绝。由扣缴义务人代收代缴机动车车船税的，纳税人应当在购买机动车交通事故责任强制保险的同时缴纳车船税。

(4) 扣缴义务人在代收车船税时，应当在机动车交通事故责任强制保险的保险单上注明已收税款的信息，作为纳税人完税的证明。

(5) 在一个纳税年度内，已完税的车船被盗抢、报废、灭失的，纳税人可凭有关管理机关出具的证明和完税证明，向纳税所在地的主管税务机关申请退还自被盗抢、报废、灭失月份起至该纳税年度终了期间的税款。

已办理退税的被盗抢车船，失而复得的，纳税人应当从公安机关出具相关证明的当月起计算缴纳车船税。

(6) 纳税人应按照规定及时办理纳税申报，并如实填写车船税纳税申报表(见表 7-8)。公安、交通运输、农业、渔业等车船登记管理部门和车船税扣缴义务人的行业主管部门应当在提供车船有关信息等方面，协助税务机关加强车船税的征收管理。

公安机关交通管理部门在办理车辆相关登记和定期检验手续时，对未提交依法纳税或免税证明的，不予登记，不发给检验合格标志。

第六节　企业印花税实务

工作实例

公司名称：湖南智能高科公司

财务负责人：学生本人

税务计算机代码：400086

公司于 2017 年 5 月在高新 3C 区开业，领受房屋产权证、工商营业执照、土地使用证各 1 件；正式订立一份商品购销合同，合同金额为 100 万元；向商业银行借款，订立借款合同一份，所载金额为 100 万元；月底企业记载资金的账簿，"实收资本"为 500 万元，"资本公积"为 100 万元；其他营业账簿共计 5 本，且各配备 1 个副本。

请完成以下任务：

规范、正确地填报企业印花税纳税申报表(见表 7-9)，进行纳税申报。

表7-9　印花税纳税申报表

税务计算机代码：400086　　填报日期：××××年×月×日　　　　　　　　　金额单位：元

纳税人名称		湖南智能高科公司		税款所属时间	2017.5.1～2017.5.31
税　目	份数	计税金额	税　率		已纳税额
购销合同		1 000 000	0.3‰		300
加工承揽合同			0.5‰		
建设工程勘察设计合同			0.5‰		
建筑安装工程承包合同			0.3‰		
财产租赁合同			1‰		
货物运输合同			0.5‰		
仓储保管合同			1‰		
借款合同		1 000 000	0.05‰		50
财产保险合同			1‰		
技术合同			0.3‰		
产权转移书据			0.5‰		
账簿　资金账簿		6 000 000	0.5‰		3 000
其他账簿	件	5	5元		25
权利许可证照	件	3	5元		15
其他					
合计					3 390

　　根据印花税暂行条例规定应缴纳印花税的凭证在书立和领受时贴花完税，我单位应纳税凭证均已按规定缴纳，本报表中已纳税额栏填写数字与应按税额是一致的。

经办人(章)：×××

登记申报单位 (盖章)××××	企业财务负责人 (盖章)××××	税务机关受理申报日期： 受理人(章)： 　　　年　　月　　日

湖南智能高科公司 2017 年 5 月应缴纳的印花税税额分析如下：

(1) 企业领受权利许可证照应纳税额：

$$应纳税额 = 3 \times 5 = 15(元)$$

(2) 企业订立购销合同应纳税额：

$$应纳税额 = 1\,000\,000 \times 0.3‰ = 300(元)$$

(3) 企业订立借款合同应纳税额：

$$应纳税额 = 1\,000\,000 \times 0.05‰ = 50(元)$$

(4) 企业记载资金的账簿应纳税额：

$$应纳税额 = (5\,000\,000 + 1\,000\,000) \times 0.5‰ = 3\,000(元)$$

(5) 企业其他营业账簿应纳税额：

$$应纳税额 = 5 \times 5 = 25(元)$$

(6) 企业应纳印花税税额：

$$应纳税额 = 15 + 300 + 50 + 3\,000 + 25 = 3\,390(元)$$

企业印花税会计分录如下：

借：管理费用——印花税　　　　　　　　　3 390

　　贷：银行存款　　　　　　　　　　　　　　　3 390

素养专栏 7-2

印花税起源趣谈

公元 1624 年，荷兰政府发生经济危机，财政困难，统治者摩里斯(Maurs)为了解决财政问题，拟提出用增加税收的办法来解决财政困难，但又怕民众反对。于是，荷兰政府就采用公开招标办法，以重赏来寻求新税设计方案，谋求敛财之妙策。印花税，就是从千万个应征者设计的方案中精选出来的"杰作"。可见，印花税的产生较之其他税种，更具有传奇色彩。

印花税的设计者可谓独具匠心。他观察到人们在日常生活中使用契税、借贷凭证之类的单据很多，连绵不断，所以一旦征税，税源将很大，而且人们还有一个心理，认为凭证单据上由政府盖个印，就成为合法凭证，在诉讼时可以有法律保障，因而对缴纳印花税也乐于接受。正是这样，印花税被资产阶级经济学家誉为税负轻微、税源畅旺、手续简便、成本低廉的"良税"。英国的哥尔柏(Kolebe)说过："税收这种技术，就是拔最多的鹅毛，听最少的鹅叫。"印花税就是"听最少鹅叫"的税种。

从 1624 年第一次在荷兰出现印花税后，由于印花税"取微用宏"，简单易行，它在不长的时间内，就成为世界上普遍采用的一个税种，我国在 1896 年清政府时期也开征了印花税。

★ **行家提示：**

印花税纳税申报表填表说明。

(1) 适用范围：此表由印花税纳税单位填写。

(2) 大额缴款、贴花完税不论采取哪种方式完税的凭证均填本申报表。

(3) 份数栏：填写本期已完税的各印花税应税凭证的总份数。

(4) 计税金额栏：填写本期已完税的各印花税应税凭证所载计税的总金额。

(5) 已纳税额栏：已纳税额 = 计税金额 × 税率。

(6) 合计行：购销合同行至其他行的合计。

一、印花税的概念

印花税是对经济活动和经济交往中书立、使用、领受具有法律效力的凭证的单位和个人征收的一种税，是一种具有行为税性质的税种，具有覆盖面广、税率低、税负轻以及实行"三自"纳税办法(纳税人自行计算应纳税额、自行购买印花税票并贴花、自行盖章注销或划销)等特点。凡在中国境内书立、使用、领受印花税法所列举的应税凭证的单位和个人是印花税的纳税人。按书立、使用、领受应税凭证的不同，分为立合同人、立据人、立账簿人、领受人和使用人五种。

二、印花税的计算

1. 计税依据

印花税的征税对象是税法列举的各种应税凭证，即合同或具有合同性质的凭证；产权转移书据；营业账簿；权利许可证照；财政部确定的其他应税凭证。列入税目的就要征税，未列入税目的则不征税。计税依据是应税凭证的计税金额或应税凭证的件数，具体内容如下。

(1) 购销合同的计税依据为购销金额。

(2) 加工承揽合同的计税依据为加工或承揽收入的金额。

(3) 建设工程勘察设计合同的计税依据为收取的费用。

(4) 建筑安装工程承包合同的计税依据为承包金额。

(5) 财产租赁合同的计税依据为租赁金额；经计算，税额不足 1 元的，按 1 元贴花。

(6) 货物运输合同的计税依据为运输费用，但不包括装卸费用、保险费。

(7) 仓储保管合同的计税依据为仓储保管费用。

(8) 借款合同的计税依据为借款金额。

(9) 财产保险合同的计税依据为保险费，不包括所保财产的金额。

(10) 技术合同的计税依据为合同所载金额、报酬或使用费。

(11) 产权转移书据的计税依据为合同所载金额。

(12) 营业账簿税目中记载金额的账簿的计税依据为"实收资本"与"资本公积"两项的合计金额。其他账簿的计税依据为应税凭证件数。

(13) 权利许可证照的计税依据为应税凭证件数。

同一凭证，载有两个或以上经济事项而适用不同税目税率，如分别记载金额的，应分别计算应纳税额，相加后按合计税额贴花；如未分别记载金额的，按税率高的计税贴花。

2. 印花税税率

印花税的税率设计，遵循税负从轻、共同负担的原则，所以，其税率比较低，凭证的当事人均应就其所持凭证依法纳税。

印花税采用比例税率和定额税率两种形式。在印花税的 13 个税目中，"权利许可证照"税目、"营业账簿"税目中的其他账簿，适用定额税率，均为按件贴花，税额为 5 元/件；其他税目，均采用比例税率。印花税税目税率如表 7-10 所示。

表 7-10 印花税税目税率表

税 目	范 围	税 率	纳税人	说 明
1. 购销合同	包括供应、预购、采购、购销结合及协作、调剂、补偿等合同	按购销合同金额的 0.3‰贴花	立合同人	
2. 加工承揽合同	包括加工、定制、修缮、修理、印刷、广告、测绘、测试等合同	按加工或承揽收入的 0.5‰贴花	立合同人	
3. 建设工程勘察设计合同	包括勘察设计合同	按收取费用的 0.5‰贴花	立合同人	
4. 建筑安装工程承包合同	包括建筑、安装工程承包合同	按承包金额的 0.3‰贴花	立合同人	
5. 财产租赁合同	包括租赁房屋、船舶、飞机、机动车辆、机械、器具、设备等合同	按租赁金额的 1‰贴花。税额不足 1 元的按 1 元贴花	立合同人	
6. 货物运输合同	包括民航、铁路、海上、内河、公路运输和联合运输等合同	按运输费用的 0.5‰贴花	立合同人	单据作为合同使用的按合同贴花
7. 仓储保管合同	包括仓储、保管合同	按仓储保管费用的 1‰贴花	立合同人	仓单或栈单作为合同使用的按合同贴花
8. 借款合同	银行及其他金融机构和借款人(不包括银行同业拆借)所签订的借款合同	按借款金额的 0.05‰贴花	立合同人	单据作为合同使用的按合同贴花
9. 财产保险合同	包括财产、责任、保证、信用等保险合同	按保险收入的 1‰贴花	立合同人	单据作为合同使用的按合同贴花
10. 技术合同	包括技术开发、转让、咨询、服务等合同	按所载金额的 0.3‰贴花	立合同人	
11. 产权转移书据	包括财产所有权和版权、商标专用权、专利权、专有技术使用权等转移书据	按所载金额的 0.5‰贴花	立合同人	
12. 营业账簿	生产经营用账册	记载金额的账簿按"实收资本"、"资本公积"两项合计金额的 0.5‰贴花,其他按件贴花 5 元	立账簿人	记载资金的账簿按"实收资本"、"资本公积"两项合计金额贴花后,以后年度资金总额比已贴花资金总额增加的,增加部分应按规定贴花
13. 权利许可证照	包括政府部门发给的房屋产权证、工商营业执照、土地使用证	按件贴花 5 元	领受人	

注:因证券交易税暂未开征,现行 A 股、B 股股权转让,以证券市场当日实际成交价格计算的金额,由卖出方按 1‰(2008 年 9 月 19 日起)的税率缴纳印花税。

3. 应纳税额的计算

根据应税凭证的性质，印花税的计算可采用从价定率计算和从量定额计算两种方法，其计算公式为：

$$应纳税额 = 应税凭证计税金额 \times 适用税率$$

或

$$= 应税凭证件数 \times 适用税额$$

三、印花税的会计核算

由于企业缴纳的印花税，不发生应付未付税款的情况，也不需要预计应缴税款数，为了简化会计处理，可以不通过"应交税费"科目核算，缴纳的印花税直接在"管理费用——印花税"科目中反映。企业购买印花税票时，按实际支付的款项借记"管理用——印花税"科目，贷记"银行存款"科目。

四、印花税的减免税优惠政策

下列凭证免征印花税。

(1) 已缴纳印花税凭证的副本或抄本。但以副本或抄本视同正本使用的，则应另贴印花。

(2) 财产所有者将财产赠给政府、社会福利机构、学校所书立的书据。

(3) 国家指定的收购部门与村民委员会、农民个人书立的农副产品收购合同。

(4) 无息、贴息贷款合同。

(5) 外国政府或国际金融组织向我国政府及国家金融机构提供优惠贷款所书立的合同。

(6) 房地产管理部门与个人签订的用于生活居住的租赁合同。

(7) 农牧业保险合同。

(8) 特殊的货运凭证，如军需物资运输凭证、抢险救灾物资运输凭证、新建铁路的工程临管线运输凭证。

五、印花税的缴纳

1. 纳税方法

印花税的纳税办法，根据应纳税额的大小、纳税次数的多少，以及税收征收管理的需要，分别采用以下三种纳税方法。

(1) 自行贴花办法。这种办法，一般适用于应税凭证较少或同一种纳税次数较少的纳税人，使用范围较为广泛。纳税人书立、领受或使用印花税法列举的应税凭证的同时，其纳税义务即已产生，应当根据应税凭证的性质和适用的税目税率，自行计算应纳税额，纳税人自行向当地税务机关购买印花税票，并在应税凭证上一次贴足印花税票并加以注销或划销，纳税义务才算全部履行完毕。这就是印花税的"三自"纳税办法。按比例税率纳税而应纳税额不足1角的免纳印花税，应纳税额在1角以上的，其税额尾数不满5分的不计，满 5 分的按 1 角计算缴纳；对财产租赁合同规定了最低 1 元的应纳税额起点，即税额超过 1 角但不足 1 元的，按 1 元纳税。采用该纳税方法的纳税人，一般可以不填写印花税纳税申报表。

(2) 汇贴或汇缴办法。一般适用于应税税额较大或贴花次数频繁的纳税人。

如果一份凭证应纳税额超过 500 元的，应向当地税务机关申请填写缴款书或者完税证，将其中一联粘贴在凭证上或由税务机关在凭证上加注完税标记代替贴花。这便是通常所说的"汇贴"办法。

对同一种凭证需频繁贴花的，纳税人可根据实际情况自行决定是否采用按期汇总缴纳印花税的方式。汇总缴纳的期限最长不得超过 1 个月。纳税期满后，纳税人应填写《印花税纳税申报表》，向主管税务机关申报纳税。凡汇缴印花税的凭证，应加盖税务机关的汇缴戳记，编号并装订成册后，将已贴印花税票或缴款书的一联粘附册后，盖章注销，保存备查。

(3) 委托代征。委托代征是受托单位按税务机关的要求，以税务机关的名义向纳税人征收税款的一种方式。受托单位一般是发放、鉴证、公证应税凭证的政府部门或其他社会组织。税务机关应与代征单位签订代征委托书。纳税人在办理应税凭证相关业务时，由上述受托单位代为征收印花税款，要求纳税人购花并贴花，这主要是为了加强税源控制。

2. 纳税环节

印花税一般在应税凭证书立或领受时贴花，具体是指在权利许可证照领取时贴花，合同在签订时贴花，产权转移书据是在立据时贴花，营业账簿是在启用时贴花。如果合同是在国外所签，并且不便于在国外贴花的，应在将合同带入境时办理贴花纳税手续。

3. 纳税地点

印花税一般实行就地纳税。如果是全国性订货会所签合同应纳的印花税，由纳税人回其所在地后即时办理贴花；对地方主办，不涉及省际关系的订货会、展销会上所签订合同的印花税，由省级政府自行决定，确定纳税地点。

4. 纳税申报

印花税按季进行申报，于每季度终了后 10 日内向所在地地方税务局报送《印花税纳税申报表》或《监督代售报告表》。

综合练习题

一、单选题

1. 下列情况应缴纳城市维护建设税的是(   )。

A. 外贸单位进口货物   B. 外贸单位出口货物

C. 内资企业销售免征增值税货物   D. 旅行社取得营业收入

2. 纳税人所在地在县城的，其适用的城市维护建设税的税率是(   )。

A. 1%   B. 3%   C. 5%   D. 7%

3. 对于获准汇总缴纳印花税的纳税人，其汇总缴纳的期限，最长不得超过( )。

A. 1个月   B. 2个月   C. 3个月   D. 半个月

4. 市区某公司委托县城内一加工厂加工材料，加工后收回产品时，加工厂为该公司代扣代缴消费税10万元，那么应代扣代缴城市维护建设税( )元。

A. 5 000   B. 7 000   C. 3 000   D. 1 000

5. 甲公司向乙公司租入2辆载重汽车，签订的合同规定，汽车总价值为20万元，租期2个月，租金为1.28万元，则甲公司应纳印花税额为( )元。

A. 3.2   B. 12.8   C. 60   D. 240

6. 经济落后地区土地使用税的适用税额标准降低幅度为( )。

A. 10%   B. 20%   C. 30%   D. 40%

7. 某企业占用土地面积1万平方米，经税务部门核定，该土地税额为每平方米5元，则该企业全年应缴纳土地使用税( )万元。

A. 5   B. 7.5   C. 6.25   D. 6

8. 按照房产租金收入计算房产税所适用的税率是( )。

A. 12%   B. 10%   C. 2%   D. 1.2%

9. 我国不征收房产税的地方是( )。

A. 城市的市区   B. 县城   C. 农村   D. 城市的郊区

10. 下列项目中以"净吨位"为计税单位的是( )。

A. 载客汽车   B. 摩托车   C. 船舶   D. 载货汽车

二、多选题

1. 对出口产品退还( )的，不退还已缴纳的城市维护建设税。

A. 增值税   B. 关税

C. 房产税   D. 消费税

2. 城市维护建设税的计税依据有( )。

A. 纳税人缴纳的增值税额   B. 纳税人缴纳的营业税额

C. 纳税人缴纳的消费税额   D. 纳税人缴纳的所得税额

3. 财产所有人将财产赠给( )所书立的书据，免纳印花税。

A. 乡镇企业   B. 国有独资企业

C. 社会福利单位   D. 政府

4. 适用于印花税定额税率的有( )。

A. 借款合同   B. 产权转移书据

C. 其他账簿   D. 权利许可证照

5. 记载资金的账簿，印花税计税依据是( )的合计数。

A. 实收资本   B. 注册资本

C. 资本公积   D. 盈余公积

6. 城镇土地使用税的纳税人包括( )。

A. 土地的实际使用人   B. 土地的代管人

C. 拥有土地使用权的单位和个人   D. 土地使用权共有的各方

7. 下列项目中，税法明确规定免征城镇土地使用税的有(   )。

A. 市妇联办公楼用地　　　　　B. 寺庙开办的旅店用地

C. 街道绿化地带用地　　　　　D. 个人居住房屋用地

8. 房产税的纳税人有(   )。

A. 产权所有人　　　　　　　　B. 承典人

C. 房产使用人　　　　　　　　D. 经营管理人

9. 房产税的计税依据有(   )。

A. 房产净值　　　　　　　　　B. 房产的租金收入

C. 房产余值　　　　　　　　　D. 房产的计税价值

10. 车船税的免税项目有(   )。

A. 军队自用的车船　　　　　　B. 消防车船

C. 游船　　　　　　　　　　　D. 行政单位自用的车船

三、判断题

1. 由受托方代收代缴消费税的，应代收代缴的城市维护建设税按委托方所在地的适用税率计税。(   )

2. 发生增值税、消费税减征时，不减征城市维护建设税。(   )

3. 对应税凭证，凡由两方或以上当事人共同订立的，由当事人协商确定其中一方为印花税纳税人。(   )

4. 对于多贴印花税票者，可以向当地税务机关申请退税或者抵用。(   )

5. 同一应税凭证载有两项经济事项，并分别记载全额，可按两项金额合计和最低的适用税率，计税贴花。(   )

6. 对城市征收城镇土地使用税不包括其郊区的土地。(   )

7. 农民在农村开设的商店占地，不缴纳城镇土地使用税。(   )

8. 对个人按市场价格出租的居民住房，可暂按其租金收入的4%征收房产税。(   )

9. 宗教寺庙附设的营业单位使用的房产，免征房产税。(   )

10. 车辆的具体适用税额由省、自治区、直辖市人民政府在规定的税额幅度内确定。(   )

四、业务题

1. 某市区一公司2018年9月缴纳增值税100万元、消费税20万元，补缴上月应纳消费税10万元。计算该公司应缴纳的城市维护建设税和教育费附加并进行会计处理。

2. 甲建筑安装工程公司与某工厂签订了一项金额为2 000万元工程承包合同后，又将其中的500万元工程分包给了乙建筑公司，并签订了正式合同。计算甲建筑安装工程公司应纳的印花税并进行会计处理。

3. 某公司2018年5月开业，领受房产权证、工商营业执照各一件；签订借款合同一份，金额为100万元；资金账簿中载明实收资本500万元，资本公积100万元，其他账簿12本。计算该公司应纳的印花税并进行会计处理。

4. 某公司实际占用土地面积10 000平方米，其中自办幼儿园占地1 000平方米，经当地税务机关核定适用的税额为每平方米 8 元。计算该公司应纳的土地使用税并进行会计处理。

5. 某公司 2018 年 1 月 1 日的房产原值为 2 000 万元，4 月 1 日将其中原价为 500 万元的房产出租给某企业使用，月租金为 5 万元，当地政府规定的扣除比例为 20%。计算该公司当年应纳的房产税并进行会计处理。

6. 某运输公司拥有载货汽车 20 辆(每辆自吨位数 6 吨)，单位税额为 90 元/自重吨；拥有载客汽车 8 辆，其中核定载客人数 30 人的 5 辆，核定载客人数 9 人的 3 辆，大型客车单位税额为 600 元/辆，中型客车单位税额为 500 元/辆，小型客车单位税额为 400 元/辆。计算该公司全年应纳车船税税额并进行会计处理。

7. 某房地产开发公司转让写字楼一栋，货币收入 26 200 万元，取得土地使用权支付金额为 1 600 万元，开发成本为 3 200 万元，开发费用为 700 万元，转让房地产有关的税金为 65 万元。计算应纳的土地增值税并进行会计处理。

第八章

企业涉税文书写作

导言

税务机关代表国家行使征税的权利，企业遵循现行税法履行纳税的义务。因此，税收征纳实际上就是发生在征税人(税务机关)和纳税人之间的一个互动的过程。在现实生活中，纳税人处理纳税事宜，难免与税务机关之间就纳税方面存在分歧，乃至发生纳税争议。那么纳税人如何有效地争取与保护自身的权益？通过本章延期申报、减免税申请、税务行政复议以及税务行政赔偿这几个典型的工作任务的操作，使你在进一步理解纳税人在履行纳税义务的同时，增强纳税人的权益维护，切实保护自身合法权益不受侵害的权利。

能力目标

(1) 能够撰写简单的延期申报申请报告，并正确填写延期申报申请审批表；
(2) 能够陈述减免税理由，并能正确地填写减免税申请审批表；
(3) 能够填写合理、合法的税务行政复议申请书；
(4) 能够结合事实撰写一份税务行政赔偿申请书。

第一节　企业延期申报申请

工作实例

湖南远洋服饰有限公司，公司注册地址：长沙市芙蓉路 236 号，生产经营地址与注册地址相同；邮政编码：410006；经营范围：服装生产、来料加工及服装出口；经济性质：有限责任公司；法定代表人：刘大力，身份证号：230103195808125742；公司电话：0731-88286108；税人识别号：430105789012346017；办税会计、经办人：学生本人。

2018 年 2 月 4 日(十二月十九)，由于公司邻近居民区，小孩燃放烟花爆竹引发火灾，火势凶猛。值班人员与消防人员奋力救火，2 个小时后才把火扑灭。此时发现与男西服成品一库相邻的财务室已被烧毁得只剩屋架。1 月的增值税申报无法正常按期完成了。2018

年2月16日，单位领导要求办税员向当地主管税务机关递交延期申请报告。

请完成以下任务：

(1) 撰写一份简单的《延期申报申请报告》。

(2) 正确填写《延期申报申请审批表》。

延期申报申请报告

湖南省国家税务局：

湖南远洋服饰公司主要经营服装生产、来料加工及服装出口业务。我单位历年都是 A 级纳税企业，出口产品主要是男士西服，出口创汇总是排在省同类企业前茅。

由于我单位地处芙蓉路经济繁华区，而且周边居民区甚多。2018 年 2 月 4 日，农历十二月十九，由于邻近居民区小孩燃放烟花爆竹引发火灾，火势凶猛。值班人员与消防人员奋力救火，2 个小时才把火扑灭。此时发现财务室已被烧毁得只剩屋架。因此无法正常完成 2018 年 1 月的增值税申报工作。望贵局考虑我单位实际困难，给予延期申报。

以上情况属实，恳请批准为盼！

湖南远洋服饰公司

××年××月××日

★ 行家提示：

(1) 自 2009 年 1 月 1 日起，延期纳税申请人提供的资料完整、填写内容准确、各项手续齐全的，税务机关应当场办结。

(2) 同一纳税人应纳的同一个税种的税款，符合延期纳税法定条件的，在一个纳税年度内只能申请延期纳税一次；需要再次延期申请的，必须逐级报经省、自治区、直辖市税务局局长批准。

(3) 纳税人因遭遇不可抗力造成延期纳税的，应当出具当地政府有关部门的灾情、事故证明；如果资金余额中包含国家法律和行政法规明确规定纳税人不可动用的资金，应单独出具相关证明。

(4) 纳税人在领取税务登记证件正式营业后，如无经营收入和所得，或没有应纳税款发生(含亏损及免税)，也必须按照主管机关报送纳税申报表和财务会计报表。在纳税申报表的"经营收入"或"所得"一栏填上零或无，这就是零申报。在税务机关办理了税务登记的纳税人、扣缴义务人当期未发生应税行为，按照国家税收法律、行政法规和规章的规定，应向税务机关办理零申报手续，并注明当期无应税事项。

素养专栏 8-1

开 怀 一 笑

偷税人遇到抗税人。抗税人：老兄，人们都说咱俩是耗子，不知你对此有何感想？偷税人：老弟，我跟你可不一样，我属于那种本分的耗子，可你却是那种爱咬人的耗子啊！

一、延期纳税申报

纳税人、扣缴义务人、代征人进行纳税申报是其必须履行的义务。纳税人根据《税法》规定的纳税期限和报缴税款期限进行纳税申报和税款计缴。纳税期限是纳税人据以计算缴纳税额的时间界限，报缴期限是从纳税期限届满之日纳税人缴纳税款的时间界限。纳税申报的期限可按纳税期限的长短和报缴税款次数的多少来确定。各个不同税种规定的纳税期限不同，其申报时间也不同。报缴期限规定的最后一天，如遇公休日可以顺延。如果由于特殊困难纳税人不能按期申报，扣缴义务人不能按期报送代扣代缴税款报告表的，经国税局、地税局批准、核准后可以延期申报，但最长不得超过 3 个月，其税款应按上期或税务机关核定税额预缴。办理延期申报应在原来规定的纳税申报期限内向税务机关提交《延期申报申请表》，经税务机关核准后，在核准的期限内办理。

1. 办理延期纳税申报的条件

纳税人、扣缴义务人、代征人按照规定的期限办理纳税申报或者报送代扣代缴、代收代缴税款报告表、委托代征税款报告表确有困难，需要延期的，应当在规定的申报期限内向主管国家税务机关提出书面延期申请，经主管国家税务机关核准，在核准的期限内办理。纳税人、扣缴义务人、代征人因不可抗力情形，不能按期办理纳税申报或者报送代扣代缴、代收代缴税款或委托代征税款报告的，可以延期办理。但是，应当在不可抗力情形消除后立即向主管国家税务机关报告。

2. 延期的类型

(1) 事前申请(因不可抗力以外的其他困难事因)。

(2) 事后申请(因不可抗力原因)。

3. 办理延期纳税申报的程序

(1) 纳税人、扣缴义务人按照规定的期限办理纳税申报或报送代扣代缴、代收代缴税款报告表确有困难，需要延期的，应于其所延期申报税种的纳税期限终了前 5 日内向主管税务机关提出延期申报申请，领取并填写《延期申报申请审批表》。

(2) 主管税务机关对纳税人、扣缴义务人提出的延期纳税申请进行审核，也可进行实地核查，对符合条件的纳税人、扣缴义务人因不可抗力，不能按期办理纳税申报，或者报送代扣代缴、代收代缴税款报告表的，制作《核准延期申报通知书》送达纳税人、扣缴义务人，并报相关部门核准延期申报期限，核定申请人预缴税款；对不符合条件的，告知纳税人、扣缴义务人按规定进行申报纳税。

(3) 符合条件的申请人在纳税期内按照上期实际缴纳的税额或税务机关核定的税额预缴税款，并在核准的延期内办理税款结算。经核准预缴税款之后按照规定办理税款结算而补缴税款或计退税款的各种情形，均不加收滞纳金或计退利息。

(4) 在不可抗力情形消除后立即向税务机关报告。

4. 办理延期纳税申报所需报送的资料

(1) 纳税人要求延期纳税申报的申请书。

(2) 《延期申报申请审批表》。

(3) 税务机关规定应当报送的其他有关证件、资料。

纳税人报送纳税申报资料的份数及要求，应根据主管税务机关依法作出的具体规定执行。

二、零申报

纳税人和扣缴义务人在有效期间内，没有取得应税收入或所得，没有应缴税款发生，或者已办理税务登记但未开始经营或开业期间没有经营收入的纳税人，除已办理停业审批手续外，必须按规定的纳税申报期限进行零申报。纳税人进行零申报，应在申报期内向主管税务机关正常报送纳税申报表及有关资料，并在纳税申报表上注明"零"或"无收入"字样。

第二节　企业减免税申请

工作实例

宁乡县长常高速公路段服务区加水站，于2017年8月21日开业。水站注册地址：长常高速公路段服务区(距离长沙市区30千米处)。计算机管理编码：4303220400916。经营范围：机动车加水的服务、日用百货的零售。经济性质：个体工商户。法定代表人：章琳(系宁乡县县粮食局下岗职工)。注册资金：5万元。职工人数共4人。公司电话：0731-85586156. 纳税人识别号：430112197205061024。申请减免税种：个人所得税、城市维护建设税、教育费附加。申请减免理由：下岗失业人员再就业。办理时间为2017年9月8日。

请完成以下任务：

正确填写纳税人减免税申请审批表，简明扼要地写出减免税申请理由(见表8-1)。

表 8-1　减免税申请审批表

纳税人识别号：430112197205061024

纳税人名称：宁乡县长常高速公路段服务区加水站

纳税人基本情况	计算机管理编码	4303220400916				
	生产经营地址	长常高速公路段服务区(距离长沙市区30千米处)				
	法定代表	章琳	办税人员	章琳	联系电话	0731-85586156
	登记注册类型	个体工商户	注册资本	5万元	开业时间	2017.8.21
	生产经营范围	机动车加水的服务、日用百货的零售				
	在职职工人数	4人	固定资产			
	申请减免税种		增值税、个人所得税、城建税、教育费附加			

★ 行家提示：

(1) 对涉及的有关部门注意要求。

对于有关专业技术或经济鉴证部门认定失误的，非法提供证明的，导致未缴、少缴税款的，按《中华人民共和国税收征收管理法实施细则》第九十三条规定予以处理，即为纳税人、扣缴义务人非法提供银行账户、发票、证明或者其方便，导致未缴、少缴税款或骗取国家出口退税款的，税务机关除没收其违法所得外，可以处未缴、少缴或者骗取的税款1倍以下的罚款。

(2) 办理减免税应注意的问题。

① 纳税人同时从事减免项目与非减免项目的，应分别核算，独立计算减免项目的计税依据以及减免税额度。不能分别核算的，不能享受减免税；核算不清的，由税务机关按合理方法核定。

② 纳税人依法可以享受减免税待遇，但未享受而多缴税款的，凡属于无明确规定需经税务机关审批或没有规定申请期限的，纳税人可以在《税收征管法》第五十一条规定的期限内申请减免税，要求退还多缴的税款，但不加算银行同期存款利息。

纳税人超过应纳税额缴纳的税款，税务机关发现后应当立即退还；纳税人自结算缴纳税款之日起3年内发现的，可以向税务机关要求退还多缴的税款并加算银行同期存款利息，税务机关及时查实后应当立即退还；涉及从国库中退库的，依照法律、行政法规以及有关国库管理的规定退还。

③ 减免税批复未下达前，纳税人应按规定办理申报缴纳税款。纳税人已享受减免税的，必须按期正常申报，进行减免税申报。纳税人享受减免税到期的，应当自期满次日起恢复纳税。

一、减免税定义

减免税是指依据税收法律、法规以及国家有关税收规定(以下简称税法规定)给予纳税人减税、免税。从内容上主要包括鼓励生产性减免、社会保障性减免、自然灾害性减免和意外灾害性减免。从类型上主要包括：法定减免，指由各税的基本法规规定的减税免税；临时性减免，也称"困难减免"，指除法定减免和特定减免以外的其他临时性减税、免税，主要是为了照顾纳税人的某些特殊的、暂时的困难，而临时批准的一些减税、免税；特定减免，指根据社会经济情况发展变化和发挥税收调节作用的需要，而规定的减税、免税。减税是指从应纳税款中减征部分税款；免税是指免征某一税种、某一项目的税款。

二、减免税种类

减免税从税务管理上分为报批类减免税和备案类减免税。报批类减免税指应由税务机关审批的减免税项目。备案类减免税是指取消审批手续的减免税项目和不需税务机关审批的减免税目。

三、减免税办理程序

各级税务机关收到的纳税人减免税申请后，无论受理或不予受理减免税申请，都应出具"减免税申请受理通知书"或"减免税申请不予受理通知书"并加盖受理税务机关减免税受理专用章。

1. 报批类减免税纳税人的办理程序

(1) 纳税人提出申请。

纳税人申请报批类减免税的，应当在政策规定的减免税期限内，向税务机关提出书面申请，提交相应资料，按规定在具有审批权限的税务机关(以下简称有权税务机关)审批确认后执行。

未按规定申请或虽申请但未经有权税务机关审批确认的，纳税人不得享受减免税。

(2) 提交资料。

纳税人申请报批类减免税的、应提交下列资料。

① 纳税人申请减免税报告(包括企业基本情况、减免税依据、理由、税款申报、缴纳及滞欠情况、减免税金额等内容)、《纳税人减免税申请审批表》(减免税文书之一)。

② 纳税人的财务会计报表，纳税申报表。

③ 工商执照和税务登记证的复印件。

④ 有关部门出具的证明材料。

⑤ 根据不同税种及不同减免税项目，税务机关要求提供的其他相关材料。如果纳税人提供的资料是复印件的，应在复印件上注明"此件与原件一致"，并加盖单位公章。

纳税人可以向主管税务机关申请减免税，也可以直接向有权审批的税务机关申请。

(3) 税务机关调查核实。

主管税务机关在收到企业提交的申请后，应在15日内派人员深入企业进行调查，核实企业实际情况。对不符合条件者以书面形式通知申请企业；对申请报告数据不实或不完善者，以书面形式告知并退回申请书，要求限期重报；对符合条件者，在纳税单位减免申请书中注明调查核实意见，详细说明减免条件、减免依据等，盖章后上报减免税管理部门审批。

(4) 税务部门研究审批。

减免税管理部门研究决定通过后，由经办人签注意见，并由主管领导审核后加盖公章，然后按减免税审批权限审批。

(5) 纳税人领取减免税审批通知。

2. 备案类减免税纳税人的办理程序

(1) 提请备案。

提请备案，经税务机关登记备案后，自登记备案之日起执行。纳税人未按规定备案的，一律不得减免税。

(2) 申报资料及登记备案。

① 备案类减免税纳税人应在备案类减免税事项发生前30日，向主管税务机关提供相关资料备案，同时，应一并填报《备案类减免税纳税人备案登记表》。

② 主管税务机关应在受理纳税人减免税备案后7个工作日内完成登记备案工作，并告知纳税人执行，向纳税人送达《减免税备案通知书》。

四、法律责任

纳税人实际经营情况不符合减免税规定条件的或采用欺骗手段获取减免税的、享受减免税条件发生变化未及时向税务机关报告的，以及未按本办法规定程序报批而自行减免税的，税务机关按照税收征管法有关规定予以处理。

五、税务机关减免税管理权限

减免税审批机关由税收法律、法规、规章设定。

(1) 凡国家税收法律、法规、规章和相关政策规定所列举的税收优惠和减免税事项，规定由税务机关行使审批权限的，由各级税务部门按照权限执行。

(2) 凡应由国家税务总局审批的减免税，由自治区地方税务局上报国家税务总局。

(3) 凡由自治区人民政府审批的减免税，由自治区地方税务局会商自治区财政厅上报自治区人民政府。

(4) 属于"风、火、水、震"等严重自然灾害及国家确定的"老、少、边、穷"地区年度减免应入中央库收入税款达到或超过100万元的，由自治区地方税务局负责审批。

各级税务机关必须按照规定的权限和程序进行减免税审批，禁止越权和违规审批减免。减免税的审批采取谁审批谁负责制度，各级税务机关将减免税审批纳入岗位责任制考核体系中，实行税收行政执法责任追究制度。

第三节 企业税务行政复议申请

工作实例

长沙雨花地板加工厂是街道办企业，2017年4月开业，被主管国税局认定为增值税小规模企业。公司生产地址：长沙市香樟路125号。营业执照号：43014056309004。经营范围：复合地板生产销售。经济性质：有限责任公司。法定代表人：王志红，性别：男，出生年月：1970年6月。纳税人识别号：43012197205061024。公司电话：0731-85888856。

情况概况：2017年10月5日，该厂向星星建材公司(一般纳税人)销售地板81 190元，购货方要求开具增值税专用发票。于是，厂办税员(学生本人)到雨花区香樟路税务所办理代开增值税专用发票事宜，提供了购货方进货合同、增值税一般纳税人税务登证、开户银行及账号等凭证。但是，遭到开票人员的拒绝。理由是该厂未办理代开增值税专用发票的审批等手续。于是，办税员到长沙市雨花区国税局补办了审批代开增值税专用发票的批文，而税务所又以该厂会计核算不健全为由拒绝代开发票，影响了购销双方的经营活动。为此，厂领导要求办税员办理税务行政复议事宜，该厂于2017年10月21日向长沙市雨花区国税局(长沙市韶山路220号)税务行政复议委员会提出复议申请，要求税务所为该厂向增值税一般纳税人销售货物代开专用发票。

请正确填写税务行政复议申请书。

★ 行家提示：

(1) 税务行政处罚听证申请操作流程：纳税人提出听证申请→税务机关受理与审批→

税务机关组织听证。

(2) 行政复议机关责令被申请人重新作出具体行政行为的，被申请人不得以同一事实和理由作出与原具体行政行为相同或者基本相同的具体行政行为；但复议机关以原具体行政行为违反法定程序而决定撤销的，被申请人重新作出具体行政行为的，不受上述限制。

(3) 税务行政复议申请操作流程：

① 提出复议申请。申请人认为具体行政行为侵犯其合法权益的公民、法人或其他组织，可以申请行政复议。提出复议申请的应递交以下资料：《复议申请书》或《口头申请行政复议登记表》；申请人身份证明或代理人身份证明及授权委托书；税务机关要求提供的其他资料。

② 填写复议申请书。如果是书面复议申请的，应该填写复议申请书。

(4) 税务行政复议申请应说明事项。税务行政复议申请书是申请人向税务机关申请复议时递交的，引起税务行政复议程序发生的申请文件。

素养专档8-2

程序有错，处罚决定可以重作

前不久，某县国税局对某百货商场进行了普通发票专项检查。在检查中，该局发现该商场有严重的发票违章行为。他们依法取得了有关证据，商场也对这些违章行为并无异议。税务检查人员在既没有告知当事人作出处罚的事实、理由和依据，也没有告知当事人应当享有的其他权利的情况下，当场制作下达了《税务行政处罚决定书》，决定对商场处以1万元的罚款，并填开了一份罚款收据后收取了罚款。事后，该商场以县国税行政处罚不合法、侵犯了其合法权益为由提起行政诉讼，要求人民法院撤销县国税局的税务行政处罚决定并要求赔偿损失。

法院经过审理后，判决撤销了县国税局的税务行政处罚决定，同时判决县国税局重新作出具体行政行为。接着，县国税局以当初专项检查时取得的有关证据材料为依据，分别依法下达了《税务行政处罚告知书》和《税务行政处罚决定书》，又对该商场重新作出罚款1万元的处罚。对此，该商场以"人民法院判决被告重新作出具体行政行为的，被告不得以同一事实和理由作出与原具体行政行为基本相同的具体行政行为"为由提起行政诉讼，要求人民法院认定税务机关作出的处罚决定是无效的。法院在对县国税局重新作出的具体行政行为进行了认真的审查分析后，认为税务机关"具体行政行为证据确凿，适用法律法规正确"，驳回了商场的诉讼请求。

一、税务行政处罚听证

税务行政处罚听证是税务机关在作出重大行政处罚决定之前，由税务机关派出专门人员或机构主持，以直接参与案件调查取证的税务人员或部门为一方，被认为违法的当事人为一方，有关证人等共同参加，由税务人员提出当事人违法的事实、证据和行政处罚建议，当事人进行申辩和质证，以进一步澄清事实，核实证据的法定程序。

1. 税务行政处罚听证范围

税务机关对公民作出2 000元以上(含本数)罚款或者对法人或者其他组织作出10 000元以上(含本数)罚款的行政处罚之前，应当向当事人送达《税务行政处罚事项告知书》，告知当事人已经查明的违法事实、证据、行政处罚的法律依据和拟将给予的行政处罚，并告知有要求举行听证的权利。纳税人在规定期限内提出听证申请的，主管税务机关应受理听证申请，在规定时间内组织听证。

2. 当事人在听证中的权利

(1) 当事人提出听证后，税务机关发现自己拟作的行政处罚决定对事实认定有错误或偏差，决定予以改变的，应及时向当事人说明。

(2) 当事人可以亲自参加听证，也可以委托1～2人代理。当事人委托代理人参加听证的，应当向其代理人出具代理委托书。代理委托书应当注明有关事项，并经税务机关或者听证主持人审核确认。

(3) 当事人认为听证主持人与本案有直接利害关系的，有权申请回避。回避申请，应当在举行听证的3日前向税务机关提出，并说明理由。

(4) 在听证过程中，当事人或其代理人可以就本案调查人员所指控的事实及相关问题进行申辩和质证，并有最后陈述的权利。

(5) 听证主持人的回避，由组织听证的税务机关负责人决定。对驳回申请回避的决定，当事人可以申请复核一次。

(6) 听证过程中，当事人或其代理人可以申请对有关证据进行重新核实，或者提出延期听证；是否准许，由听证主持人或者税务机关作出决定。

(7) 听证费用由组织听证的税务机关支付，不得由要求听证的当事人承担或变相承担。

3. 税务行政处罚听证申请操作

(1) 纳税人提出听证申请。

要求听证的纳税人，应当在《税务行政处罚事项告知书》送达后的3日内向税务机关书面提出进行听证，并且填写税务行政处罚听证申请书；逾期不提出的，视为放弃听证权利。当事人由于不可抗力或者其他特殊情况而耽误提出听证期限的，在障碍消除后的5日以内，可以申请延长期限。申请是否准许，由组织听证的税务机关决定。

(2) 税务机关受理与审批。

当事人提出听证申请的，国税机关应当受理。当事人听证申请不符合条件的，受理的国税机关应当自收到申请之日起3日内书面告知当事人不予听证及理由。当事人听证申请符合听证条件的，受理听证申请的税务机关应在收到当事人听证申请之日起15日内举行听证，并在举行听证的7日前将载有下列事项的《税务行政处罚听证通知书》送达当事人，听证通知书应包括当事人的姓名或名称；举行听证的时间、地点和方式；听证人员的姓名；告知当事人有申请回避的权利；告知当事人准备证据等事项。

(3) 税务机关组织听证。

税务机关在送达《税务行政处罚听证通知书》给当事人后，就应该在规定时间、规定地点、指定相关人员组织听证。

(4) 听证结束裁决。

审查部门根据听证材料对案件进行审查，分别作出如下决定。

① 按原拟定罚款数额进行处罚，制作《税务行政处罚决定书》。

② 调整原拟定罚款数额，制作《税务行政处罚决定书》。

③ 撤销处罚，制作《不予行政处罚决定书》。

④ 退回调查部门补充调查、补充资料和证据等。

二、税务行政复议

税务行政复议是我国行政复议制度的一个重要组成部分。税务行政复议是指当事人(包括纳税人、扣缴义务人、纳税担保人及其他税务当事人)不服税务机关及其工作人员作出的税务具体行政行为，依法向上一级税务机关(复议机关)提出申请，复议机关经审理对原税务机关具体行政行为依法作出维持、变更、撤销等决定的活动。

1. 税务行政复议的范围

申请人对省级以下地方税务机关作出的以下税务具体行政行为不服的，在得知地方税务机关作出具体行政行为之日起 60 日内向上一级地方税务机关申请行政复议，也可以直接向人民法院提起行政诉讼。

(1) 税务机关作出的责令纳税人提供纳税担保行为。

(2) 税务机关作出的税收保全措施：① 书面通知银行或其他金融机构暂停支付存款；② 扣押、查封商品、货物或其他财产。

(3) 税务机关未及时解除税收保全措施，使纳税人的合法权益遭受损失的行为。

(4) 税务机关作出的税收强制执行措施：① 书面通知银行或其他金融机构从其存款中扣缴税款；② 拍卖扣押、查封的商品、货物或其他财产。

(5) 税务机关作出的税务行政处罚行为：① 罚款；② 没收违法所得；③ 停止出口退税权。

(6) 税务机关不予依法办理或答复的行为：① 不予审批减免税或出口退税；② 不予抵扣税款；③ 不予退还税款；④ 不予颁发税务登记证、发售发票；⑤ 不予开具完税凭证和出具税票；⑥ 不予认定为增值税一般纳税人；⑦ 不予批准延期申报。

(7) 批准延期缴纳税款。

(8) 税务机关作出的取消增值税一般纳税人资格的行为。

(9) 税务机关作出的通知出境管理机关阻止出境行为。

(10) 税务机关作出的其他税务具体行政行为。

纳税人和其他税务当事人认为税务机关作出的具体行政行为所依据的下列规定(不含国务院各部、委员会和地方人民政府制定的规章，以及国家税务总局制定的具有规章效力的规范性文件)不合法，在对具体行政行为申请行政复议时，可以一并向复议机关提出对该规定的审查申请：① 国家税务总局和国务院其他部门的规定；② 其他各级税务机关的规定；③ 县级以上地方各级人民政府及其工作部门的规定；④ 乡镇人民政府的规定。

2. 税务行政复议程序

(1) 提出税务行政复议申请。

① 纳税人及其他税务当事人对税务机关作出的征税行为不服的,应当先向复议机关申请行政复议,对复议决定不服,再向人民法院起诉。申请人申请行政复议的,必须先依照税务机关的纳税决定缴纳或解缴税款及滞纳金或提供相应的担保,然后依法提出行政复议申请。

② 申请人对税务机关作出的征税以外的其他税务具体行政行为不服的,可以申请行政复议,也可以直接向人民法院提起行政诉讼。

③ 申请人可以在得知税务机关作出具体行政行为之日起 60 日内提出行政复议申请。因不可抗力或被申请人设置障碍等其他正当理由耽误法定申请期限的,申请期限自障碍消除之日起继续计算。

④ 申请人申请行政复议,可以书面申请,也可以口头申请;口头申请的,复议机关应当当场记录申请人的基本情况、行政复议请求、申请行政复议的主要事实、理由和时间。

(2) 税务行政复议受理。

① 不予受理。行政复议机关收到行政复议申请后,应当在 5 日内进行审查,对不符合规定的行政复议申请,决定不予受理的,制作《不予受理决定书》,并送达申请人。

对有下列情形之一的行政复议申请,可以决定不予受理:a. 不属于行政复议的受案范围;b. 超过法定的申请期限;c. 没有明确的被申请人和行政复议对象;d. 已向其他法定复议机关申请行政复议,且被受理;e. 已向人民法院提起行政诉讼,人民法院已经受理;f. 申请人就纳税发生争议,没有按规定缴清税款、滞纳金,并且没有提供担保或者担保无效;g. 申请人不具备申请资格。

对于符合规定,但是不属于本机关受理的行政复议申请,当告知申请人向有关行政复议机关提出申请,制作《行政复议告知书》;对资料不齐,需要补正的,要求申请人限期补正。

② 予以受理。对符合法定条件的复议申请,应自收到《复议申请书》之日起 5 日内,制作《受理复议通知书》书面告知申请人自收到申请之日起受理复议。纳税人及其当事人依法提出行政复议申请,复议机关无正当理由而不予受理且申请人没有向人民法院提起行政诉讼的,上级税务机关制作《责令受理通知书》,责令其受理;必要时,上级税务机关也可以直接受理。

(3) 税务行政复议决定。

复议机关应当自受理申请之日起 60 日内作出行政复议决定。情况复杂,不能在规定期限内作出行政复议决定的,经复议机关负责人批准,可以适当延长,并告知申请人和被申请人,但延长期限最多不超过 30 日。复议机关作出行政复议决定,应当制作行政复议决定书,并加盖印章。行政复议决定书一经送达,即发生法律效力。

(4) 行政复议决定的种类。

① 维持决定。行政复议机关经过审查,认为具体行政行为决定的事实清楚、证据确凿、充分,适用依据正确,符合法定程序以及行政管理权限,内容适当的,作出维持具体行政行为的复议决定。

② 决定履行法定职责。对于被申请人不履行法定职责的,复议机关作出复议决定,要求被申请人在一定期限内履行法定职责。行政机关的行政职权有相当一部分既是权利又是职责。

③ 撤销、变更或确认该具体行政行为违法决定。撤销或变更具体行政行为,撤销决定与变更确认的适用条件相同,复议机关决定作出后被变更的具体行政行为即告无效。确认具体行政行为违法的确认决定,是《行政复议法》增加的新决定种类。在行政管理中行政机关作出的某些具体行政行为,一旦发生争议,经过复议审查时无法予以维持或撤销的,也不存在变更的问题。

素养专栏 8-3

停业搬迁等于偷税吗?

某市家电销售公司是某省一家民营企业集团在邻省某市投资设立的销售公司。因为家电产品在该市市场已基本饱和,销售潜力不大。根据集团安排,公司准备撤出该市到邻市发展。2017 年 12 月 1 日,公司开始停业,准备搬迁。12 月 5 日,该市某区国税分局的税务管理员在巡查时发现后,立即向分局领导作了汇报。分局遂以该公司转移财产有逃避纳税义务的嫌疑为由,以正式文书通知银行冻结了该公司账上的全部存款计 11 万元。该公司称,虽然准备搬出该市,但并没有想要逃税,况且该公司正在汇总账目,准备将 11 月实现的 10.9 万元税款缴完再到税务部门办理注销手续。

[法理分析]:该国税分局对该公司采取的冻结银行存款的做法,是违反征管法的。

素养专栏 8-4

复议和诉讼要把握时限

2017 年 2 月 10 日,某县国税稽查局在对一家钢管有限公司进行检查时发现,该厂 2016 年销售产品时,收取的价外费用 70.2 万元未并入产品销售收入申报缴纳增值税,稽查局遂于 2 月 15 日向该厂下达了补缴增值税 10.2 万元的《税务处理决定书》。该公司对此处理不服,于 2 月 18 日向该县国税局提出复议申请。该县国税局经审查,以该公司未补缴税款为由,拒绝受理其复议申请。

3 月 1 日,该县国税稽查局再次向该公司下达了《限期缴纳税款通知书》,限该公司于 3 月 9 日前缴清应补缴的税款。因该公司一直认为其收取的价外费用不应同产品销售一起缴纳增值税,故在 3 月 9 日前未能将应缴税款缴纳入库。3 月 10 日,该县国税稽查局依法从该公司的开户银行账户上划走了应补缴的税款。由于种种原因,直到 2017 年 7 月 21 日,该公司才正式向县国税稽查局查处的价外费用补税和从银行账户强行划缴税款一事向该县人民法院提起行政诉讼。

县人民法院审查后,以该公司诉讼时限已超为由,驳回了该公司的诉讼请求。至此,这一复议和诉讼案件以该公司超越时限画上了句号。

[法理分析]:这一案件之所以企业没能进行复议和提起诉讼,主要还是该公司没能把握住复议和诉讼时限要求所致。

第四节　企业税务行政赔偿申请

工作实例

从 2017 年 4 月 10 日开始，湖南 A 县举行为期 10 天的小家电商品交易会。A 县国税局聘用的代征员张山和孙志强，在县商品交易会上代征税款时，与叫卖电吹风的夏辉发生冲突。夏辉自称是江苏省某市思远电工有限公司的私营企业老板，是江苏省某市的固定纳税企业户。当代征员要求查看其外出经营证明时，夏辉却忘记随身携带。张山和孙志强要求夏辉就地缴纳税款，夏辉不肯缴纳。张山和孙志强在没有办理任何手续的情况下强行扣押了夏辉的 5 箱电吹风(市值折合为人民币 24 000 元)。3 天后，当夏辉卖完其余电吹风，到税务局缴纳了税款，并要求退回被扣押的 5 箱电吹风时，张山告诉夏辉："前天夜里，那存放电吹风的饭店被盗，电吹风全部被窃贼偷走了！"夏辉于 2017 年 4 月 20 日将情况向 A 县国税局领导进行了反映，并要求税务局赔偿其损失。

请根据上述情况，结合《中华人民共和国税收征收管理法》、《中华人民共和国国家赔偿法》的相关规定，书写一份行政赔偿申请书。

关于税务行政赔偿的请示

湖南 A 县国家税务局：

本人为江苏省×市思远电工有限公司的法定代表，在 2017 年 4 月 10 日，参加你县举办的小家电商品交易会，取得了会场的交易许可证书。在交易会场，你局代征员张山和孙志强以本公司没有营业证明材料为由，强行搬走我公司的 5 箱电吹风，并未开具收据。事后交易会结束，本人携带经营证明材料前往你局缴纳了相应的税款并想取回被扣押的 5 箱电吹风，张山告知 5 箱电吹风已经被盗走。

依据《税收征管法》第二十九条和《征管法实施细则》第四十四条的规定，除税务机关、税务人员以及经税务机关依照法律、行政法规委托的单位和人员外，任何单位和个人不得进行税款征收活动。由此可知，你局代征员张山和孙志强非法定税收征收人员，税收代征员的征税行为代表的是你局税务机关而不是其个人。依据《中华人民共和国国家赔偿法》第二条和第四条的规定，国家机关和国家机关工作人员违法对财产采取查封、扣押、冻结等行政强制措施侵犯公民、法人和其他组织财产权的，受害人有取得赔偿的权利。张山和孙志强在强行扣押本公司的 5 箱电吹风时并未开具相应收据，因此其扣押行为违反法定程序，本公司有权提起赔偿。事后张山又告知被扣押的电吹风被人盗走，《国家赔偿法》第七条第四款规定："受行政机关委托的组织或者个人在行使受委托的行政权力时侵犯公民、法人和其他组织的合法权益造成损害的，委托的行政机关为赔偿义务机关。"

因此，本人特申请贵局给予本人及所在公司行政赔偿，赔付 5 箱电吹风的赔偿金额为 24 000 元。

以上申请，恳请批准为盼！

思远电工有限公司　夏辉

二〇一七年四月二十日

★ 行家提示：

1. 税务行政赔偿的方式

(1) 金钱赔偿。金钱赔偿是以货币形式支付赔偿金额的一种赔偿方式。税务机关违法查封、扣押商品、货物或者其他财产的，予以解除；查封、扣押造成财产损坏或者灭失的，能够恢复原状的恢复原状，不能恢复原状的按照损害程度给付相应的赔偿金，应当返还的财产灭失的，给付相应的赔偿金。

(2) 返还财产。返还财产是指税务机关将违法占有或者控制的受害人的财产返还给受害人的赔偿方式。处罚款、没收违法所得、追缴税款或加收滞纳金的，返还财产。财物已经拍卖的，给付拍卖所得的价款。

(3) 恢复原状。恢复原状是纳税人、扣缴义务人、纳税担保人或者其他当事人的财产，因税务机关及其工作人员的违法分割或者毁损而遭到破坏后，如有可能恢复的，应当由赔偿义务机关负责修复，以恢复财产原状的一种赔偿方式。

2. 注意审理时限

税务机关决定予以赔偿的，自收到赔偿申请之日起 60 日内给予赔偿。

3. 注意请求赔偿的时效

(1) 纳税人请求赔偿的时效为 2 年，时间自税务机关及其工作人员违法行使职权行为被依法确认之日算起。超过此期限，则请求赔偿权不受保护。

(2) 在请求赔偿时限的最后 3 个月中，如出现以下特殊情况不能行使请求权的，请求时效中止，但中止原因消除之日起继续计算请求时效。

① 不可抗力，即纳税人无法预见、不可避免并不能克服的客观情况，如战争、自然灾害及其他意外事故等。

② 其他障碍，主要是指除不可抗力以外纳税人仍无法克服的困难，如纳税人全部丧失行为能力并无法定继承人。

一、税务行政赔偿的概念

税务行政赔偿是指税务机关及其工作人员在执行公务，行使税收征收管理职权过程中，因作出违法的具体行政行为侵犯了公民、法人或其他组织的合法权益造成的损害，行政管理相对人有权要求税务机关承担赔偿义务，由国家承担赔偿责任的法律制度。

二、税务行政赔偿的原则

(1) 不告不理原则。申请人请求赔偿的，复议机关可以责令被申请人按照有关法律法规的规定负责赔偿。

(2) 及时、合理、依法赔偿原则。税务行政赔偿时效要尽量缩短、程序要尽量简单；税务行政赔偿的范围、条件及计算方法应当合理、合法。

(3) 调解原则。税务行政赔偿案件和税务行政争议案件的一个显著区别，就是税务行政赔偿案件可以采用调解原则。

(4) 财政列支赔偿费用原则。按照《国家赔偿法》的有关规定，税务机关的行政赔偿费用应由各级财政列支。同时，为了监督税务机关依法行使职权，加强税务机关的责任感，还规定赔偿义务机关赔偿损失后，应当责成故意或重大过失的工作人员或受委托的组织或个人承担部分或全部赔偿费用。

三、税务行政赔偿的范围

税务机关及其工作人员的具体行政行为有下列情形之一的，纳税人有权取得赔偿的权利。

(1) 违反税收法律、法规规定征收税款、滞纳金的。

(2) 违法实施税务行政处罚行为的。

(3) 违法实施税收保全措施和强制执行措施的。

(4) 其他违法行为。

对于税务机关工作人员与行使职权无关的个人行为，以及因纳税人和其他当事人自己的行为等，致使损害发生的，税务机关不承担赔偿责任。

四、税务行政赔偿的程序

(1) 赔偿请求人要求赔偿时应当递交申请书，申请书应当载明下列事项：受害人的姓名、性别、年龄、工作单位和住所，法人或其他组织的名称、住所、经营地点、经济类型、纳税人识别码和法定代表人或主要负责人的姓名、职务；事实经过；赔偿请求的具体内容、理由、根据等。请求赔偿申请书，应由请求人和代理人签名或盖章后向赔偿义务机关提出，否则，不具有法律效力。

(2) 赔偿义务机关应当自收到赔偿申请书之日起 10 日内分别作出以下处理：①对于符合赔偿请求条件的，应予受理，并及时通知赔偿请求人；②对于不符合赔偿范围及有关规定的，应当书面通知赔偿请求人不予受理；③对依法应当提交证据材料不足的，应当书面通知赔偿请求人限期补正，否则，视同未提出申请；④被申请机关不是法定义务赔偿机关的，应当告知申请人向有赔偿义务的机关申请赔偿。

(3) 税务行政赔偿的时效为 2 年，自行使职权时的行为被依法确认为违法之日起计算。

五、税务行政赔偿的计算

对于税务机关及其工作人员违反国家税收法律、法规的规定，作出征收税款、加收滞纳金行为的，应当返还已征收税款和滞纳金。

对于税务机关违反国家税收法律、法规的规定，对出口退税应予退税而未予退税的行为，应予退税。

税务机关违反国家税收法律、法规的规定，侵犯纳税人及其他税务当事人的合法权益造成损害的，按照下列规定处罚。

(1) 处以罚款、没收财产的，返还罚款和财产。

(2) 查封、扣押、冻结财产的，解除对财产的查封、扣押、冻结，造成财产损坏的，能够恢复原状的，恢复原状；不能恢复原状的，按照损害的程度给付相应的赔偿金。

(3) 财产已经拍卖的，给付拍卖所得价款。

(4) 对造成其他损害的，按照直接损失给付赔偿。

(5) 对于赔偿请求人取得的赔偿金不予征税。

六、税务行政赔偿的复议和诉讼

税务行政赔偿复议，是指公民、法人或其他经济组织，对税务机关及其工作人员侵犯其合法权益，请求赔偿义务机关给予赔偿，在赔偿义务机关的上一级税务机关请求再一次审议，受理申请的上一级税务机关依法定程序对赔偿请求人及赔偿义务机关之间的赔偿争议，进行全面审查并作出决定的法律制度。

税务行政赔偿是一种国家赔偿，意味着税务人员违法行政导致侵权损害的责任由国家来承担，税务人员不因违法行使职权造成损害而对受害人负个人责任，即使税务人员有故意或重大过失也不例外。因此，对于税务人员违法行使行政职权造成的损害，在任何情况下受害人都不能向税务人员个人请求赔偿。也就是说，税务行政赔偿的性质决定了税务人员个人不能成为赔偿的被请求人或被告。同时，对于税务违法行政造成的损害，受害人也不能针对侵权机关和个人提出民事赔偿诉讼，对于这类损害，受害人只能通过请求行政赔偿的方式得到赔偿。

国家赔偿实行一级复议制，由赔偿义务机关的上一级税务机关管辖。复议机关应当自收到复议申请之日起 2 个月内作出决定，或驳回申请人申请，或决定被申请人承担赔偿责任，并确定具体的赔偿方式或赔偿金额。不服行政赔偿复议决定的，申请人可以在收到复议决定书之日起 15 日内向人民法院提起诉讼。复议机关逾期不作出决定的，申请人可以在复议期满之日起 15 日内向人民法院提起诉讼。

拓展专栏

某县国税局城关税务所在 2017 年 12 月 4 日了解到其辖区内经销水果的个体工商户李某(定期定额征收业户)，每月 10 日缴纳上月税款，打算在 12 月底收摊回外地老家，并存在逃避缴纳 2017 年 12 月税款 1 200 元的可能。该税务所于 12 月 5 日向李某下达了限 12 月 31 日缴纳 12 月税款 1 200 元的通知。12 月 27 日，该税务所发现李某正在联系货车准备将其所剩余的货物运走，于是当天以该税务所的名义由所长签发向李某扣押货物通知书，由税务人员王某和两名协税人员共 3 人将李某价值约 1 200 元的水果扣押存放在借用的某机械厂仓库里。2017 年 12 月 31 日 11 时，李某到税务所缴纳了 12 月应纳税款 1 200 元，并要求税务所返还所扣押的水果，因机械厂仓库保管员不在未能及时返还。2018 年 1 月 2 日 15 时，税务所将扣押的水果返还给李某。李某收到水果后发现部分水果受冻，损失水果价值 500 元，于是向该所提出赔偿请求，该所以扣押时未开箱查验，水果受冻的原因不明为由不予受理。而后李某向县国税局提出赔偿申诉。

问题：1. 税务所的执法行为有哪些错误？

2. 个体工商业户李某能否获得赔偿？

综合练习题

一、单选题

1. 复议机关收到行政复议申请后，应当在(　　)日内进行审查，决定是否受理。对于复议机关不予受理的，纳税人可以在收到不予受理决定书( )日内，依法向人民法院提起行政诉讼。

    A. 10　30　　　　B. 10　15　　　　C. 5　15　　　　D. 15　30

    2. 行政复议的申请人可以在知道税务机关作出具体行政行为之日起( )日内提出行政复议申请。

    A. 60　　　　　　B. 30　　　　　　C. 15　　　　　　D. 90

    3. 下列对于税务行政复议的理解正确的是( )。

    A. 对税务所、各级税务局的稽查局作出的具体行政行为不服的，应向其所属税务局申请行政复议

    B. 对省、自治区、直辖市地方税务局作出的具体行政行为不服的，应当向国务院行政复议

    C. 对国家税务总局作出的具体行政行为不服的，应当直接向人民法院提起行政诉讼

    D. 对被撤销的税务机关在撤销以前所作出的具体行政行为不服的，应向继续行使其职权的税务机关申请行政复议

    4. 对国家税务总局作出的具体行政行为不服的，应当向( )申请行政复议。

    A. 国家税务总局　　　　　　　　B. 国务院

    C. 全国人民代表大会常务委员会　　D. 最高人民法院

    5. 税务行政复议的受案范围不包括( )。

    A. 税务机关作出的收缴发票行为

    B. 税务机关不依法给予举报奖励的行为

    C. 税务机关的办税流程

    D. 税务机关责令纳税人提供纳税担保或者不依法确认纳税担保有效的行为

    6. 申请人认为税务机关的具体行政行为所依据的( )不合法，在对具体行政行为复议时，可一并向复议机关提出对该规定的审查申请。

    A. 国家税务总局制定的规定　　　　B. 国务院制定的行政法规

    C. 财政部制定的行政规章　　　　　D. 地方人民代表大会制定的地方法规

    7. 根据《税务行政复议规则》，下列事项中，不可以适用调解的是( )。

    A. 核定税额　　B. 确定应税所得率　　C. 纳税机关的公告　　D. 行政赔偿

    8. 申请人逾期不起诉又不履行行政复议决定的，或者不履行最终裁决的行政复议决定的，以下说法中正确的是( )。

    A. 对于维持具体行政行为的行政复议决定，由作出具体行政行为的行政机关或人民法院依法强制执行

    B. 对于维持具体行政行为的行政复议决定，由复议机关依法强制执行

    C. 对于变更具体行政行为的行政复议决定，由复议机关依法强制执行，但是不得申请人民法院强制执行

    D. 对于变更具体行政行为的行政复议决定，由原作出具体行政行为的行政机关强制执行，也可以申请人民法院强制执行

    9. 下列关于税务行政复议听证的说法不正确的是( )。

    A. 第三人不参加听证的，不影响听证举行

B. 行政复议听证人员不得少于 2 人

C. 行政复议听证笔录是行政复议机构审理案件的唯一依据

D. 涉及国家秘密、商业秘密和个人隐私的案件不公开进行听证

10. 根据税务行政复议相关规定，下列选项说法错误的是(　　)。

A. 行政复议期间，行政复议机关认为申请人以外的公民法人或者其他组织与被审查的
具体行政行为有利害关系的，可以通知其作为第三人参加行政复议

B. 申请人、第三人可以委托 1～2 名代理人参加行政复议

C. 申请人、第三人委托代理人的，应当向行政复议机构提交授权委托书，特殊情况
除外

D. 第三人不参加行政复议，影响行政复议案件的审理

二、多选题

1. 纳税人和其他税务当事人对侵犯合法权益的特定税务行政诉讼受案范围有(　　)。

A. 税务机关通知银行冻结其存款的行为

B. 税务机关逾期未对其复议申请作出答复的行为

C. 税务机关对其所缴的税款没有上缴国库的

D. 税务机关制订的规范性文件损害了纳税人合法权益的行为

2. 行政复议期间，有下列情形之一的，行政复议终止(　　)。

A. 行政复议决定做出前，申请人要求撤回行政复议申请的

B. 行政复议申请受理后，发现其他复议机关或者人民法院已经先于本机关受理的

C. 申请人死亡，没有继承人或者继承人放弃行政复议权利的

D. 作为申请人的法人或者其他组织终止后，其权利义务的承受人放弃行政复议权利的

E. 行政复议申请受理后，发现不符合受理条件的

3. 行政复议期间具体行政行为不停止执行，但有下列情形之一的可以停止执行(　　)。

A. 被申请人认为需要停止执行的

B. 复议机关认为需要停止执行的

C. 申请人申请停止执行，复议机关认为其要求合理，决定停止执行的

D. 法律规定停止执行的

4. 我国税务行政复议的特点为(　　)。

A. 税务行政复议以当事人不服税务机关及其工作人员作出的税务具体行政行为为前提

B. 税务行政复议因当事人的申请而产生

C. 税务行政复议案件的审理一般由原处理税务机关的上一级税务机关进行

D. 税务行政复议与行政诉讼相衔接

5. 涉税文书的特点(　　)。

A. 特定的目的　　　　　　　　　　B. 固定的格式

C. 具有较强的时限规定　　　　　　D. 严格的程序

E. 较强的约束力

6. 在对委托方的减免税申请代理进行资料审核时，审核的要点内容有(　　)。

A. 审核纳税人申请的减免税项目，是否符合政策规定

B. 审核纳税人减免税申请资料是否完整准确

C. 申请的减免税材料不详或存在错误的，应当告知纳税人更正

D. 审核纳税人相关资料的印章是否齐全

7. 税务行政复议申请人提供担保的方式主要有(　　)。

A. 保证　　　　　B. 抵押　　　　　C. 质押　　　　　D. 扣押

8. 申请人对下列税务行政复议范围中的(　　)不服的，可以申请行政复议，也可以直接向人民法院提起行政诉讼。

A. 通知出境管理机关阻止其出境行为　　B. 税收保全措施

C. 税务机关给予企业的行政处罚　　　　D. 不予认定为增值税一般纳税人

9. 下列可以作为行政复议证据的有(　　)。

A. 书面材料　　　B. 实物证明　　　　C. 证人证言　　　D. 当事人的陈述

10. 纳税人对税务机关作出的(　　)征税行为不服的，必须先行政复议。

A. 加收滞纳金　　　　　　　　　B. 适用税率

C. 不予抵扣税额　　　　　　　　D. 停止出口退税权

E. 代征行为

三、判断题

1. 行政复议决定书一经送达，即发生法律效力。　　　　　　　　　　　　(　　)

2. 行政复议终止应当书面告知当事人。　　　　　　　　　　　　　　　　(　　)

3. 重大、疑难行政复议申请标准，不能由复议机关自行确定。　　　　　　(　　)

4. 申请人申请行政复议，只能够以书面形式申请。　　　　　　　　　　　(　　)

5. 税务行政复议是指当事人不服税务机关及其工作人员作出的税务具体行政行为，依法向上一级税务机关(复议机关)提出申请，复议机关经审理对原税务机关具体行政行为作出维持、变更、撤销等决定的活动。　　　　　　　　　　　　　　　　　　　　(　　)

6. 减税、免税是对某些纳税人的鼓励和照顾措施，是政府在一定时期给予纳税人的优惠。　　　　　　　　　　　　　　　　　　　　　　　　　　　　　　　　(　　)

7. 对税务所、各级税务局的稽查局作出的具体行政行为不服的，应当向国务院申请复议。　　　　　　　　　　　　　　　　　　　　　　　　　　　　　　　　(　　)

8. 对于因征税问题引起的争议，税务行政复议是税务行政诉讼的必经前置程度，未经复议不能向法院起诉，经复议仍不服的，才能起诉。　　　　　　　　　　　　(　　)

9. 税务行政赔偿，是税务行政机关及其工作人员在行使职权时，违法侵犯纳税人、扣缴义务人、纳税担保人或其他税务当事人的合法权益造成损害的，税务机关向受害人赔偿的制度。　　　　　　　　　　　　　　　　　　　　　　　　　　　　　　(　　)

10. 申请人向复议机关申请行政复议，复议机关已经受理的，在法定行政复议期限内申请人不得再向人民法院提起行政诉讼。　　　　　　　　　　　　　　　　(　　)

参 考 文 献

[1]　盖地. 税务会计与纳税筹划 . 13 版. 大连：东北财经大学出版社，2018.

[2]　蒋国发，曾惠芬. 税务会计，西南财经大学出版社，2017.

[3]　会计综合工作能力培训研究组. 会计纳税实务实操，北京：经济日报出版社，2018.

[4]　梁伟样. 税务会计. 4 版. 北京：高等教育出版社，2016.

[5]　王红云. 税法. 7 版. 北京：中国人民大学出版社，2018.

[6]　盖地. 税务会计学. 11 版. 北京：中国人民大学出版社，2018.

[7]　梁俊娇，王怡璞. 税务会计. 9 版. 北京：中国人民大学出版社，2018.

[8]　全国税务师职业资格考试教材编写组. 涉税服务相关法律. 北京：中国税务出版社，2018.

[9]　全国税务师职业资格考试教材编写组. 税法(1). 北京：中国税务出版社，2018.

[10]　王倩，翟美佳. 税务会计实务. 上海：上海财经大学出版社，2018.

[11]　梁文涛，苏彬. 税务会计实务. 2 版. 大连：东北财经大学出版社，2018.

[12]　王素荣. 税务会计与纳税筹划. 6 版. 机械工业出版社，2017.

[13]　张孝光. 税务会计学. 10 版. 北京：中国人民大学出版社，2017.

[14]　左锐. 税务会计. 5 版. 上海：立信会计出版社，2018.

[15]　翟继光. 新税法下企业纳税筹划. 5 版. 北京：电子工业出版社，2018.

[16]　胡爱萍. 企业纳税会计-项目教程. 2 版. 北京：电子工业出版社，2017.

[17]　张海涛. 中小企业税务与会计实务. 机械工业出版社，2017.

[18]　王岩，吴向民. 税务会计. 北京：北京理工大学出版社，2017.

[19]　翟继光，张晓东. 企业纳税筹划实用技巧与典型案例分析. 上海：立信会计出版社，2018.

[20]　翟继光. 营业税改增值税后税收优惠政策与疑难问题解答. 上海：立信会计出版社，2018.

[21]　翟继光. 中华人民共和国企业所得税法与实施条例释义及案例精解. 上海：立信会计出版社，2018.

[22]　本书编写组. 现行税收法规及优惠政策解读. 上海：立信会计出版社，2018.

[23]　马国强. 中国税收. 8 版. 大连：东北财经大学出版社，2018.

[24]　李建军. 房地产开发企业营改增操作实务. 上海：立信会计出版社，2018.

[25]　隗福宾. 增值税政策法规分类汇编与解读. 上海：立信会计出版社，2018.

[26]　孟佳，安慰. 个人所得税政策法规实务应用指南. 上海：立信会计出版社，2018.